U0964196

普通高等教育“十一五”国家级规划教材
国际经贸专业系列教材

跨国公司经营与管理

（第三版）

林　康　林在志　著

对外经济贸易大学出版社
中国·北京

图书在版编目（CIP）数据

跨国公司经营与管理 / 林康，林在志著．—3 版
．—北京：对外经济贸易大学出版社，2021.9
国际经贸专业系列教材
ISBN 978-7-5663-2322-4

Ⅰ．①跨… Ⅱ．①林…②林… Ⅲ．①跨国公司-经营管理-高等学校-教材 Ⅳ．①F276.7

中国版本图书馆 CIP 数据核字（2021）第 195351 号

跨国公司经营与管理（第三版）

林　康　林在志　**著**

责任编辑：张俊娟

出版发行：对外经济贸易大学出版社	邮政编码：100029
社　　址：北京市朝阳区惠新东街 10 号	邮购电话：010-64492338
网　　址：www. uibep. com	发行部电话：010-64492342
资源网址：www. uibepresources. com	E-mail：uibep@ 126. com

成品尺寸：185mm×260mm	印　　刷：北京时代华都印刷有限公司
印　　张：24. 5	版　　次：2021 年 9 月北京第 3 版
字　　数：560 千字	印　　次：2021 年 9 月第 1 次印刷
ISBN 978-7-5663-2322-4	定　　价：52. 00 元

总　序

本系列教材由对外经济贸易大学国际经济贸易学院教师根据多年的教学科研经验精心编写，自2007年年初开始陆续出版并被广泛采用，在全国产生较大的影响。

过去的十几年，教材的编写者们根据学科的发展以及师生的反馈意见不断进行修订，使教材做到与时俱进，不断呈现出新的风貌。其中，《国际贸易实务》《国际贸易》《国际经济合作》《计量经济学》被评为“十二五”普通高等教育本科国家级规划教材，本系列其他教材也取得不俗的销量，得到国内高校广大师生的一致好评。

近年来，对外经济贸易大学国际经济贸易学院在教育部和专业评估机构全国学科评比中，应用经济学学科排名均名列前茅。其中，国际贸易学是在我国高校居于领先地位的国家级重点学科，国际经济与贸易专业拥有众多国家级荣誉奖项。随着学科建设的不断进步，学院的专业领域和学科覆盖面均有很大的突破。

作为有着近70年专业建设历史的国家重点学科点，国际经济贸易学院历来重视教材建设，在国际经济与贸易、国际金融、国际运输与物流、经济学等专业领域先后出版了大量教材。例如，《国际贸易实务》曾相继被评为外经贸行业和高校优秀教材，曾多次获省部级奖项并获国家级优秀教学成果奖。迄今为止，该书累计发行量超过300万册。此外，《国际贸易》累计发行量也超过200万册，成为国家精品教材。

学院“九五”以来的课程体系建设，一以贯之走过了一条清晰的发展之路，围绕学院长期积累的在国际经济与贸易、国际金融、国际运输与物流、经济学、财政税务等专业方面所形成的优势，借鉴国际上高水平大学的课程建设经验，逐步完善培养学生成为开放型经济、金融和商务精英人才所需要的课程群。

本系列教材的作者都是学院教学科研第一线的骨干教师，他们积累了丰富的教学经验，对课程的核心问题都有深入的研究，对教学的疑点和难点问题有着深刻的理解，对其所在领域的前沿变化有着敏锐的洞察力，并将其体现在教材的知识点之中。

在本系列教材的再版过程中，教材的编写者们一直坚持高质量建设、方法与内容前沿、中外融通互鉴的原则，相信使用该系列教材的教师和学生会有切身的体会。

本系列教材的再版得到国内众多高校教师和学生的支持、鼓励，也吸收了他们的宝贵建议。相信本系列教材在作者和读者的互动下会日臻完善，成为经典。

对外经济贸易大学副校长

洪俊杰

2020 年 7 月

前　言

在当前国际经济规则中，经济体量越大，话语权越大，规则和经济体量是相称的。21世纪不会出现一个大国主导世界的格局，世界将呈现“多极化”的局面。由此可见，未来世界的格局一定是多极的，这就要求大家围坐在一张桌子面前实行共治，分享竞合。

科技的进步，信息的畅通，视野的开阔，已将我们引领到一个全球化的新时代。21世纪世界经济的基本态势仍是经济全球化。全球化是一个利益分配博弈的过程，各种力量将相互影响，从而塑造出未来的全球化格局。正如“化”字具有丰富的含义一样，全球化既是趋势也是相互影响的过程。影响力就是软实力，在很长的一段时间里，中国企业一直处于向跨国公司学习的阶段。当中国企业在全球价值链上以自己的步幅和节奏开始跃动的时候，也是中国经济和文化开始影响所有跨国公司的时候。在这个创新的年代，这种软实力是所有中国企业应该追求的目标。

资源和市场是企业永恒的主题。当代跨国公司已成为世界资本市场、商品市场、技术市场和服务市场四大市场的明星主角。它既是世界市场的主要供应商，又是收购商。经济全球化要求企业的活动围绕产品、技术、市场和程序展开，企业的执行力是否超前于市场和竞争对手，会直接影响效率、质量和价值。跨国公司的跨国化经营是世界全球化的主要推动力。跨国公司经营的基本特征是以国际投资为导向，通过国际化生产和跨国化经营模式，改变传统的国内生产和对外交换的模式。跨国化经营表现为：跨国公司股东多国化，相互持股，你中有我，我中有你。跨国公司将其专业化生产和销售网络分布于世界各地，分工制造零配件，定点加工装配，定向销售产品，以世界市场和消费者作为其角逐的目标。最近，人们将跨国公司在全球范围内整合生产和经营的组织形式称为“全球整合企业”（The Globally Integrated Enterprise）。这种21世纪的商业模式，使企业将各种职能和服务分别对待，企业能够把它们进行分解，判断自身需要在哪些方面做得最好，哪些方面适合交给合作方去做，然后再以新的方式重新组织起来。这种新的商业模式不是简单剥离非核心业务，也不是劳动力套利（即把工作转移到劳动力成本较低的区域）。

资本的本性是逐利，哪里有高额利润，资本就在哪里下注。国际资本认定中国市场有利可图，纷纷下注，从而带动了中国制造业的发展。中国经济改革在经历了“请进来”和“接轨”两个阶段后，已开始推动“走出去”。“走出去”从战略角度而言，就是跨越被动接受国际环境的阶段，积极主动地造就一个有利于国家利益的国际环境，开拓在国际社会中的影响力。从经济角度而言，就是要促进企业经营和资金运作的国际化，追求企业自身内部的发展和提升自身外部的国际地位。中国应利用外汇储备和贸易顺差日益增加的优势，大力鼓励有条件的企业“走出去”，采用国际通用的如跨国并购、参股、控股、战略联盟和建立创新企业等方式，取得国际市场上原材料生产和市场的主导权，使我国成为一个真正有影响力的国家。

中国企业“走出去”融入世界经济，并非追求一方为赢家、一方为输家的零和博弈。理想的局面是参与竞争各方，最终可以谋得你赢我赢，共同发展。中国企业通过“走出去”，组建具有中国特色的跨国公司，并争取尽快入围世界500强。世界500强企业是一种荣誉，更是一种经济实力。它不但是企业的荣誉和实力，在某种程度上还代表国家的实力。中国企业在出海远航的同时，还要坚持自主创新，创造世界级的品牌。历史证明，没有强大的本国工业，没有自己的拳头产品，这个国家是没有前途的。中国要成为世界经济贸易强国，既要有中国特色的跨国公司，又要有国际品牌产品，两者缺一不可。这关系到民族的尊严，体现着民族的素质，象征着国家的实力。

自2013年中国领导人提出“一带一路”倡议以来，150多个参与国有了新的国际经济合作平台和新的国际公共产品，推动了世界经济和贸易的发展。同时，人类迫切需要一个不受制于某个国家的全球治理体系，解决当前世界和平赤字、发展赤字和治理赤字三大问题，迎接经济全球化大发展“黄金时期”的到来。五千年中华文明中，“亲仁善邻”“讲信和睦”“和衷共济”“患难与共”的美好理想体现在人类命运共同体之中，中国的人类命运共同体思想阐明了世界的新发展观、新安全观和新合作观。人类命运共同体，早就使我们别无选择地成为同一个地球村的村民，早就在一个历史时空中结成你中有我、我中有你的特殊关系。中国始终努力实现“中国走向世界，世界走向中国”“世界好中国才能好，中国好世界才能好”的愿望。

《跨国公司经营与管理》一书，重点介绍跨国公司宏观和微观两个方面经营与管理的经验教训。本书各个章节注重理论联系实际，深入浅出，扩大视野，提高分析问题和解决问题的能力。本书还穿插了国内外大型企业在国际化经营中成功与失败的案例，各章都列有复习思考题，以加深读者对知识点的了解和掌握。本书作者之一林康教授，从事教学和科研工作40余年，出版多部有关跨国公司和国际贸易的著作并发表多篇相关论文。2008年版的《跨国公司经营与管理》被列入普通高等教育“十一五”国家级规划教材。林在志律师是英国礼德律师事务所的合伙人，有二十余年从事国际企业投资并购和融资的执业经验。在本书的编写过程中，乔荣贞教授参与了策划工作并对本书提出了宝贵意见。多位国际贸易专业的博士生和硕士生以及公司经理和业务员也对本书提出了宝贵意见。在此向支持本书写作和出版的同志表示感谢。

本书适用于国际经济、国际贸易、国际工商管理、世界经济专业的师生和从事国际经济贸易的工作人员学习和研究。由于作者水平有限，纰缪挂漏在所难免，敬请读者予以指正。

作　者

2021年5月于北京

目　录

第一章　跨国公司概述

✓ 本章摘要

跨国公司是在两个以上国家从事国际生产和销售活动的企业。联合国在《跨国公司行为守则》中制订了有关跨国公司定义的三要素。大型跨国公司的分支机构分布于世界各地，但仍是一个经营一体化的企业体系，国外直接投资已成为争夺世界市场的重要手段。

跨国公司是资本主义进入垄断时期的产物，跨国公司发展与资本输出密切相关，美国、欧洲和日本的跨国公司是发达国家企业中的主流。发展中国家新兴的跨国公司在性质和业务操作上与发达国家跨国公司有着明显的不同。

✓ 本章关键词

跨国公司　　发展中的新兴跨国公司　　母公司　　子公司

✓ 学完本章，你需要掌握：

跨国公司对全球生产国际化和资本国际化的推动作用，跨国公司在国际竞争中的地位和优势。熟悉跨国公司的法律形式和组织结构。

跨国公司是21世纪世界经济中一股特殊的经济力量，是与国家、民族、国际经济组织、区位经济一体化组织等相提并论的经济主体。它是在新科技革命的推动下由生产国际化和资本国际化塑造出来的企业跨国化经营的典范。它的经营活动跨越国界，它的影响力遍及全球。

跨国公司使传统的以国内生产、对外交换的贸易导向型国际分工向以国际生产、跨国经营为特征的投资导向型国际分工转移。跨国公司的演变与发展推动了世界经济的发展，成为世界经济发展的火车头。同时，跨国公司的发展也带来了诸多问题，尤其是对发展中国家的政治、经济产生了重大影响。我们研究它、认识它，就是为了利用其积极的一面，限制其消极的一面，以推动经济的发展，造福社会。

第一节　跨国公司的含义与经营特征

现代企业的运行是一种资源转化的过程，它通过经营活动将资金、技术、原材料、劳动力和知识等要素转化为商品、技术和服务，供应国内外市场，为社会造福。企业的性质决定企业的经营。跨国公司是从事全球性的生产经营和投资活动的企业，在不同类型的国家，跨国公司的性质和经营特征也有所不同。

一、现代企业经营的演变和发展

现代企业的经营活动，按其活动范围可分为国内经营和跨国经营。若一个企业的经营活动只限于企业法人的所在国家，就被称为国内经营；若一个企业的经营活动超越了一国的主权范围，在两个以上的国家从事各种资源转化活动，就被称为跨国经营。

跨国公司是企业国际化经营发展到一定高度后的一种企业组织形式。通常要经历以下三个阶段。

（一）本土化经营阶段

在一国国内投资、生产产品、提供服务的企业，称为国内企业。在此阶段，企业除了供应国内市场所需的商品和服务外，有的企业还设有国际事务部，专职从事出口业务，被称为“出口型企业”（Export-oriented Enterprises）。

（二）跨国化经营阶段

上述出口型企业，在国外市场已有一席之地，但经常受到当地政府贸易保护措施的干涉，难以进一步占领和扩大市场，因此便采取在当地投资、当地生产、当地销售的方式，绕过贸易保护主义。而其中的关键在于所建的子公司较当地企业拥有技术和品牌优势。各地的子公司在建立和发展到一定程度时，母公司为了克服经营方式的分散性和子公司的各行其道，便将政治、经济、文化等相类似的国家和地区作为一个统一的管理单位，设立地区总部，实行统一决策。这样，母公司对各地区总部实行分权管理，各地区总部对其区域内的子公司实行集权管理。

（三）全球一体化经营阶段

跨国公司利用全球资源组织专业化生产和经营活动，进一步促进了国际分工和企业内部的发展，使得子公司相互之间的依存性日益增强。母公司严格实行公司全球战略，统一协调地区总部和各子公司的利益关系。合理配置母公司和全球各子公司的资源，谋求公司整体利益的最大化，而各子公司在协调体制下各尽其责。这时国界的意义大大地被削弱。

跨国公司真正意义上的跨国经营，是指在全球范围内，按统一决策控制和协调，用从不同国家获得的资源以最佳方式来组织生产和经营，并将其产品和服务供应各地市场。

二、跨国公司定义与划分标准

（一）跨国公司名称的由来

跨国公司是第二次世界大战后迅速发展起来的一种国际企业的组织形式。随着跨国公司在世界经济中扮演越来越重要的角色，1974 年联合国经济及社会理事会组成一个专家小组，对跨国公司的性质和活动以及对当代世界经济发展的影响进行了评估。在此基础上，联合国一致同意建立一个政府间的跨国公司委员会和跨国公司中心（UNCTC）。此后，跨国公司（Transnational Corporations，TNCs）成为联合国文件的统一名称。目前，联合国跨国公司的工作由联合国贸易和发展会议（UNCTAD）主持。

在世界经济文献的资料中，与跨国公司相关的名称出现频率最高的有“跨国公司”“国际公司”“多国企业”和“国际企业”等。这些名称其内涵往往有所不同。跨国公司与国际公司的概念既有相同点，又有不同点。跨国公司强调其国际性和多国性：国际性（Internationality）指在国与国之间开展业务活动；多国性（Multinationality）指在许多不同的国家开展业务活动。而国际公司仅仅具有国际性这一个特征。

国际经贸业务主要包括商品转移、知识产权转让和资本投资等。通常，国际贸易公司从事商品的进出口业务；国际技术咨询公司从事知识产权转让业务；跨国公司通过对外直接投资，在东道国进行产品制造和销售活动，能最有效地使资金、商品、劳务、技术、信息和人力资源达到全球一体化的效果（Global Integration Effect）。①

“多国企业”这一名称通常为西方学者所使用，指该企业在许多国家从事经营活动。“国际公司”常使用于企业界，它与“多国公司”“跨国公司”等名称是可以通用的，国际公司有时可特指母公司的国际部或地区部（International or Regional Division）。“国际企业”一词流行于我国的港澳台地区。“全球公司”“世界公司”和“宇宙公司”，常常是通用的，它们都以全球竞争环境为出发点制定企业经营战略，企业的业务面向全球，实施全球取向（Global Orientation）。

（二）跨国公司的含义

跨国公司的称谓多种多样，1974 年联合国统一了跨国公司的名称，但关于跨国公司的定义和划分标准，仍然是见仁见智、众说纷纭。

1974 年，联合国秘书长指定的“知名人士小组”在会议上提出：“跨国公司是指在国外拥有或者控制着生产和服务设施的企业，它们不一定是股份公司或私人企业。它们也可能是合作企业或国有企业。”在 1978 年联合国秘书处准备的一份研究报告中，跨国公司一词被定义为：“凡是在两个或两个以上国家里控制有工厂、矿山、销售机构等类似财产的所有企业。”可以看出，这样一些定义对跨国公司经营活动的基本特征没有做出相应的界定。

---

① 刘易斯·威尔斯．第三世界跨国公司．上海：上海翻译公司，1996：128.

经过十多年的热烈争论，1983 年在联合国跨国公司中心发表的第三次调查报告《世界发展中的跨国公司》中，世界各国对跨国公司定义的三个基本要素取得了一致的意见，它们是：

第一，跨国公司是指一个工商企业，组成这个企业的实体在两个或两个以上的国家经营业务，而不论其采取何种法律形式经营，也不论其在哪一经济部门从事经营活动。

第二，这种企业在一个中央决策体系下做出企业经营决策，因而具有共同的政策，该政策反映企业的全球战略目标。

第三，这种企业通过参股或其他方式形成关系，使其中一个实体或几个实体对其他的实体有可能实施重大影响，并与其他实体分享资源、信息和分担责任。

1986 年联合国《跨国公司行为守则》（United Nations Code of Conduct on Transnational Corporations）对跨国公司的定义是：

“本守则中使用的跨国公司一词系指在两国或更多国家之间组成的公营、私营或混合所有制的企业实体，不论此等实体的法律形式和活动领域如何；该企业在一个决策体系下运营，通过一个或一个以上的决策中心使企业内部协调一致的政策和共同的战略得以实现；该企业中各个实体通过所有权或其他方式结合在一起，从而使其中的一个或多个实体得以对其他实体的活动施行有效的影响，特别是与别的实体分享知识、资源和分担责任。”

相关链接

The United Nations Code of Conduct on Transnational Corporations, p29, Preamble and Objectives. Definitions and Scope of Application, UNCTC current studies, series A No. 4 New York, 1986. The term “transnational corporations” as used in this Code means an enterprise whether of public, private or mixed ownership, comprising entities in two or more counties, regardless of the legal form and fields of activity of these entities, while operates under a system of decision—making, permitting coherent policies and a common strategy through one or more decision—making centres, in which the entities are so linked, by ownership or otherwise, that one or more of them may be to exercise a significant influence over the activities of others, and, in particular, to share knowledge, resources and responsibilities with the others.

此定义是对 1983 年联合国跨国公司中心发表的《世界发展中的跨国公司》报告中提出的跨国公司定义的进一步规范化。

在对跨国公司三要素取得共识的基础上，20 世纪 80 年代以来，西方研究跨国公司的著名教授邓宁（John Harry Dunning）、巴克利（Peter J. Buckley）、卡森（Mark C. Casson）等又提出了一种新的看法：一个国际公司未必一定通过拥有海外股份而成为跨国公司，通过租赁和管理合同形式，同样可以成为跨国公司。因此，在他们看来，某些形式的纯对外贸易（租赁、特许、管理合同）劳务公司，虽然没有传统定义所要求的海外股份或控制权，仍可以被列为跨国公司。

进入 21 世纪，在科技高速发展和新的国际分工条件下，跨国公司利用其资金、技术、管理和组织机构等方面的优势，通过对外直接投资，在世界各地设立分支机构等方式，成为全球性的生产、销售、研发和经营一体化网络的现代国际企业。

（三）跨国公司的划分标准

各国对跨国公司的定义有不同的标准和尺度，跨国公司的划分标准大体可以概括为三种。

1. 业绩标准（Performance Characteristics Criteria）

跨国公司的业绩标准是指公司的国外业务活动在整个公司业务活动中所占比例，其资产额、销售额、生产值（产品和劳务）、利润额和雇员人数应占若干百分比以上才算“跨国公司”。比较一致的主张是比例达到 25% 以上为衡量标准。但是，按动态数列分析，某些公司可能在某一特定的时点合格，但在另一时点则不合格。

在规模标准限定上，随着公司的发展，规模标准也在水涨船高。一般将营业额超过 1 亿美元的公司称为跨国公司，美国著名教授弗农（Raymond Vernon）认为：“……销售额低于 1 亿美元的这类公司不值得引起注意。”① 联合国贸易和发展会议在 1993 年称营业额在 10 亿美元以上的为跨国公司，即“10 亿美元俱乐部”（Billion Dollar Club）。② 2020 年世界 500 强首位的美国沃尔玛公司（Walmart）营业额为 523 964 百万美元，利润 14 881 百万美元。但值得注意的是，根据《财富》杂志的统计数据，不同时期的公司营业额差别很大。

2. 结构标准（Structural Criteria）

跨国公司的结构标准采用“企业的跨国程度”“企业的所有权”“企业高级经理人员的国籍”和“企业的组织形式”等作为划分跨国经营的标准与尺度。

（1）企业的跨国程度。一个企业必须在两个以上的国家开展制造和销售业务才算跨国公司。

（2）企业的所有权。一般认为，跨国公司应当由众多国家的国民拥有所有权。经济合作与发展组织（OECD）认为，跨国公司“通常包括所有权属于私人的、国有的、公私合营的公司或其他的实体”。

（3）企业高级经理人员的国籍。跨国公司的高级经理人员必须是来自两国及两国以上的国民，这样合资经营企业的所有权和控制权自然会分散到不同国籍人士手里。

（4）企业的组织形式。跨国公司的组织形式以全球性地区和全球性产品为基础。其实体的法律形式，可以是合资、有限、无限、合作社、公私合营等。在制造业中，海外企业最流行的组织形式是在当地组建子公司。

3. 行为标准（Behavioural Characteristics Criteria）

跨国公司的行为标准指凡是跨国公司都应有全球战略目标，公司按照全球目标公平应对世界各地所出现的机遇与挑战。公司经营活动由一国走向多国，直至定位于全球化

---

① 联合国跨国公司中心. 跨国公司在世界发展事业的作用. 1989：46.

② UNCTAD. Small and Medium-sized TNC：Role，Impact and Policy Implications. New York：United Nations Publication，1993：1.

目标，一般需要经历以下三个阶段。

（1）“民族中心”阶段（Ethnocentric Stage）。公司业务活动以母国为中心进行决策，优先考虑母国企业的利益，按母国的处事方法开展经营。

（2）“多元中心”阶段（Polycentric Stage）。公司所有决策，既考虑母国的利益，也兼顾众多国外子公司的要求，其好处是充分利用当地资源和环境优势。

（3）“全球中心”阶段（Geocentric Stage）。公司所有决策，出自“全球思维”（Global Thinking）、“全球心态”（A Global Habit of Mind），以全球利益为目标，母国企业和国外企业相互配合、相互依存、协作经营。公司只有进入“全球中心”阶段，才称得上真正的跨国公司。

跨国公司以盈利为最终目标，若既能获得盈利，又能增加社会福利，公司会乐于采取一举两得的决策。但是，实际上这两项目标往往相互矛盾、相互抵触。通常，在鱼和熊掌不可兼得的情况下，跨国公司的抉择，必将是舍社会福利之目标，而取自身盈利之目标。

相关链接

根据2020年《财富》杂志公布的信息，在世界500强企业中，按年营业收入排序，前10强企业见表1-1。

表 1-1　　2020 年《财富》公布的前 10 强企业　　单位：百万美元

排名	公司名称（所属国家）	营业收入	利润
1	沃尔玛（美国）	523 964	14 881
2	中国石油化工集团公司（中国）	407 009	6 793
3	国家电网公司（中国）	383 906	7 970
4	中国石油天然气集团公司（中国）	379 130	4 443
5	荷兰皇家壳牌石油公司（荷兰）	352 106	15 842
6	沙特阿美公司（沙特阿拉伯）	329 784	88 211
7	大众公司（德国）	282 760	15 542
8	英国石油公司（英国）	282 616	4 026
9	亚马逊（美国）	280 552	11 588
10	丰田汽车公司（日本）	275 288	19 096

三、跨国公司的类型

目前，跨国公司的数量和种类已发展到了空前的程度，为了便于研究，现代跨国公司的类型可以按其经营目的、经营内容和经营结构分成三种。

（一）按公司经营目的分类

按公司经营目的可分为以下几种：

（1）保障原材料型企业。保障原材料的供应是企业生存和发展的基础，公司以开发资源为主要目的进行投资是历史上早期的投资方式。20世纪30年代美国石油公司对中东阿拉伯地区的石油工业进行的大规模投资以及日本在20世纪30年代后对我国东北资源的持续性投资都属于这种类型。由于最近几十年，全球几乎用光了需要几亿年才能积累起来的石化资源，资源供应日益紧俏，企业争夺资源的斗争也必将日益激烈。

（2）开拓市场型企业。为了扩大产品在世界市场上的销售规模，企业按照成本原则积极开拓海外市场，将生产过程中的某些环节进行外包，以提高企业的竞争力，扩大市场规模。

（3）提高效益型企业。效益是企业的生命，是企业竞争的源泉。企业如何最佳地利用生产要素、廉价劳动力，以提高效益、降低成本和增加利润，是企业生存和发展的重要课题。

（4）规避贸易壁垒型企业。在新贸易保护主义抬头的情况下，企业规避名目繁多的关税和非关税壁垒显得额外重要。

（二）按公司经营内容分类

按公司经营内容可分为以下几种：

（1）制造型企业。从事产品的生产制造，并将其产品销往各地市场是该类跨国公司最基本的职能。企业具备了加工制造的诸多要素，才能生产出具有竞争力的产品。

（2）贸易型企业。贸易型企业是以贸易为主，集贸易、投资和金融服务于一身的集团化、多元化和跨国化企业。最典型的代表是日本综合商社。

（3）资源型企业。资源型企业专注于采矿业、石油开采业和大型基础设施的开发工作。它在世界各地寻找资源、投资开发，为了防止资源东道国的国有化政策，目前这类企业更多地利用国际合资企业和非股权式的投资开展经营，以适当顾及当地企业的利益，减少民族主义的情绪。

（4）服务型企业。现代企业不仅进行货物贸易，也重视开展运输、保险、金融、会计、技术劳务等服务贸易。企业的货物贸易情况体现在海关统计上，服务贸易情况体现在国际收支平衡表上。

（三）按公司经营结构分类

按公司经营结构可分为以下几种：

（1）横向性企业。公司通过收购或并购同类企业，扩大生产规模。这类公司的母公司和子公司经营同类产品，从事相似的业务，其优点是便于开展公司内部贸易，进行内部的产品、原材料、技术和服务的交流活动，扩大公司的规模效益。

（2）垂直型企业。跨国公司的母公司和子公司经营不同的产品和服务，但相互间建立向前和向后的连锁关系。向前连锁关系指将过去销售的产品变为自己生产的另一类产品的原料，从而扩大经营范围。如石油加工提炼、生产化工产品、药品、化肥、农药等。向后连锁关系指将过去由供应商提供原料，并购为自己生产原料，实行供产联合，扩大经营范围。如汽车制造厂原来购买轮胎、玻璃、车内装饰等，现在改为自己生产，提高了生产和销售能力，从而扩大了各子公司之间的专业化生产和协作。

(3) 混合型企业。混合型企业通过创建新的生产设施或并购其他企业，母公司和子公司制造不同的产品、从事不同的业务。有些公司所从事的业务甚至没有任何关系，实为跨行业的业务，因而形成一种生产多种产品的综合体系。混合型企业实行多样化增长策略，使跨国企业具有开创力和应变力。公司的开创力是企业的发展之道，公司的应变力是企业的生存之道，道道相通，公司才能持续发展。

四、跨国公司的性质和经营特征

（一）跨国公司的性质

企业性质决定企业的经营。发达国家的跨国公司就其性质而论，是资本主义私有制的垄断企业，为了争夺国外市场、掠夺海外资源、攫取高额垄断利润，跨国公司通过对外直接投资和在世界各地设立分支机构从而形成一个从国内到国外、从生产到销售无所不包的超国家的特殊企业经营体系。

在不同类型的国家，跨国公司的性质也有所差异。当前，世界上有三种不同性质的跨国公司。

（1）西方跨国公司是资本在国际规模上集中和积聚的产物，也是垄断资本国际化和跨国化过程的产物。

（2）发展中国家和地区的企业走上国际化的道路，形成新型的跨国企业。这类跨国公司体现着民族资本主义的生产关系，它是民族资本发展外向型经济的必然结果，反映了发展中国家的民族资本已经国际化且成为国际分工中的一股重要力量。

（3）在我国，跨国公司是在实行对外开放和外贸体制改革的过程中发展起来的。随着经济体制改革的深化，我国已经形成了许多具有一定实力的跨国集团企业。这些企业采用“引进来”或“走出去”的方式，沿着国际化、集团化和实业化的道路发展。

（二）跨国公司的经营特征

跨国公司不同于单国公司之处主要是跨国性。跨国公司以母国为基地，将其实体分布于不同的国家或地区，在多国从事投资活动，由一国的某一大型企业为其控制、管理和指挥中心。跨国公司经营特征主要有如下几个方面。

1. 跨国公司仰仗资本经营，利用直接投资扩大经营规模

跨国公司拥有巨额资本，由生产经营转向资本经营。资本的本性就是扩张，它要冲破在其扩张道路上的一切地理的、文化的障碍，进行漫无止境的对外渗透。跨国公司对外扩张有两条途径：一是商品出口；二是海外投资和海外生产。为了扩大商品输出，它在国外建立销售公司，这种销售公司是最简单的所有权式的投资，它争夺市场的功能包

括以下方面：

（1）推销母公司和母国的产品。

（2）了解当地市场行情，收集所在国的经济和商业情报。

（3）扩大公司的影响，作为进一步向外投资的跳板。

这种销售机构的规模主要取决于母公司的规模、产品的类型、公司本身所处的发展阶段以及当地市场的消费需求。随着竞争的加剧，以向外输出商品为主的做法已不能满足争夺世界市场的需要，跨国公司已越来越多地利用海外直接投资建立工业企业来代替直接的商品输出。与跨国公司从母国出口相比较，海外直接生产更符合跨国公司全球战略的需要和最大限度地扩大盈利的需要。凭借公司的对外直接投资，跨国公司对外投资总量不断增长，单个跨国公司的规模也逐年扩大，一些跨国公司的年营业额甚至超过了一些国家的国内生产总值。

2. 跨国公司的技术是确保其竞争优势的原动力

技术是公司立身和发展的根本。新技术的发展和应用可促进公司的技术进步和业绩增长。企业推广新技术，首先是用机器设备替代活劳动，然后逐步发展到用电脑数控的机器设备替代原有的机器设备。在竞争激烈的世界市场上，跨国公司若要保持优势，或从一种优势转向另一种优势，就必须在研究与开发新技术、新工艺、新产品中始终保持领先地位，否则，它将在激烈的国际竞争中败北。因此，跨国公司对外投资以开发新技术为其主要武器，并且影响企业所在国有关的产业部门；反过来，科学技术的发展加强了国际分工和协作，促进了跨国公司的发展。

跨国公司欲保持技术优势，须仰赖巨额的研究开发投资及特有的技术战略。研究开发投资是新技术产生的摇篮。跨国公司把研究与开发视为明天的产品，投资研究开发就等于投资于未来，投资于市场竞争力。通常研究与开发费用占公司销售总额的5%~10%。同时，跨国公司始终牢牢控制新技术部门的生产和销售。

3. 大型跨国公司开展综合型多种经营，能增强总体竞争力

跨国公司的经营范围十分广泛，已经由单一产品的生产经营，向综合型、多元化方向发展，它不仅是商品的生产者，而且是技术的发明者和传播者，情报信息和财务管理的提供者，甚至还是企业文化和经营理念的沟通者。综合型多种经营促成母公司内部、母公司和子公司各自生产不同种类的产品，甚至经营彼此毫不相干的不同行业。20世纪70年代以来，综合型多种经营的跨国公司迅猛发展，其业务经营范围被形象地称为“从方便面到导弹”，几乎无所不包。

综合型多种经营的特点是根据生产、销售过程内在的需要，将有关联的生产联系起来，进而向其他行业渗透，形成生产多种产品的综合体系。综合型多种经营的优势是：

（1）增强跨国公司总的经济潜力，防止过剩资本的形成，确保公司顺利发展，有利于全球战略目标的实现。

（2）有利于资金合理流动与分配，提高生产要素和副产品的利用率。

（3）便于分散风险，稳定企业经济收益。

（4）可以充分利用生产余力，延长产品生命周期，增加利润。

（5）能够节省共同费用，增加企业的机动性。

跨国公司多种经营的发展，表明一种新的竞争形式——结构竞争的出现，即通过控制多部门的生产结构，争夺销售市场，从而使其成为多目标生产经营综合体。这种企业多元化经营的结果，一是增强公司的总体竞争力，促进公司全球战略目标的实现；二是实现公司资源的最佳配置和利用，提高资源利用率；三是分散风险，确保公司获取稳定的经济利益。

4. 跨国公司努力开发核心主业，适度兼顾多元化

随着世界经济全球化的纵深发展，世界市场的竞争日趋激烈，跨国公司认识到只有培育公司的核心产业和产品，才能提高公司的竞争力。企业应当通过并购、外包、剥离、整合业务等方式，退出缺乏竞争力的领域，集中力量发展主业。

跨国公司突出主业，是要努力开发公司的核心业务。目前，很多跨国公司推崇“开发主业，剥离非主业”的经营理念。

核心主业是指公司所经营的业务中占据主导地位的业务，也就是公司的强项。通常衡量公司核心主业的标准有：（1）公司核心业务销售额占企业总销售额的30%以上；（2）该项业务占同行业的市场份额不低于25%；（3）在同行业中的排名位于前列。公司虽然发展核心主业，但仍然保持有竞争力的多元化的特征。

5. 跨国公司借助参与制，扩大公司规模

跨国公司借助参与制，采用直接投资的方式以少量自有资本来控制他人的巨额资本。列宁曾经指出，要控制一个公司需要占有40%的股份。而如今的跨国公司所支配的外部资本和外部利润表明，要控制一个公司所需要占有的股份已降到10%～25%。美国商务部研究报告证实，美国跨国公司国外分支机构的资产相当于其对外直接投资累计总额的5～6倍。跨国公司利用自己手中的金融资本，控制他人的巨额资本，把触角伸向世界市场的任何一个角落。

跨国公司作为控股公司，控制海外子公司并以这种方式建立控制的金字塔。要对其他公司实行控制，就必须有一个不大的股票控制额，这样，该公司就能够对超过自己许多倍的资本实行控制。公司不会把少量股票持有者视为有权插手公司事务的业主，而是把他们当作有权得到一部分企业收入的人。甚至持有大宗股票的人，通常也不关心他们所持有股票公司的业务，有时甚至不知道它们究竟是什么样的公司。这是股权分散过程的一种表现。占有股票可以同行使控制权联系在一起，但也不是必然的，因为控制权不是占有股票的结果，而是完成所有权职能的结果。大公司股权广为分散妨碍了股票持有者真正行使自己的权利。因为大量的股票持有者实际上既不能任免公司的经营者，也不能对经营者实行控制。在大公司中，股票持有者的人数常常高达数十万，如美国电话电报公司，股票持有者超过100万人。绝大部分的股票持有者拥有的股份很少，他们实际上对公司生产资料所有权的支配和对这些生产资料生产出来的产品的支配，都丝毫没有影响。他们购买股票的目的与在银行和其他信贷机构储蓄的目的相似。

6. 跨国公司提高跨国化指数，实现公司战略全球化

跨国公司指在多国从事经营活动的企业，公司经营的明显特征是跨国化，这也是判断一家企业是否属于跨国公司的重要指标。联合国以及各国政府采用跨国化指数（Transnationality Index，TNI）考察跨国公司在世界市场上的经营情况。跨国化指数用该

跨国公司的海外资产占总资产的比率、海外销售额占总销售额的比率和海外雇员占雇员总人数的比率三项指标的平衡数计算而来。跨国化要求跨国公司实行战略全球化和经营管理的集中化。

首先，跨国公司的战略以整个世界市场为目标，总公司对整个公司的投资计划、生产安排、价格体系、市场分布、利润分配、研制方向等重大的决策，实行高度集中统一的管理。跨国公司在作出经营决策时，所考虑的不是一时一地的局部得失，而是整个公司在全球的最大利润。董事会是公司最高决策机构，它对整个公司各个实体拥有高度集中的管理权。

其次，公司内部有极强的相互关联性。跨国公司内部各实体之间具有密切的联系，子公司根据母公司的全球战略制订各自的经营计划及措施，而母公司与子公司、子公司与子公司之间，采用合同、协议等形式相互联系，从而使公司内部的各个实体能与其他实体分享资源和分担责任。公司在海外设立的许多子公司受控于母公司，在分工协作的基础上，公司内部各单位的业务融为一体，相辅相成。

总之，跨国公司是跨国化经营的企业组织。它从全球利益目标出发，把“融资世界市场战略”“核心产业和产品多样化战略”和“技术开发和转让战略”有机地结合在一起，力图获得最大的经济利益。这就是跨国公司经营的主要特征，也是联合国和各国政府考察跨国公司经营活动的指标。

第二节 跨国公司的形成与发展

19 世纪出现了现代跨国公司，第二次世界大战后跨国公司的影响遍及全球，在世界经济中扮演了重要的角色。21 世纪，跨国公司又出现了新的公司形态——全球公司（Global Corporation，GC），它将跨国化经营推向更高的形态。

跨国公司的形成与发展是基于社会生产力和科技水平的突飞猛进。资本输出的扩大，尤其是国外直接投资的快速发展，使得生产国际化和资本国际化造就了新的国际分工模式，而跨国公司成为其重要的载体，客观上推动了世界经济全球化的发展。

一、早期跨国公司的形成与发展

早在 17、18 世纪，新航线和新大陆的发现，扩大了国际商业活动的空间范围。新的企业组织——特权贸易公司的出现，意味着以往商人的个人冒险家事业的消亡和现代企业的诞生。它们持有王室颁发的特许状，专营对殖民地的垄断贸易。其中，著名的特权贸易公司有东印度公司（The British East India Company）、英国皇家非洲公司（The British Royal African Company）、英国哈德逊湾公司（The British Hardson's Bay Company）、荷兰东印度公司（The Dutch East India Company）和英资汇丰银行（Hong Kong and Shanghai Banking Corporation），这些公司以经营贸易和航运业为主，逐步扩大到银行和金融业。

特权贸易公司的出现是当时一种特有的现象，它们既有经济贸易方面的职能，又有政治方面的职能。鉴于此，特权贸易公司并不是现代意义上的跨国公司，只是具有了跨国公司的某些特征。由于它们是从事掠夺性经营的殖民地公司，不利于各国民族经济的发展，故遭到了各国强烈的反对。1856 年，英国正式颁布股份公司条例后，一大批股份公司出现，标志着现代资本主义企业的问世。

欧洲工业革命之后，那些广泛使用机器生产的股份公司急需廉价的工业原料，于是它们改变海外经营策略，由非生产性投资转向大规模的生产性投资：探采矿藏、开发土地、修建铁路、建设港口和发展加工装配业。从 19 世纪产业革命至第一次世界大战，跨国企业的先驱在其资本输出中以间接投资为主，直接投资仅占总投资的 10%。

先驱的跨国公司通过对外直接投资，在海外设立分支机构和子公司。当时具有代表性的制造企业有：1865 年，德国弗里德里克·拜耳公司在美国纽约的奥尔班尼开设的一家制造苯胺的工厂；1866 年，瑞典制造甘油、炸药的阿佛列·诺贝尔公司在德国汉堡开设的炸药工厂；1867 年，美国胜家缝纫机公司在英国的格拉斯哥创办的缝纫机装配厂；英国最大的油脂食品公司尤尼莱佛公司的前身英国利华兄弟公司，1885 年在利物浦用椰子油做原料制造肥皂，并在所罗门群岛和西非开发椰子种植园。美国的威斯汀豪斯电气公司、爱迪生电气公司、伊斯特曼·柯达公司以及新泽西州的美孚石油公司等也纷纷到国外投资设厂，开展跨国性经营，成为现代跨国公司的先驱，其中一些公司发展至今已成为有百余年历史的老店。

跨国公司由小到大、由弱到强的跨国经营活动有两大特征：一是业务活动的重心由各自的殖民地向其他国家扩张；二是由经营商品买卖转向投资生产活动。资本输出是跨国公司形成的基础。资本主义自由竞争时期已有资本输出活动，进入垄断资本主义时期，在工业发达国家，资本输出成了普遍和大规模的现象，此时真正意义的跨国经营已经形成，并进入了一发不可收的状态。

二、第二次世界大战后跨国公司的发展与壮大

第二次世界大战后跨国公司的发展进入了高速增长时期。生产的集中和资本的积累使得各大垄断企业已不满足于狭小的国内市场，到国外投资、生产和销售能获得垄断竞争优势。通过国外直接投资，将资本转移到资源丰富、劳动力充裕、市场广阔而资金短缺的国家和地区，使垄断资本充分发挥其潜能，使企业发展柳暗花明。因此，第二次世界大战后跨国公司的对外直接投资迅猛增长，跨国公司的对外直接投资占主要工业发达国家对外投资的 70% 以上，且主要为私人直接投资，跨国公司成为私人对外直接投资的物质载体。

（一）发达国家的跨国公司

在工业发达国家中，美国的海外投资遥遥领先。因为第二次世界大战的破坏，欧洲各国满目疮痍，急需美国的投资。1948 年，美国国会通过了“马歇尔计划”。它是以援助欧洲复兴为名企图控制西欧的计划。美国要求接受援助的西欧各国购买美国货物，取

消或放宽对美国投资和商品输出的限制，为美国资本和商品的进入大开绿灯。1950 年，美国对外直接投资总额达 118 亿美元，比 1940 年增长了 170%，1971 年，美国对外直接投资已高达 860 亿美元，即 20 年间增长了 629%（参见 1972 年 1 月美国商务部《美国多国公司对外投资政策》报告以及 1973 年联合国经社理事会《世界发展中的多国公司》报告）。

美国的对外投资方式不同于英国。第二次世界大战前，英国是世界上最大的资本输出国，它主要的投资方式是证券投资，即购买外国的股票和债券，如购买铁路债券和政府公债等。而美国在第二次世界大战后主要采用对外直接投资的方式，即在国外投资设厂，从事生产和销售活动。1971 年，美国国外直接投资为 860 亿美元，而对外证券投资为 299 亿美元。20 世纪 70 年代，美国对外直接投资达到顶峰，占资本主义世界对外直接投资的一半以上。20 世纪 70 年代至 80 年代，由于美国经济自身发展矛盾的加深和资本主义经济发展不平衡规律的作用，美国公司地位相对下降，西欧和日本公司地位上升，但美国投资的绝对数额仍保持领先地位。

1990 年至 1998 年，美国经济连续增长，失业率和通货膨胀率则维持在历史最低水平。促进美国经济恢复上升态势的一个重要因素是劳动生产率的提高。1990 年之前的 20 年里，非农业部门的劳动生产率每年平均增长 1%，到 1995 年后每年平均增长 2%，1999 年第一季度的增长率达 4%。

20 世纪末至 21 世纪初，美国公司在世界 500 强跨国公司中占 1/3，它们的营业额占 500 强总营业额的 1/3；在世界 500 强利润最高的前 50 名中，美国公司占 1/3。美国公司的这种特殊地位可归因于美国对外直接投资的领先地位。美国高速发展的高新技术，不断增长的巨大国内市场，政府的积极推动，都有助于增强美国公司在国际市场上的竞争力。

美国公司带来的竞争压力，加速了欧洲企业恢复和壮大的过程。进入 20 世纪 70 年代，并购后的欧洲大公司，在争夺世界资本和商品市场的过程中向美国公司提出挑战。在世界 500 强跨国公司中，法国、德国和英国的跨国公司挤进了前 10 名。荷兰、瑞士、瑞典和比利时等国的跨国公司也进入大公司的行列。日本海外直接投资起步晚，但发展速度很快。日本的综合商社是后起之秀，1997 年，在世界 500 强榜单中，日本上榜公司数量仅次于美国，占据第二位，拥有 126 家。更值得一提的是，在跨国公司世界前 10 名中日本占 6 席。日本自退为全球第三大经济体后，其综合商社在世界 500 强榜单上的数量节节下滑，不断被中国公司超越。

总之，美国、欧盟、日本的跨国公司既有共性又有个性。它们各自的特点是：美国跨国公司在国外生产方面占优势，欧盟的跨国公司在商品输出和国外生产方面都有所发展，而日本的跨国公司则在商品输出上见长。

（二）发展中国家和地区的新兴跨国公司

第二次世界大战后，西方跨国公司在全球范围内掀起并购浪潮，进行了一场全球性的结构调整。发展中国家和地区在国际直接投资中的地位上升，吸收外资水平增强，促进了当地企业的发展和壮大。发展中国家的企业因外向型发展和参与国际竞争，形成了自己的跨国公司。发展中国家和地区称之为多国公司、多国企业。

新兴的跨国公司有别于西方发达国家传统的跨国公司。多国公司，虽然其数目和规模都尚小，但增长速度却给人留下了极为深刻的印象。1978 年，联合国跨国公司中心的《再论世界发展中的跨国公司》报告把发展中国家的多国公司称为发达国家跨国公司的“竞争新对手”。在 2020 年世界 500 强榜单中，中国有 133 家企业位列其中，其他的发展中国家和地区入围的企业数也在增加。

发展中国家和地区的新兴跨国公司，在性质和业务经营模式上与发达国家的跨国公司不同，其特点有以下几个方面。

1. 合资性

新兴跨国公司一般采用与当地企业合资经营的方式，共同投资，共同管理。发展中国家在海外的子公司多达 90% 是合资企业，因此，它们有效地消除了当地民族的排他情绪。

2. 地区性

新兴跨国公司的子公司大多数分布在邻近的一些国家和地区。以东南亚为基地的多国公司，其海外子公司有 87% 设在东南亚地区；以拉丁美洲为基地的多国公司，它们的子公司有 75% 设在本地区。并且，它们的对外直接投资多数是“顺流而下”的运动，即投向生产水平低于自己的国家和地区。先强帮后强，抱团一起壮大，开创了“南南合作新模式”。

3. 适用性

发展中国家和地区除了对外直接投资，还积极开发和转让“适用技术”，即适合第三世界当地技术、经济、社会条件的各种应用性技术。这种“适用技术”的好处是：最大限度地满足当地市场的需要；节约能源、资源，减少污染；提供更多就业机会；提高工业化水平，缩小发展差距。

4. 灵活性

新兴的跨国公司与发达国家跨国公司不同，它们往往不采用大规模、专门化、标准化的技术设备，而是采用小型、灵活、多功能的技术设备，一机多用或主机附件灵活转换，以投入较少的技术设备生产较多的产品品种，非常符合当地市场的需要。以这种方式投入的项目，资金少、周转快、收益大，有利于发展中国家的经济发展。

总之，第二次世界大战后，在发达国家跨国公司占据世界经济主体地位的同时，发展中国家和地区新兴的跨国公司开始崛起，这对各国民族经济的发展，发展中国家与发达国家间经济贸易的发展，以及世界经济贸易新格局的形成，产生日益重大的影响。新兴跨国公司的形成和发展，有利于合理利用各国资源，发挥各国的优势，共同提高经济效益；有利于促进各自经济独立和集体自力更生，加强发展中国家的经济合作；有利于发展中国家和发达国家的经济合作，提高同发达国家的谈判地位；有利于推动经济全球化和多元化的发展，改变少数发达国家垄断世界经济贸易的不平衡格局。

三、21世纪跨国公司发展的新趋势

进入21世纪，以知识为基础，以金融为中心，以信息为先导，以跨国公司为依托的新世纪经济全球化的特征越来越明显。身为全球化载体的跨国公司的发展也进入了一个新阶段。

（一）向“无边界”的全球公司发展

为了更好地适应经济全球化的发展，出现了一种新的公司形态——全球公司（Global Corporation，GC），它是“无边界”的组织（Boundaryless Organization），可以使跨国公司脱离母国身份，进行无边界的开放式经营。它们在全球范围内进行资源的优化配置，以全球化的最高利益进行研究开发、财政金融安排、生产体系统筹和集中销售，建立全球范围内的价值链关系。全球公司成为最高形态的跨国经营，它们的“国家属性”开始明显弱化，强化了“无边界”的开放性，越来越多的跨国公司正在变成“国籍”不明的全球公司。

全球公司这一新的组织形式，如全球著名的美国国际商业机器公司（IBM）被称为“全球整合企业”（The Globally Integrated Enterprise）。该公司的三大原则是开放、专业知识和经济。在以往的跨国公司模式中，公司在关键的市场中组织当地市场体系，并在全球基础上履行其他职能。这种做法是为了应对保护主义和国家利益，如美国的通用汽车（GM）、福特（Ford）和IBM公司等，都是先建立本国的生产体系，然后在美国以外设厂，而把产品核心技术的研究和开发工作留在母国。进入全球公司后，它们全面地改变了原来的理念和运作模式。全球公司在全球范围内安排战略管理和运作，将生产体系分布于全球，并把价值带给各地顾客。

公司实行共同享受技术和执行共同的商业标准的策略，这主要得益于全球信息网络和通信基础设施。全球公司无边界的全球性开放式经营，可将各种信息准确地传递到组织的每个地方，将不同国家的经济活力，既有分工又有机地结合起来，组成“无边界”的高度依存关系，使其战略由局部转向全球。

（二）全球公司以全球性创新为天职

世界唯一不变的东西就是“变”，变化的世界要求理念的创新。21世纪经济全球化趋势的迅猛发展和国际竞争日趋激烈，全球公司的全球性创新（Global Innovation）工作，不论是产品创新、服务创新，还是管理创新都要适应世界市场的复杂性、产品和服务的多样性要求。消费需求的差异性要求，彻底改变了商业流程和整合方式，改变了企业经营管理方式，改变了知识的传播方式，改变了公共政策的制定方式，改变了企业与社会和消费者获利的方式，全球公司将全球化经营作为经营的出发点和归宿点。

全球公司的创新活动，对公司的领导者提出了两大挑战：第一，提高信任度。尽管产品生产和业务运作在各个国家和不同的组织中进行，但一个公司在透明管理、质量安全和保密等方面，需实行统一的原则和标准。公司需要在不同的国家和不同的组织之间建立共同价值的基础上，追求统一的信任方式，建立新的大伙伴合作关系。第二，应对竞争的技能。世界市场竞争白热化，竞争无时不在，无处不在。在最重要的竞争领域，公司经营决策者要具备强有力的竞争技能，他们要不断接受教育和培训，以适应竞争的需要。

全球公司的研发创新工作，可采用三种方式和途径：一是选择最佳的地区建立独立的研发中心；二是在地区分部具体业务部门内设立研究部门；三是与各国著名的大学、研究机构合作，成立专题研发中心，充分利用多家之长，集中攻克技术难题。

相关链接

跨国公司实行“无边界”的创新管理。这种跨国界、跨部门的合作创新可体现在各个部门。

美国通用电气公司（GE）飞机发动机检测部门与医疗器械部门合作，将查验发动机材料疲劳状况的技术利用到检验人体上，创造出全新的核磁共振仪器，造福了人类。

（三）全球公司采用跨国并购扩大经营规模

全球公司在全球范围内整合企业，改变其战略、管理和运作，采用新技术和创新商业模式。全球公司将各种职能业务分别对待，判断自身哪些方面做得最好，哪些方面交给合作者去做。这就要确认公司的核心竞争力，然后把其他业务进行外包，公司把时间、精力和资源集中到对公司战略至关重要的活动上。这种决策不是简单地剥离非核心业务，也不是劳动力套利（即把工作转移到工资较低的国家和地区去），因为这两种措施已不能适应世界市场对全球整合企业的需要。经济全球化和开放的世界市场，一则要求全球公司提供大规模的产品和服务，以实现规模经济效益；二则公司面临全球范围内的激烈竞争，原有的市场结构和垄断格局将不可避免地进行全球性重组。全球公司在外部压力和内在战略的要求下，需要采取战略性并购、强强联合的措施，扩大规模和抢占市场，以确保公司的生存和发展。

战略性并购不是简单的资本流动，而是公司资源整体移动，优化配置，整合后的大型跨国公司将成为全球化经营的主体、行业中的大鳄。

企业强强联合，组建跨国战略联盟，使跨国公司得以保持和发展自己的生存空间。联盟形式包括：合作式的开发联盟，以替代一家单打独斗的产品开发；软性的虚拟联盟，可替代硬性的实体联盟；强强合作式的竞争联盟，以替代强弱结合的互补联盟。这种新型的战略联盟，有利于取长补短，快速开发新技术、新工艺和新产品；有利于突破贸易壁垒，进入世界市场；有利于避免同行业之间激烈竞争导致的两败俱伤。

第三节　跨国公司的组织结构

跨国公司以全球市场和全球消费者为其经营目标，需要建立与之相适应的组织形式和管理结构。企业的组织形式向多元化发展，并应及时地进行自我更新，以适应外部环境和企业自身发展的需要。企业是社会经济的基本细胞，是人们从事生产、流通和交换等经济活动的一种组织形式。这种组织形式和管理结构是以企业经营战略为基础，以企业经营宗旨为导向，以企业内部和外部的责、权、利高度统一和协调为目标，不断进行组织设计和调整，以便使企业的控制和协调机制能适应世界经济和世界市场的变化。

一、现代企业的法律形式

现代企业的组织结构在一定的经济环境下运作，在一定的组织形式下生存。从法律意义上讲，现代企业有个人企业、合伙企业和股份制公司三种基本形式。

（一）个人企业（Individual Proprietorship）

个人企业亦称个人独资经营企业，是指由一名出资者单独出资从事经济管理的企业。从法律性质看，个人企业不是法人，不具有独立的法律人格；其企业资产与出资人的个人财产在法律上没有区别，即出资人对企业的债务负无限责任，出资人对企业的经营管理有决策权和经营权。

个人企业就规模而言，大多数是中小型企业。这类企业是资本主义国家中数量最多的企业形式，对国民经济不能起到主要作用。欧洲联盟内的中小企业（指雇员在500名以下的企业）近年来发展日趋快速，数量已超过1 500万家。

（二）合伙企业（Partnership）

合伙企业是两个或两个以上出资人共同投资、共同经营、共享利润、共担风险的企业。合伙企业的特点有以下方面：

（1）原则上不具有法人地位，它是一种“人的组合”，合伙人的死亡、退出、破产都将导致企业解体。

（2）合伙契约是合伙企业的基础，契约规定了合伙人的权利和义务。

（3）合伙人对合伙企业的债务负清偿责任，即合伙人以个人财产作为合伙企业债务的担保。

合伙企业的名称应以合伙人的姓氏命名，在合伙人姓氏之后，可加上商号（Firm）或公司（Company）字样，但不允许加上“有限”（Limited）的字样。

合伙人可分为两类，一类是普通合伙人（General Partner），另一类是有限合伙人（Limited Partner）。前者对合伙企业的债务负无限责任，后者则负有限责任，即仅限于其向合伙企业投入的资本。有限合伙人有权查阅企业账目，但无权参与企业经营管理，不能代表企业对外进行业务洽谈，其姓名也不能写入企业的名称，且未经普通合伙人同意不得随意退出合伙企业。由普通合伙人和有限合伙人共同组成的企业为有限（责任）合伙（Limited Partnership）企业。

（三）股份制公司（Corporation）

1. 股份制公司的法律特征

股份制公司是依照公司法制定的程序设立的、以盈利为目的的企业。股份制公司最基本的法律特征是：

（1）股份制公司是法人（Legal Entity），具有独立的法律人格。在英语中，“Corporation”既指“公司”，也指“法人”。

（2）股东对公司的投资，在法律上已属于公司所有，股东则丧失了对这些财产的权利，他们所换来的是按照出资的比例享有的一系列权利。公司的资产与股东个人的财产在法律上是分离的。

（3）股份制公司以自己的名义对外开展业务，即公司与股东在法律地位上是分离的，公司是一个独立的法律主体。

（4）股份制公司以自己的名义起诉、应诉，行使其诉讼权利。

（5）股份制公司对企业不仅有所有权，也有经营管理权。

2. 股份制公司的形式

各国通常有以下三类股份制公司形式：

（1）无限责任公司（Unlimited Liability Company）。股东对公司债务负无限责任，故称之为无限公司，就此而言，它与“合伙”相类似，但公司具有独立法人地位。

（2）有限责任公司（Limited Liability Company）。股东的责任只限于对公司投入的股本金额，故称之为有限责任公司。此类公司具有法人地位，股东人数少，不发行股票，且不得随意转让股权。有限责任公司是西方国家中数量最多的一类公司，大多数是中小型企业。

（3）股份有限公司（Limited Liability Company by Share or with Share Capital）。这类公司已成为当代公司形式的主流。它是按照法定程序向公众发行股票来筹集资本的一种公司形式。股东对公司债务只负有限责任，故股东的风险降低；股权可以转让，而且转让后不影响公司继续存在；股东的所有权与公司的经营管理职能相分离，有利于公司独立开展日常经营活动。

“有限责任公司”，也可被称为“股权不公开公司”；“股份有限公司”，也被称为“股权公开公司”，习惯上被称为“上市公司”（Public Company）。

二、跨国公司的组织形式

跨国公司通常采用股份有限公司的形式。按照公司的法律形式，可分为设立在母国的母公司和设立在海外的分公司、子公司以及避税地公司等。

（一）母公司（Parent Company）

1. 母公司的职责和性质

母公司是“帝国式”公司的中心。母公司指通过拥有其他公司一定数量的股权或通过协议方式能够实际上控制其他公司经营管理决策的公司，它能使其他公司成为自己的附属公司。

母公司对其他公司的控制，一般采取两种形式：一是拥有其他公司一定数量的股权份额；二是在两个公司间存在特殊的契约或支配性协议，世界上很多国家的公司法将这种通过特殊的合同安排控制另一公司的公司称为母公司。而控股公司（Holding Company）是指通过持有另一个公司的多数股权而对其实行控制的母公司。控股公司又可分为两类：一类是纯控股公司（Pure Holding Company），即公司设立的目的仅仅是为了控制子公司的股份，借此控制子公司，而其本身不直接从事任何工商业务活动；另一类是混合控股公司（Mixed Holding Company or Holding-Operating Company），这类公司既从事参股和控股业务，又经营工商业活动。发达国家的控股公司以混合控股公司居多。

母公司对子公司实行有效控制，是通过掌握子公司一定比例的股权实现的，但各国对这一股权比例有不同的规定。美国的公共事业控制法规定这一比例为10%以上；德国的公司法规定，要能拥有或控制“多数表决权”；法国规定，必须控制“一半以上的股本”才可以。所谓股本（Stock Capital），即全部股东交纳股金的总数额。英国规定，凡符合以下三条中的任何一条，A公司和B公司之间就构成母公司和子公司的关系：（1）A公司是B公司的在册股东，并能实际控制B公司的董事会。（2）A公司拥有B公司半数以上的股票。（3）B公司是A公司的孙公司（即A公司的子公司所拥有的子公司）。

以上对母公司和子公司的几个定义不尽相同，但有一个共同点，即母公司通过拥有子公司一定比例的股票来控制其重大的业务活动。

2. 母公司的特征

母公司的法律特征主要有：

（1）母公司实际控制子公司的经营管理权。各国立法普遍认为，母公司对子公司的控制权主要指对子公司一切重大事务具有实际上的表决权，其核心是对子公司董事会组成的决策权。跨国企业实际的权力中枢是董事会，控制了董事会即控制了公司。

（2）母公司以参股或非股权安排实现对子公司的控制。母公司对子公司实施控制的具体方式有两种：第一种是参股或控股，即通过拥有子公司一定比例的股权，以获得股东会多数表决权，从而获得对公司重大事务的决策权，达到控制子公司的目的；第二种是非股权安排，主要指通过各种协议达到实际上控制经营管理决策的目的。

（3）母公司对子公司承担有限责任。通常母公司对子公司以其出资额为限承担责任，母公司对子公司的债务不承担任何直接责任，这是因为在法律关系上母公司和子公司各为独立法人。

因此，母公司与子公司的关系实质上是股东与公司的关系，两者之间的关系适用公司法关于股东与公司相互关系的一般规定。但许多国家的公司法对母公司与子公司之间的某些特殊关系做出了特殊规定，进行特殊的法律管制。

相关链接

跨国公司董事会可被比作企业的大脑，是企业宏观和微观事务的决策者和发令者。董事会制定企业发展的战略和策略。经久不衰的企业称得上是“企业大脑”运转良好的典范，其按轻重缓急处理好管理思维和营销思维之间的关系。

（二）分公司（Branch）

分公司是总公司的分支机构，不具备法人资格，在法律上和经济上都不具有独立性，只是总公司的一个组成部分，因此，分公司尽管名称中有“公司”二字，但并不是公司法意义上的“公司”。分公司的法律特征主要有：

（1）分公司不具备法人资格，不能独立承担责任，其一切行为后果及责任由总公司承担。

（2）分公司由总公司授权开展业务，自己没有独立的公司名称和章程。

（3）分公司没有独立的财产，其所有资产属于总公司，并作为总公司的资产列入总公司的资产负债表中，母公司对分公司的债务承担无限责任。

分公司与总公司同为一个法律实体，设立在东道国的分公司被视为“外国公司”，不受当地法律的保护，而要受母国的外交保护。它从东道国撤出时，只能出售其资产，而不能转让其股权，也不能与其他公司合并。

（三）子公司（Subsidiary）

子公司是指一定比例的股份被另一家公司拥有或通过协议方式受到另一家公司实际控制的公司。母公司与子公司之间既存在所有权的关系，也存在控制和被控制的关系，但子公司在业务上可以独立经营，自主权较大。子公司的主要法律特征有：

（1）子公司是独立法人。子公司在经济上受母公司的控制，但在法律关系上，子公司是独立的法人。其独立性主要表现在：拥有独立的公司名称和公司章程；拥有独立的财产，财务独立，自负盈亏；可以公开发行股票，并可独立借贷，以自己的名义从事各种经济、民事活动，包括起诉和应诉；独立承担公司行为所带来的一切后果及责任，包括债务责任。

（2）子公司在经济上和业务上被母公司实际控制。母公司居于控制和支配地位，子公司处于从属地位。母公司对子公司的实际控制主要表现在，母公司能够决定和控制子公司董事会的组成。

（3）母公司对子公司的实际控制，或是基于股权参与，或是基于支配性协议等非股权安排。通常母公司拥有子公司的多数股权或全部股权，而股权数量与控制权成正比。在现代国际商业活动中，母公司的控制手段已不再局限于股权的控制，合同的安排也越来越多。许多国家的公司法都承认通过某种协议控制其他公司（子公司）的做法。

子公司在东道国注册登记被视作当地公司，须受东道国法律管辖，不受母国政府的外交保护。子公司在东道国除缴纳所得税外，其利润作为红利和利息汇出时，还须缴纳预扣税（With Holding Tax）。所谓预扣税，是指东道国政府对支付给外国投资者的红利和利息所征收的一种税收，只有缴纳预扣税后，这笔红利和利息才被准许汇出东道国。

（四）避税地公司（Tax Heaven Corporation）

世界上有三十多个国家和地区，对设在其境内的公司所得实行免税和低税政策，这给跨国公司进行财务调度和取得租税上的利益提供了方便，这就是避税地或避税港（Tax Heaven）。设在避税地或避税港的公司称为避税地公司。

目前，世界上主要的避税地有百慕大群岛、巴哈马群岛、荷属安得列斯群岛、巴拿马、巴巴多斯、开曼群岛、瑞士、列支敦士登、卢森堡、直布罗陀、利比里亚和中国香港地区等。

避税地必须具备有利于跨国公司的财务调度和国际业务活动的条件。其具体条件包括：对其境内公司所得税一律实行低税率或免税；取消外汇管制，允许自由汇回资本和盈利；对企业积累不加限制，不征租税；具备良好的财务服务、通信、交通条件以及健全的商法等。

避税地公司也称为“纸上公司”（Paper Corporation）或“皮包公司”。即通过操纵公司转移价格，使货物或劳务的法律所有权归于避税地公司，而实际上这些货物或劳务根本不进入避税地，这样将部分利润从征收高税率的国家转移到避税地，从而达到避税的目的。

相关链接

中国加入全球共同打击逃避税行列

自2008年国际金融危机后，打击跨国避税逃税一直是全球的热点问题。一些跨国公司利用法律漏洞或“避税天堂”“合法”避税、逃税现象十分严重，国际联手打击跨国公司逃税避税已成为重要问题。1987年，总部设在巴黎的经济合作与发展组织（OECD）与欧洲委员会共同起草了《税收事务行政互助多边公约》（以下简称《公约》）。该《公约》在尊重纳税人基本权利的同时，帮助各成员方应对国际避税。《公约》作为第一个真正意义上的多边税收合作公约，对于加强国际税收合作、打击和遏制非法逃避税行为以及维护各国国内税收利益具有积极的作用。为了吸引更多的非OECD和非欧洲委员会成员加入，2010年4月，《〈税收事务行政互助多边公约〉修订议定书》正式出台。2011年11月，我国在二十国集团（G20）戛纳峰会上签署了加入《公约》的意向书。

目前，已经有包括G20成员国在内的超过50个国家签署了《税收事务行政互助多边公约》。我国于2013年8月签署了该《公约》。中国加入后，意味着通过《公约》中国将参与到全球共同努力打击逃税避税的合作中，并可通过《公约》交换税务资讯，将对税务协作有很大帮助。

三、跨国公司的组织管理

跨国公司的组织结构具有浓厚的全球性，从事国内外业务管理的各部门在整个公司的组织结构中占有同等重要的地位。各个部门的设立和管理权限的配置，不是人为地分为国内部门或国外部门，而是取决于实现公司全球利润最大化的需要。

公司内部权利和责任的配置，既要加强统一协调，提高经营管理效率，又要充分发挥各个部门的积极性和创造性，使公司的经营决策上下左右畅通无阻。因为跨国公司从事全球生产经营，经营环境复杂，社会文化背景各异，人的价值观念和行为方式不同，所以跨国公司选择和采用科学的、合理的组织结构是非常重要的。通常跨国公司的组织结构采用六种类型，即国际业务部组织结构、全球性产品组织结构、全球性地区组织结构、全球性职能组织结构、混合式组织结构、全球矩阵式组织结构。

（一）国际业务部组织结构（International Division Structure）

随着公司产品出口、对外技术转让和对外投资业务的扩大，跨国公司设立专职的国际业务部，它是母公司的独资子公司，其经理由母公司的副总经理兼任（见图1-1）。

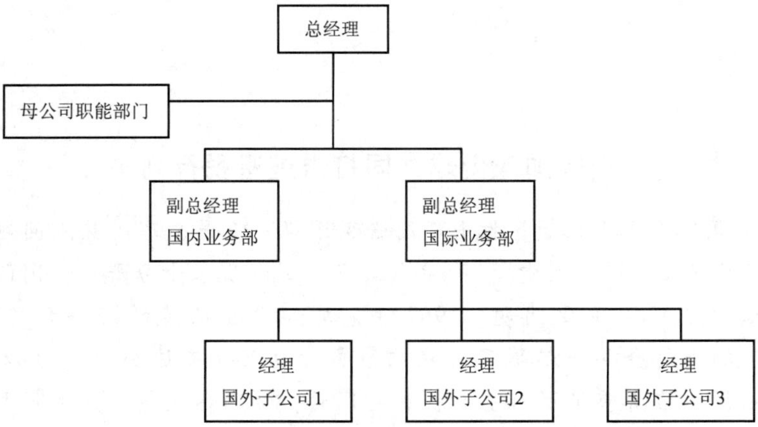

图1-1 国际业务部组织结构

1. 国际业务部组织结构的优点

国际业务部组织结构具有的优点：（1）能够加强对国际业务的管理；（2）容易实现公司业务与世界市场接轨；（3）有利于培养国际型经营管理人才。

2. 国际业务部组织结构的缺点

国际业务部组织结构的缺点是：（1）人为分设国际业务部和国内业务部，不利于公司有限资源的优化配置；（2）内外销之争，可能会影响出口；（3）转移价格会影响利润在各部门之间的分配；（4）国际业务部增长势头迅猛，其他部门的职能难以匹配，影响其经营效率。

（二）全球性产品组织结构（Global Product Structure）

公司经营产品的多样化，要求采用不同的技术进行生产，按不同方式组织销售。跨国公司在全球范围内设立各种产品部，各产品部对其产品的全球性计划、管理和控制负有主要责任（见图 1-2）。

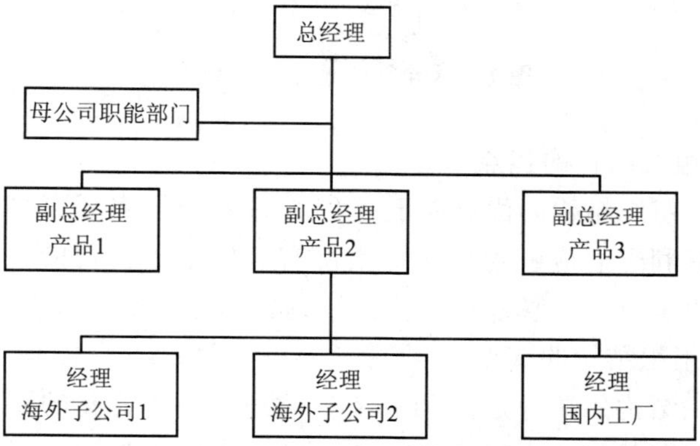

图 1-2 全球性产品组织结构

1. 全球性产品组织结构的优点

全球性产品组织结构的优点在于：（1）强调产品制造和市场销售的全球性规划；（2）有利于加强产品的技术、生产、销售和信息的统一管理；（3）最大限度地缩小国内外业务的差别。

2. 全球性产品组织结构的缺点

全球性产品组织结构的缺点是：（1）不利于公司对长期投资、市场营销、资源配置和利润分配等全局性问题进行集中统一的决策；（2）不同产品机构设置重叠，加大了内部协调工作的难度；（3）不能充分发挥国外业务知识专业人才的长处；（4）各产品部自成体系，容易造成人、财、物的浪费。①

（三）全球性地区组织结构（Global Regional Structure）

在那些产品线有限、业务分布较广的公司中，以地区为单位组织业务活动，有利于发挥规模经济效益。分管地区工作的副总经理向总经理报告工作（见图 1-3）。

---

① S. H. Robock, K. Simmonds. International Business and Multinational Enterprises. 4th ed. Homewood: Richard D. Iruin, 1999: 261-262.

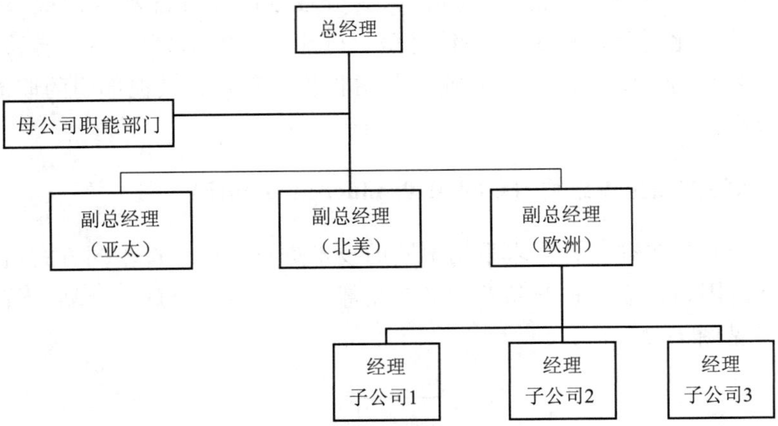

图 1-3　全球性地区组织结构

1. 全球性地区组织结构的优点

这种全球性地区组织结构的优点在于：（1）因强化了各子公司作为盈利中心和独立实体的地位，故有利于适应各地区实际情况和有助于子公司的独立发展；（2）地区目标较明确，公司决策更易于联系实际；（3）地区商品产销针对性强。

2. 全球性地区组织结构的缺点

全球性地区组织结构的缺点是：（1）不能适应产品多样化的要求；（2）容易形成地区割据，产生地区利益与总体利益的冲突；（3）地区之间难以开展新技术和新产品的研究与开发。①

相关链接

跨国公司总部选址日益青睐中国

2010 年，营业收入超过 10 亿美元的全球跨国企业不足 8 000 家，2013 年 10 月，麦肯锡全球研究所的学者预测：到 2025 年其数量将达到 15 000 家。这些迈过 10 亿美元门槛的新企业大多属于发展中国家。很多巨型企业或许会出现在地图上难以找到的城市。

目前，有 70% 多的跨国企业巨头把总部设在发达国家。被纳入麦肯锡城市级数据库的全球城市共有 2 600 多个，但 1/3 的企业巨头的总部都集中在 20 个国际大都市中。然而这一趋势很快将发生改变，新增的这 7 000 家大型企业中，将有 68% 的企业会在发展中国家建立总部。

2010 年，总部设在发展中国家的企业巨头有 2 200 家，到 2025 年将增至 7 000 家。

① S. H. Robock，K. Simmonds. International Business and Multinational Enterprises. 4th ed. Homewood：Richard D. Iruin，1999：261-262.

280个发展中国家城市将首度成为特大跨国企业总部的所在地。

2010年，总部设在中国的企业巨头仅有577家。到2025年，这一数量将猛增至3 100家。

哪些城市会得到跨国巨型企业的芳心？主要考虑三大因素：经营环境宽松程度、采矿业占GDP的比重以及国家对外资企业的开放程度。第一个因素可以通过世界银行发布的做生意难易程度指数来判断；第二个因素中，对原材料出口的依赖程度越大，对特大企业的吸引力就越低；第三个因素中，居高不下的关税可能是一把双刃剑，虽然能加速特大跨国企业的本土化，但这也将极大地冲击本土同类企业，掣肘后者的进一步发展。

（四）全球性职能组织结构（Global Function Structure）

全球性职能组织结构，将整个公司业务按公司的主要职能进行划分，各个职能部门负责各自领域的全球业务，分管职能部门工作的副总经理向总经理报告工作（见图1-4）。

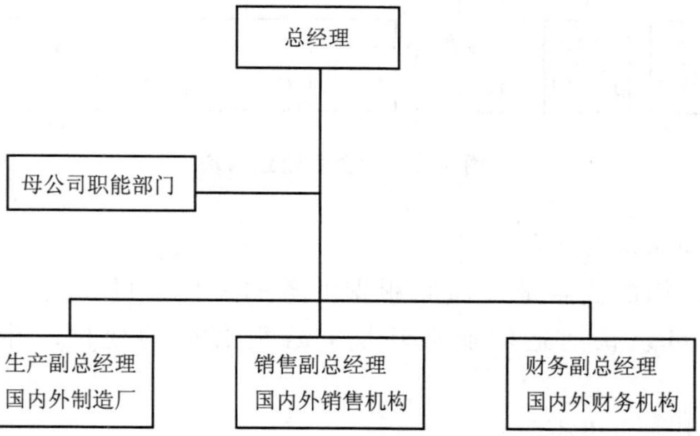

图1-4 全球性职能组织结构

1. 全球性职能组织结构的优点

这种全球性职能组织结构的优点在于：（1）有利于公司在世界范围内充分发挥其职能优势，提高效率；（2）明确了业务职能的专业化，有利于部门间密切配合与协调；（3）有利于统一成本核算和利润考核。

2. 全球性职能组织结构的缺点

全球性职能组织结构的缺点是：（1）较难适应产品的多样化和经营区域的扩展；（2）各个职能部门的分割可能导致各部门目标的分离和失调，尤其是产销目标的冲突；（3）各个职能部门都要掌握国外市场的资料，可能发生工作重复和预测差异。

这种类型的组织结构主要适用于产品系列比较简单、市场经营环境比较稳定的公司。

（五）混合式组织结构

当公司经营规模进一步扩大、建立众多产品线、经营多种业务时，或者这些跨国公司由两家组织结构不同的公司合并组成时，它们通常会采用混合式组织结构。此类公司由各个副总经理分管某一方面的工作，并直接向总经理报告（见图 1-5）。

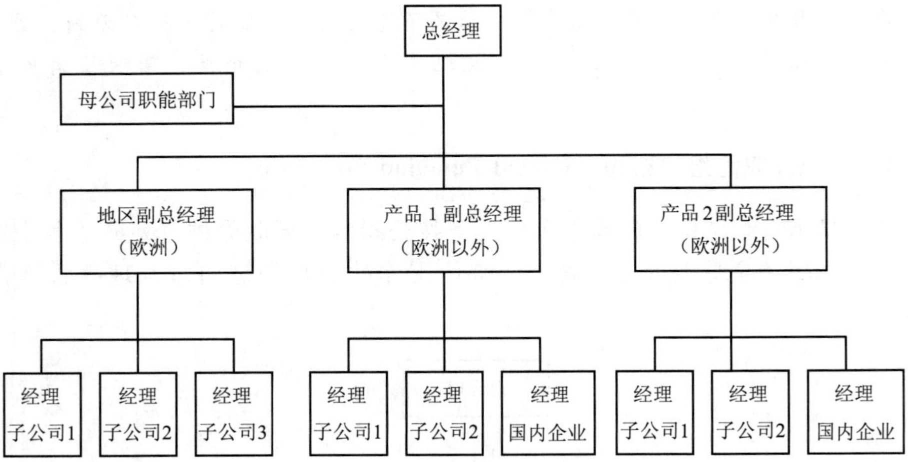

图 1-5　混合式组织结构

1. 混合式组织结构的优点

混合式组织结构的优点是：（1）根据业务的需要，可以选用不同的组织结构；（2）灵活性强，可以快速适应业务环境和经营方向的变化，并做出相应的结构调整。

2. 混合式组织结构的缺点

采用这种混合式组织结构的缺点是：（1）因组织结构欠规范化，实际操作中会发生脱节和冲突；（2）各部门间业务差异大，难以合作或协调；（3）不利于统一对外，树立公司整体形象。

这种混合式组织结构适用于产品系列多、客户差异大或处于调整阶段的跨国公司。

（六）全球矩阵式组织结构（Matrix Structure）

在公司业务规模大、产品系列多、地区分布广、客户差异性大的时候，公司经常采用全球矩阵式组织结构，即在明确权责关系的前提下，对公司业务实行交叉管理和控制。这种组织结构会出现一位基层经理也许同时接受两位上司（如产品副总经理和地区副总经理）领导的现象，打破了传统的统一指挥的管理模式，地区部门和产品管理部门同时并存（见图 1-6）。

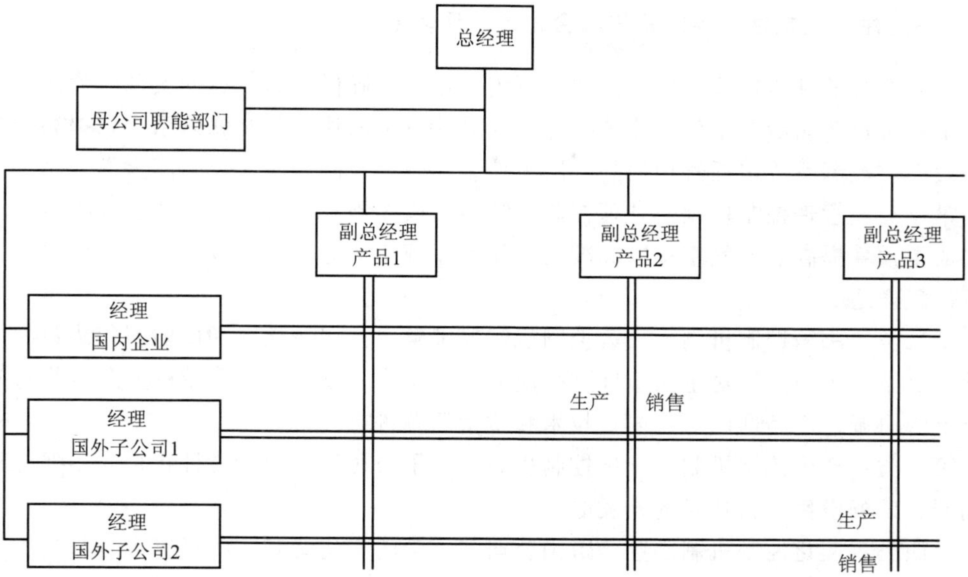

图 1-6 全球矩阵式组织结构

1. 全球矩阵式组织结构的特点

全球矩阵式组织结构的特点是：这是非长期固定式的组织，它是按照公司任务成立的跨职能部门的特殊机构。例如组建一个专项生产开发小组，进行新产品的研究、设计、开发、制造等各项业务，抽调有关人员参加，形成条块结合，协同作业，保质保量完成项目。

2. 全球矩阵式组织结构的优点

全球矩阵式组织结构的优点是：（1）有利于各部门和各层次之间的合作与协调，增强公司整体实力；（2）有利于将产品的生产和销售与市场竞争、环境变化、东道国政府政策等因素进行综合分析和处置；（3）公司可以选择不同的组织形式，具有较强的应变能力。

3. 全球矩阵式组织结构的缺点

全球矩阵式组织结构的缺点是：（1）组织结构过于复杂，难以协调各层次利益关系；（2）一旦某些经理权力欲望过强，就可能凌驾于矩阵组织之上，各行其是；（3）由于此结构形式打破了传统的统一管理模式，一旦部门间产生矛盾和冲突，就需要多方协调解决，不利于一致对外竞争。

四、跨国公司组织结构的创新与发展

跨国公司的规模不断扩大，经营内容更加丰富，组织层次也更加繁杂。全球公司的整合机制的设计尤为重要，不仅要设计基本的组织结构形式，还必须要设计公司内外组织的控制系统和协调系统，以求战略目标的贯彻和全球业务的运行。

（一）建立权威性的控制系统和合理的协调体系

控制系统的基本职能是保证公司上下统一行动，确保全球目标的实现。为此，要建立衡量和考核公司所有单位的业绩指标，并设计有关的评估与奖惩体系，以提高企业的运作效率。控制系统包括管理控制、决策控制、生产控制和文化控制四大类。

第一类：管理控制机制。管理控制机制包括成本预算、操作程序和统计报告。以严格的成本预算提高业务效率；以标准的操作程序规范业务行为；以及时的统计报告保证上下信息畅通。

第二类：决策控制机制。决策控制机制要求整个公司按权限和职能行使决策权，不可越权决策。公司高层对重大事件进行决策；公司中、基层对所管辖的业务进行行政和法律上的协调；产品部门对工艺、技术和质量问题进行决策。

第三类：产出控制机制。产出控制机制是对子公司设立业绩考评指标，主要考核企业利润、市场份额、新技术的开发等。

第四类：文化控制机制。鉴于跨国公司多元化的文化背景，各级管理者与员工有语言上的差别，在观点、文化和处事方式上亦有所不同。建立统一的公司文化，确立共同的行为准则，形成趋同的价值观与信念，这是公司文化需要解决的课题。

（二）公司组织结构的发展变化

公司组织结构由传统的金字塔型向网络化和扁平化方向发展。

1. 组织结构的变化趋势

传统的公司组织结构是金字塔型。企业传统的经营管理模式是按层级由上而下，或由下而上的多层次、多环节、长渠道的管理模式。这种组织结构行动迟缓，缺乏灵活性，既费时又费力，已经无法适应现今的信息技术社会的要求。

20 世纪 90 年代以来，由于信息技术的进步，电脑和互联网被广泛使用，互联网+帮助每个企业从同一“窗口”透视整个公司，乃至全球市场。

所谓组织结构扁平化就是完全改变传统的由上而下的纵向信息传递方式，全力加强横向联系，使组织结构具有弹性和柔性。公司组织内部形成了四通八达的网络系统，这种网络组织结构（Integrated Network）能把不同的业务和职责、不同地区的分支机构按全球化的组织网络联系起来，共同完成公司的战略目标，以达到提高企业经营管理效率的目的，从而降低成本，提高企业的竞争力。

2. 结构组织扁平化的具体措施

为了实现全球公司的组织结构扁平化，采取的具体措施有：（1）全面推行网络化管理，减少管理层次和管理人员，节省开支，提高效益；（2）提供扁平化的商品、销售和服务，这种扁平化的销售渠道可减少层级，缩短渠道长度，增加渠道宽度，真正做到销售渠道直营化和短宽化，使产销见面，做到顾客至上；（3）通过互联网进行公司信息“集群式”的传递，做到了在同一时间向所有对象传递信息，指令快捷，避免失真，从而提高决策质量，增强企业的灵活性和创造性。

（三）组建创新型的虚拟公司

为了应对竞争者的压力和激烈的市场竞争的挑战，增加企业生存和发展的概率，创建虚拟公司已成为21世纪公司组织结构创新的主流形式。

1. 虚拟公司产生的背景

虚拟公司产生的背景一是经济全球化和激烈的市场竞争，要求全球公司在有限的资源条件下选择竞争手段。这种手段不包括企业之间的正面交锋以竞争取胜，但需要开展合作共赢避免两败俱伤，消耗的资源有限；二是国际市场需求的多样化和个性化使大规模批量生产的标准产品丧失竞争力，一家公司在短期内难以实现提高技术和工艺的目标。虚拟公司可以发挥企业间生产要素的优势，取长补短，合力达标；三是新产品开发技术难度大，成本高，企业之间组成的虚拟公司可借助多方力量，共同设计、分头生产，合作制造新产品，统一销售、共享利润。

2. 虚拟公司的本质

虚拟公司既能保持参与企业的独立地位，又能整合和利用他人的竞争优势。这是一种开放式的组织形式，自愿组合，灵活架构，方便高效。

3. 虚拟公司的特点

21世纪出现的跨国公司追随虚拟公司的热潮取决于虚拟公司的以下特点：

第一，易于组建。传统的公司靠出资认股，以资产为纽带，为了共同利益，组建固定的公司组织架构。而虚拟公司不是独立的法人，不具备法律意义上的经济实体性质。虚拟公司随市场的机遇和利益而变迁，具有可变性。

第二，优势互补。虚拟公司的参与者专注各自的竞争优势，共同着力，发力于同一价值链，集各成员核心的资源和能力为一体，形成一加一大于二的协作力，实现合作共赢的目标。

第三，管理灵活。虚拟公司的参与者均是独立法人，平等成员，所组建的虚拟企业，没有产权关系，没有固定的管理机构和组织形式，依靠相互信任，合作协调，实现既定的目标。

复习思考题

1. 跨国公司定义的三个基本要素是什么？
2. 跨国公司按经营结构分类，可分为哪几种？
3. 跨国公司是什么性质的企业？它具有哪些基本特征？
4. 美国、欧盟和日本的跨国公司有何异同？
5. 发展中国家跨国公司与发达国家跨国公司有何不同？
6. 现代企业从法律形式来讲，可分为哪几种？
7. 现代跨国企业中的有限责任公司与股份有限公司有什么区别？
8. 试述跨国公司母公司的法律特征。
9. 分公司与子公司在法律特征上有什么不同？

10. 跨国公司的组织结构通常采用哪几种类型？

案例分析

海尔目标：创全球化品牌

海尔集团崛起于改革大潮之中，经过短短十几年的艰苦创业，一个濒临倒闭的集体小厂发展壮大成为大型国际化企业集团。

人们自然要问：海尔集团是如何发展起来的？这主要是由于海尔分阶段实施了四大发展战略：

第一阶段是实施名牌化战略。从 1984 年到 1991 年，海尔用 8 年时间把各种产品做好，创海尔名牌。海尔抓住改革开放的机遇，从国外引进先进的技术和设备，实施全面质量管理，提出了“要么不干，要干就干第一”的口号。当家电市场供大于求时，海尔凭借差异化的质量赢得竞争优势。这一阶段，海尔专心致志生产冰箱，在管理、技术、人才、资金、企业文化方面有了可以移植的模式。

第二阶段是实施多元化战略。从 1992 年到 1998 年，海尔抓住邓小平南方谈话的机遇，以“海尔文化激活休克鱼”的思路先后兼并了国内 18 家企业，使企业在多元化经营与规模扩张方面，进入了一个更广阔的发展空间。海尔开始实行 OEC（Overall Every Control and Clear）管理法，即每人每天对每件事进行全方位的控制和清理，目的是“日事日毕，日清日高”。这一管理方法也成为海尔创新的基石。

第三阶段是实施国际化战略。从 1998 年开始，海尔的目标是把海尔集团建成一个大型跨国公司，把国内名牌建成一个世界名牌，并力争进入世界 500 强。

海尔抓住我国加入世界贸易组织（WTO）的机遇，提出“走出去、走进去、走上去”的“三步走”战略，以“先难后易”的思路，首先进入发达国家创名牌，再以高屋建瓴之势进入发展中国家，逐渐在海外建立起设计、制造、营销的“三位一体”本土化模式。在这一阶段，海尔推行“市场链”管理，以计算机信息系统为基础，以订单信息流为中心，带动物流和资金流的运行，实现业务流程再造。这一管理创新加速了企业内部的信息流通，激励员工使其价值取向与用户需求相一致。

第四阶段是实施全球化品牌战略。从 2005 年开始，海尔整合全球资源，创全球化品牌。互联网时代带来营销的碎片化，传统企业的“生产—库存—销售”模式已不能满足用户个性化的需求，企业必须从“以企业为中心卖产品”转变为“以用户为中心卖服务”，即用户驱动的“即需即供”模式。海尔抓住互联网时代的机遇，整合全球的研发、制造、营销资源，创全球化品牌。

国际化的海尔

让海尔成为国际化企业、创出属于中国人的世界名牌，这是海尔集团提出的一个目标。

海尔集团从1996年开始以创“海尔”品牌为导向，开展海外直接投资，先后在印度尼西亚、菲律宾和马来西亚等十多个国家投资设厂。这是否意味着海尔已经成为国际化企业了呢？

海尔的领导层认为，根据全球范围内的比价成本分析来确定生产经营，这仅仅指的是企业行为的国际化，即企业的各项经营管理指标达到国际标准。随着全球经济一体化的深入，对一个有雄心的企业来说，这只是一个最起码的标准。因此，“海尔的国际化”和“国际化的海尔”不是一个概念。

国际化企业就是要实施本土化战略，本土化战略可以归纳为“三位一体”和“三融一创”。所谓“三位一体”，指的是生产制造中心、设计中心和营销中心三位一体地设立在市场所在的国家或地区；所谓“三融一创”，指的是海尔集团在投资的东道国当地融资、当地融智、当地融文化和创本地化名牌。通过实施“三位一体”和“三融一创”的本土化战略，获得了海尔所需要的资金、技术和人才。

1999年，海尔集团在美国南卡罗来纳州投资建立了第一个海外海尔工业园——美国海尔工业园。该工业园生产制造中心的工人是美国人，设在波士顿的设计中心的研究开发人员是美国人，设在纽约的营销中心的经理也是美国人。在美国初步实现了设计、生产、销售“三位一体”的本土化经营模式，从而最大限度地提高了资源的利用率。2002年，海尔在纽约购买了原格林尼治银行大厦，把这座标志性建筑作为其北美的总部，这意味着海尔“三位一体”的本土化发展战略又上升到新阶段，表明海尔已经在美国树立起本土化的名牌形象。此后，欧洲海尔、中东海尔也都初具规模。这种通过本土化来强化“国际化企业”的战略已初显成效。

2001年，海尔并购意大利一家冰箱厂，设立了意大利电力股份有限公司，快速实现了“三位一体”的本土化战略。通过这次并购，海尔不但拥有了欧洲的白色家电生产基地，而且还拥有了参与当地制造业组织并获取信息的渠道，从而为实现当地融资、融智、融文化，创世界名牌铺平了道路。

2002年，海尔与日本三洋公司建立竞争合作关系，以达到市场互换的目的。三洋海尔株式会社经销的海尔品牌家电全面进入日本家电市场，并以与日本名牌家电相当的价格树立起海尔品牌的美誉。日本业界权威人士认为，海尔是第一个真正被日本消费者接受的非日本品牌。

随着一个个本土化的名牌崛起于世界各地，海尔的创世界名牌目标正在逐步实现。这说明海尔品牌已被世界广大消费者所认同，这是海尔多年来从“品牌战略”“海尔国际化”发展到“国际化的海尔”战略取得胜利的硕果。

全球化品牌战略

海尔提出的“走出去、走进去、走上去”的“三步走”的国际化战略，都在逐步地实现。“走出去”早已实现，2007年到2012年，海尔在160多个国家销售的产品，利润年增长率最低为20%，最高为70%。“走进去”指进入世界主流市场的主流渠道。海尔在美国、日本和欧盟都已做到进入主流渠道。所谓“走上去”就是成为当地的主流品牌，这也是海尔全球化品牌战略的核心。海尔的努力方向是“走上去”，即创造品牌的美誉度，其目标是要让海尔成为全球家电第一品牌。

在全球家电业，海尔是一个年轻的品牌。为了赶上那些业内的“百年老店”，海尔可以采用两种办法：一是加快发展速度，二是在准确度方面下苦功。要做好这两点，就需要创新：产品创新、营销创新和管理创新。

产品创新要“把用户做大，把企业做小”。企业要开发新技术和新产品，满足更多消费者的需求，例如海尔生产的不用洗衣粉的洗衣机、U-home 网络家电等。进行产品创新，关键要把为用户创造价值作为标准。

营销创新是“把客户做大，把流程做小”。流程中的每一个点、每一个环节都可能出现漏洞，把流程做小能减少漏洞。海尔提出成套家电、成套服务的概念，即在营销平台上提供整体方案，缩短流程，为客户争取更大的利益。

管理创新则是“把员工做大，把领导做小”。海尔让每一名员工都直接面对市场，并对市场负责，盈亏自己负责。集团的总战略落实到每一位员工，而每一位员工的创新又会保证集团战略的实现。

上述三大创新符合信息化时代的市场规律，能帮助海尔创造资源、创造竞争力。事实证明，海尔全球的利润额和营业额都在增长。2012 年，海尔集团实现全球营业额 1 600 多亿元人民币，约合 258 亿美元，其中利润额为 90 亿元人民币，约合 14.2 亿美元。

网络化战略

随着网络化的发展，海尔开始实施网络化战略。其基础和运行体现在网络化上，主要包括两部分：网络化的市场和网络化的企业。在网络化市场中，用户网络化，营销体系也网络化，企业必须实现网络化。互联网时代，用户驱动着企业。以往在企业内，设计、制造、销售、售后服务是串联的形式，现在是并联，相关人员在每个环节都联系在一起，共同决定产品的好坏。这就是“人单合一双赢——平台组织下的自主经营体并联架构”。互联网消除了距离，零距离使原有企业组织架构、商业模式不能发挥作用。所以，海尔的组织要从正三角变为倒三角，过去领导是上级，现在用户是领导，并进一步演变为一张扁平的“网”，自主经营体便是网中的节点。

2013 年 12 月，海尔与阿里巴巴达成战略合作，张瑞敏与马云紧紧握手、互相欣赏。张瑞敏说，阿里巴巴的生态系统以及开放的平台驱动模式值得很多企业借鉴。马云说，正是因为有了海尔这样优秀的实体经济的存在，互联网才得以飞速发展，阿里巴巴联合海尔共同发展中国商业生态体系。为适应互联网的需求，海尔正在进行打造平台型企业、生态圈的探索。在互联网时代，传统制造业必须触网，消弭与互联网的界限。传统企业的驱动力是规模经济和范围经济，即做大做强。而互联网时代的驱动力是平台。平台就是快速配置资源的框架，平台就是生态圈。海尔在互联网时代的模式创新探索包括两个方面：一是战略，二是组织架构。战略和组织架构两者是相辅相成的。

传统企业是大规模制造产品，互联网时代是个性化订制产品，因此海尔按照用户需求来设计、制造、销售产品。在自主经营体的基础上，整合外部资源部形成利益共同体，参与其中的设计商、供应商、销售商等可以在创造增值后实现利益共享。传统企业是有边界的，但互联网时代的企业是无边界的，企业可以跨界经营。海尔探索建立“按单聚散”的人力资源平台，在“平台组织下自主经营体并联”的生态圈里，人员不是固定的，员工、用户、供应商都在一个平台上。

海尔创始人张瑞敏认为，企业管理的最高境界是“群龙无首”：每条“龙”都很有能力，每个人都把工作做到最精细，希望“每个员工成为自己的CEO”。所以，海尔在互联网时代追求“三无目标”：企业无边界、管理无领导、供应链无尺度。

海尔的国际化网络由国外战略联盟系统和内外部工业系统组成，实现了海尔产品在技术、产品上的个性化，能适应全球每一个市场的需求。海外战略联盟系统围绕企业发展战略，与国际先进的企业、科研机构、大学进行全面合作，成立多个研发中心。公司的工业设计系统由设在美国、法国、日本、荷兰、加拿大等地的设计分部组成。海尔在这些国家和地区建立的信息中心和全球设计网络构成了全球信息中心，可动态、及时地取得国际最新的科技信息、市场信息，形成海尔产品在工业设计上的整体优势。

在海尔的发展历程中，一直以先行者的姿态，抓住了不同时代的多次机遇。海尔全球化品牌战略正在一步步取得进展，通过聚焦高端形象产品，聚焦大客户，实现在海外市场规模和盈利的提升。张瑞敏表示，海尔的海外发展以最快的速度，应用互联网时代的思维推进。只有互联网才可以把有共同需求的人聚集到一起，这是一个非常好的方式，海尔希望在海外也能利用互联网的机遇发展起来，成为真正的世界品牌。

第二章　跨国公司全球化经营的宏观环境

✓本章摘要

在经济全球化的条件下，跨国公司使传统的以国内生产、对外交换为特征的贸易导向型分工向以国际化生产、跨国经营为特征的投资导向型分工转变。由于跨国公司股权多国化，相互持股，使公司和产品的“国籍”日益模糊化，推动了世界经济的发展。

跨国公司的演变和发展，既推动了国际竞争，又促成了国际垄断。跨国公司依仗规模经济的优势，控制着国际资本市场、技术市场、商品市场和服务市场。在世界市场上，跨国公司处于垄断地位，操纵垄断价格，获取高额利润。

✓本章关键词

世界经济全球化　　生产国际化　　国际综合性产品　　国际竞争优势　　企业跨国化　　综合国力　　国际垄断价格

✓学完本章，你需要掌握：

经济全球化的含义和要求，综合国力的含义和指标，企业跨国化与世界经济的整体联系，世界经济国际化的主要特征，跨国公司的国际竞争优势。熟悉跨国公司在世界经济中的地位和作用，当代国际竞争的新特点。了解跨国公司在国际贸易中的垄断地位。

当代跨国公司在经济全球化的环境下，其资源要素在世界范围内自由流动，以优化配置为基础进行国际化经营。跨国公司成功的国际化经营依靠的是经济硬实力和经济软实力。经济硬实力指雄厚的资金、规模化经营和先进的技术；经济软实力指充足的优秀人才、创新的能力和优良的品牌。公司硬实力和软实力齐头并进，互为因果，相辅相成，造就了这种国际化经营企业，并使之成为世界经济舞台的主角。在国际化经营中，跨国公司占有垄断地位，控制世界市场，操纵垄断价格，获取高额利润。目前，大型跨国公司的年营业额相当于一个中等发达国家的年国民生产总值，人们称其为“企业帝国”。

第一节 经济全球化与跨国公司

人能感觉到的东西不一定能理解，理解的东西才能真正感觉到。进入 21 世纪，世界经济一直存在两股强大的潮流：一是经济全球化，特别是生产的国际化和贸易的自由化；二是企业跨国化，即跨国公司是从事跨国化经营的企业组织，企业的经营不受国界的限制。美国、欧盟、日本等发达国家对世界的瓜分靠的不再是“火和剑”，不再是领土征服，而是投资和贸易，是技术领先和市场占领。这是一场世界商战，一场没有刀光剑影的“世界大战”。发达国家主宰世界经济和市场，迫使发展中国家接受其“赢者通吃”的霸主理论和“市场如同战场”的言论，这违背了自由贸易的精髓。交易双方应是合作共赢，赢得竞争并不是主要目的。自由贸易的最终目的应该是赢得并留住客户，使交易双方各取所需。

一、经济全球化的发展趋势

（一）经济全球化

1. 经济全球化的含义

经济全球化的概念早在 20 世纪 90 年代就已经普遍流行，国际货币基金组织（IMF）1997 年的报告中提出，“经济全球化是指跨国商品和服务贸易、资本流动规模和形式的增加，以及技术广泛、迅速的传播，使世界各国经济相互依赖性的增强”。简而言之，经济全球化（Economic Globalization）是指世界各国经济无一例外地参与国际分工和国际交换。其核心是：无歧视的公平的自由竞争；物流、资金流、技术流和信息流的加速运动，实现资源在世界范围内的优化配置；社会化大生产冲破国界的限制，实现资本全球化和生产全球化；多边经济贸易规则和惯例的不断发展和健全。正如多才多艺的先哲歌德早就教诲人们的那样，概念与感情的自由交流与工业品和农产品的互换同样扩大人类的财富和满足人们普遍富裕的要求。因此，知识和产品的交流已成为经济全球化进程的重要因素。

经济全球化形成的原因有：

（1）国际分工深化是经济全球化的基础；

（2）迅猛发展的科学技术是经济全球化发展的主要动力；

（3）大型跨国公司急切追求利益最大化是经济全球化的必然结果。

2. 经济全球化的要求

经济全球化的存在与发展需要具备一定的条件，条件是贸易自由化、生产国际化、金融全球化以及科技全球化。跨国公司是经济全球化的推动者与承担者。

（1）贸易自由化。世界贸易组织（WTO）以自由贸易理论统一国际贸易行为准则，并减少进出口关税和贸易壁垒，使全球货物贸易、服务贸易和技术贸易等迅猛发展，贸易自由化程度越来越高。自由贸易要求各国实行开放的经济政策，让生产资源全球配置，生产要素环球流动。只有这样，世界各国和地区的经济才能真正联结成一个统一的整体。各国只有参与经济全球化的活动，根据自己面对的客观环境和具体条件，积极采取合适的对策和步骤，逐步开放国内市场，同时主动打入国际市场，才能在世界经济快速发展和激烈竞争的形势下争取有利的地位。

（2）生产国际化。生产国际化即生产活动的国际化，其主要表现为五个方面：

第一，从传统国际分工发展成为世界性分工；

第二，以自然资源为基础的分工发展成以现代化工艺技术为基础的分工；

第三，从产业各部门之间的分工发展到各产品部门内部的分工和以产品专业化为基础的分工；

第四，从沿着产品界限进行分工发展到沿着生产要素界限进行分工；

第五，从生产领域分工发展到服务部门的分工。

所有这一切变化完全依仗着互联网技术的进步，使各国之间缩短了距离，使生产要素的跨国流动变得轻而易举。

（3）金融全球化。网络技术的发展使得全球机构的各种金融业务一览无余，资金、借贷、证券发行、外汇交易、企业并购等活动，不受时间和疆界的影响。金融市场已经成为世界最具流动性和全天候的市场。

（4）科技全球化。科技全球化是指各国科技资源在全球范围内实现优化配置，减少了各种人为的障碍和壁垒。跨国公司通过垄断技术标准，使各国的技术标准日趋一致，迫使大家共同遵守统一的、有效的“游戏规则”，从而控制了国际生产，获取了大量的超额利润。

3. 经济全球化的好处

（1）国际交流和竞争降低了市场价格，有利于市场经济的发展。

（2）解放了人们的创造力，有利于优化经济贸易结构。

（3）扩大了市场供给，有利于更充分利用资本和资源的优势。

（4）改善了产品和服务的质量，有利于各国人民生活水平的提高。

由此可见，全球化不是一个政策选择，而是一个经济发展的客观要求。

4. 经济全球化并不是完全的自由贸易

经济全球化的真正推手是西方工业发达国家，因为它们拥有知识和人才方面的比较优势，竞争根基牢固。为了保持其优势地位，西方国家不仅需要千方百计地维持汇率杠杆的“吸血”功能，同时还必须在技术上持续创新，在文化上保持胜利者的魅力，即采用“胡萝卜加大棒”的手法，保持全球化既得利益的输送管道畅通。

西方国家把创新后的技术迅速产业化，通过大规模的制造，向全球市场推销产品，以赚取高额利润，并分摊其大量的研发费用。同时，用政治手段迫使其他国家不得染指其知识产权，用复杂的法律规定以及名目繁多的壁垒，让其他国家不能轻易采用“围魏救赵”的方式进入本土市场，这就是西方国家竭力推行全球化的目的。因此，经济全球化并不是完全的自由贸易。正好相反，当今世界经济全球化越发展，贫富两极的分化越大。财富向富裕的国家聚合，贫穷向穷困的国家集聚，呈现穷多富少的两极化态势。

就本质而言，西方国家的现代经济全球化和当年工业革命时期的海外扩张是一样的。如果说到区别，那就是通过产品的细化分工，使得一些后进国家有了廉价出卖劳动力的机会。现代知识和脑力劳动的垄断利润，靠的不仅是知识产权这样的游戏规则，更重要的是配套的工业链和完备的金融机制所支撑的军工制造能力。

5. 对全球化的期盼

全球化是过去 30 年的一大经济主题，不仅影响了世界商业，也对世界大部分地区产生了影响。推动全球化的因素有技术、创新，也有以市场为导向的自由化，主要是贸易和金融自由化，也有人口流动。全球化是全球市场乐观主义的全盛时期，这种乐观主义最初由美国和西欧释放，由中国和新兴国家推动。全球化的影响广泛而深远，远远超越了经济领域。第一，世界各国将英语变成相互交流沟通的世界语言；第二，受过很好教育的职业大军进行大规模的跨国流动；第三，善于管理全球经济和商业活动的精英队伍发展壮大；第四，经济和商业活动的全球化，带动了文化、思想、习俗的跨国传播。

2008 年由美国开始的国际金融危机，一直在摧毁这种无忧无虑的信心，阻碍全球化前行。人们希望：（1）更加严格地监管市场；（2）提倡自由贸易原则，减少不公平交易；（3）加强私有经济的安全保护。实现全球化和市场监管是一种复杂的平衡。现在全球市场经济已经告别愉悦而自信的清晨，进入阴云雾霾的白天。

由美国主导、欧洲积极参与的跨大西洋贸易与投资伙伴关系协议（Trans-Atlantic Trade and Investment Partnership，TTIP）的目标是对中国形成战略围堵和挤压，使中国不得不面临着重塑的西方和更高标准的全球化。一旦美欧在产品技术标准上达成一致，TTIP 就将成为新的国际贸易、国际投资规则的基础，进而影响整个全球化规则的制订，它将会大大提高中国参与全球化的成本。美国正在试图为国有企业补贴的透明度以及规则设定全球标准。此举明显针对中国的国有企业，这类规则严格限制国有企业的竞争优势，包括所有制透明、阻止非平等待遇、纠正扭曲性国际补贴等，此外还要求政府保证国有企业按照市场补贴运行。

（二）衡量经济全球化的重要指标——综合国力

1. 综合国力的含义

综合国力（Conglomerate National Power）是一个国家在一定时期内所拥有或控制的关系国家生存与发展的所有力量的总和，由经济实力、科技创新能力、国防军事能力和民族的凝聚力四个因素组成。

2. 衡量综合国力的指标

一个国家的综合国力，从经济学角度来讲，其主要衡量指标包括：（1）国民生产总值；（2）主要产品的产量和质量；（3）国际竞争力；（4）一国对外贸易的规模大小和质量高低。这一指标不仅直接关系到该国同世界经济的交换量和国际收支能力，而且也直接关系到国民生产总值的规模和主要产品的产量，因此，发展对外贸易与提高综合国力密切相关。

（三）经济全球化背景下的国家竞争优势

国家竞争优势理论认为，国家是传统的竞争主体，企业是相对独立的竞争主体。国家竞争优势取决于国家所拥有的生产要素、政府的经济政策、企业的组织形式、民族的文化传统和国防军备开支等。国家竞争优势的根基是产业和企业的竞争优势。一国经济的大环境影响着行业和企业的竞争力。这些理论各自从某一方面对国家在世界竞争中的优势问题做出了一定的解释，有助于对国家竞争优势的理解。

美国哈佛大学麦克·波特（Michael Porter）教授著有著名的竞争三部曲——《竞争战略》《竞争优势》《国家竞争优势》。在《国家竞争优势》一书中，波特教授指出，国家竞争优势实际是行业竞争优势的问题，关键在于理解一国经济的大环境如何影响企业和行业在世界市场上的竞争地位。为此，波特教授提出了“国家竞争优势四要素”的模式，具体如图 2-1 所示。

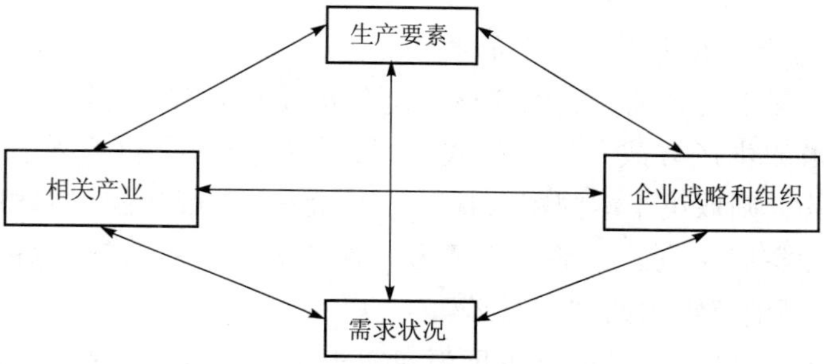

图 2-1 国家竞争优势四要素

波特所提出的四要素包括生产要素、需求状况、相关产业以及企业战略和组织，研究重点应放在分析生产要素和需求要素的关键性作用上。

1. 生产要素是企业生存和发展的必要条件

在各行各业中，生产要素是企业生存和发展的必要条件。生产要素可分为基本要素和高级要素。基本要素是指自然资源、地理位置、气候条件、普通工人等，是一种给定的先天条件。高级要素是指开发新产品应具备的必要条件，如充足的资金、先进的技术和高素质的人才，这种要素难以通过公开市场取得，是后天开发创造出来的。一般说来，高级要素的生成时间长，可供性极为有限，国外竞争者很难模仿和超越。

基本要素不足往往成为企业努力开发高级要素的动力，而高级要素的成功开发，则会对企业的竞争优势起到基本要素所不能起到的作用。对于一个国家、一个行业或企业来说，最有利的是把自己的竞争策略建筑在发挥本国高级要素优势的基础上。应当认识到，高级要素是变化的，今天的高级要素明天可能变成基本要素，因此，各国在发展国家竞争优势时，关键是创造一种有利于高级要素生成、发展、不断提高、升级换代的环境。

相关链接

以色列采用高级要素替代基本要素的不足，如自然条件恶劣等，产生了翻天覆地的变化。“昔日疟疾流行的沼泽地被排干了水，改造为旱涝保收的良田；裸露的山头被栽满了树木，一片郁郁葱葱；沿海公路两旁，整齐划一的农田和果园，无尽地延伸着；沙漠中点缀着一块块绿洲…… 仅占人口约5%的以色列农民不但能填饱国民的肚子，而且能向欧洲提供大量的农副产品。这时，称赞变成了由衷地钦佩”。①

以色列在一片沙漠上建起全球一流的喷灌式的农业，它的工业是世界市场高、精、尖产品的供应者，年经济增长率为西方国家的2~3倍，人均GDP早已是上万美元。以色列的惊人成就源于引进欧美等国家的一流人才，充分发挥了知识、技能和科学管理经验的作用。以色列成为靠高级要素替代基本要素不足的典范。

2. 需求状况是企业在世界市场上的助动力

一个国家消费需求的特征，影响着该国企业在世界市场的竞争优势。以本国需求为出发点而发展起来的生产方式、组织形式、营销策略是否有利于本国企业打入世界市场、建立竞争优势，则取决于本国需求状况与国际需求状况比较后的相对优势或劣势。

从需求状况考察国家竞争优势，主要考察两个方面：一是比较各国消费的“时间差”，二是比较各国消费需求的“规模差”。

各国需求状况的“时间差”，指本国消费需求是走在世界消费者的前列，引导世界消费潮流，还是跟在国外消费者后面，亦步亦趋追随潮流。这对于本国生产者在世界市场上的竞争态势有极大的影响。在高度发达的市场经济条件下，一国需求走在世界需求的前列，该国企业相应地走在世界其他企业的前面，由此可建立起自己“一着先，步步先”的竞争局面。

各国消费需求的“时间差”，与新产品的生命周期息息相关。以美国消费需求为例，在新产品的市场开发阶段，由于美国需求市场的前卫性，规模大、购买力强，因而新产品需求价格的弹性小，在价格方面具有优势。美国跨国公司凭借其竞争优势，获得丰厚的利润，而其他国家和地区的市场不得不依赖进口。产品进入成熟阶段，产品生产基本定型，市场需求增长，国内外模仿者蜂拥而至，竞争加剧，产品需求价格弹性逐渐增大，降低成本成为竞争获胜的关键因素。产品进入标准化阶段，产品生产完全成熟，仿制品充斥国内外市场。这时，新产品的原创者（美国跨国公司）已失去了垄断竞争优势，在市场竞争中“成本—价格”成为决定性因素。美国跨国公司为了保持市场份额，采取鼓励出口和对外直接投资两手并进的策略。一旦生产成本较低的发展中国家的企业也参与竞争，美国则成为返销的市场。今日，中国产品大量涌入美国市场就是一个佐证。

各国的消费结构有着“规模差”。不同的国家有着不同的消费习惯，占首要地位的

---

① 杨曼苏．以色列——谜一般的国家．北京：世界知识出版社，1992.

需求层次往往各不相同。一国市场最畅销的产品在另一国消费结构中可能占次要地位，其生产相应地不为该国企业所重视。这就使领先国家企业打入后进国家市场具有了竞争优势，因为领先国家企业可以凭借其大规模生产的成本优势，向后进国家市场大量出口。

3. 相关产业是企业竞争力的制约因素

企业在世界市场的竞争能力受企业相关产业发展水平的制约。国家的竞争优势必须以世界一流企业的相关产业为依托。一国某一产业居于世界领先地位，这为更多相关产业的发展提供了紧密合作的可能，推动了互补产品产业的发展和高质量信息环境的建立。这种企业与企业之间、行业与行业之间互相促进、一荣俱荣的实例随处可见。例如，美国计算机硬件的发展受益于软件业的不断创新，日本电子业的发展离不开其半导体产业的领先地位。

许多行业中的重大创新，往往是发现了那些原本认为毫无关联现象背后的必然联系。相关行业密集的布局会带来高质量的信息环境，这就是企业群的相互影响效应。以美国为例，加利福尼亚州的硅谷、波士顿的128号公路、纽约的华尔街、洛杉矶的好莱坞，其成功的秘诀之一就是相关企业密集在一地，极大地促进了行业之间的信息交流。招待会的不期而遇可能开启新的思路，酒吧间的邂逅相逢可能点燃创新的火花，甚至某一技术革新的谣传都可能给相关企业带来启发。经验表明，许多重大科技和管理的创新，都是抓住了萌芽时机，使新产品及时开发，抢先上市，从而实现了超额利润。

4. 企业战略和组织决定企业竞争的方向和基础

企业在国际市场上的竞争，不可避免地受到国家体制、传统和价值观念的影响。这种影响主要体现在三个方面：企业经营战略、人才流向和组织形式的选择。

（1）企业经营战略可分为四类：第一类是“产品开发竞争”（Product Development Competition），它依靠科技水平和研究开发能力，提高新产品的创新和投放市场的速度。第二类是“制造工艺竞争”（Manufacturing Technology Competition），它通过扩大投资规模和提高生产组织能力及质量管理水平，增加花色品种，提高产品质量，降低生产成本。第三类是“营销技巧竞争”（Marketing Technology Competition），它运用营销技巧和促销手段，提高品牌信誉，塑造产品“形象”，满足消费者的心理需求。第四类是“要素成本竞争”（Factor Cost Competition），即通过降低生产成本，企业向市场推出价廉物美的产品。

（2）企业的国际竞争是人才的竞争。出类拔萃的人才在任何国家都是一种稀缺资源。企业能否持久地吸引和凝聚最优秀的人才，是竞争成败的关键。如果打开各国成功企业的“黑盒子”，不难发现它们的共同点是尖端人才的最佳组合。美国著名计算机芯片生产企业英特尔（Intel）公司把“一群发奋的天才”聚合在一起，创造了奇迹。日本松下电器的成功在于科学地把“成千上万的普通人组织在一起共同创造奇迹”。

（3）各国企业的组织方式千差万别，自成一体。美国企业强调个人作用，分工很细，职责分明，但协作较差。日本企业以小组为单位，工种分类比较粗，每个人都是身兼数职，互相协作，注重发挥团队精神，但缺乏美国式的“崇尚个人奋斗”精神。

综上所述，现代企业竞争优势大多数与知识有关，而不是自然资源。一个国家在国际竞争中最有可能取胜的行业是“四要素”环境特别有利的那些行业。一个国家可以在某些行业遥遥领先，但同时在其他行业远远落后。事实上，一个国家最有希望在全球占据优势的行业是其国内最强盛的行业，是那些创汇高的行业。这种行业在美国是金融业和娱乐业，在瑞士是银行业，在意大利是时装业，在日本是电子产业。而跨国公司则应关注这些国家的优势产业。

二、现代企业的发展模式——企业跨国经营

（一）现代企业的跨国化与经济全球化相匹配

1. 现代企业的发展模式由国内经营向跨国经营发展

人类社会由低级向高级发展，一个国家的企业由内向外发展，这是历史发展的必然趋势。企业首先立足于国内市场，占有一定的市场份额，然后进入国外市场，占领国外市场份额。当代跨国公司使传统的以国内生产、对外交换为特征的贸易导向型国际分工向以国际化生产、跨国经营为特征的投资导向型转变。

企业参与跨国经营，使世界经济发生质的变化，由国际贸易转向国际生产，由世界市场转向世界工厂。国际化是企业经营内部化过程超越国界的表现。美国科斯（Konald Coase）教授在《企业的性质》（The Nature of the Firm Economic）一文中指出：“企业和市场是两种相互替代的资源配置机制。”企业放飞于竞争的市场，在激烈的商战中寻求生存和发展的机遇。

2. 跨国公司与世界经济的整体联系

跨国公司以世界市场作为自己的活动空间，因而，必定在世界范围内形成整体联系。跨国公司的跨国经营与世界经济有着密切的关系，这些关系包括：

（1）跨国公司与母国政府的关系。

（2）跨国公司母公司与国内子公司的关系。

（3）跨国公司母公司与国外子公司的关系。

（4）跨国公司与东道国政府的关系。

（5）跨国公司与其他国家的关系。

（6）一家跨国公司与其他跨国公司的关系。

（7）跨国战略联盟内的跨国公司的相互关系。

（8）跨国公司与国际经济和金融组织的关系。

跨国公司与世界经济活动的整体联系就是在这些错综复杂的关系中形成的。图 2-2 形象地反映了它们之间的整体联系。

3. 世界经济给企业跨国化创造了良好的环境

世界经济给跨国公司生产国际化和资本国际化提供了良好的经营环境，表现在如下几个方面：

（1）国际商品市场和国际生产要素市场都非常发达。

（2）国际金融市场成为世界经济活动的联系纽带。

（3）跨国经营十分活跃，渗透到世界经济活动的诸多方面。

（4）世界各国普遍实行开放政策，开放是为了发展，“引进来”是为了“走出去”。

（5）国际经济组织非常发达，影响着世界经济活动。

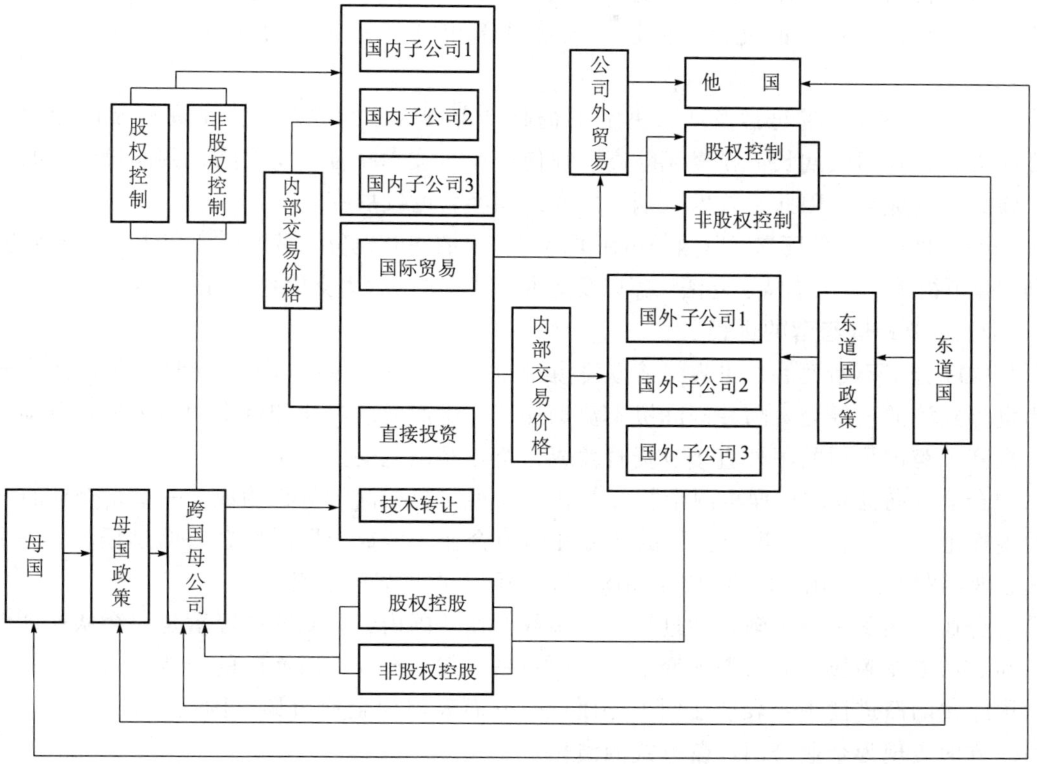

图 2-2 跨国公司经营活动的整体联系

（二）企业跨国经营的原因与进程

1. 企业跨国经营的原因

跨国经营就是在国与国之间从事生产经营活动，进行生产要素优化配置，开展全球化经营管理，以获取最佳竞争优势。生产要素可分为一般要素和高级要素：一般要素指自然资源、地理区位、普通劳动者等；高级要素指高科技和高素质的人才等。

在经济全球化的条件下，一个国家的竞争优势会受到各种因素的制约，客观上要求企业必须进行国家之间的要素优化配置，以弥补本国某些特殊资源的短缺。因此，企业从事跨国经营有以下三个最重要的原因：

（1）企业生产要素不足，必须进行各种生产要素的跨国优化组合。在企业经营中，通常存在这样一种矛盾：一些基本要素丰富的国家，由于不合理的战略布局，通常不能获得竞争优势；而一些高级要素丰富的国家，却可能缺乏基本要素。为了实现双赢，就需要进行生产要素的跨国优化组合。

一个企业很难在价值链的全部环节都具有竞争优势，大多数情况下，企业只能在若干个环节具有较明显的竞争优势。因此，需要寻找合作伙伴，进行优化组合，实现价值链上的优化合作。

（2）特殊资产交易的成本昂贵，促使企业走跨国化之路。稀缺和被垄断的某些资源，跨国公司不能通过市场来实现其价值，只有采用直接投资的办法来控制当地企业的生产。这种特殊资产的交易，由过去通过外部市场交易转变为通过企业内部交易来实现。

（3）科学技术的迅猛发展，决定了企业要走技术联姻之路。由于高科技产业投资金额大，投资回收期长，投资风险高，促使企业走技术联合开发之路，共同投资，共担风险，分享成果。因此，技术联姻便成为跨国经营的发展模式。

各个政府为了保证本国跨国公司在国际竞争中的垄断地位，借助经济全球化的推动力，利用政策措施、财力支持、立法保障以及提供信息等办法大力支持企业的跨国经营。

2. 企业跨国经营的进程

国际分工不断发展，世界经济联系愈来愈紧密，一个国家、一个地区的经济逐步成为世界经济的一部分。随着国际资本流动加速，生产的国际化和资本的国际化日益加强和提高，跨国公司的国外直接投资日益成为企业跨国化的发动机。

企业走向世界的过程由两个相互关联但又不完全相同的过程构成。一个是企业自身的国际化，即一个“土生土长”的地方性国内企业发展成为国际性企业的过程；另一个是企业经营的国际化，即企业的产销活动由一国走向世界的过程。

企业跨国化是一个渐进的过程，大多数企业从国内经营到跨国经营是一个从被动到主动、从量变到质变的长期演变过程，而不是一朝一夕、一蹴而就的突然飞跃。企业经营国际化的渐进性主要表现在两个方面：一方面表现为企业市场范围逐步扩大至国外；另一方面表现为企业跨国经营方式的演化发展。

大多数企业选择目标市场的原则是“由近及远，先熟悉后陌生”。企业市场扩大的地理顺序通常遵循这样的模式：本地市场→地区市场→全国市场→海外相邻市场→全球市场。例如，美国企业跨国经营的地理顺序依次为加拿大、拉丁美洲、欧洲、亚洲。

通常企业选择的跨国经营方式是“先易后难，逐步升级”。在跨国经营的各种方式中，最简便易行的方式是间接出口，然后依次是直接出口、设立海外销售机构或分公司，最后是设立海外子公司进行跨国生产。因此，企业跨国经营方式的渐进过程为：单纯国内经营→间接出口（依靠国外中间商）→直接出口→设立海外销售机构→设立海外子公司直接投资、生产和销售。

相关链接

国际化企业的特点是：实施本土化战略。有关理论指出，跨国公司的本土化应包括：（1）关系本土化，这是跨国公司本土化战略的核心；（2）产品本土化，指跨国公司的主要产品在当地生产，或配件国产化和原材料本土化；（3）市场本土化，企业注重开发能够满足本地消费者需要的适销对路的产品；（4）人力资源本土化，为其实施产品和市场本土化提供智力资源；（5）经营方式本土化，跨国公司要在当地参与竞争，必须解决营销手段适宜性的问题，这离不开对当地消费文化的了解和把握；（6）研究开发本土化，即研究开发适合当地市场的产品。

3. 企业跨国化的经营者

企业的跨国经营并不仅仅是企业的产品走向世界，也要求生产要素和企业管理人员的经营观念走向世界。一般而言，人的冒险精神与人们对自己驾驭风险能力的自信心成正比。自信心越强，越敢冒风险。从国内企业到跨国企业的演变，是一个错综复杂的过程，充满了未知数和不可预见的风险。企业管理人员既不能坐等完全具备了所有必要的知识和才能之后再打入世界市场，也不能对世界市场环境不加分析，盲目冒险。因此，企业管理人员一方面要面对数不清的未知数，另一方面又要意识到自身的知识和能力有限，这是企业跨国化要解决的主要矛盾之一。解决这一矛盾的最佳方式是“摸着石头过河”，先从相对熟悉、风险较小的相邻市场开始，即通常所说的“熟悉的魔鬼好打交道”。随着经营范围的扩大和经验的增长，再逐步升级。

跨国经营创业者眼界的拓宽，也有一个从被动到主动的发展过程。这种被动地走向世界可以表现为“订单带动”“客户带动”“竞争带动”和“关键企业带动”等。

（三）公司和产品的“国籍”日益模糊化

1. 公司“国籍”日益模糊化

在经济全球化的条件下，大型跨国公司凭借其拥有的巨额资产、庞大的生产规模、先进的科技水平、全球化的战略和现代化的管理手段，已经将其触角延伸到世界各地，并形成了无国界经营的新局面。跨国公司的无国界经营已经有力地推动了世界经济全球化的进程。

公司“国籍”日益模糊化，也称为公司“国家属性”模糊化，即跨国公司是一国的跨国公司，也是世界经济的跨国公司，跨国公司不仅要为母国的经济发展做贡献，更应该为整个世界的经济发展做贡献，特别是帮助发展中国家实现工业化，以缩小南北差距。跨国公司这种国际化的特性来自其股权的多国化。由于不同国家的跨国公司相互持股，建立“联姻战略关系”，公司的“国籍”也日益模糊化了。其表现是：

（1）公司股权多国化，相互持股

以日本汽车公司为例，当日本汽车大举涌入美国市场时，美国人却没有想到，美国通用汽车公司是日本五十铃公司的最大股东；美国福特汽车公司拥有日本马自达公司25%的股权，已成为举足轻重的大股东；美国克莱斯勒汽车公司是日本三菱汽车公司的主要合伙人。这些日本公司已不再是纯粹的日本公司了。因此，如果说日本汽车冲击了美国汽车市场，那么美国资本也参与了这场冲击。

跨国公司的多国化股权决定了公司的国际性，如果跨国公司不具有国际性，而仅仅是民族国家的工具，那么它就不可能冲破民族国家的界限，成为可以独立发挥作用的权力中心。值得一提的是，在美日两国竞争愈演愈烈的同时，两国跨国公司之间的联盟关系却在稳步发展，这说明了国际化的跨国公司首先考虑的是公司的利益和目标，而不是母国的利益和目标。

（2）跨国公司具有双重属性

跨国公司具有双重属性，即民族性和国际性。跨国公司的民族性指跨国公司是民族经济发展的产物，也是民族经济的支柱。许多跨国公司的多数股权属于母国，其上层管理者也是母国公民。一般而言，各国跨国公司都认同归属于特定的民族国家，以便在必要的时候获得支持和寻求安全保护。由此可见，不属于任何国家的跨国公司是不存在的。例如，雀巢公司的海外销售额比重高达98%，但仍属于瑞士的公司。

跨国公司的民族性，使民族国家可以采用某些手段对本国公司实行适度的调控。同时，民族国家对本国公司的对外扩张业务予以支持，既保护本国公司的利益，也利用本国公司作为国家外交政策的工具。

跨国公司的国际性指其经济规模、业务范围和影响力已经超出某一民族国家的范围而变得国际化了。跨国公司的业务和利益遍布全球，其目标和利益常常凌驾于母国和东道国的目标和利益之上。

（3）跨国公司对主权国家的挑战

由于权力资源的变化影响到各国及其他国际行为主体行为方式、地位的变化，跨国公司可能会对国家主权造成挑战。其具体表现如下：

① 跨国公司凭借强大的经济实力、先进的科学技术、灵活多变的经营策略、四通八达的信息网络，可以摆脱母国和东道国的控制。

② 跨国公司通过各种手段，直接参与东道国和母国的政治活动，或者直接施加压力，或者培植代理人。

③ 跨国公司常常采用“公司公民”的管理策略和“公司外交”的国际战略，在全球员工中培养对公司的忠诚优于对国家的忠诚的理念，企图淡化员工的国籍和种族的观念，使他们成为“公司公民”。

2. 产品“国籍”模糊化

国际分工和国际交换是社会生产力发展到一定阶段的必然结果，是生产社会化和国际化的必然趋势。部门内国际生产专业化的发展和“国际综合性产品”在当代国际贸易中比重的日益增加，是当代国际分工深化的一个主要标志，而跨国公司的发展更强化了这种趋势。

国际综合性产品（International Conglomerate Product）是指跨国公司在与产品生产过程有关的国家内组织专业化生产，而后通过跨国公司内部贸易把这些国家的生产活动和工序联系在一起。因此，与产品生产过程有关的每一个国家的国内生产流程，也就成为跨国公司在世界范围内的总体生产流程的一个组成部分。以此种方式生产出来的产品，也就成为一种“国际综合性产品”。

国际综合性产品的出现，标志着传统观念上的某国产品受到了巨大的冲击，模糊了产品的“国家属性”。那些由“多国籍”元件组成的产品是诸多生产要素在全球范围内实现优化配置的产物。

马克思和恩格斯合著的不朽之作《共产党宣言》指出：“资产阶级，由于开拓了世界市场，使一切国家的生产和消费都成为世界性的了。”① 当代跨国公司的发展使许多

① 马克思，恩格斯．马克思恩格斯选集：第1卷．北京：人民出版社，1955：276.

产品的生产和销售也成为全球性的了。事实已经证明，真正有竞争力的产品无一不是国际综合性产品。

相关链接

欧洲几个国家联合研制的大型民用飞机“空中客车”（Airbus）是国际综合性产品的典型代表。为研究开发“A—320”型飞机的发动机，美国联合技术公司的怀特尼分公司、英国的罗伯尔—罗伊斯公司、意大利的菲亚特公司、法国MTV公司以及三家日本公司共同组建了七公司财团，联合起来为此项目集资。参加“空中客车”系列干线飞机生产的公司有：法国航空航天工业公司、德国空中客车有限公司、英国航空航天公司、西班牙的卡萨公司（飞机制造公司）、荷兰的福克公司、比利时的空中客车公司和意大利的阿莱尼亚公司。由上述各国公司生产的零部件集中在图卢兹法国航天航空工业公司进行总组装。法国公司生产的元件占“A—320”型飞机元件份额中的40%，占“A—330/340”型元件份额中的37.9%。

综上所述，我们可以得出以下三个结论：第一，国际综合性产品集世界先进技术之大成，是任何单个国家企业的产品都无法比拟的，它是资源、工艺、技术、管理等要素最佳配置的产物；第二，一个著名的产品要百分之百地实现本国化是难以做到的，而且经济性不高；第三，经济全球化模糊了企业和产品的国籍，推动了经济的高速发展，一个国家贸易和投资的开放度与经济发展的速度成正比。

第二节　跨国公司在全球化经营中的地位与作用

跨国公司是企业生产国际化和资本国际化加深的产物，跨国公司的发展已成为当代世界经济国际化的重点。跨国公司对世界经济的影响是全方位、多层次的。这种影响作用，既反映在国际经济领域的世界生产、国际贸易、国际货币和金融之中，又体现在东道国与母国的政治、经济、社会和文化制度之中；既影响各种经济资源和经营资源在世界范围内的流动和配置，又影响世界经济全球化、区域经济一体化的发展。

一、跨国公司全球经营与世界经济国际化相结合

（一）世界经济国际化表现为生产国际化和资本国际化

1. 生产国际化和资本国际化的含义

世界经济国际化的进程由两个密切联系、不可分割的过程组成，即生产国际化和资本国际化。

生产国际化（Production Internationalization）指生产社会化高度发展，生产过程跨越民族国家疆界，在国际范围内形成一个整体，每个国家的生产都成为这个整体中相互

依赖和相互补充的一个组成部分。生产国际化的发展主要表现为新技术革命突飞猛进，生产力的发展进一步冲破国界的限制和束缚，不仅部门之间，而且部门和生产工艺内部的生产协作和生产专业化的程度也大大提高，开始了生产国际化的新阶段，使各国的社会再生产日益成为一个错综复杂的过程。

资本国际化（Capital Internationalization）指资本超出民族国家的界限，在国际范围内不断地运动的过程。资本国际化的发展主要表现为各国资本的循环和周转不受民族和国家的影响，以全球为其活动场所。

生产国际化和资本国际化是同一过程的两个方面：生产国际化是生产力的国际扩张；资本国际化是资本主义生产关系的国际扩张。它们构成了整个资本主义经济生活的国际化。实践表明，生产和资本国际化日益加强的趋势是互为条件、互相促进的，生产国际化是资本国际化的发展基础，资本国际化是生产国际化的发展动力。

世界经济国际化的发展表现在：国际贸易增长快于资本主义工业生产的增长；发达国家对外直接投资的增长又快于国际贸易的增长。

2. 世界经济国际化是跨国公司发展的前提

跨国公司的规模与其业务活动的国际化程度密切相关。公司的规模越大，它对国外子公司的依赖程度就越大，对世界经济的影响也就越大。因此，由美国、西欧和日本组成的三边委员会以及著名的“勃兰特委员会”报告都赞同把资本主义世界经济看成一种跨国公司体系的观点。他们认为，“全球相互依赖”和“跨国思想”的概念，是新的国际经济秩序的核心理论。事实证明，跨国公司是第二次世界大战后旧的国际经济秩序的受益者，它们在很大程度上控制着世界资本主义的经济和政治生活，在货币金融、科学技术、商品市场等方面处于霸主地位。它们在世界范围内生产和再生产一种不平等的依赖关系，并企图使之永远保持下去。

资本追求剩余价值的本质，驱使它不仅要在国内千方百计地扩大自己的活动场所，而且要超越国界向国外扩张。第二次世界大战后，资本的国际扩张改变了以往商品国际交换和工业资本生产活动以本国为基地的传统方式。被称为“企业帝国”的跨国公司对外扩张的主要形式是对外直接投资。它促进了国际分工的深化、生产国际化程度的提高和整个世界经济国际化的发展。

跨国公司的发展推动了国际资本市场的迅速扩大，而跨国公司自身的发展又离不开国际资本市场的支持。它们需要从资本市场筹措经营资金，并把大量的闲置资金存放在国际金融机构；需要通过国际金融机构在各地子公司和母公司之间调拨资金；需要参与外汇市场的期货交易和掉期交易，以减少外汇风险并增加利润。因此，跨国公司是国际货币市场、国际资本市场和国际证券市场的参与者。跨国公司的跨国经营活动穿梭于各国银行之间，推动了世界银行业的发展。

（二）世界经济国际化的主要特征

跨国公司的发展对世界经济国际化的影响表现在以下几个方面。

1. 加强了世界各国经济的相互依存

生产资本在世界范围内相互渗透，各国诸生产要素（生产手段、劳动力和劳动对象）来自世界市场，使资本主义生产真正具有了国际规模。跨国公司的对外直接投资，成为各国经济相互联结的重要纽带。各国跨国公司相互交错的直接投资，形成了各国经济相互交流、相互渗透和相互依赖的新格局。跨国公司从全球出发，力求使诸生产要素尽可能有效地结合，这就在客观上促进了生产过程中劳动的节约、劳动生产率的提高和生产成本的降低，从而推动世界经济的增长。各国经济相互依赖的关系，把各国生产活动纳入了世界生产体系，各国资本循环和周转的国界被冲破了，从而使生产、交换、分配和消费等社会再生产的各个环节更加错综复杂。

2. 加剧了世界各国经济发展的不平衡

跨国公司的发展，国际资本的迅速增长及其频繁流动，促成了无国界的经济体系的出现。这种特殊的经济体系加深了各国经济的国际交错，各国经济发展不平衡也由此更加突出。

美国曾依仗其科学技术方面的领先地位，稳执世界经济及贸易的牛耳。但由于美国年复一年陷入军备竞赛和军事冲突，其经济发展受到拖累。

相关链接

美国新贸易保护主义措施之一是：美国依据1988年《贸易和竞争综合法案》迫使有关贸易伙伴对美国开放市场，以保护其贸易利益。美国频频利用“超级301条款”和“特别301条款”来维护美国的贸易利益。

“超级301条款”是根据美国1974年贸易法中的“301条款”修订的。它要求政府自1989年起，每年在4月30日以前确定一个美国认为在实行“自由贸易”方面做得不够好的国家名单，并向国会提出报告，指出这些国家和地区在哪些领域影响了美国市场或未对美国开放市场，然后在规定的时间里（一般为一年）通过谈判，迫使这些国家和地区同意采取开放措施，否则将对其进行报复。

“特别301条款”专门针对知识产权保护问题。美国认为，它们的许多产品，包括书籍、音像资料、计算机软件等知识产品，被进口国大量仿制和复制，从而影响了美国的经济利益，因此制定了“特别301条款”以保护美国人的版权、专利和商标等知识产权。

从表面上看，日本是世界上最开放的市场之一。日本平均进口税税率只有3.6%，低于欧盟的5.6%和美国的5.4%。日本很早就通过法令，给予外国投资者更多税收方面的益处、贷款方面的保证及其他一些优惠待遇，但是日本的进口在逐年减少，外国在日本的投资只有日本在外国投资的1/20。日本的贸易保护主义很有特色，欧美企业打入日本市场会遭遇到以下五大障碍：一是房地产价格太高，外国投资者难以接受；二是日本消费者对商品的质量和服务十分挑剔，生产商和经销商稍有不慎，便被拒之市场之外；三是雇用具有适当工作能力的员工很困难；四是语言和沟通方面存在很大问题；五是日本有着复杂的销售网络，外国企业面临很大的销售困难，尤其是各种各样的转包商关系非常复杂，令外国公司望而生畏。总之，日本的贸易保护主义是“看不见的”，是心理上的封闭。

3. 各国经济危机的同步性更加明显

在世界经济国际化的条件下，经济危机的转嫁机制具有国际性的影响，尤其是那些竞争能力差的国家抵御危机的能力更差。跨国公司作为连接各国经济的重要纽带，已经变成了使经济危机在整个资本主义世界迅速扩大和空前加深的途径。为了追求超额利润，发达资本主义国家通过它们的跨国公司尽量把危机转嫁到子公司所在的东道国。同时，跨国公司奉行的垄断价格体系使通货膨胀蔓延到世界各国，并且越来越严重，已经成为当代世界资本主义经济的一大隐患。

各国科技的发展、经济的开放和各国竞争的加剧，促进了世界经济一体化。世界经济一体化推动了各国经济相互联系、相互渗透、相互竞争、相互协调和相互依存。同时，它重构了企业的经营环境，由过去单一的国内环境转变为复杂的国际环境，由此扩大了企业经营舞台，出现了矩阵式的生产和销售网络。例如，世界首屈一指的民用飞机制造公司——美国波音公司在120多个国家进行飞机零部件生产，然后集中在美国西雅图组装，并把飞机销往世界各地。

世界经济国际化进程的加快使得不少国家，尤其是还没有做好准备就开放国内市场的发展中国家，当受到巨额国际游资的冲击时，由于缺乏相应的约束机制和能力，往往成为国际金融危机的牺牲品。这也是近来金融危机频频发生的重要原因。跨国公司在全球战略指导下，不考虑东道国发展的要求，在世界范围内追求利益最大化，必将使遭受经济危机和债务危机的国家雪上加霜。

二、世界经济国际化中的跨国公司

（一）跨国公司是世界经济国际化的主角

跨国公司发展迅速，规模巨大，它们的分支机构遍布世界各地，它们的年营业额高达几十亿、几百亿甚至上千亿美元，它们的资产额和销售额可以与世界许多国家的国民生产总值不相上下，而且它们的绝对规模和相对规模仍在不断扩大。早在1973年，联合国经济及社会理事会在《世界发展中的多国公司》报告中就指出：跨国公司引人注目的发展已“成为国际经济关系中的一个重要现象”，成为“当代国际经济关系中的重要角色之一”。1992年，联合国跨国公司中心在《1992年世界投资报告》中进一步阐明“跨国公司”是“世界经济增长的引擎”；在《1999年世界投资报告》中再一次指出“跨国公司已成为全球经济的核心”。

跨国公司的发展使得政府与企业之间的关系发生了根本的变化，这表现在：

（1）市场经济活动与特定国家和地区之间的地理联系已经被削弱，影响企业选择生产、经营区位的决定因素，越来越多的是政策因素，而非地理因素。大公司经营活动布局的自由度加强，使得政府控制产业政策的能力也被削弱。

（2）越来越多的经济活动被纳入跨国公司的全球战略体系，跨国公司的规模越来越大。世界上许多国家的国民生产总值还不及一个大型跨国公司的年营业额。

（二）跨国公司的发展促进了世界经济国际化

跨国公司在当代经济国际化中处于一种特殊的地位，它的演变和发展有力地促进了世界经济国际化和各国经济的发展，具体表现在以下几个方面：

（1）跨国公司通过无所不包的公司战略和错综复杂的网络结构，从事以公司内部分工为特征的国际生产活动，开创了一个一体化的国际生产体系，跨国公司又是这一体系的主要组织者。

（2）跨国公司物化了一整套促进世界经济增长的要素，包括资本、技术、信息、管理与经营诀窍，以及进入国际市场的网络。

（3）跨国公司在激烈的国际竞争中，不断地研究与开发新技术、新工艺和新产品，技术垄断已越来越成为跨国公司控制世界经济和国际贸易的基础。客观而言，这种技术创新推动了世界科技革命的进程，深化了新的国际分工。20 世纪 90 年代以来，技术开发速度更快，特别是微电脑、新材料、生物工程等方面有了更多的新产品，其中大部分创新由跨国公司完成、运用并转让。

（4）各国加强贸易保护，增设名目繁多的贸易壁垒。目前，回避贸易摩擦最有效的办法就是跨国公司的国外直接投资和技术转移。跨国公司通过实行出口替代，在投资东道国就地投资，就地生产，就地销售，从而绕过壁垒。

（5）许多发展中国家虽然实行贸易自由化和市场开放的经济政策，但缺乏资金、技术和管理经验仍然是其今后经济发展中长时间面临的主要问题。跨国公司可以为发展中东道国提供一揽子的有形和无形资产，以刺激其经济增长。同时，外国公司的经营示范、知识效能及其他各种机制，都是刺激经济增长的因素，都可以提高东道国企业的经济增长潜力。

各国经济都在增长，促进经济增长的基本要素是相同的，如：一国的生产活动中储蓄和投资的能力；开放、吸收和利用技术的效益；参与国际贸易的程度；改善劳动者的素质，提高人力资源的生产力；实现工业化的程度，以及采取有效的保护环境的措施。上述诸因素如能很好地发挥功效，就能保证经济长期稳定地发展。而这些要素的实现都与跨国公司全球经营战略密切相关。

由此可见，跨国公司既是世界贸易的大宗商品供应者和购买者，又是国际资本的拥有者和借贷者，同时也是全球性生产的组织者。目前，国际贸易、国外直接投资、国际货币流通和国际技术转让，都要通过跨国公司进行。跨国公司是当代各种形态资本国际运动的主要承担者。因此，跨国公司已成为世界经济国际化中的主角，它的演变和发展影响世界经济，乃至政治格局的变化。

第三节 跨国公司在世界市场上的竞争优势

跨国公司已成为国际经济关系中的行为主体，它是国际竞争和国际垄断相互作用的产物。跨国公司的演变和发展，既推动了国际竞争，又发展了国际垄断。跨国公司的个体利益与国家的整体利益并不完全一致，实现个体利益要遵从市场规则，而实现整体利益则要服从博弈规则。因此，传统经济主权原则的绝对性受到跨国公司个体利益的挑战。

一、跨国公司国际竞争优势

（一）跨国公司打造了国际竞争的新格局

1. 国际竞争新格局

世界市场上的国际竞争格局表现为两个方面：一方面是发达工业国家之间的竞争，包括自由贸易竞争和国际垄断竞争；另一方面是发达工业国家与发展中国家的竞争，竞争主体始终是发达国家，其具体代表是西方跨国公司。

随着当代国际经济关系的变化，国际竞争格局越来越呈现出多元主体和多种关系相互交错的态势。这种国际竞争具体表现为四股竞争力量的激烈较量：第一，发达工业国家之间的竞争；第二，发达工业国家与发展中国家之间的竞争；第三，发展中国家之间的竞争；第四，地区经济集团之间的竞争。

国际经济竞争中，跨国公司已经成为国际竞争中的主体。跨国公司的参与给国际竞争注入新的内容：一是跨国公司之间的竞争；二是跨国公司与非跨国公司之间的竞争；三是跨国公司母公司与子公司的竞争；四是各国跨国公司子公司之间的竞争。

相关链接

石油“新七姐妹”巨头让西方相形见绌

在激烈竞争的舞台上，经济实力决定竞争地位。第二次世界大战后，世界石油掌握在七大石油公司手里。著名的“石油七姐妹”（“老七姐妹”）就是由埃克森、莫比尔、德士古、海湾、加利福尼亚美孚石油、英国石油公司以及壳牌石油公司组成。它们不仅控制石油生产，掌握输油管道和庞大的船队以及世界各地的批发和零售系统，而且还牢牢控制石油的标价权，从而获取高额利润。经过半个世纪的角逐，在企业跨国化竞争中，有实力的企业紧跟，没有实力的企业被淘汰，权力格局发生了深刻的变化。

21 世纪以来，石油价格不断增长，新的油气公司已经崭露头角。它们加大力度积极占有资源和寻找资源，把原有石油巨头推到一边，新兴的石油公司来自非经济合作与发展组织国家，人们称其为石油“新七姐妹”。其共同特点是“七姐妹”都是国家大能源企业。石油“新七姐妹”包括沙特阿拉伯石油公司、俄罗斯天然气工业股份公司、中国石油天然气集团公司、伊朗国家石油公司、委内瑞拉石油公司、巴西石油公司和马来西亚国家石油公司。据 2007 年 3 月 12 日英国《金融时报》的报道，绝大部分属于国家所有的这些石油公司已控制了世界近 1/3 油气产量，超过 1/3 的油气总储量。相比之下，“老七姐妹”只占世界油气产量的 10%、储量的 3%。但由于“老七姐妹”所掌握的石油、天然气、柴油和精细石化等产品的比例较大，使得“老七姐妹”的石油收入远高于后来者，其综合实力较强。更重要的是“老七姐妹”仍是游戏规则的制定者，它们控制着行业和市场。随着时间的推移，“新七姐妹”不仅可能成为规则的制定者，而且还可能迫使那七位老者变成规则的执行者。

2. 国际竞争的新特点

当代国际竞争格局和内容的变化，使国际竞争呈现出新的特点：

（1）国际竞争的广度和深度达到前所未有的程度，涉及世界经济的方方面面，且愈演愈烈。

（2）国际竞争主体之间的经济关系朝着公开、公平、互利的方向发展。

（3）国际市场上的竞争逐步由传统的价格竞争转向非价格竞争。

（4）各国竞争的主体受到政府的干预和保护。

（二）跨国公司的国际竞争地位和竞争优势

1. 跨国公司的国际竞争地位

跨国公司在世界经济国际化中的地位，可以从宏观、中观和微观三个层面进行考察。

（1）宏观层面。世界经济发展中的经济增长速度、金融货币体系、劳动就业等，都与跨国公司经营战略有关。

（2）中观层面。资源利用、能源供应、工业结构等问题，都与跨国公司的投资计划密切相关。

（3）微观层面。企业的经营、技术改造、营销安排等，都与跨国公司的经营方式和经营策略联系紧密。

2. 跨国公司的竞争优势

跨国公司由规模宏大的厂商组成。它集诸种职能于一身，被称为拥有“一揽子的功能”。跨国公司既能进行国际贸易，又能进行国际生产；既从事商品转移，又从事资本转移、技术转让和信息传播。在当代世界经济中，跨国公司具有强大的竞争能力，主要表现在以下几个方面：

（1）拥有巨额资产，经济实力不断增长

跨国公司采用股份制，以少量的自有资本控制他人的巨额资本。大公司利用自己手中的金融资本，把触角伸向世界市场的各个角落。目前，跨国公司资产额已达数十亿、数百亿美元，甚至出现了超千亿美元的“富人俱乐部”。

（2）富有开创力和应变力，保持企业生存和发展的活力

许多大型跨国公司趋向于综合型多种经营，凡是能够获利的行业它均会涉及，即通常所说“从导弹到方便面”，几乎无所不包。这样做的有利之处是：回旋余地大，便于以丰补歉，软硬搭配，互相配合，协调行动，把生意做活。跨国公司形成多种产品生产的综合体系，可使企业保持持续的开创力和应变力。企业开创力是其发展之道，企业应变力是其生存之道。没有生存就不能发展，没有发展，更无法生存。尤其在宏观经济不

景气时期，企业稍微欠缺应变力，即无法与对手竞争。

（3）仰仗研发和创新，始终保持技术领先

跨国公司的基本经营优势在于技术垄断。通常公司会划拨其销售总额的 4% ~ 10% 用于研究与开发新技术、新工艺、新产品。由于跨国公司按照纵向一体化（Vertical Integration）的模式进行投资布局，新技术的使用和关键设备的生产都集中在母国或位于西欧和北美的嫡系子公司，而分散在世界各地的子公司只是进行一种配套性的和市场适应性的生产，因此，新技术产品不太容易被其他竞争对手所仿制。

跨国公司技术垄断的特点是：它不是静态的成果垄断，而是在企业内部实行技术开发与转让过程的流动性垄断。技术作为无形资产不同于有形资产的重要特点之一，是它具有多次性和多方面的使用价值，而且每次使用其使用价值不仅不会降低反而可能会得到提高。新技术在子公司每经过一次间接转让，便可获得一次技术转让费用。这种分期分批的技术转让战略，无疑可以延长技术独占时间。技术资源的价值和使用价值只有在两种情况下才会失去其优势：一是诞生了更先进的技术；二是丧失了垄断性占有。为此，跨国公司应设法加速推行经营多样化和市场内部化，使技术垄断呈现多样化和流动性的特点。

（4）开创内部化优势，发挥企业经营的纵深潜力

跨国公司企业内部化，是为了克服市场的不完备，在企业内部创造市场。[①] 企业的内部化市场作为一般市场的替代物，是用企业组织的“有形之手”来替代外部市场的“无形之手”。跨国公司内部交易越频繁，单位组织成本就越低；公司内部化交易越广泛，增加的组织成本相对来说也就越少。公司内部化市场的形成与发展，成为国际企业经营多样化、国际化和分权化的内在动因之一。企业内部化，一方面有助于扩展内部的供需领域，避免由于向海外产业转移而带来的空缺；另一方面也有助于新兴的发展中国家的子公司得到新技术和新产品，扩大其产品的出口，同时，又可以起到缓和贸易摩擦的作用。目前，跨国公司的内部交易约占其世界贸易的 1/3，并且随着公司规模的扩大，呈现上升的趋势。

（5）享有最佳的资源要素，获得规模经济优势

跨国公司在全球范围内配置生产力，能享有资源来源和商品销售的全球统一调配的好处。跨国公司通过投资计划，科学安排生产活动，可以把生产过程按规模经济的要求，分配到投入成本最低的地区，充分利用当地廉价的生产要素，达到利润最大化的目的。

（6）利用限制性贸易做法，巩固其垄断地位

跨国公司利用市场上的优势地位，进行一系列限制竞争、垄断市场的活动。它们以正式的、非正式的或者口头的协议，规定生产设备和原材料的购买来源，限制产品生产的种类和数量，限制产品的出口量，商定商品的出口价格，划分销售市场和分配销售渠道。跨国公司的限制性贸易做法，目的在于瓜分市场，操纵市场价格，排斥竞争对手，

---

① Dunning J H, Rugman A. The Influence of Hymer's Dissertation on Theories of FDI. American Economic Review, 1985 (5): 228.

确保垄断地位和获得高额利润。

有实力才有竞争力。跨国公司经营的好坏，一方面取决于公司综合利用自己的竞争优势的能力，另一方面取决于是否适当地选择了跨国经营方式。公司的竞争优势是一个动态的因素，随着科技的发展、生产结构的变化、产品的更新换代，有些原有竞争优势逐步变为劣势，劣势也会转变为优势，其关键在于公司的决策人员是否善于因势利导，避凶趋吉，选择最佳的跨国经营方式，获取和巩固垄断地位。

二、跨国公司在国际经济中的垄断地位

当前世界已进入到一个无国界竞争的新时代。在世界市场上，商品、劳务、资本、技术、信息的竞争不受国界的限制，也不受那些传统的地理政治分野的限制。

（一）跨国公司推动了世界市场全球化

跨国公司的全球经营推动了世界市场全球化，世界市场全球化给跨国公司提供了其施展竞争能力的舞台。世界市场全球化主要表现在以下四个方面：

1. 市场范围的全球化

经济全球化带来了市场范围的全球化，也带来了更大的机会。随着时间和空间的缩小，创造财富的范围在扩大。

2. 竞争的全球化

除了西欧和美国外，后起之秀日本已成为国际贸易的主要力量，新兴的发展中工业国家和地区也已能生产在世界市场上具有竞争力的廉价优质的产品。据世界银行统计，巴西、新加坡、韩国以及中国香港现在已居世界工业制成品出口前十几名之列。

3. 产品的全球化

跨国公司的产品已不仅限于满足狭隘的地区市场和国内市场的需求，而是以争夺全世界消费者和世界市场为目标。

4. 产品价格和数量的全球化

世界消费水平和消费结构的变化，要求商品多样化、高级化和优质化。这将推动企业不断缩短产品生命周期，加速产品更新换代，适时调整产品的价格和数量。因此，大公司就要依靠所占市场份额和规模来控制全球市场。

跨国公司根据其全球战略部署生产配置和贸易流向。“局外企业”的经济实力远逊于跨国公司，在国际生产和国际贸易上很难挑战跨国公司的垄断地位。但跨国公司虽已是羽翼丰满的国际企业，但垄断再强大，也并非囊括一切，完全排除竞争。大企业之间的相互渗透使主要工业部门你中有我，我中有你。在世界市场上，过去可称之为板块式的势力范围划分已逐步转化为一种被称为矩阵式或网络式的市场划分，这是当代国际贸易的一个重要特点。

因此，世界市场的全球化，使各国经济上的相互依存在相互竞争和协调中实现。竞争是长期的、普遍的、绝对的，而国际协调是暂时的、局部的、相对的。

（二）跨国公司通过国外直接投资控制国际贸易

跨国公司通过对外直接投资，带动了资本货物（Capital Goods）的出口，扩大了企业内部贸易，促成了大量相关服务、技术、原材料和零部件的贸易。同时，它也给国际贸易带来消极影响，它垄断贸易、操纵价格、进行不等价交换、逃避税收和外汇管制等，直接和间接地影响了所在国的贸易收入和国际收支。跨国公司在国际贸易中的垄断地位，主要表现在控制初级产品贸易、农产品贸易、工业品贸易、高科技产品贸易以及技术贸易等。

1. 控制初级产品贸易

初级产品出口大部分掌握在跨国公司手中。第二次世界大战后，形成了跨国公司垄断初级产品贸易的格局：7 家跨国石油公司控制着北美和苏联东欧社会主义国家以外所生产和销售原油产量的 43%；6 家跨国公司拥有世界铝矾土生产量的 46%、氧化铝生产量的 50% 和铝制品生产量的 44%；7 家跨国公司拥有资本主义世界铜生产量的 23%；2/3 以上的铬产量为 9 家跨国公司所掌握；镍、钼分别为 4 家跨国公司所掌握，而铂则被 2 家跨国公司所掌握。虽然初级产品生产因国有化运动在收回所有权方面取得了长足的进展，但是在加工和销售方面，跨国公司仍处于主导地位。

2. 控制农产品贸易

农产品的生产技术、加工、销售和分配，仍由跨国公司所控制。跨国公司在农产品世界贸易中所占的份额从 40% 到 90% 不等。被称之为“五大谷物巨人”的 5 家跨国谷物公司——卡吉尔、大陆、邦奇、达孚、安德烈公司，控制着世界上绝大部分谷物的加工和分配，并控制美国谷物出口额的 90%。15 家棉花跨国公司控制着世界棉花贸易的 85%~90%，塔特·莱尔公司控制了欧洲共同市场蔗糖进口额的 95%，6 家跨国公司控制世界烟草贸易额的 85%~90%。雀巢和通用食品 2 家公司控制着世界咖啡贸易额的 20%，4 家大公司控制了可可贸易额的 60%~80%，8 家大公司控制着西欧和北美茶叶市场贸易额的 90%，以美国联合商标公司为首的 3 家跨国公司控制着世界香蕉贸易的 70%，尤尼莱佛公司控制了世界食用植物油和人造黄油销售的 1/3。

3. 控制工业品贸易

在制成品贸易方面，少数工业国家控制着绝大部分机器、设备和运输工具的贸易。少数跨国公司控制着许多重要的工业制成品的贸易。例如，以通用汽车为首的几家跨国汽车公司控制了资本主义汽车生产量的 97%，其中，美国的国外汽车产量占国内产量的 59.2%。以法国通用电器公司为首的 12 家动力设备跨国公司控制着世界动力设备贸易。11 家最大的农机跨国公司的销售总额占世界农机总销售额的 70% 以上。美国的 3 家大公司控制了人造丝销售的 2/3，其中杜邦公司即占销售总额的 37%。50 家药品工业公司控制了世界药品工业市场的 75%~95%，其中最大的 4 家占比为 25%~50%。全球最大的 5 家钢铁公司的产量占全球市场 1/5 的份额，中国的钢铁产量居全球之首，约占全球总产量的 1/3 强。

4. 控制高科技产品贸易

高科技产品领域更是跨国公司一统天下的状态。10 家跨国公司控制了世界半导体市场，美国公司在世界计算机市场上所占的份额为75%~80%，日本、美国、瑞典和德国四个国家的跨国公司控制了世界机器人生产和销售的70%以上，而日本一国的比例即达到世界的一半。

5. 控制技术贸易

在技术贸易方面，一方面跨国公司在研究开发和运用新技术方面占绝对领先地位，另一方面跨国公司之间以及母公司和子公司之间的技术交流往往也占到很大的比重。

三、跨国公司操纵垄断价格获得高额利润

（一）运用卖方垄断价格与买方垄断价格获取高额利润

跨国公司依仗经济实力和市场控制力，操纵垄断价格，在国际贸易中获取高额垄断利润。垄断价格（Monopoly Price）是特种价格，在世界市场上，国际垄断价格由卖方垄断价格和买方垄断价格组成。卖方垄断价格（Sellers Monopoly Price）是高于商品的国际价值的价格。跨国公司向发展中国家推销工业制成品和转让技术的价格，就是卖方垄断价格。买方垄断价格（Buyers Monopoly Price）是低于商品的国际价值的价格。跨国公司从发展中国家采购的初级产品的价格，就是买方垄断价格。

在两种垄断价格下，均可获得垄断高额利润。垄断价格的上限取决于世界市场对于国际垄断组织所售的商品需求量，下限取决于生产费用加上国际垄断组织所在国的平均利润。由于垄断不排除竞争，所以垄断价格也有一个客观规定的界限。

影响垄断价格上限的因素有：

（1）市场对跨国公司所售商品的需求量。垄断价格越高，社会对商品的需求量就会越少。需求量的下降会使生产设备的利用率降低，销售价格中的固定费用增加，并使单位商品所得到的利润降低。由此可见，垄断价格过高会造成需求量显著减少。这在客观上给垄断价格设置了界限，迫使跨国公司不能过高制定其销售价格，而是在界限内制定价格，这样才能取得最高的垄断超额利润。

（2）代用品。过高的垄断价格会刺激代用品（Substitution）的产生，也会使消费者转而购买代用品，减少对跨国公司产品的需求量，从而成为阻止垄断价格无限制提高的另一个因素。

（3）跨国公司之间的相互竞争。在世界市场上，通常不是一家企业，而是若干家企业供应同一种商品，同行之间的竞争也会给垄断价格设定一个客观的界限。

垄断价格既不会过高，也不会过低。影响垄断价格下限的因素是生产费用和国际垄断组织所在国的平均利润。如果垄断价格结构中所包括的利润长期低于平均利润，跨国公司就会停止生产，转移资本，退出市场。因此，垄断组织在其垄断价格上下界限的幅度内不断调整其销售价格。

（二）运用垄断与竞争两手获取高额利润

在生产国际化和资本国际化的过程中，世界经济不仅需要资本自由化，而且需要贸

易自由化。跨国公司凭借自己的竞争优势和实力，极力主张和支持自由贸易。这是因为高举自由贸易的旗帜，有助于推行跨国公司的全球经营策略，获得更大的实惠和利益，也有助于促进世界贸易的发展。

在经济不景气、投资疲软、需求停滞时，争夺世界市场的竞争会加剧。为了摆脱困境，跨国公司之间明争暗斗，相互之间的离心力量越来越大，各类贸易保护主义政策也层出不穷。与此同时，垄断和竞争是相辅相成的。在国际贸易中，跨国公司从垄断地位出发进行强有力的竞争，而竞争的结果又加强了垄断，最终使其获得垄断高额利润。根据美国联邦经济分析局的数据，进入21世纪，美国跨国公司在国外获取的利润占美国公司所得利益的25%。其中通用电气公司年收入的49%来自国外分公司。

复习思考题

1. 什么是经济全球化？
2. 世界各国如何通过提高其综合国力和增强国家竞争优势来促进经济全球化的发展？
3. 试从企业自身的国际化和企业经营的国际化两个方面说明企业跨国化渐进的过程。
4. 在经济全球化条件下，为什么公司和产品的“国籍”会日益模糊化？
5. 什么是生产国际化和资本国际化？它们与跨国公司的发展有什么关系？
6. 试述跨国公司的发展对推动世界经济国际化的主要表现。
7. 如何理解“跨国公司是世界经济国际化的主体”？
8. 当代国际竞争格局和内容的变化，使国际竞争出现了哪些特点？
9. 跨国公司在国际贸易中的竞争优势表现在哪些方面？
10. 试述跨国公司如何通过操纵垄断价格来获取高额利润。

案例分析

三星集团创建国际品牌之路

从韩国仁川机场下了飞机，不时映入眼帘的各种三星电子标识提醒人们：你到了三星产品的国度。

在韩国，三星集团几乎可以提供一个人“从婴儿到坟墓”的所有可能需要的东西，而三星“王国”中的佼佼者，则是三星电子产品。目前，三星生产的电子产品，有十多种产品在世界市场上的占有率位列第一。

三星集团为世界500强企业。2011年，三星电子排名全球第22位，2012年排名第

20位，2019年排名第15位。

奥运营销

是什么让三星集团成为世界范围内广泛受欢迎的高端品牌？

1988年汉城（现为首尔）奥运会让三星走上国际品牌之路，以英文SAMSUNG为标志的三星手机敲开了世界品牌的大门；1996年，三星第一次成为奥运会顶级赞助商（TOP），成为奥运会无线通信领域的官方合作伙伴。

三星电子成为奥运会赞助商的20年，正好是三星电子在全球范围内崛起，并迅速发展的20年。观察三星电子销售收入的增长，可以看到三星电子的收入在成为奥运会赞助商当年就获得高速增长。1988年汉城奥运会当年，收入增长27%，其后三四年间均保持高速增长；2000年悉尼奥运会当年，其收入增长率达到36%；2004年，三星电子仍为奥运会赞助商，当年收入增长了26%；到2008年，已经连续三次成为奥运会赞助商的三星集团，规模扩大到成为赞助商之前的14倍。

三星集团的一份文件显示，长野冬奥会时，三星品牌价值为32亿美元；到悉尼奥运会时已突破52亿美元。此后，更是以每一届奥运会递增50%的速度增长，到2006年都灵冬奥会时已经突破162亿美元，超过日本索尼的品牌价值。2006年都灵冬奥会后，三星的全球信赖指数增长10%，在意大利甚至超过30%。三星产品在意大利市场占有率增长70%。赞助奥运会的20年，三星电子获得了长足的发展。1988年，三星电子的总销售额只有几十亿美元，到2007年其销售额已超过1 000亿美元。

自1988年三星电子首次成为奥运会赞助商以后，此后的奥运会上人们都能看到三星的身影，三星电子接连成为悉尼奥运会、盐湖城冬季奥运会、雅典夏季奥运会、都灵冬季奥运会、北京奥运会和伦敦奥运会的赞助商。而三星也深谙奥运营销之道，将奥运赞助商品牌对扩大市场营销的作用进行精确的量化，并以此作为三星集团成长的路标。

回顾三星在历届奥运会上的作为，三星奥运营销的公式是：标识性的传统项目+结合当届奥运会特色的创新项目。在2008年北京奥运会上，火炬传递是三星的“传统优势项目”，三星火炬推广计划的核心概念是“超越人类极限”，从中国人中选出一些走遍中国、可以冲破人类极限的人作为火炬传递手。三星对中国国民对奥运会的期望进行了调查，发现人们最迫切的愿望有两个：一是希望中国队多拿金牌；二是希望北京奥运会举办成功。三星就是要通过奥运营销，让广大人民的这两个愿望能够得以呈现。在北京2008年奥运会上，三星的营销目标是：三星要成为中国最受尊敬的企业，并获得中国人民长期的喜爱和信任。这也契合了三星在体育营销中的一种哲学：将人们的感情和体育营销结合，品牌和产品自然地铭刻在人们的脑海中。

“奥运与三星相连”是三星集团期望达到的目的，即通过奥运会让用户了解三星集团，并将其转化为销售额。三星电子的奥运计划带动的不仅是无线产品的销售，在三星品牌价值整体提升的基础上，更多的用户会了解三星的其他电子产品，并同样信赖三星的所有产品。

2007年4月，三星电子再度与奥委会签订顶级赞助商（TOP）续约合同，三星电子在无线通信领域的顶级赞助商资格延续到2016年奥运会。

三星电子奥运赞助的历史，就是三星电子发展的历史。借助奥运，三星由一个丑小鸭变成了白天鹅。

创新变革

创新变革，引领数字时代。三星紧跟这种变革，不断更新自己的业务结构、经营理念以及公司文化，以满足数字时代日益变化的需求，力争成为全球数字革命的领导者。20世纪90年代初，三星就意识到数字通信技术的创新会改变未来的竞争格局，于是，三星在数码电子技术方面投以重金，处在了数码电子技术的顶尖地位，为三星品牌定位的改造奠定了坚实的基础。三星公司期望用先进的技术、富于竞争力的产品和专业的人力资源领导数字革命。三星的口号是：让三星把每一个客户都数字化。

三星已成为世界顶尖的技术创新公司，在移动电话、手持计算设备、平面显示器及超薄笔记本电脑等领域创造了一系列的尖端技术。三星电子产品种类多种多样，主要产品有手机、电视机、数码影音设备、数码摄像、电脑办公用品等。采用新技术，强调健康、节能、品位，为消费者提供高品质的产品。

目前，在全球手机市场上，三星手机凭借其触摸功能、时尚的设计充分体现了三星的变革与创新精神。三星是全球第二大手机制造商，一直是世界通信市场的弄潮儿。无论是GSM还是CDMA，其市场占有率都很高。三星连续推出引领全球的超薄、滑盖等手机赢得了时尚人士的喜爱。根据Gartnerd的调查数据，三星智能手机销量在2012年第一季度超越诺基亚，为世界第一。

2013年5月，三星宣布：5G移动通信技术的研发工作取得突破性进展，最高下载速率达1Gbps。据报道，三星5G蜂窝网络通信技术的工作频率为28G Hz。在实时信号交换测试中，该公司的实验设备获得了1Gbps的下载速率。这意味着下载一部容量为10G 1080P的全高清电影，只需大约1分钟。相比之下，目前的LTE 4G网络最高下载速率仅为75Mbps。

随着5G网络技术的发展，全球5G基站市场竞争激烈。2021年，华为5G专利数量额、市场份额位列全球第一。三星成为英国5G设备供应商后，继续扩大在欧洲市场的份额，一举冲到全球5G市场的第四名。

引领世界潮流，超越自我。三星紧随世界经济潮流，在竞争中实现“做世界超一流企业的宏伟志向”，不断超越自我，向世界挑战。

第三章 跨国公司的国际资本运作与管理

✓ 本章摘要

当代国际资本运动的特点是以跨国公司为主体的、以生产资本为中心的产业资本运动。跨国公司在世界市场上采用直接投资和间接投资两种投资方式。

跨国并购已成为扩大国外直接投资的重要方式，常见的并购方式有横向并购、纵向并购和综合并购。

国际合资企业是共同投资、共同经营、共担风险、共负盈亏的平等互利的合作伙伴。国外证券投资属于间接投资，投资者不参与企业的经营活动。

✓ 本章关键词

国际直接投资　　跨国并购　　国际合资企业　　非股权经营　　国外证券投资

✓ 学完本章，你需要掌握：

国外直接投资的主要特点，国外直接投资的两种类型和国外证券投资的特点。熟悉跨国并购的三种类型，股权式合资企业与契约式合资企业的区别。了解非股权经营的形式及国际合资经营企业合同的主要内容。

在 21 世纪，国际投资是指在国际范围内的货币投资活动，即货币资本和产业资本通过跨国流动，形成实业资本、无形资产和金融资产，并实现增值的经济活动。跨国公司国际投资的资本在国与国之间犹如旋风一样快速转移，开展商品生产和金融服务等方面的投资活动。跨国公司是国际投资的主体，其投资的特点是以生产资本为中心的产业资本运动。从资本移动形式考察，国外直接投资已不是单纯货币资本的转移，而是货币、技术、设备、企管知识和经验等要素的一揽子转移和组合。在当今经济全球化趋势日益加强的情况下，越来越多的国家把它看作是发展经济和开展技术合作的一种重要形式，因而更加重视它在世界经济中的地位和作用。

第一节　跨国公司国外直接投资概述

随着经济全球化和各国经济的开放，企业国际化经营的选择逐渐多样化。跨国公司进入世界市场可通过商品交易、对外直接投资和技术转让三种形式。其中，国际直接投资发展最快，其增长速度已超过了国际贸易，成为世界经济增长的主要引擎。

一、国外直接投资的动因

（一）国外直接投资的模式

1. 国外直接投资的含义

国外直接投资（Foreign Direct Investment）是指投资者以控制企业经营管理为特征、以获取利润为目的在国外设立一个永久性企业的投资行为。其典型的形式，一是在国外创办分公司及子公司，二是在东道国取得对一家现有厂商企业的控制权。其中，永久性是相对的，投资者可以按照自己的经营意图决定企业经营的期限，少则几年，多则二三十年甚至五十年以上。

跨国公司进行国外直接投资最大的特点是投资者对海外企业拥有控制权。所谓控制权是指投资者对所投资的企业持有一定数量的股份，因而能够行使投票表决权并在经营管理中享有发言权。直接投资是直接进行“股权投资”，投资的目的是取得所投企业的经营管理权①。因此，国外直接投资是企业所有权和经营权相结合的投资行为。

2. 国外直接投资的形式和股权比例的标准

国外直接投资有两种典型形式，即新建国外企业和收购兼并当地企业。新建企业（Green Field）是指从无到有建立新企业或新工厂，投资新的生产设施，具有新的生产能力。收购兼并（Merger and Acquisition）当地企业是指外资企业将当地企业的股权或资产买入自己的名下，成为外资企业的一个附属企业。

目前，对于对外直接投资所拥有的最低股权的比例尚没有统一标准。各国的规定也不尽相同。国际货币基金组织认为，在所投资的企业中拥有25%或更多的投票权，可以作为控制企业所有权的标准。即外国投资者占有25%的股权，就可以算作外国直接投资。

（1）美国的标准

美国商务部规定，存在以下四种情况之一的外国公司都可以被视为由美国法人所拥有：① 某外国企业完全受美国公司控制。② 某外国公司50%的股东权益由一群相互没有关系的美国人掌握。③ 某外国公司25%的股东权益由一个有组织的美国集团所拥有。④ 某外国公司10%的股东权益由一个美国人（法人）所拥有。有关外国投资者对美资企业的投资规定，只要外国投资者实际上控制美国企业的管理权，即使投资者只控制该企业10%的表决权，仍可被视为外国的直接投资。由此可见，美国政府对向外和向内的直接投资标准是不同的，对外鼓励，对内保护。

---

① Robock S H, Simmonds K. International Business and Multinational Enterprises. 4th ed. Homewood: Richard D Irwin, 1999: 5-6.

（2）日本的标准

日本外汇管理法规定，外国直接投资是指本国投资者对外国企业进行的10%以上的所有权投资；或者对该企业提供的贷款或出资虽不满10%，但同时通过非股权形式保持长期持续的关系。1978年日本外资法及其实施细则最后修正案规定：凡外国投资者直接或间接拥有日本公司（法人）或其他企业全部或50%以上股份，以及外国投资者实际上能控制日本的公司或企业的董事会，即外国投资者占据半数以上董事会席位的投资，均称之为外国直接投资。

（3）欧盟的标准

英国、法国、德国和意大利等西方国家的法律对股权比例也有类似的规定。但是，由于公司的组织结构和股权结构的不同，对取得有效控制权所需的股权比例规定也各不相同。世界各国总体趋势是更加看重对外投资和利用外资，对有效控制权规定的比例相应缩小，通常规定超过企业10%股权的外国投资被认定为国际直接投资。

3. 国外直接投资的模式

就投资动机来看，国外直接投资有自然资源导向型、市场导向型、劳动力导向型、战略导向型等类型。

（1）自然资源导向型投资（Resources Oriented Investment）是指企业为了保障自然资源的供应、克服某些资源投入的不足，在全球范围内为寻找资源而投放资本。这种资源寻求型的投资，一则可以对资源供给的数量和质量进行有效的控制，二则能够有效地减少市场竞争中价格波动的风险。

（2）市场导向型投资（Market Oriented Investment）是指企业为了扩大产品在世界市场上的销售规模而进行的跨国资本投放。在实际操作中，企业将产品制造过程中的某些环节转移到产品的销售市场进行就地加工组装，就地销售。这样有利于绕过关税壁垒和非关税措施，降低生产成本，增强竞争能力，扩大市场份额。

（3）劳动力导向型投资（Labor Force Oriented Investment）是指企业以寻求劳动力、降低劳动成本、提高效益、增加利润为目的的跨国资本投放。以工业发达国家为基地的跨国公司工资成本相对昂贵，而发展中国家人力资源丰富且工资成本低，生产场地的转移有利于降低成本、增加利润。

（4）战略导向型投资（Strategy Oriented Investment）是指大企业着眼于全球竞争力而进行的投资。这种因战略因素所冒的投资风险，可能会使预期经济效益最终成为泡影．因此，其决策过程从战略到财务的各个环节应是周密计算，防患于未然。这是短期利益和长远利益的对立统一，也是上述类别的综合和升华。

（二）国外直接投资的流量与总量

1. 直接投资的流量

在联合国和各国政府的统计工作中，最常使用的是直接投资流量和直接投资总量这两个概念。它们不仅反映了国际资本流动状况，而且也说明了某种类型国外资产的变化。

一般来说，直接投资流量可分为两种：一种是直接投资流出量，是指一个国家在一年内国外投资的总支出量，记入该国国际收支平衡表上；另一种是直接投资流入量，是指一个国家在一年内吸收的外国投资量。

国际货币基金组织统一规定了各国编制直接投资流量统计标准，其具体内容包括：

（1）在海外分支机构进行的投资。

（2）取得直接投资的普通股份。

（3）公司之间的债权关系。

（4）尚未分配的盈利或利润的再投资。

从国际货币基金组织统计标准中可以看出，第（2）项和第（3）项带有证券投资的某些特点。将它们列入直接投资，说明了投资者通过持有海外企业的股权或向海外企业贷款，已达到了可以控制某个企业的程度。尽管国际货币基金组织制定了统一的标准，但各国政府在实际操作中存在着差异，如英国对海外投资和外国在英国投资的统计中不包括石油业、银行业和保险业的投资，日本和意大利的直接投资流量统计中不包括利润再投资。

2. 直接投资的总量

按照资本存在的形态划分，投资总额包括固定资产、流动资产、无形资产和开办费。按照资本来源划分，投资总额包括企业的自有资本和借入资本。

直接投资总额是指在一定时间内本国企业在国外进行直接投资的累计金额，或在一定时期内外国企业在本国进行直接投资的累计金额。由于各国统计方法的不同，绝大多数国家都会在国际收支年度报表中列出直接投资流量，但往往不列出直接投资总额，仅有少数几个工业国家编制直接投资总额表，这些国家包括美国、英国、德国、意大利、加拿大和日本等。此外，由于各国编制方法不尽相同，可能会出现同一企业的直接投资总额在母国和所在国的统计数字不完全一致的情况。

国际经济组织定期公布国际直接投资有关的统计资料，这些组织包括联合国贸易和发展会议（United Nations Conference on Trade and Development，UNCTAD）、国际货币基金组织（International Monetary Fund，IMF）和世界银行（World Bank，WB）等。

二、国外直接投资增长的原因

（一）全球国外直接投资的现状

进入21世纪，联合国贸易与发展会议（UNCTAD）公布的《世界投资报告》指出，当代全球经济的核心是一个受跨国公司推动的日益一体化的国际生产体系。20世纪末国外直接投资的增长速度创造了历史纪录，21世纪初，国外直接投资的增长势头开始下滑。2000年全球国外直接投资达1.4万亿美元，2001年为8 240亿美元，2002年为6 510亿美元，连续三年呈下降趋势。2003年上升至6 530亿美元，2004年为7 750亿美元，2005年为8 970亿美元，2007年为1.5万亿美元，超过2000年的1.4万亿美元的最高纪录。

联合国贸易与发展会议2014年初公布的数字显示，2013年发达经济体吸收的外国投资同比增长了12%，达到5 760亿美元，在全球外国投资中占39%。而发展中经济体吸收的外国投资增长了6.2%，达到7 590亿美元的新高，占全球外国投资的52%。另外，联合国贸易与发展会议称之为转型经济体（包括俄罗斯和一些东欧国家）的国家吸收外国投资则占据余下份额的9%。

美国仍然是发达国家中的第一投资大国。由于受金融危机的影响，美国对外直接投资处于萎缩状态；欧洲对外投资趋于下降；亚洲发展中经济体面临内部经济结构的调整，发展不平衡；韩国、越南、泰国等经济形势较好；非洲吸引外国投资一直有所增长；拉美和加勒比海地区的阿根廷、巴西等国吸收外资下降；中东稳中有升。

中国在发展中国家中，尤其是在“金砖五国”中一枝独秀。在吸收外国投资和对外投资两个方面成绩骄人。中国的良好投资环境是吸引外资的基本条件，国内经济实力是对外投资的驱动力。中国对外投资发展迅猛，2013年达到902亿美元，同比增长16.8%，对美国投资达到42.3亿美元，同比增幅高达125%，对俄罗斯的投资达到40.8亿美元，同比激增51.8%。

2008年全球经济低谷时期，中国企业扩大了对外投资，2009—2019年，中国经济拉动世界经济的贡献率高达34%，而同期美国仅为24.8%，且两者差距逐步拉大。

《世界投资报告》显示，随着对外直接投资不断创造新纪录，经济一体化进程不断加快，一个复杂的国际生产体系已随之出现。它的出现对发展中国家究竟有哪些益处，发展中国家可能为此付出何种代价，发展中国家政府可能奉行怎样的外国直接投资与跨国公司政策，已成为世界各国的主要研究课题。此项研究明确指出，在21世纪吸引外资方面，国家面临的挑战是创造既有助于吸引外资，又能使本国经济从中获得最大收益的政策环境。

（二）全球国外直接投资增长的原因

跨国公司是国外直接投资的主要承担者，垄断企业对外扩大规模的最终目的是追求高额利润。

1. 生产国际化带动国外直接投资，以降低生产投入

大企业的生产规模不断扩大，没有一个国家能在原材料和中间产品投入方面臻于自给自足，而大企业在国外投资生产可以解决本国原材料供应不足的问题。此外，产品大规模生产势必加深各种产品的社会生产专业化。这种大规模生产趋势的延续和生产专业化的加深是一对难以克服的矛盾。这是因为大规模生产的规模经济要求使得专业化产品的国内市场容量变得狭小，要克服这一矛盾就要求各相关大企业在世界市场联系下进行专业化分工，实现生产国际化。各国企业生产专业化和协作化的加强，又便于组织大规模生产，把生产集中在条件最有利的国家和地区，这将有利于在世界范围内提高劳动生产率和降低生产成本。跨国公司对外直接投资体现了分散生产、集中装配或加工、定向销售的经营方针要求。随着生产国际化的加深，专业化逐步由部门之间转向部门内部，具体形式有零部件生产专业化、不同型号产品专业化、生产工艺过程专业化。

2. 贸易的不完全性极大地促进了资本的流动

在国际贸易中，贸易的不完全性主要表现在两个方面：

（1）贸易集团已经形成，它们对内取消关税，减少关税壁垒，对外具有更大的排他性。如欧盟建立关税同盟，内部削减乃至取消关税，使欧盟内部贸易迅速增长，大幅度地减少了对美国商品的进口，严重打击了美国的出口贸易，迫使美国企业增加对欧盟投资，夺回失去的市场。美国对西欧的直接投资占其投资总额的比重有持续上升趋势，已成为欧洲市场的主要投资国。

（2）各国加强贸易保护，增设名目繁多的关税与非关税壁垒。为了回避贸易摩擦，贸易受阻的出口国采用对外直接投资方式绕过贸易壁垒，实行出口替代，在出口对象国就地投资、就地生产、就地销售，日本便是其中的典型。日本企业是出口主导型，它使日本的贸易顺差逐年扩大，在西方各国贸易摩擦中越来越引人注意。而美国和欧洲国家既对国外进行投资，同时又接受来自国外的投资，体现了资本的相互渗透。日本却是一个封闭式的市场，接受其他国家投资的比例很小，很容易遭受其他国家贸易保护主义的报复。正因为如此，20 世纪 70 年代后期以来，日本各大企业开始在欧美及其他国家投资建厂，生产汽车、电机、家用电器等，从客观上推动了对外直接投资的增长。但是，国外直接投资并不能减缓贸易摩擦，而是加深了同行业之间的竞争，这是垄断对抗的结果。

3. 企业“追随潮流”，竞相争夺有利的投资市场

“追随潮流”（Band Wagon Effect）是指如果有一个企业要向国外扩张，同行业的其他企业为了确保国内外市场的地位，也竞相向国外扩张。西方经济学家把一个企业的行动在同行业企业群之间引起的连锁反应称为“垄断反应逻辑”。根据美国 187 家巨型跨国公司进入国外市场的资料，跨国公司对某一地区的直接投资，呈现出“一窝蜂”现象，而且，产业密集程度越高，此种现象越明显。同时，这种产业的获利性及稳定性也较高。如在号称产业良师的半导体工业中，日本企业要在美国投资生产半导体，美国企业也必须采用在日本进行直接投资的办法与日本企业抗衡。原因在于美国企业如果不这样做，日本企业就会在日本市场上牢固地构筑起防线，而为了与日本企业相抗衡，美国企业就必须在有发展前途的市场上站稳脚跟。这种“一窝蜂”争夺市场的现象，有时也会发生在第三国市场。例如，西欧企业在新兴的发展中国家投资汽车装配业，美日企业不甘示弱，也会在那里建立类似产品的生产线，以抵消竞争对手在该市场可能获得的特殊优势，即便因此所进行的投资本身并无短期利益可言。

4. 国外投资利润率高，吸引大公司的投资

西方经济理论认为，进行国外投资是为了向外输出过剩资本，或是为了绕开关税壁垒。如果利润率低于国内，企业不可能进行对外投资，除非另有其他目的。即使有的大企业为了占领某一特殊市场，甘冒投资亏本的风险，那也只是一时一地的做法，绝不可能成为长期的、普遍的政策。

5. 跨国公司积极地向朝阳产业投资

目前，世界上存在四大朝阳产业，即 IT 产业（信息技术产业）、金融保险业、旅游业及其相关产业、与人体健康相关的医疗和健身产业，这四大产业发展潜力巨大。

三、国外直接投资的主要特点

跨国公司与国外直接投资是密不可分的，它是随着国外直接投资的迅速发展而相应发展起来的一种新型的国际企业组织。当然，并非所有进行国外直接投资的都是跨国公司。只有通过国外直接投资建立其全球网络的国际企业才算跨国公司。对外直接投资是寡头垄断企业发展与扩张的必然结果。对外直接投资是具有某种特殊优势的寡头垄断企业为控制不完全市场而采取的一种经营方式，以下八个方面反映了它的特点。

（一）跨国公司是国外直接投资的主要承担者

跨国公司是经营国外直接投资的国际垄断企业。跨国公司全部要素生产力（Total Factor Productivity，TFP）由资本（K）、劳动力（L）、技术（T）构成。跨国公司的发展需要在全球各地市场组织这些要素。其中资本有机构成（K/L）和技术密集度（T/L）两个变量可以作为衡量跨国公司经济效益和社会效益的重要指标。

在国外直接投资中，跨国公司借助于参与制，以少量的自有资本控制他人的巨额资本，使跨国公司国外子公司所拥有的资产大大超过其对外投资的累计总额。据美国商务部报告，跨国公司国外子公司的资产额相当于其对外直接投资累计额的5~6倍。当代跨国公司已逐步做到国外子公司销售额大于公司的对外贸易额，换言之，名副其实的跨国公司应当属于“国外投资型”，而不是“出口型”。

（二）国外直接投资主要国家的相对地位发生明显变化

美国跨国公司在国际投资中的地位相对削弱，德国和日本的地位增强。在20世纪60年代，美国的对外投资累计额曾占到世界总额的50%以上，德国和日本总计比例也仅占4%。目前，美国跨国公司对外直接投资的绝对值依然高于德国和日本，但增长速度不如它们。

20世纪90年代，日本在海外投资方面名列前茅，并一直处于上升势头。这表明日本的财富是先靠出口赚外汇，然后再将出口所得投向海外资本市场，进一步积累财富。这种方法值得研究。但进入20世纪90年代后，因资本市场受泡沫经济的影响，日本海外投资增长速度明显下降。

（三）国外直接投资规模大

跨国公司规模大，国外投资实力雄厚。从经济学角度讲，企业海外投资规模若达不到行业最小规模的临界值，那将是一种潜在的资源浪费，企业无法获得超额利润，产品难以升级换代，从而缺乏竞争力。世界上的一些巨型跨国公司，如通用汽车公司、埃克森石油公司、福特汽车公司、国际商业机器公司、英荷壳牌石油公司等拥有的资本超过许多国家的国民生产总值。这些庞大的“无形帝国”，对世界经济起着举足轻重的作用。

（四）国外直接投资的区位配置明显地向发达国家倾斜

发达国家跨国公司的资本以双向对流为主，其中美国、欧盟和日本“大三角”对外投资和吸收外资又令人注目。

一个国家吸收外资与对外投资之间存在着内在的联系。邓宁（John H. Dunning）教授在其《国际生产折衷理论》一书中提出，国家对外直接投资发展模式分为四个阶段：

（1）一个国家吸收大量的外资阶段。

（2）一个国家以吸收外资为主阶段。

（3）一个国家进入吸收外资与对外投资并重阶段。

（4）一个国家以对外投资为主阶段。

一个国家在国际双向投资中的地位，取决于其对外投资额与吸收外资额的大小，也就是对外投资净额（Net Outward Investment），而对外投资净额的大小取决于该国经济发展水平和综合国力的强弱。就美国、欧盟、日本“大三角”而论，美国和欧盟已进入吸收外资与对外投资并重阶段，而日本以对外投资为主，吸收外资明显不足。

在第二次世界大战后的相当长一段时间里，跨国公司主要是掠夺发展中国家的自然资源，因而外资在发展中国家发展很快。20 世纪 60 年代，跨国公司投资重心转向西欧。目前，对发展中国家直接投资不断下滑，并且主要集中在少数几个新兴的发展中国家或地区，如中国、巴西、墨西哥、南非、印度、新加坡和马来西亚等国。

（五）投资的部门结构发生变化

这种变化主要反映在对发展中国家的投资上。跨国公司对发展中国家的投资最早集中于种植业、铁路和公用事业。后来，国际矿业公司和石油公司开始发展采掘业，在拉丁美洲、中东和非洲投资开发各种丰富的矿产品和石油资源。20 世纪 70 年代，投资转向制造业。在新技术革命推动下，无论是在发达国家还是在发展中国家，高新技术产业、银行业、金融业、保险业等无形产业颇受跨国公司资本的青睐，而拥有劳动力和自然资源优势的发展中国家的传统产业却相对失宠。

（六）国外直接投资与国际贸易、国际技术转让相互交织，多维并进

如果商品输出被看作是资本主义发展的特有现象，那资本输出应被看作是第二次世界大战后资本主义成熟的一个特征。现代大型企业的国际地位可从商品、资本和技术三方面来衡量，这三者已经被认定为当今国际经济关系发展中的三大范畴。一个国家或一个国际企业发展经济不能仅靠产品，还应有技术和资本。

商品市场、技术市场和资本市场三者之间有明显的区别，但也有密切的联系。在跨国公司实际业务中，这三者呈现显著的同向性，即商品交换多，技术和资本的往来也多；商品贸易增加，资本和技术的交流也随之增加，反之亦然。因为资本投资增加本身，往往带动商品贸易和技术转让的进一步发展。

（七）企业内部分工部分取代原有的国际分工

在过去，各国根据比较成本优势，往往集中生产某些产品，然后通过国际交换，获得比较利益。资本主义国际分工长期以来形成工业发达国家以资本密集型产品与发展中国家的初级产品及一些劳动密集型产品进行交换的局面。而现在，跨国公司通过对外直接投资，在与产品生产过程相关的每一个国家组织专业化生产，而后通过内部交易把这些生产活动联系起来，这就是所谓的公司经营内部化，即资金、技术和零部件的流动与转让大部分是在公司内部进行。在这里，各国间的分工反映了跨国公司内部的分工；同时，跨国公司也把很大一部分的国际贸易变成跨国公司的内部交易。从实践中看，跨国公司内部交易占国际贸易的比重迅速增长，目前已达1/3以上。

（八）新兴的跨国公司浮出水面

近30年来，世界市场上美国、欧盟和日本的跨国公司仍占主导地位，一些新兴工业化发展中国家和地区的大公司也开展了对外直接投资。发展中国家新兴跨国企业的出现，打破了传统国际资本单向性、垂直性流动的格局，扩展了南南投资，开创了由南向北逆向发展梯度的“上游投资”。发展中国家母公司在国外主要经营制造业，其中90%采用合资企业的方式，这些企业中65%以上分布在那些比母公司所在国制造业增值低的国家。

第二节　国外直接投资的基本类型

在世界市场上，企业进行国外直接投资有两种基本类型：其一是收购兼并当地企业；其二是投资创建国外新的企业。其中，跨国并购已成为21世纪跨国公司对外扩张的主要形式。

一、跨国并购当地企业

（一）跨国并购的业务操作

1. 跨国并购的含义

跨国并购（Cross-border Merger and Acquisition，M&A）是指一国企业通过以现金、证券或其他形式购买取得其他企业的部分或全部资产，获得对别国企业控制权的一种跨国的经济行为。它可以实现资产转让、资源优化配置和资本的低成本高效益的目的。并购的关键是控制当地企业的产权。产权是指企业财产的所有权及由此派生出来的财产支配权、处置权、经营权和受益权等，而财产的转移则要以实现保值和增值为目的。

（1）并购的原因

公司进行跨国兼并和收购是一个极其复杂的过程，这个过程应建立在公司全球战略的基础上，考虑到所有可能影响并购的因素和结果。公司进行跨国并购的原因不尽相同，主要有：① 增强规模经济效应，创造更高的生产效率；② 提高市场占有率，打击竞争对手；③ 进入国际市场，深化全球化经营；④ 获得先进技术和经营经验，提升公司的竞争力；⑤ 保障资源供应，尤其是稀缺资源，以保证公司持续发展。

并购的关键是取得企业的控制权。一家企业收购兼并另一家企业，取得企业的控制权，即通过接管，达到企业经营权转移的目的。在公司并购过程中，买方即收购者，是“进攻性公司”；而卖方即被收购者，是“目标公司”。

（2）并购对象的类型

并购作为公司买卖行为，根据对象不同可分为两种：资产并购（Asset Acquisition）和股权并购（Stock Acquisition）。通常并购是股权并购，即一家公司通过收购目标公司已发行在外的股份或认购目标公司发行的新股等方式进行投资。从理论上讲，收购者取得目标公司 51% 的股份，即取得了对目标公司的绝对控制权，可直接对目标公司的业务行使决策权。在实践中，如果目标公司的股份很分散，收购者可能只需要拥有目标公司 20% 甚至更少的股份，就能以最大股东的身份进驻董事会，取得控制权。

2. 跨国并购的类型

跨国并购又可细分为横向并购、纵向并购和混合并购三种类型。

（1）横向并购（Horizontal M&A）是指行业内的优势企业通过对弱势企业的并购组成横向托拉斯，集中同行业的资本，并使企业在市场上获得一定的控制力。这种并购的目的一方面在于通过生产规模的扩大和新技术的应用帮助企业达到最佳的经济规模，取得规模经济效应；另一方面则通过并购形成的垄断，降低市场竞争程度，从而企业可以获取高额垄断利润。

（2）纵向并购（Vertical M&A）是指被并购企业的产品处于并购企业的上游或下游，是前后生产工序或生产与销售之间的环节，为使企业整个过程畅通，故投资并购该企业，实现对它的控制。这种并购的作用在于：第一，通过并购实现生产一体化或生产销售一体化，有助于保持生产的连续性，减少中间环节，节省销售费用；第二，并购加强了垄断，降低了市场竞争程度，有助于提高利润。

（3）混合并购（Mixed M&A）是指并购各方企业分别属于不同的产业部门，它们之间没有特别的工序、生产、技术方面的联系，进行这种并购的目的是谋求生产经营的多样化，降低经营风险。

3. 实施跨国并购应具备的条件

跨国并购必须具备两个基本条件：一是市场上有可供收购的对象，二是企业有收购他人企业的实力。

（1）实施并购的企业外部条件

① 企业的竞争法则决定了企业都会受到有生有灭客观规律的支配。经济不景气，企业经营不善，使得一部分企业步履艰难，无力维续，濒临倒闭。企业倒闭为国际并购创造了客观条件。

② 国际并购与产业结构的调整密切相关。在产业结构优化中，经过优胜劣汰后留存下的经营业绩优良的跨国公司，其生产规模的扩大、技术水平的提高、生产投入的增

加都离不开全球资源的供应，同时，产品的销售要面向世界各地市场。因此，大公司只得依靠国际收购实现“全球化公司”的目标。

③ 20 世纪 80 年代中期以来，各国政府普遍实行优惠的外资政策，客观上对国际并购浪潮起到了推波助澜的作用。政府的优惠政策包括：废除任意没收的产权法，建立良好的法律环境和经营秩序；具有稳定的货币和金融制度；鼓励企业私有化等。

（2）实施国际并购必须具备的企业内部实力

① 从国家角度而言，通常中等发达国家就具备资本输出的条件，可以进行国际并购业务。就企业实力而论，至少要有 5∶1 的收购资本，即并购企业是被并购企业经济实力的 5 倍。一般而言，此比例越高，实力越强，越能顺利实现并购业务，否则难以承受并购后的重负。

② 并购企业的融资能力。企业并购资金可以由两种途径获取：一是公开并购，即收购企业用自有资金按高于股市的价格收购对方企业有表决权的股份。如果自有资金不足，还可以用被并购企业的资产作抵押，从银行筹集所需的款项。二是杠杆并购。并购企业凭借其资信，事先设立一个虚拟公司，然后由该公司出面向银行借款，或自行发行债券，筹集资金。这是一种利用杠杆的原理以小取大、以少量自有资本（一般比例为 5%～15%）借用他人巨额资本的办法，即用银行贷款或发行债券（比例为 85%～95%）来收购他人企业。

③ 并购企业的综合实力。综合实力指并购企业要具有自主经营能力较强、市场营销网络广而深、技术和产品更新换代快、国际资信度高等基本条件。因为这种并购不是简单的资金流动，而是包括资本、技术、管理技能等要素的整体移动。拥有先进的技术和科学的企业管理能力是并购成功的基本保证。

4. 实施跨国并购的步骤

跨国并购当地企业，操作过程都应谨慎、仔细，并遵循一定的步骤。跨国并购的合理步骤可分为并购前的准备阶段和并购后的整合阶段，两个阶段是密切相连的过程。跨国并购的基本步骤是：

（1）制订战略计划。首先对本公司的内在条件、行业的发展趋势、商业机会和经营能力等进行分析。其次，对被并购企业的状况、可能的风险进行预测。在知己知彼的基础上，抓住合适的机会，选准目标，及时出击。

（2）进行价值评估。确定并购目标后，要采取不同方法对目标企业进行全面的价值评估。这是并购活动中的关键一步，如果收购价格过高，股东投资回报就会受到影响。收购方应熟悉评估过程中所涉及的法律、会计、金融等方面的知识和内容。

（3）调查目标企业实情。为了实现既定目标，对被并购企业的调查不应局限在与生产项目和财务账目有关的内容上，还应该包括与收购有重大关联的会计、法律、金融、制度、知识产权和文化等各方面的内容。调查所得到的信息资料将用于指导并购后新企业的整合方向。

（4）制订谈判方案。整个谈判过程应以战略计划为指导，制订一份具体的并购方案和程序计划，使双方在并购过程中按部就班地执行。

（5）签署并购合同。谈判结束后，即可签署正式并购合同。并购方按合同规定条件支付款项。

（6）并购后的整合。为体现并购双方的优势，新公司应制定一个双方都认同的远景规划。规划的内容包括详细的工作计划，日程安排等，以便督促员工尽快圆满地实现目标。整合过程中应抓住一切使新公司的利益最大、风险最小的机会。

5. 并购的基本方式

收购兼并当地企业的基本方式有两种：一是投资者参照股市价格通过股票市场购买当地企业的股票；二是投资者通过谈判购买国外原有企业的部分或全部资产。前者为股权参与或资本参与，后者则是纯粹的收购企业。巨型跨国公司“像一条凶恶的大鲨鱼，在国外不停地吞并大小企业”。这种收购兼并，既取代了一部分国际贸易，又起到了促进国际贸易发展的作用，同时也加强了跨国公司的生产和销售网络，推动了资本和生产的国际化。

投资者收购当地企业股权的比例会直接关系到它对国外企业的经营控制权。最基本的原则是根据自身的投资意图和东道国的外资企业法，来决定企业股权的参与程度。通常的股权参与策略有：（1）购买全部股权，完全控制当地现有企业；（2）购买多数股权，取得经营决策权；（3）购买少数股权，不取得经营决策权。

（二）收购兼并当地企业的利弊

1. 衡量跨国并购经济效应的指标

衡量公司的并购是否成功，可用“1+1>2 效应”来进行检验。所谓“1+1>2 效应”，是指并购完成后两个公司的总体效应要大于两个独立公司的效应之和，其中最重要的莫过于产品市场的扩大、营销费用的降低、管理费用的节省等。典型案例是 1989 年日本索尼公司并购了美国最大的制片公司——哥伦比亚影片公司，索尼公司的战略意图就是要借助哥伦比亚公司的技术优势占领高清晰度电视机和录像机市场，以实现“1+1>2”效应。

为了使并购达到最佳的经济效应，一定要清楚被并购公司出售企业的真实原因，在收集可靠情报的基础上，对目标公司的经营状况及后续发展进行科学的分析。若目标公司因为“缺乏竞争力，无法生存”而出售，这样的公司无疑不能成为并购对象。

根据资本主义自由竞争、优胜劣汰的规律，吞并现存企业，既可以节省新建和扩建企业的时间，又可以减少建立生产供应和销售系统的成本。

2. 并购当地原有企业的利弊

从两点论的方法来看待事物的发展，跨国并购当地现有企业与创建新的国外企业各有利弊，权衡利弊得失是大公司全球战略的需要。并购国外企业的最大好处是可以使投资企业较快地进入国际市场，即企业不必经过艰难的创业阶段，可直接进入有利可图的投资市场。

（1）采取并购方式的有利方面

① 可以迅速取得对国外企业的控制权，推行其跨国经营的战略。

② 可以直接接管和利用当地现有企业的生产设备和人才资源。

③ 可以迅速扩大经营范围，提高经济效益。

④ 可以吸收当地的先进技术，提高产品的数量和质量。

⑤ 可以利用当地现有企业的销售渠道，扩大产品的销售。

相关链接

据日本的经验，直接投资兴办企业，从项目考察、谈判签约、厂房建设、安装设备到正式营业一般需要2年时间。若收购现有企业则可以节省选址建厂的时间，可以立即使用现有企业的经营资源，具有省时、省力和迅速进入目标市场并大大缩短投资回收年限的好处。通常只需要半年时间就足以调整好经营目标，经过“换血”和“输血”，再经过1~2年的时间完全可以实现既定的规模效益，这比创办新企业缩短了2~3年的时间，而商场即战场，时间就是金钱。

（2）采取并购方式的不利方面

① 投资者难以正确估计并购活动的实际效益，会计制度的不同、财务报表的错误、不公开的企业内部不良因素等会直接影响最终效益。

② 并购业务中的实际支出往往超过原始估价，并购后需要大量的后期投资，以补充前期费用。

③ 投资者究竟是以高价并购经营状况良好的有希望的企业，还是以低价购买倒闭企业，潜伏着并购决策的风险。

④ 东道国对外国投资者并购活动有种种限制，如反托拉斯法的规定、投资法的规定、外资比例限制、被并购企业的行业限制等。

相关链接

外国企业对加拿大进行投资时，加拿大联邦政府要对海外交易进行审查，审批的依据是《加拿大投资法》。能否获得批准取决于投资法中规定的六个要素：（1）投资对加拿大经济活动水平和性质的影响，如对资源处理和对加拿大生产的零件、组件，以及服务的利用的影响；（2）对加拿大人参与加拿大业务的程度和重要性的影响；（3）对加拿大生产力、工业效率、技术开发、产品创新和产品种类的影响；（4）对加拿大行业竞争力的影响；（5）与加拿大国内产业、经济和文化政策的兼容性；（6）对加拿大在国际市场竞争力的贡献。

二、创建国外新企业

创建国外新企业，其形式可分为两种：一是建立国际独资企业，二是建立国际合资企业。国际独资企业的形式有国外分公司、国外子公司和国外避税地公司。国际合资企业的形式有股权合资企业和非股权经营企业。

（一）国际独资企业

国际独资企业系指外国投资者遵照东道国的法律，在东道国境内设立的全部资本为外国投资者所有的企业。外国投资者对该企业行使全部所有权和控制权，并对企业承担全部责任和风险。

1. 创立独资企业具有的优势

投资者创立国外独资企业的优势是：

（1）投资者拥有完全的自主权和经营决策权，可以对企业进行严密的控制。母公司可以根据其全球战略的需要，随时调整海外公司的经营活动，以获取最大的经济效益。

（2）投资者对专利、专有技术、特许权和企业的管理实施严格的保密和垄断，可以减少因扩散而带来的损失。

（3）投资者独享经营成果，避免了共同投资者由于企业经营管理和利润分成而引起的摩擦和冲突。

2. 独资企业在东道国经营的不利因素

独资企业在东道国经营中也存在一些不利的因素：

（1）独资公司在东道国具有当地国籍和法人资格，但仍被当地人视为来自外国的异己力量，在投资方向和经营范围上受到一定的限制。

（2）东道国对设立独资公司条件苛刻，审批严格，尤其是发展中的东道国，它们要求投入高新技术、承担出口义务以及逐渐转让股权，即实施渐退政策。

（3）独资企业被要求一切业务自行办理，而且对资本的要求高；业务经营的外部环境陌生，企业经营风险大。

3. 独资企业的形式

投资者在国外创办独资企业，其形式有国外分公司、国外子公司和国外避税地公司。

投资者应在国外建立分公司还是子公司，取决于它对这两种形式差异的认识及其对海外经营利益的影响。分公司与子公司有很大区别。

（1）创建手续不同。分公司创办手续比较简单，各国政府只要求履行申请登记程序，领取营业许可。子公司的建立必须按东道国的法律，经过比较严格的审批手续，方能取得东道国国籍。

（2）法律地位不同。分公司在东道国不是一个独立的法人实体，没有东道国国籍，被当地视为外国公司，它是外国总公司（或母公司）的一个组成部分。子公司是由母公司独家投资的按照东道国法律注册登记的独立法人，具有东道国国籍，能够独立从事工商业经营活动。

（3）税收负担不同。分公司和子公司在东道国税收负担的差异，是影响跨国公司做出选择的重要因素。分公司与子公司税负差异主要表现在以下几个方面：

第一，公司所得税课征的渠道不同。分公司营业所得（或损失）与总公司收入合并课税，无论分公司所得是否汇回母公司，都应与母公司所得合并课税。而子公司须在东道国纳税，其经营所得不能并入母公司所得中合并课税。

第二，利润分配的负担不同。分公司所得是总公司所得的一部分，在东道国的分公司无权分配利润，因此分公司也不存在利润所得税的问题。东道国通常对分公司课征营利事业所得税，而子公司除了缴纳公司所得税以外，还要缴纳利润汇出税。

第三，费用分摊不同。分公司理应分担总公司的管理费用，以此降低在东道国的营利事业所得税。而子公司是独立的法人，自主经营，不必分摊总公司的管理费用。

第四，分公司往往被课征附加税。一般而言，分公司在东道国被课以较子公司低的税款，因而有些国家为了使分公司税负等同于子公司的税负，常常对其额外加征附加税。

第五，享受税收优惠不同。分公司在东道国被视为外国公司，往往无法享受各种优惠待遇。而子公司在东道国被视为当地企业，可以享受当地政府给予的税收减免或捐税缓缴等优惠待遇。

(4) 业务经营所受到的限制程度不同。分公司受到的限制往往比子公司多。因分公司是外国公司，子公司是当地公司，所以分公司开展业务的难度比子公司大。各国政府对外国分公司的限制通常表现在两个方面：一是不准许外国企业分公司从事加工制造业，二是严格限制分公司的金融业务。因此，跨国公司的国外分公司转向从事进出口贸易。

(5) 东道国法律对分公司和子公司业务经营的影响不同。当地法律对分公司的影响大于子公司，主要表现在：第一，在与银行往来中，分公司的资产全部属于总公司，分公司在向当地银行借款时，被要求由总公司出面办理抵押，因此，较难获得银行贷款；第二，在贸易保险方面，由于同样的原因，分公司较难得到当地保险服务；第三，在税务稽核方面，分公司有时被要求提供总公司的账册，以便查账。与此相反，子公司不会遇到类似的问题。

由此可见，分公司和子公司在法律地位和经营范围等方面有着明显的区别。跨国公司通常根据东道国的法律规定、税负状况和投资经营的目的，决定子公司与分公司的选择策略。但目前世界上大多数跨国公司倾向于选择子公司的形式。

（二）国际合资企业

国际合资企业（International Joint Venture）是指跨国公司与东道国企业依照当地法律在其境内共同投资、共同经营的企业。合资经营企业是当代国际经济合作中最普遍的投资方式。若没有当地企业参与，仅由几个外国投资者共同投资建立的企业，东道国将它视为外资企业，不给予其合资企业所能享受的各种优惠，这种形式的企业被东道国视为外商联合投资（Consortium Venture）企业，属于外商独资企业的范畴。

国际合资企业常见的形式有两种：股权式合资企业与契约式合资企业。虽然这两种形式的合资企业都是由外国投资者和东道国投资者共同组建的，但是两者在投资方式、法律地位、组织形式、管理模式、利益分享、责任风险等方面都有所不同。

1. 股权式合资企业

股权式合资企业（Equity Joint Venture），是由两个或两个以上国家的国民或企业按照所在国的法律联合起来，由各方提供资金、设备、技术知识，共同经营的以盈利为目的的企业。股权式合资企业是一种公司制合营企业，是采用合资方式经营的股份有限公司。它是独立的法人，具有起诉、被诉和借款的行为能力。

股权式合资企业要求投资各方以股权方式共同投资建立企业（或公司），而公司的全部资本划分为若干等额的股份，股份可以在社会上公开发行和自由转让；公司以其全部资产对公司的债务负责，股东的责任只限于他们各自的出资额；绝大多数的公司所有权和管理权相分离。

2. 契约式合资企业

契约式合资企业（Contractual Joint Venture），也称为合作经营企业，这是一种合伙制企业。它是由跨国公司和东道国投资者根据东道国的有关法律以各自的法人身份共同签订合作经营合同，在合同中对合作各方的投资条件、经营方式、收益分配、责任风险做出明确的规定。这种投资方式的基本特征是，合作各方权利和义务的基础是合同，而不是股权。

契约式合资企业的基本形式有两种：一是“法人式”合作经营企业，即合作各方依据合同组建经济实体，该企业具有法人资格；二是“非法人式”合作经营企业，即合作各方通过合同组建一个松散的合作经营联合体，它不具有东道国的法人资格，也没有独立的财产所有权和处置权，资产所有权仍然归合作方各自所有。

3. 合作经营企业与合资经营企业的区别

合作经营企业由于采用灵活的游戏规则，可以满足投资者的某些特殊需求。但由于契约本身的不完备性，企业难以形成一种十分有效的事后协调机制。这些不足会增加投资者的事前谈判成本和事后协调成本。在实际业务中，合作经营企业与合资经营企业有着明显的区别。

（1）企业的组织管理模式不同。合作经营企业中的“非法人”模式通常没有一个统一的组织管理机构，多采用灵活的管理方式。有的合作经营企业会设有一个联合管理委员会，协调合作各方的利益和经营意图。有的合作经营企业在确定权利和义务的前提下，委托其中一方或第三方负责日常经营管理工作。而合资经营企业实行董事会领导下的总经理负责制，有一个权威的统一的组织管理机构。

（2）股权安排与责任风险负担不同。合作经营企业，尤其是“非法人”模式的合作经营方式，企业没有注册资本，没有安排股权比例，合作各方的责任与风险通过合同具体规定，一旦合同完成，合作关系即告终止。但是，合资经营企业中的合资各方有一个明确的股权安排，根据各方的出资比例分享利益、分担责任风险。

（3）收益分配与投资回收方式不同。在合作经营的方式下，合作方按合同规定进行收益分配，分配方式比较灵活，如规定产品分成、收入分成或利润分成的比例等。合作经营企业的投资回收方式也比较灵活：合作经营者可以从经营收入中回收投资，也可以从利润中提取一定的比例回收投资，或者采用提取折旧费的方式回收投资。但是，合资经营企业则按注册资本所规定的各方出资比例分配企业利润，股份多，分红多，反之，分红就少。在合资企业项下，各方按规定从企业净利润中提取投资回报。

（4）纳税人和纳税方式不同。就纳税人而言，合作经营企业由合作各方按所在国不同的税法分别纳税，而合资经营企业按所在国的规定由合资企业统一纳税（即缴纳公司所得税）。就纳税方式而言，合作经营企业通常实行累进比例税，并且一般不能享受减免税优惠待遇，而合资经营企业所得税税率通常实行比例税制，并且可以享受东道国的减免税优惠待遇。

（三）非股权经营

1. 非股权经营的含义

非股权经营是指跨国公司在东道国企业中不参与股份，而是通过向东道国企业提供技术、管理、销售渠道等与股权没有直接联系的各项服务（无形资产）而参与企业的经营活动，从中获取相应的利益与报酬。

20 世纪 70 年代以来，非股权经营越来越多地进入发展中国家。因为发展中国家与发达国家经营环境存在明显的差别，发展中国家的经济政策、投资环境和市场完善程度不能满足跨国公司在股权参与方面的要求，这导致发达国家的跨国公司不愿花费过大的成本在发展中国家进行独资或合资经营，而是采用非股权经营的方式进入发展中国家。

与股权经营方式相比，非股权经营方式对发达国家的跨国公司来说，其好处在于：

（1）跨国公司不用在东道国直接投资，减少了经营风险。

（2）跨国公司不投入股金，不用承担东道国企业的财务风险。

（3）跨国公司靠转让技术、提供服务、合作生产来获取利润。

（4）跨国公司依仗其技术、管理、生产和营销上的优势对东道国企业实行一定程度的控制。

（5）跨国公司不动用资金、不占有股份，不会激起民族主义的排外情绪，减少了政治风险。

这种非股权经营方式对东道国来说，可以在拥有更多的企业控制权的基础上获得先进技术、管理经验、营销技巧和有关产品，从而更乐于接受。

在非股权经营下，发达国家的跨国公司对东道国企业可以实行积极控制和消极控制。所谓积极控制，是指跨国公司通过非股权形式将东道国企业纳入自己的全球经营网中，在某种程度上如同外国投资者享有股权控制一样。所谓消极控制，是指跨国公司将东道国企业经营活动与自己的国际化经营完全分离。因此，非股权经营方式对东道国企业控制程度的弹性是很大的。实际上，非股权经营是对外直接投资的替代物，是过渡到合资经营企业的“热身赛”。

2. 非股权经营的形式

跨国公司的非股权经营形式很多，最常见的有许可证贸易、合同安排、技术咨询和特许经营等。

（1）许可证贸易（Licensing）是指跨国公司在获得一定收益的情况下，授权东道国企业使用某种工业产权或技术。许可证贸易涉及的工业产权和技术通常包括专利、商标、专有技术或专门知识等。在许可证贸易项下，买卖双方要签订一项许可证协议，卖方在一定条件下允许买方使用其发明技术、商标、专有技术或专门知识，买方从卖方取得使用、制造、销售某种产品的权利，得到相应的技术知识，同时按协议支付一定的技术使用费，并履行有关义务。

许可证贸易具有风险小、成本低的优点，但也存在着一些明显的缺点，主要表现在：

① 买方有可能掌握购入的技术，使卖方失去技术垄断，增加新的竞争者。

② 由于卖方没有亲自参与东道国企业的经营管理，不能获得东道国生产和经营的经验，也无法控制市场。

③ 这种许可证销售的收益受买方产品销售额的影响很大，如果销售额很低，卖方收取的提成费用可能无法弥补各项支出。

（2）合同安排（Contract Arrangement）是指跨国公司以承包商、代理商、销售商或经营管理者的身份，通过承包工程、经营管理等方式参与东道国企业的经营活动，获取一定报酬的经营方式。此类合同安排包括管理合同、制造合同、工程项目合同、交钥匙工程项目合同、分包合同与劳务输出合同等多种形式。在合同安排项下，跨国公司对东道国企业不参与股权，通过提供企业管理的经验和技巧，参与经营活动，获取报酬。

（3）技术咨询（Technical Inquiry）是指跨国公司对东道国企业存在的技术问题或技术论证方案提供咨询和论证等技术性服务。此类软件服务内容很广，包括收集信息、预测趋势、拟订计划、制订方案、协助决策、承包项目、组织实施、验证实效等。

（4）特许经营（Franchising）是指特许方（Franchisor）在协议期限内将其所有商标、商号、产品专利、专有技术和经营方式等资产，以特许权（Franchise）的形式授予被特许者（Franchisee）在指定区域内使用的经营方式。特许经营是一种资产使用权的有偿转让。

相关链接

特许经营起源于19世纪80年代，自美国胜家缝纫机公司建立起第一个特许经营网络以来，国外许多企业均通过特许经营的方式取得了良好成绩。美国已成为特许经营最发达的国家，如美国可口可乐公司通过特许经营方式在世界各地建立可乐装瓶厂；美国麦当劳公司和肯德基公司通过特许经营在世界各地成功地经营快餐业务；美国福特汽车公司通过特许经营建立连锁销售网络，解决了大批量生产所带来的难题。

美国可口可乐公司即是通过特许经营在全球180多个国家和地区销售其碳酸饮料系列产品的。可口可乐公司于20世纪早期就尝试性地向一些地方企业授予瓶装和销售特许经营权，并逐渐建立起全国性的生产销售网络。第二次世界大战后，通过向全球各地区扩大生产和销售，建立起操作规范和内涵丰富的特许经营网络，使可口可乐系列品牌产品在世界各地落地开花。

特许经营可分为产品特许经营和经营模式特许经营。产品特许经营（Product and Trade Name Franchising）是指跨国公司允许被特许经营者对其品牌化的商品或商标进行商业开发，并获取特许使用费。经营模式特许经营（Business Format Franchising）是指跨国公司将其整套经营模式（如名称、标志、经营方针、经营标准以及产品和服务的质量标准等）授予被特许方在一定时间和地域内使用。被特许方应向许可方支付特许费。

特许经营方式在零售业、餐饮业和影像业等服务业中被普遍使用。特许者的利益来自一次性的加盟首期费、每年支付的特许费以及广告费。

特许经营的好处是：① 可以充分调动被特许方的自有资源和经营的积极性，特许方不受自有资源规模的限制便可迅速扩大经营规模；② 可以充分提高合作双方经营能力，降低各自的经营风险，提高整个特许经营的市场竞争力。

特许经营的不足之处是：① 经营中可能会出现新的问题和矛盾，增加协调成本；② 如特许方出现重大决策失误，就会危及整个特许经营体系。

第三节　国际合资经营企业

国际合资经营企业是跨国公司与东道国企业共同出资、共同管理的企业，它通常分为股份有限公司与有限责任公司两种形式。这两类公司的共同点是股东就其所认购的股份尽出资义务，并以出资额为限对公司债务负责任。这两类公司的差别在于：股份有限公司股东人数较多，没有上限限制，全部资本划分为等额股份，且可以通过公开发行股票的方式筹集资金；而有限责任公司的股东人数不会过多，在法律上有上限限制，资本不必划分为等额股份，且不能发行股票。股份有限公司适合建立较大的企业，但对公司发起人要求较高，且手续烦琐。有限责任公司则对法定资本要求较低，设立手续简单，是建立中小型海外企业的理想形式。

一、合资经营企业的组建

（一）股权式的合资经营企业

1. 合资经营企业的概念和基本特点

合资经营企业又称合营企业，是由两个或两个以上国家的国民或企业依照所在国的法律联合起来，由各方提供资金、设备、技术知识，共同经营的以盈利为目的的企业，主要指合资经营的股份有限公司。它是独立的法人，具有起诉、被诉和借款的行为能力，国际上通称为“Joint Venture”。它的基本特点是共同投资、共同经营、共担风险、共负盈亏，各方是建立在“平等”“互利”基础上的合伙关系。所谓“平等”，是指各方可能实力各不相同，但他们是平等的合作伙伴；所谓“互利”，是指根据股份的大小和对企业贡献的多少，合理分配盈利，而不是利润各得其半。目前，世界上发达国家和发展中国家中合资企业发展都很迅速，在发展中国家尤其受欢迎。

建立合资企业有九项基本要素应予以考虑和安排，它们是合资企业的功能、经营范围、投资比例、合资目的、合资期限、投资规模、国别区域、投资者的经营性质、外国投资者所在国家或地区的类型。最为重要的要素是合资企业的股权形态，它直接关系到企业的经营管理效率。

2. 合资经营企业的基本股权形态

合资经营企业的基本股权形态有三种：第一种是多数参股（Majority Equity），即拥有51%以上的股权；第二种是少数参股（Minority Equity），即拥有49%以下的股权；第三种是对等参股（Equal Equity），即50%对50%的股权。股权形态是影响投资者对合资企业行使控制权的最重要因素，一般而言，拥有股权多，控制权就大；反之，股权少，控制权就小。

投资者对合资企业的资本投入采用九种形式：现金、机器设备、原材料、专利权、专有技术、商标权、房地产、厂房、经营管理知识。所有投入都经谈判商议折合为一定的股本投资入股。

（二）合资经营企业的形式

1. 合资经营企业与其他合作形式的比较

合资经营企业已成为当今跨国公司进行国外直接投资的重要形式。它以协议形式将各方结合在一起。合营各方既有对外经营方面的共同利益，又有企业内部控制权和利润分配问题上的矛盾。合营企业在对外经营方面利益上的一致性，使它与其他国际经济合作形式相比有较大的优越性。其优越性表现在：

（1）合资经营企业利用外资属于直接投资，其引进外资的方式不同于外国贷款。后者为间接投资，债权方不参与企业经营，只要求还本付息，以赚取利息为主要目的；债务方利用外国贷款自行采购机器设备、技术专利，自产自销，自负盈亏。

（2）合资经营企业不同于商品贸易。商品进出口的买卖关系是一种临时性关系，一经交易完毕，双方关系即了结。而合资经营企业是一种相对固定的长期合作关系。一般项目的合营期限原则上为10~30年，对于投资大、建设周期长、资金利润率低的项目，合资经营期限可以延长到50年。

（3）合资经营企业引进技术的方式不同于单纯技术贸易。前者以技术作价入股，技术能否在企业生产中发挥最大的效能，直接关系到各合伙方的经济利益；后者只是将技术作为一般商品进行买卖，技术出售方不存在分享利益的问题。

（4）合资经营企业与补偿贸易也不同。在补偿贸易形式下，引进外国公司的机器设备，是一种在商业信贷基础上的买卖关系，补偿的条件已在合同中做了约定，补偿完毕，双方关系终止。而且在补偿贸易合同执行过程中，接受贷款方是独立经营的。合营企业的机器设备是作价入股，按股份分享企业利润。

在各种股权投资方式中，合资经营企业是最为普通的形式，跨国公司和东道国都乐于接受。跨国公司为了争夺国外市场，掠夺国外廉价资源，谋取高额垄断利润，在国外子公司所有权问题上，在过去相当长一段时间内坚持独资经营，以便对企业实行严密控制，对技术和经营方针严格保密，减少由于企业管理和利润分成产生的矛盾。

但是，随着发展中东道国的经济地位日益增强，在国际经济合作中与跨国公司讨价还价的实力逐步提升，迫使跨国公司逐渐采取弹性策略，接受灵活的股权形式。

2. 跨国公司采取合资经营的好处

（1）通过向合资企业提供机器设备、原材料、零部件等，跨国公司可实现资本输出带动商品输出的目的。

（2）通过向合资企业提供技术专利、技术诀窍、管理技能等，跨国公司可带动技术知识的出口。

（3）由于企业是内外合营，因此可以减少或避免东道国政府没收或政策变化的风险。

（4）可以利用当地合伙方熟悉东道国市场情况和政策法律的优势，增强企业的竞争能力。同时，可以通过当地合伙方的关系，获得当地资金融通、物资供应、产品销售等优惠。

（5）合资企业的产品往往是东道国需要进口或当地市场的紧俏产品，这就产生了一个潜在的和稳定的销售市场。

3. 东道国采用合资经营企业的好处

（1）引进外国公司直接投资可以弥补经济发展过程中投资的结构性空缺，达到均衡发展的目的。同时，外国资本可以弥补本国建设资金的不足。

（2）对企业来说，可以借用外部生产投入要素，引进技术设备，填补自身的技术空白，促进企业的技术改造和产品的更新换代。

（3）可以利用外国公司的销售体制，将合资企业产品打入国际市场，扩大出口创汇，实现企业外汇平衡和对外资本金及利息的外汇支付。

（4）可以通过吸收外籍人员参与企业的经营管理，提高企业的生产效率和管理水平。

（5）可以给当地人才市场带来更多就业机会，带来推动原材料供应企业、配套协调企业的发展和增加税收等社会效益。

合资经营企业引进外国直接投资，实际上实现了分散性生产投入要素的聚合，可以达到分散的较小的生产投入要素所不能达到的发展规模。

二、合资经营企业的经营与管理

国际合资经营企业经营的成功，重点在于选择好的合作对象，那些资信好、拥有先进技术、经营管理经验、可靠的资金来源、庞大的国际销售网以及经济信息灵通的外国公司是首要选择。

（一）组建合资经营企业的程序

设立合资经营企业应以东道国合资企业法为依据，通常按下列程序办理：

（1）在对外国公司进行比较选择的基础上，挑选出最佳的合作对象。双方签订“备忘录”“意向书”等书面文件。

（2）根据双方签订的意向性文件，进一步编制项目建议书和可行性报告。

（3）可行性报告被批准后，合营各方协商签订合资企业协议、合同和章程。

（4）审批机关审批申请书和全部文件，并答复审批结果。

（5）申请者收到批准书后，凭批准书向合营企业所在地政府办理登记手续，领取营业执照。

合资经营企业提交东道国政府审批的主要文件有：合资经营企业计划和方案；投资者的资信报告；合资经营协议和合同；工程项目可行性研究报告；工业产权证明文件；其他必要文件。同时，还要注意申请是否符合法定程序等。

（二）合资经营企业的资本结构

合资经营企业的资本结构由注册资本、投资比例和出资方式三者组成。

1. 合资经营企业的注册资本

注册资本是指各方认缴的出资额，即合资经营企业向东道国有关当局登记的金额。注册资本与借入资金的总和即是合资经营企业的总投资。通常合资经营企业中一般股权资本占总投资的40%左右，借入资本占总投资的60%左右。注册资本是合资经营企业对社会承担责任的基础和限度。因此，如注册资本过少，外国投资者承担的风险就小，东道国投资者承担的风险相应增大，而且会减少东道国的税收。

2. 合资经营企业的投资比例

合资经营企业各方投入的股权资本在企业注册资本中所占的比例，表示它们在合营企业中拥有的股权大小。各国政府对外国投资者在合营企业中投资比例的限额，都在公司法和投资法中予以规定。许多发展中国家和地区，通常限定外国资本不得超过49%，本国投资应在51%以上，以免企业为外国投资者所控制。

经改革开放引进外资的实践，中国政府修订了过去制定的中外投资比例，实行上不封顶、限定下限的合资企业股权比例。

3. 合营企业的出资方式

合营企业各方可以用现金出资，也可以用厂房、建筑物和其他生产资料或工业产权、技术诀窍、土地使用权等作价出资。在以机器设备等实物作价出资中，如何对实物进行估价或折价是谈判中的棘手问题。作价应由各方按公平合理的原则协商确定，或请各方都同意的第三方评定。评定应参照同类实物的国际市场价格。其中，工业产权（包括专利权、实用新型权、工业外观设计权和商标权等）、技术诀窍等无形财产权的作价，不具可比性，价格难以确定。

（三）合资经营企业的管理

1. 合资经营企业管理的重要性

合资经营企业是共同投资、共同经营的经济实体，企业经营管理的好坏是关系到合营企业生存和发展的重要问题。管理的目的和重点是提高企业的经济效益。大多数发展中国家都有这样公开的政治目标，要求在若干年后合资经营企业的所有权和控制权应主要掌握在当地人手中，当地人员将最终接管关键的管理业务。但是，大多数发展中东道国一开始便采取灵活策略，允许外国合伙者在日常管理、避免风险和增加效益等方面有较大的决策权。事实上，许多合营企业很难做到企业管理职责完全公平地分享。合资经营初期，外国投资者承担较大的管理责任，当地投资者在共同管理中逐渐学会企业的管理和决策，提高独立管理的能力。

合资经营企业应自始至终重视生产的经营管理问题，并在实践中逐步完善合营企业的战略目标、资金预算、财务控制、信息报告和机构发展等管理程序。

2. 合资经营企业管理体制

合资经营企业实行董事会领导下的总经理负责制。董事会是合资经营企业的最高权力机构，企业的一切重大问题由董事会做出决策。董事会集中了对企业的指导和管理权。董事会名额的分配由合资经营各方参照出资比例协商确定。董事由合资经营各方委派，董事长是合资经营企业的法定代表。董事会的职权范围如下：

（1）决定企业执行委员会，任免正副总经理、总工程师、总会计师、审计师等高级职务。

（2）决定企业的组织机构、人员编制、职工的工资福利等。

（3）批准企业注册资本的增加、转让、出售或抵押，以及增发新股份。

（4）审批企业生产计划、销售安排、新产品研究试制计划。

（5）审议合营企业章程，规定企业的中止及解散。

（6）处理企业一切重大业务活动问题。董事会会议的表决，一般性问题采用简单多数票决定，重大问题的决定必须全体一致同意。

合营企业设立经营管理机构，负责企业的日常经营管理工作。经营管理机构由总经理和若干副总经理负责，一般下设总经理办公室、生产制造部、财务行政部、供应销售部和技术发展部等。总经理执行和处理董事会的决定和决议，组织和领导合营企业的日常经营管理工作。在董事会授权范围内，总经理对外代表合资经营企业。

（四）合资经营企业的财务管理与利润分配

1. 合资经营企业的财务管理

合资经营企业的财务管理是筹措资金、调度资本、谋取利润的重要工具。合资经营企业设总会计师协助总经理主持企业的财务会计工作。合资经营企业会计采用国际通用的权责发生制和借贷记账法记账。企业还必须建立审计师制度，负责审查、稽核企业的会计账目和财务收支，定期向董事会和经理会提交企业财务审计报告。

2. 合资经营企业利润的分配

合资经营企业利润分配原则是：

（1）必须按照所在国合资经营企业法的规定缴纳企业所得税后才能进行分配。

（2）分配前必须偿付企业各种债务。

（3）分配前必须先提取三项基金，即储备基金、企业发展基金、职工奖励及福利基金。三项基金提取比例由董事会研究决定。

（4）应参照合资经营各方的出资比例进行分红。占有的股份多，分红就多；占有的股份少，分红就少。

（五）合资经营企业的采购权与销售权

合资经营企业的经营权是指合资经营企业的采购权和销售权，即控制企业的销售和采购渠道。

1. 企业采购权

外国投资者对合资经营企业采购权的控制主要取决于东道国是否能够供应合格的原材料和零部件，以保证产品质量和生产成本。若合资经营企业原材料和零部件国产化的问题不能得到解决，外国投资者就会用外汇购买廉价的原材料，再卖给合资经营企业，从而取得了对合资经营企业的采购权。

2. 企业销售权

外国投资者对合资经营企业销售权的控制，往往与其参与合资的动机有关。如果外国投资者参与经营的战略是开拓东道国市场，则合资经营企业的产品主要销往当地市场，由于外国投资者不熟悉当地市场的销售渠道，一般难以控制合资经营企业产品的销售权。如果战略是利用东道国廉价劳动力生产低成本产品以开拓国际市场，则合资经营企业的产品主要销往国外市场，外国投资者可以利用其国外销售网，控制合资经营企业产品的销售权。

（六）合资经营企业的期限、解散与清算

1. 合资经营企业的期限

合资经营企业的合作期限根据不同行业和项目的具体情况，由投资各方协商决定，合资经营期从合资经营企业领取营业执照之日起算。一般项目的合资经营期限短则 10 年，长则 30 年。

2. 合资经营企业的解散

当出现下列情况之一时，合资经营企业解散：

（1）合资经营期限届满。当合资经营企业期满终止时，通常做法是将剩余资产按投资比例分配给投资各方，东道国投资者再将外国投资者分得的剩余资产按原来投资的货币金额买下，以收回企业的所有权和控制权。

（2）企业发生严重亏损，无力继续经营。

（3）合资经营一方不履行合资经营企业协议所规定的义务，致使企业无法继续经营。

（4）因自然灾害、战争等不可抗力遭受损失，无法继续经营。

（5）合资经营企业未达到其经营目的，同时又无发展前途。

（6）合资经营企业协议所规定的其他解散原因。

关于合资经营企业的中止、解散，须经董事会全体一致通过方可做出规定，并由董事会提出终止申请书，报审批机关批准，批准后还须进行清算。

3. 合资经营企业的清算

所谓清算是指合资经营企业债务的清偿与剩余财产的分配。清算工作的主要内容包括：

（1）审核企业财产，编制资产负债表和财产细目表，提出财产作价和计算依据，制订清算方案，提交董事会会议通过执行。

（2）了结一切债权与债务。

（3）安排东道国投资者继续使用外国投资者允许使用的技术。

（4）将清偿后的财产按出资比例分配给合伙各方。

（5）清算工作结束后，制作清算报告，并提交审批机关，办理注销手续，注销营业执照。

（七）合资经营企业争议的解决及适用的法律

合资经营企业在经营期间发生的所有分歧，应鼓励各方采取非正式的友好协商方式解决，并将解决争议的方式列入协议的仲裁条款中。如协商不能解决，可将申诉提交由争议各方代表组成的调解委员会调解。如经协商和调解无效，则可以根据合营企业协议中的仲裁条款规定，提请仲裁委员会进行仲裁。原则上可在东道国或第三国进行，多数情况下不进入国际仲裁。一般而言，仲裁过程始终贯彻当事人自愿的原则。裁决具有终局性，具有法律效力，对当事人双方均有约束力。如合营各方之间没有仲裁的书面协议，发生争议的任何一方均可向法院起诉，请求法院裁定，裁定的关键是法律和法院的选择，可以选择东道国法律，或是双方都能接受的第三国法律，也可以是国际法。

合资经营企业的争议主要有三项：股权问题、经营管理问题和转让价格问题。其中，以股权问题最为突出。

（八）东道国的渐退政策

所谓渐退政策（Fade-out Policy）是指东道国准许本国国民或企业与外国投资者共同投资，共同经营企业，最终要求外国投资者将其股份转到本国国民或企业手中。渐退政策的基本要求是：当东道国合伙者已经有能力进行有效经营时，外国投资者拥有的或联合拥有的企业股权应逐步转归东道国合伙者所有，由其独立经营。①

外国投资者渐退的原则应“因行业制宜”。轻纺工业项目，外国资本让出的期限可稍短一些，采矿业、重工业、高科技项目可以适当延长。因为它们的发展周期长，需要有一个长期摸索和经营的过程。另外，在外资让出之后，还可以安排外国公司“以提供技术信息的形式”与东道国企业保持合作。

三、合资经营企业协议（合同）的主要内容

东道国企业与跨国公司在合资经营企业正式成立时应签订书面的合营企业协议（合同），以明确各方的责任、权利以及企业的大政方针。合资经营企业协议（合同）的主要内容包括：

（1）签约各方。签约各方的名称、注册国家、法定地址和法定代表的姓名、职务、国籍。

（2）企业名称。合营企业的全称、法定地址、宗旨、经营范围和规模。

（3）经营目标，也称目的性条款。表明各方创办合营企业的目的和主要目标，以及达到既定目标所采取的步骤。

---

① 钱俊瑞．世界经济百科全书．北京：人民出版社，1985：738.

（4）股份交纳。各方交纳股份的金额、占合营企业所有权的份额以及他们的责任和义务。

（5）资本结构。合资企业的投资总额、注册资本、各方出资比例、出资方式、出资的缴付期限，以及出资额欠缴、转让的规定。

（6）资金筹措。资金筹措包括投资原始资本以外的资金筹措计划、筹措资金总额及来源以及对吸收贷款和发行债券、股票的规定。

（7）资金转让。合资企业应规定是否允许合营一方将其股份的全部或一部分转让给第三者；合营另一方是否有优先权将股份买下，以及如何进行资金转让。

（8）会计审计。财务、会计、审计的处理标准和原则，以及业务报告的规格要求。

（9）计划管理。计划管理的内容包括计划管理的程序和内容以及对企业的战略计划、经营计划、控制系统和信息系统的规定。

（10）技术保密。有关专利、商标和技术诀窍保护的规定。

（11）技术转让。对技术专利使用范围、技术使用费以及是否允许再转让的规定。

（12）管理机构。合营企业董事会的组成，董事名额的分配，以及总经理、副总经理及其他高级管理人员的职责、权限和聘用办法。

（13）物资供应。详细制表列明工程项目所需原材料、零部件和燃料的来源及劳务的供应。

（14）产品战略。合资经营企业产品短、中、长期的战略安排，以及新产品的研制开发。

（15）产品销售。规定企业产品的销售方向、销售渠道，产品的内外销比例以及营销方式。

（16）利润分配。合资经营各方利润分成和亏损分担的原则，企业留存的“三项”基金额度及使用原则。

（17）资金汇出。规定外国投资者的原始投资及利润的汇出比例，如分得的当地货币以何种汇率兑换成外币。

（18）政策优惠。东道国政府允许合资经营企业享受哪些政策性优惠，如企业所得税减免、进口税减免、外汇管理的待遇及公用设施的提供等。

（19）人事培训。合营企业对各层次职工的定期技术培训和考核的规定。

（20）职工福利。有关职工工资、福利、劳动保险等事项的规定。

（21）违约惩处。规定合营一方违反合同的责任及造成损失的处罚办法。

（22）仲裁条款。有关仲裁地点、仲裁机构、仲裁程序以及败诉一方负责赔偿损失和诉讼费用等的规定。

（23）法律依据。企业纠纷的处理适用哪个国家的法律、何种类型的法律以及应遵循哪些国际惯例。

（24）终止条款。合营企业的期限、解散及清算程序。

（25）其他条款。其他条款包括：协议（合同）签字和生效日期；协议使用何种文字撰写，使用两种文字是否具有同等效力；协议的有关附件；定义及解释协议中使用的词汇等。

第四节 国外证券投资

国外证券投资是资本流动的形式之一。目前，证券投资已发展成为国际投资的一种主要形式。证券市场越发达，证券投资的流动性就越强。

国外证券投资包括证券投资和借贷资本输出。这种投资的主要特点是投资者不直接参与这些获得资本的企业的经营管理。

一、国外证券投资概述

证券可分为狭义的证券和广义的证券。狭义的证券由股票债券和基金证券等组成，是一种有面值的并能给持有人带来收益的所有权和债权的证书。广义的证券除了包括股票、债券和基金证券以外，还包括货币证券、商品证券、不动产证券等。货币证券指支票、本票、汇票等；商品证券指提单等；不动产证券指房契、地契等。

（一）国外证券投资的含义

国外证券投资（Foreign Portfolio Investment）指投资者（公司法人或自然人）在国际证券市场上购买企业和政府的中长期债券，或在股票市场上购买上市的外国企业股票的一种投资活动。由于它属于间接投资，只是为了获取债券与股票的股息和红利报酬，所以对投资企业并无经营管理的直接控制权。因此，在投资前的正确决策尤为重要。国外证券投资决策就是要对投资对象的有关资料和数据进行分析、判断，作出科学的决策，把握好时机。

（二）国外证券投资分析

国外证券投资分析，就是要利用宏观、微观经济数据，对准备选购的各种证券的安全性、收益性、变异性、适应性进行分析与比较，综合评价证券的内在投资价值。具体指标有以下四个方面。

1. 投资偿还能力指标

这一指标衡量一个企业在不需要变卖固定资产的情况下偿还债务的能力，其衡量标准包括流动比率和速动比率。

（1）流动比率

流动比率=流动资产/流动负债

流动资产与流动负债之差是企业营运资金净值，它用以判断企业流动资产的使用状况。流动比率的最低值应为2，这样流动资产的数量才足以保障最低限度的安全性。

（2）速动比率

速动比率=速动资产/流动负债

速动比率也称为酸性测试比率，因速动资产为流动资产减去存货，所以速动比率可用以评价一个企业在不依靠出售存货的情况下的偿债能力。所得的比率值越高，企业偿债能力就越强；反之则弱。

2. 效率比率指标

这是用以衡量一个企业进行资产管理的效率的指标，用以说明企业各项账面资产总额是否合理。该指标包括如下四方面。

（1）总资产周转率

总资产周转率=销售总额/资产总额

这一比率说明单位资产可以产生销售收入的大小。其比率越高，说明企业资产的利用率越高；反之则说明越低。

（2）固定资产周转率

固定资产周转率=销售总额/固定资产

这一比率表明一个企业固定资产的利用率，它是按固定资产使用年限不同说明其周转情况。

（3）存货周转率

存货周转率=销售成本（或净额）/存货额

这一比率表明在一定时期内存货的周转次数，用以说明一个企业的经营效率和产品的适应性。其比值越大，周转更新次数越多，说明该企业的存货占用资金就越少。

（4）平均应收账款周转天数

平均应收账款周转天数=应收账款销售额/360 天

这一比率表示企业收回应收账款的平均天数。其比值小，天数少，说明应收账款回收快；反之，说明该企业部分资金被赊账单位无偿占用期长。

3. 负债比率指标

负债比率也称之为财务杠杆比率，是用以衡量企业用增加负债的办法来增加企业收益的能力的指标。

（1）负债资产比率

负债资产比率= 负债总额/资产总额

这一比率表示企业债务与资产的比例，说明企业的资产有多少是以借债形式取得的。对投资者而言，企业的这项比率越低，风险越小，收益也少；反之，风险大，安全性低。

（2）负债净值比率

负债净值比率= 负债总额/股东权益净值

这一比率表明企业负债与股东权益的关系，用以衡量企业经营中所用资金有多少是属于股东的，有多少是借入的；股东要承担多大的经营风险，投资者要承担多大的经营风险。这一比值越低，企业偿债能力越强，可以靠自有资金经营。常规指标不应超过 2 : 1。

4. 盈利比率指标

盈利比率是综合反映企业经济效率的指标。

（1）销售收益率

销售收益率=税后净收益/销售总额

这一比率表明单位销售额可能产生的收益。其比值越高说明收益越好。

（2）资产收益率

资产收益率=税后净收益/资产总额

这一比率表明单位资产额可以产生的净收益。其比值越高说明企业经营越好。如果比值偏低，则意味着销售利润低，资产的利用率低，或者负债多，利息负担重。

（3）股东权益收益率

股东权益收益率=税后净收益/账面股东投入资本

这一比率表明单位股东投资额可以取得的红利，其比值高，持续时间长，则说明该企业盈利能力强，从而能够增强筹资者和投资者的信心。

二、国外证券投资的主要特征

证券是代表资本所有权或债权的书面证明书。它自身没有价值，是一种虚拟资本，仅代表取得利益的凭证。证券的主要形式是债券和股票。债券体现着一种债权和债务关系，是发行者筹集资本的一种手段。通常，公司为了追加资本而向社会发行公司债券，其持有人同公司只存在一般性的债权债务关系，并每年从公司取得一定的利息收入，但不是公司的股东。债券到期，公司应偿还本金、赎回债券①。债券可分为短期债券、中长期债券和长期债券。目前，在国际债务市场上，以欧洲货币债券为主，其次是其他资本主义国家货币的债券。股票是代表股份资本所有权的证书，它体现了持有人按股票价格拥有的公司资产。公司借助股票向社会筹集资金，用于追加投资，扩大再生产。股票持有人根据票面面额从发行公司取得一定的股息报酬。上市股票可以在证券交易所买卖，但不能向发行公司索回股票面额。最常见的股票是优先股和普通股。

债券和股票都是有价证券，可以在市场上进行交易，具有一定的价格。其价格取决于有价证券的预期收益和当时的银行存款利率。它与前者成正比，与后者成反比。用公式表示如下②：

有价证券价格=有价证券的预期收入/银行存款利率

---

① 尼尔·胡德，斯蒂芬·扬. 跨国企业经济学. 叶刚，等译. 北京：经济科学出版社，1992：10-11.

② 同上，第 841 页。

有价证券虽不是真实资本，但证券持有人可获得收益，还可以转让证券从而收回本金，这是由有价证券的流通性和增值性所决定的。

证券资本是一种特殊的资本，它不同于其他资本的主要特征有如下四点。

（一）收益性

投资者进行证券投资的根本出发点是获取收益，收益性是证券投资的基本特征。证券的收益又可分为固定收益和变动收益。固定收益是指在证券面额上作出具体规定，不受经营状况影响的收益。变动收益是指证券收益随经营状况而变动的收益，它由发行单位利润多少来确定。通常普通股就属于变动利益。

（二）流通性

投资者进行证券投资可以根据证券市场价格的变动，自由地和及时地转让证券，收回本金。证券市场越成熟，证券的流通性就越强。总体而言，证券的期限越短，信用度越高，知名度越广，证券的流通性就越强。

（三）风险性

投资者一旦动用资金就会有风险，购买证券必然伴随风险，这是由证券市场价格波动和发行债券公司经营不善引起的。但各企业证券风险程度各异，收益情况也不同。通常来说，风险大，收益多；风险小，收益少。换言之，证券投资的风险与收益成正比。

证券投资的市场风险有两种：一种是制度性风险，即由于某些社会、经济共同因素所引起的风险，它无法通过证券多样化来避免。引起这种风险的因素，包括股市的变动、利率的波动、通货膨胀、政策变化等。另一种是非制度性风险，即由于某种突发事件所引起的风险，人们可以通过证券多样化的方法来避免此类风险。

（四）差异性

证券有两种价格——市场价格和票面价格。市场价格，是随行就市的价格。票面价格，是证券发行时确定的票面金额。在发行市场，如果采用时价发行、中间发行、贴现发行等不同方式，证券的发行价格和票面标价就会不一致。

跨国公司已成为国际证券市场的主要参与者和组织者。它是各种证券的发行者，尤其是利用公司债券在国外市场筹集外币资金，扩大生产经营。跨国公司与各国证券交易所保持密切的业务往来，已经将发达工业国家证券交易所国际化。跨国公司出面组建证券公司，在世界各国建立分支机构，大力开展国际性证券委托交易业务。

21 世纪，国际金融市场融资证券化发展迅速，华尔街仍在全球证券市场中居主导地位，世界各国的大公司纷纷转向纽约发行股票，其中的热门股票大都属于大型跨国公司所拥有，如美国微软公司、英特尔公司、埃克森石油公司、美国电话电报公司、杜邦公司、菲利普·莫里斯公司等。

复习思考题

1. 国外直接投资有几种类型和模式?
2. 当前国外直接投资迅速增长的原因是什么?
3. 试述国外直接投资的主要特点。
4. 什么是非股权经营? 它与股权投资有何区别?
5. 试述跨国并购的原因和跨国并购的类型。
6. 股权式合资企业与契约式合资企业有何不同?
7. 合作经营企业和合资经营企业有何不同?
8. 为什么国际合资经营企业已成为当代国际经济合作的重要形式? 组建与经营合资企业应注意哪些问题?
9. 国外证券投资与国外直接投资有何区别?
10. 国外证券投资的主要特征是什么?

第四章 跨国公司国际投资的选择与决策

✓ 本章摘要

国外投资环境的选择，主要是确定投资方向、界定投资规模和做好投资环境分析。投资环境是投资主体生存和发展的土壤，影响着投资主体的经营效果，制约着投资主体的决策；投资环境不同，投资方式也各不相同。

投资决策的成败取决于投资项目可行性研究的成果，这一研究给投资决策提供科学依据。国外投资要确保其安全性和有效性，做到“风险最小化、机会最大化”。投资保证制度的着力点在于推行一系列的投资鼓励和投资保险措施。

✓ 本章关键词

国外投资环境　国外投资决策　国外投资项目可行性研究　国外投资保证制度

✓ 学完本章，你需要掌握：

国外投资环境的分析方法，做好国外投资项目可行性研究，国外投资环境的评估方法。熟悉跨国公司的国际投资决策、国外直接投资的保证及保险制度。了解国外投资项目可行性研究的主要内容。

跨国公司是全球市场导向型的企业，公司通过国外直接投资实现资源最佳配置和利润最大化。国际投资的选择和决策关系到跨国公司全球经营的成败，而投资过程充满着主观决策与客观环境变化的矛盾，即投资主体的主观决策与客观投资环境存在差异。因此，对投资环境的正确分析和评估、对投资项目科学的可行性研究以及寻求可靠的国外投资保证和保险，是学习和研究国际投资的重要内容。

第一节 国外投资环境的分析与决策

国际投资的过程是一个不断循环的过程，投资的形成由集资、投资分配、投资运用和投资回收四个阶段组成。其中，首要任务是跨国公司要对国外投资环境进行分析并制定投资决策，即通过对经济、社会、政治、法律和企业环境诸因素的评估，来提高对外投资决策的准确性，以排除环境风险可能造成的损失，使其达到“风险最小化，机会最大化”的目的。高效的投资回报也是下一次投资循环的起点。正确的投资能促进经济增长，高速的经济增长又会诱发新的投资。

一、跨国公司国外投资环境分析

（一）国外直接投资导向

1. 投资导向决定跨国公司国外投资的目标选择

跨国公司在国外进行投资和生产的基础是实行生产的国际专业化分工。跨国公司凭借自身拥有的优势，从长远的利益考虑，在全球范围内部署一体化的专业分工体系。因此，每一个海外子公司与其所从事的经济活动都是整个公司中的一个有机组成部分。在这种专业化分工中，跨国公司确立和发展了经营分工上的专门化和所有权格局的多样化。总公司和子公司所进行的对外投资都是以国际分工的比较利益为基础，这就使新建的投资项目通过直接和间接的方式与跨国公司建立联系，参与到生产的专业化国际分工体系中。跨国公司在国外建立的子公司具有两重性：一方面是跨国公司的一部分，隶属于整个公司一体化的分工结构；另一方面又是东道国当地经济的一个组成部分，并在某种程度上与当地经济相结合。正是跨国企业的这种两重性，使其成为各国经济相互联系的重要纽带。

2. 通过对外直接投资，实现资本增值

在经济发展过程中，不同国家间资本增值条件的差别促使跨国公司资本总是流向条件较好的场所。它们以各种方式寻找得以实现资本保值和增值的场所。从理论上说，只要存在着国别资本增值条件的差别，资本追逐最大限度增值的本性就会促使其一往无前。

在保证资本增值的前提下，跨国公司的具体投资导向有：（1）资源导向型投资；（2）市场导向型投资；（3）成本导向型投资；（4）战略导向型投资。

（二）国外直接投资规模选择

1. 选择投资项目规模的重要性

投资任何一个项目都存在经济规模的问题。从理论上讲，投资项目应努力达到所谓最优经济规模。项目规模的经济性，首先源于生产要素的不可分割性。项目规模和经济效益之间存在着一定的函数关系，但这种关系是非线性的，经济效益并不总是和项目规模成正比。只有达到特定的项目规模，经济效益才是最大的，项目规模超出或不及这一特定规模，经济效益都会下降，这就是所谓的最优经济规模。但在实际操作时，由于种种限制条件，这种理想的最佳规模效益往往很难达到，只有在综合考虑各种因素之后努力促使选定的投资规模尽可能地接近最佳规模。

在投资项目选择时，正确选择合适的投资规模对于合理利用资源、改善经营和提高投资效益等，具有极其重要的意义。

2. 投资项目规模的选择

跨国公司对某一国市场投资的规模，往往取决于该国的消费规模，而消费规模又取决于生产消费和生活消费。生产消费量的变动与生产量的变动之间存在函数关系，它的增长存在着内在的制约因素。随着新投资带来生产技术和工艺的进步，单位产品原材料消耗量下降。因此，投资使经济产出总量的大幅度增长和原材料消耗的大幅度下降可以同时发生。

在简单生产条件下，人的劳动技能是生产的决定因素。因此，劳动人口的数量在很大程度上决定着生产规模。而在自动化生产条件下，尤其在电子计算机时代，劳动人口规模大小已不再是决定投资生产规模大小的主要因素。

在开放经济条件下，生产规模的国内市场规模界限被冲破。从理论上讲，在生产要素供给不成为制约因素的条件下，只要有足够大的市场，生产规模可以不受限制地增长。因此，跨国公司考虑投资规模时，往往把当地市场出口能力的因素考虑在内。

在安排生产规模时，还必须考虑生产应具备的最低适度规模。低于这个规模，产出小于投入，生产是不经济的；大于这个规模才能获得效益，即产出大于投入。一般而言，生产规模越大，经济效益越高。比如，跨国公司在汽车制造业投资中，认为汽车生产的最低适度规模应该是100万辆，低于这个规模就无法在国际市场上竞争。

相关链接

生活消费规模的主要衡量指标是人口规模。一般规律是：人口多，尤其是城市人口多，消费量就大，反之消费量就小。公司的投资规模应与生活消费水平成正比。同时，不同消费品的投资规模也应当不同。生活必需品的需求弹性系数很小，因此，在一定的条件下，对必需品的需求是一个常量。奢侈品的需求弹性系数很大，它是超过基本生活消费需求以上的收入变化的函数。因此，奢侈品消费的数量取决于收入增长的数量。

（三）国外直接投资环境的选择

1. 投资环境的含义

投资环境（Investment Environment）是指影响资本行使其职能的外部条件。资本是以获取最高利润为目标而运动的，其动向反映了跨国公司投资者追求投资的安全性、机动性和盈利性的心理。当前，国外直接投资是以跨国公司为主体、以生产资本为中心的产业资本运动，它往往面临两大类风险：一是“正常风险”，又称“竞争风险”（Competitive Risks），这是商品经济所带来的必然结果，企业会面临竞争对手提高产品质量、降低商品价格、推出新产品的挑战；二是“环境风险”（Environment Risks），即由于投资外部环境的变化而带来的风险，这些风险可能是经济的、社会的、政治的和法律的。

2. 投资环境的选择

跨国公司在国外选择投资环境，主要考虑物质环境和人际环境。

（1）物质环境。物质环境也称为投资的硬环境，由自然地理条件和基础设施结构组成。自然地理条件包括投资对象国的地理位置、资源状况、气候环境等。基础设施结构包括港口条件、交通设施、通信系统、金融信息、能源供应、仓储设备、生活居住以及其他服务设施等。

（2）人际环境。人际环境也称为投资的软环境，是指对投资环境有重大影响的人为自然因素和社会因素。人为自然因素包括生产能力（或运用生产技术的能力）、投资能力（或扩大生产以便利用扩大了的国内市场或出口市场的能力）和革新能力（它使研制新产品和提供新服务成为可能）。社会因素包括开放进程、投资刺激、政治社会安定、政策连续性、法制健全程度等。

跨国公司对国外投资环境的选择绝非只考虑经济因素，还要考虑自然因素、地理因素和社会因素。这是一个有机综合体，各种因素对不同国家的作用是不尽相同的。外国公司选择投资对象国时，绝不是简单地求出各种因素之和，而是综合判断，权衡利弊，做出“投”或“不投”的抉择。

影响投资环境的各种因素并非一成不变，随着时间和条件的变化，被跨国公司选为投资对象国的可能性也在变化。其中，人为自然因素的变化，是能否吸引跨国公司前去投资的关键，但目前不少发展中国家缺乏这一方面的条件。

3. 投资环境的差异性

投资环境还具有部门及项目的差异性。一种既定的投资环境不可能对所有的部门或项目的投资具有完全相同的吸引力。有的环境适合制造业投资，有的环境适合原材料工业投资，有的环境适合旅游业投资。尤其值得注意的是，新兴产业、高技术项目的投资与传统产业、低技术项目的投资所需要的投资环境差异极大。

4. 投资环境区位优势的选择

实现国外直接投资的动机，需要合适的投资环境。在资本输出时期，受利润动机支配的投资者寻求资本少、工资低、原料便宜、利润高的投资环境。英国的邓宁教授认为，当今投资者要实现投资动机，选择投资场所时应格外注意区位优势（Location Advantages），即投资环境吸引力的强弱。

投资动机与投资环境两者之间的关系是：

（1）投资环境优势是诱发投资动机的主要因素。

（2）投资环境是实现投资动机的充分条件。

（3）投资环境是衡量投资动机实现程度的手段。

（4）投资环境是影响投资动机实现的多元化外部条件。

投资环境对投资主体的作用表现在：投资环境是投资主体生存和发展的土壤；投资环境影响投资主体的经营效果；投资环境制约着投资主体的决策；投资环境造成不同的投资方式。

总之，投资环境的优劣直接关系到投资的安全性和投资效益。良好的投资环境是吸引外资的基本条件。

二、跨国公司的国际投资决策

跨国公司在制定国外投资决策时，首先要进行“筛选”，即对国外投资的国别和产品进行粗选，然后，对保留下来的投资对象国和产品项目再进行可行性分析。这样，既可节省时间、精力，又可减少开支。投资决策的过程，实质是外国投资者最大限度地合理利用资本，为实现利润最大化而开展的全球战略服务。

（一）投资者应遵循的原则

在进行投资项目选择时，投资者应遵循的原则有：

（1）投资价值最大化原则。在市场竞争激烈的条件下，投资者总是追求投资的最大利润。市场的通则是利润和风险共存，投资效益是利润和风险的综合体现。投资决策就是要正确权衡收益增加和风险增大的得与失，尽可能减少风险，使投资的效益最大化。

（2）科学的投资决策原则。高度复杂的市场经济，增加了投资决策的难度，要求投资者要有一套科学的决策程序和决策方法。依据投资决策理论，使用电脑进行定量分析，以保证决策过程的科学性。

（3）投资要素系统化原则。投资项目与许多要素相关联，这些要素之间互相联系、彼此制约。进行投资决策时，必须系统地综合考虑所有的必备要素，避免弃重就轻、主次颠倒。影响决策的必备要素有技术可行性、建设条件、经济效益、建设周期、项目资金、资源状况、产品竞争力、对产业结构的影响以及今后的发展趋势等。

（4）投资过程的时效性原则。投资时资金的垫付，使投资项目决策时必须充分计算资金的时间价值（因时间变化引起的资金价值量的变化，称为资金的时间价值）。由于同等数量的资金因垫付时间的不同而具有不同的价值，故进行投资决策时，应周密考虑资金的时效利用率和回收周期。

（二）国际投资决策

国际投资决策主要是对与国家有关的变量和与产品有关的变量进行分析比较的过程。

1. 与国家有关的变量分析

与国家有关的变量（Country-related Variables）包括市场大小（Market Size）、投资气候（Investment Climate）、当地技术水平（Local Technology Level）和与投资国之间的距离。

（1）市场大小

衡量市场大小的指标有：① 国民生产总值（Gross National Product，GNP）；② 人口（Population），尤其是城市人口；③ 按人口平均国民所得（Per-capita National Income）；④ 制造业产值（Manufacturing Output）。

通常市场越大，外国公司兴趣越大；市场越小，越不易被外国公司列为即期投资对象。

（2）投资气候

影响投资气候的因素是投资对象国政府对外国公司投资的“意愿”（Willingness）及吸收投资的能力（Ability）。这一概念比较抽象，各国经济学家将这个变量具体化为 8 个方面：① 准予外资股权拥有的程度；② 允许利润汇回的程度；③ 对本国资本和外国资本待遇的差别程度；④ 市场物价稳定程度；⑤ 关税保护程度；⑥ 当地筹集资金的难易程度；⑦ 外汇汇率稳定程度；⑧ 政治局势稳定程度。

（3）当地技术水平

一般来说，当地劳动力文化水平和技术水平高，则容易吸引外国公司前去投资，反之则比较难。

（4）与投资国之间的距离

在其他变量不变的情况下，如果投资国与接受投资国距离近，主要供应国往往采用商品输出的方式；反之，若距离远，则产品运输费用高，主要供应国更倾向于采用就地投资生产的方式。

相关链接

宏观投资环境

宏观投资环境包括社会政治环境、法律环境和宏观经济环境。

社会政治环境：政局稳定性、政策连续性、对外政策和战争风险。其中最主要的是政治稳定性和对外政策。一个国家政治稳定，就必然表现为政策具有连续性。

法律环境：法律完整性、法律稳定性和执法机构的公正性。法律完整性主要看有关的法规是否健全，如金融、审计、经营、进出口贸易、投资专利等法律的全面性、完整性和配套性。法规不健全会给投资者带来较高的风险。

宏观经济环境：一个国家的总体经济环境。它包括国民经济发展状况、经济政策（包括对外贸的优惠政策）、经济管理体系、通货膨胀情况和对外债务状况等。

2. 与产品有关的变量分析

与产品有关的变量（Product-related Variables）包括生产某产品“规模经济”（Scale Economy）的大小、消费者需求性质和运输费用（Freight Costs）。

（1）生产某产品“规模经济”的大小

倘若生产 A 产品的最佳规模经济小于生产 B 产品的最佳规模经济，则 A 产品就会早于 B 产品在东道国投资生产，即 A 产品在东道国的仿制期比 B 产品短。

（2）消费者需求性质

假如 A 产品在东道国被视为必需品（Necessity），而 B 产品被认为是奢侈品（Luxury），则 A 产品就会早于 B 产品在东道国投资生产。

（3）运输费用

在能源危机期间，商品的运输费用占总销售额的比例越大，那么在东道国直接投资生产发展就越迅速。

相关链接

微观投资环境

微观投资环境包括微观经济环境、文化环境、自然地理环境、基础设施和社会服务环境。

1. 微观经济环境

微观经济环境包括市场环境、财务环境、技术与管理水平和生产要素的供应等环境要素。

（1）市场环境又可细分为市场规模、分销网点和市场限制三个要素。

（2）财务环境是指投资项目在实施以后的经营过程中所遇到的有关资金、成本、利润、税收等有关的规定和财务资金运作的条件。具体表现为当地资金筹措的可能性、投资成本、资本与利润外调的限制、汇率、税率和经营成本等。

（3）技术与管理水平是构成微观经济环境的重要组成部分，它标志着当地生产力水平的高低，对增加投资产出有着重要影响。具体包括劳动力文化素质与技术熟练程度、管理人员的经营管理水平和当地协作配套能力。这三个条件越好，越有利于引进资金。

（4）生产要素的供应是指劳动力和生产资料的供应。劳动力的供应不仅是指数量，更重要的是指劳动力的结构，包括年龄结构、性别结构、知识结构等。生产资料供应主要是指投资项目所需的生产资料的供应。

2. 文化环境

文化环境包括当地居民的风俗习惯、价值观念（如宗教信仰、生活方式、人际交往、对事物的看法等）和当地居民对外资的态度（欢迎、怀疑还是反对）。

3. 自然地理环境

自然地理环境包括地理位置、气候环境和人口状况等。自然地理环境是一个在短期内难以改变的环境要素。选择良好的自然地理环境是投资者的普遍愿望。

4. 基础设施

基础设施包括能源（煤、电、水、气、燃料等的供应）、交通（水、陆、空三方面的交通运输条件）、邮电通信（邮政、电话、电传、网络、卫星等通信服务设施）等。这是构成投资物质技术环境的一个重要方面。基础设施的好坏对投资者具有很大的影响。

5. 社会服务环境

社会服务环境包括行政办事效率、金融服务质量、生活与居住条件、医疗卫生条件、商业设施等。

第二节　国外投资环境的评估

企业在进行国外投资决策时，关键要做好海外项目的财务分析，即对净现值、投资利润率、投资回收期、贷款清偿期、现金流量等的分析。国外投资要面临环境的变化，风险远超过国内投资，国外投资必须应付各种政治风险、商业风险、外汇风险和投机风险，这些风险常常影响投资项目预期财务指标的实现。

在国际投资中，通常使用的投资环境分析方法是投资障碍比较法、抽样分析法、成本比较法、多种环境因素分析法等。

一、投资障碍比较法

投资障碍比较法即对潜在的东道国进行投资环境优劣势比较，投资障碍少的国家即是投资环境较好的国家。在进行此种比较时，有以下十种不利因素通常被视作投资障碍：

（1）政治障碍：主要指东道国的政治制度、民主运动、政局状况、民族和种族关系等方面不利于投资的因素。

（2）经济障碍：宏观经济失控、生产成本上升、劳动生产率下降、通货膨胀、货币贬值、国际收支赤字、外汇短缺等。

（3）资金融通障碍：东道国资金流通渠道不畅，融资困难。

（4）人员素质障碍：技术与管理人员和熟练工人短缺。

（5）经济政策障碍：对外资企业实行国有化政策与没收政策。

（6）实施国民待遇原则的障碍：东道国对外国投资者实行歧视性政策，限制投资领域，规定股权比例，限制外籍管理人员等。

（7）来自当地政府过多干预的障碍：对当地的股权比例要求过高；规定使用当地原材料和零部件的比例过高；不公平的竞争；过分要求当地人员参与企业管理等。

（8）设置限制进口的障碍：限制制成品和生产资料的进口。

（9）设置利润汇回的障碍：一些东道国实行外汇管制，严格限定外国投资者汇回利润的比例。

（10）法律行政体制的障碍：东道国法规不健全或有法不依，没有完善的仲裁律师制度，行政效率低。

二、抽样分析法

抽样分析法是东道国政府选定或随机抽取不同类型的外商投资企业进行投资环境的评估。通常由外商投资企业的经理或部门主管，根据调查人提出的投资环境评估要素，作出口头或书面评估。

评估项目包括政府政策、法律法规、税收制度、利息水平、劳资关系、劳动生产率、动力供应、给水排水、运输通信、劳动成本、市场营销、人力资源等。评估标准分为四级，即非常好、良好、一般、不佳。

抽样分析法的好处在于其信息资料来自基层，具有较大参考价值；缺点是评估要素不能面面俱到，只能突出重点，难免不够全面，有时还会带有评估人的主观色彩。经过精心组织的抽样调查，有助于东道国政府了解本国投资环境对外国公司的吸引力情况，以便及时作出政策调整。此外，国际组织、外国咨询公司、外国投资者也可借助于抽样调查，了解一国投资环境。

三、成本比较法

成本比较法是英国经济学家拉格曼（Alan M. Rugman）在 1981 年出版的《跨国公司的内幕》一书中提出的，他将投资环境的因素都折合为数字，作为成本的构成进行成本和收益分析，然后做出投资决策。

拉格曼成本分析公式，将各种投资环境因素作为成本代入，如以 C 表示投资国国内生产正常成本，C′表示东道国生产正常成本，M′表示出口销售成本（含运输、保险和关税等），A′表示国外经营的附加成本，D′表示各种风险成本。该公式体现了以下三类情况，其中第二类为最佳投资决策。

第一类，如果 $C+M'<C'+A'$，可选择出口，因为这种情况出口比对外直接投资有利；如果 $C+M'<C'+D'$，可选择出口，因为这种情况出口比许可证交易有利。

第二类，如果 $C'+A'<C+M'$，可选择投资建立子公司，因为这种情况对外直接投资比出口有利；如果 $C'+A'<C'+D'$，可选择对外直接投资，因为这种情况对外直接投资比许可证交易有利。

第三类，如果 $C'+D'<C'+A'$，可选择许可证交易，因为许可证交易比对外直接投资有利；如果 $C'+D'<C+M'$，可选择许可证交易，因为这种情况许可证交易比出口有利。

四、多种环境因素分析法

多种环境因素分析法，偏重于将诸种投资环境因素数量化，进行微观因素的分析和比较，使投资者很容易地对不同的投资环境进行合理的评估。评估总分越高，投资环境越好，投资东道国吸引力越大。

最先采用多种环境因素分析法的是美国经济学家罗伯特·斯托鲍夫（Robert B. Stobaugh），他将投资环境分为八大因素，每个因素包括若干个子因素，并标有分数，即采用因素打分法。投资者可以根据东道国投资环境的实际情况，做出“投”或“不投”的抉择（见表 4-1）。

表 4-1　　多种环境因素分析法与计分表

投资环境因素	评分
一、资本抽回	0~12
无限制	12
只有时间上的限制	8
对资本有限制	6
对资本和红利都有限制	4
限制繁多	2
禁止资本抽回	0
二、外商股权	0~12
准许并欢迎全部外资股权	12
准许全部外资股权但不欢迎	10
准许外资占大部分股权	8
外资最多不得超过股权半数	6
只准外资占小部分股权	4
外资不得超过股权的三成	2
不准外资控制任何股权	0
三、对外商的管制程度	0~12
外商与本国企业一视同仁	12
对外商略有限制但无管制	10
对外商有少许管制	8
对外商有限制并有管制	6
对外商有限制并严加管制	4
对外商严格限制并严加管制	2
禁止外商投资	0
四、货币稳定性	4~20
完全自由兑换	20
黑市与官价差距小于一成	18
黑市与官价差距在一成至四成之间	14
黑市与官价差距在四成至一倍之间	8
黑市与官价差距在一倍以上	4
五、政治稳定性	0~12
长期稳定	12
稳定但因人而治	10
内部分裂但政府掌权	8
国内外有强大的反对力量	4
有政变和动荡的可能	2
不稳定、政变和动荡极可能	0

续表

投资环境因素	评分
六、给予关税保护的意愿	2~8
给予充分保护	8
给予相当保护但以新工业为主	6
给予少许保护但以新工业为主	4
很少或不予保护	2
七、当地资金的可供程度	0~10
成熟的资本市场、有公开的证券交易所	10
少许当地资本、有投机性的证券交易所	8
当地资本有限，外来资本不多	6
短期资本极其有限	4
资本管制很严	2
高度的资本外流	0
八、近五年的通货膨胀率	2~14
小于 1%	14
1% 至 3%	12
3% 至 7%	10
7% 至 10%	8
10% 至 15%	6
15% 至 35%	4
35% 以上	2
总计	8~100

从上述多种环境因素分析和评分表中可以看出，对投资环境所选取的因素都是投资者最关注的因素。在对具体环境的评价上，采用了简单累加计分的方法，使定性分析数量化，操作简单易行，投资者一般都可以采用。

总之，跨国公司对投资环境的评估方法甚多，但其所考虑的因素大致上如本节所列，不同的评估方法只是在因素选择方面侧重点不同。我们了解和研究跨国公司对投资环境的评估方法，有助于了解他们对东道国投资环境的要求，并了解他们的投资决策过程和行为。

第三节　国外投资项目可行性研究

国外投资项目的可行性研究是国外投资决策的一个重要步骤，通过可行性研究，从经济和技术等方面对投资项目进行全面的论证，以决定投资决策。

一、跨国公司国外投资项目可行性研究

（一）投资项目可行性研究的含义

可行性研究是对未确定的项目，进行资料收集、现场考察、数据对比，并在此基础上进行有关的功能实验，在反复综合论证后制订具有确定的地址、确定的投入产出和确定的有效期的不同项目方案，然后，对诸备选方案进行综合评估，最后对各项目提出系统的建议。

可行性研究的目的是为投资项目的决策提供科学的依据。一般可行性研究包括三个阶段：机会研究、初步可行性研究和正式可行性研究。典型的可行性研究的工作内容包括四个方面：经济论证、技术论证、管理论证和政治与社会论证。从事可行性研究的机构和从业人员应坚持三项行业道德标准，即独立、客观、公正原则（Principle of Independence，Objectiveness and Justice）。可行性研究的特点是应用性、综合性和精确性。报告要求达到一定的精确度，以保证投资决策的正确性。但在实践中，它又必须保留适度误差以保证研究所需的时间和资金不超过允许的限度。

（二）投资项目可行性研究的程序

可行性研究是项目投资的前期准备，它具有一套严格的操作程序。

1. 筹划阶段

一般性地收集有关资料，了解投资项目背景，了解投资意图和投资者的要求，确定是否需要进行初步可行性研究。为此，从业人员应当掌握如下情况：（1）项目目的；（2）替代方案；（3）调查方法；（4）影响项目效益的因素等。

2. 调查研究阶段

通常采用案头调查和现场调查两种方法，掌握与项目有关的资料，确定选址范围，初步选定技术方案和完成市场营销预测。

3. 拟订备选方案阶段

将已收集的资料和数据进行综合分析，形成备选方案，并在此基础上反复论证，筛选出较优的方案。

4. 确定筛选方案和提出投资项目建议阶段

对较优的少数备选方案进行全面深入的研究论证，草拟论证，提出投资项目建议书，供有关人员作进一步研究。

5. 编制正式可行性研究报告阶段

按照合同完成报告及有关附件，以书面文本或提供磁盘的形式报请审批。

二、跨国公司国外投资可行性研究的主要内容

跨国公司走向多国化，第一个粗略的甄选工作是国别分析，然后进行产品种类的

投资机会的分析，以此为基础，在正式投资前，还要进行详细的“投资可行性研究”。所谓“投资可行性研究”（Investment Feasibility Study），指的是分析公司在海外投入大笔资金以后，其预期的经营目的是否能够达到，以及所计划的方法是否可行。

企业进行投资可行性研究的最终目的在于取得经济上的收益，这就需要从经济、技术、生产、销售、环境、法律等各方面进行认真的可行性分析，然后作出可行或不可行的决策。可行性研究的精确程度关系到投资盈利前景，因此，这是投资决策中至关重要的一个环节。

投资可行性研究是做出投资决策的基本依据，通常包含以下七个方面的内容。

（一）制造可行性研究

制造可行性研究（Manufacturing Feasibility Study），包括分析加工制造所需的各种条件、获得这些条件需要花费的成本，以及生产出来的产品的品质和数量。

具体分析研究项目如下：

（1）投资项目工程占用的土地面积及其成本。

（2）工程所需厂房等生产性和非生产性建筑物面积及其成本。

（3）工程所需各种投入物（机器设备、原材料、燃料等）的数量、品种及其成本。

（4）各种专业人员（管理人员、技术人员和非技术人员）及其成本。

（5）研究与发展项目及其成本。

（二）技术可行性研究

技术可行性研究（Technological Feasibility Study）是分析企业是否有工程技术能力来完成目标项目（Target Project）、企业所采用技术的先进程度以及技术的来源。工程项目的技术通常有三个来源：母公司、子公司和经由“技术许可”（Technical Licensing）方式引进。

通常来说，企业自行研究与发展一项技术花费的时间长、费用高。若经由“技术许可”，购买其他人现有的技术则需要一大笔开支。总之，在技术可行性研究中，应逐项分析它们的利弊，取利去弊，以求实效。

（三）销售可行性研究

销售可行性研究（Marketing Feasibility Study）包括销售因素分析（Marketing Factor Analysis）、销售策略分析（Marketing Strategy Analysis）及市场价格预测（Market and Price Forecasting）等。

1. 销售因素分析

（1）对消费者的分析。

（2）对未来产品用途的分析。

（3）对目前及将来竞争对手的分析。

（4）对未来市场上可能出现的代用品的分析。

（5）对可能影响销售的非经济因素（社会、文化、政治）的分析。

2. 销售策略分析

(1) 审议、确定未来产品的市场价格策略。

(2) 审议、确定未来产品的销售渠道策略。

(3) 审议、确定未来产品的外销策略。

(4) 审议、确定扩大产品的销售策略。

(5) 审议、确定未来产品的发展战略。

3. 市场及价格预测

(1) 预测市场的总需求量。

(2) 预测可能达到的市场占有率。

(3) 预测 1~3 年内、3~5 年内产品的销售量。

(4) 预测短、中、长期市场价格波动趋势。

(四) 利润可行性研究

利润可行性研究（Profit Feasibility Study）是指在进行了生产和销售可行性研究之后，计算未来投资的收益率（Rate of Return），即根据投资的收益来衡量投资是否可行。

在利润可行性研究中，以生产可行性研究和销售可行性研究中的“收入”及“支出”为基础，编制今后几年的“损益表”（Projected Income Statement）。这种损益表，表示一种“流量”，即收入、支出的流量，而非“存量”。此表记录公司在某一特定时间内，某一项目的“损额”和“益额”的总额。益额和损额之差即为“净值”，若净值为正数，则说明公司投资经营的项目有利可图；反之，无利可得。

(五) 财务可行性研究

1. 财务可行性研究及步骤

财务可行性研究（Financial Feasibility Study），即从财务角度具体核算公司进行该项投资是否可行。通常做财务可行性研究分两步：第一步，制作投资项目的“现金流程表”（Projected Cash Flow）及“资金流程表”（Projected Fund Flow）；第二步，根据表中的数据，分析投资项目资金来源是否有保障以及投资项目最终会给投资者带来的现金收益。

2. 预测资金流动的重要性

在审议投资项目的过程中，资金流动问题在投资项目评估中的重要性往往会被忽视，预测资金流动的重要性表现在以下几个方面：

(1) 必须区分投资项目的资金流动与公司资金流动的不同。

(2) 各国不同的通货膨胀率是影响投资竞争以至于资金流动的重要因素。

(3) 外汇汇率的变动可能改变国外附属公司的竞争地位。

(4) 与外汇汇率的变动相比，通货膨胀的变动可能会更为影响附属公司与母公司之间的流动资金的实际价值。

(5) 当地金融市场的健全程度会直接影响外国公司在当地的集资。

(6) 当地的课税制度、对资金的管理方法、金融市场及金融机构会影响投资资金流动。

（7）政治风险会严重削弱外国公司的投资价值。

（8）各方（东道国、母国和第三国）对投资项目会有不同的估价，投资项目的实际价值往往一时难以最终确定。

对外国公司来说，不仅应当将投资项目的当前价值或内部的实际价值与公司内其他投资项目相比较，也应当与东道国其他项目相比较。另外，流向母公司的资金应当与最初安排投资项目时的设想以及母公司对投资项目的出资数额相比较。在一系列对比之中，评估投资项目可能的实际价值。

（六）“投资气候”的再分析

“投资气候”的再分析（Re-analysis of Investment Climate），就是要在以上五个方面具体的可行性研究的基础上，从总体上审议当初粗略甄选的“国别分析”是否可行。

（七）对各种风险的评估（Risk Evaluation）

任何投资都是带有一定风险的，对投资风险程度的分析是确定投资决策的前提条件。在进行了上述六个方面可行性研究之后，再对复杂、多变、竞争激烈的海外投资过程中可能出现的各种风险进行综合评估，估计它们对投资项目的影响程度。实际上，它是对投资方案的“敏感性试验”（Sensitivity Test），倘若原投资方案风险过大，超出了投资者所能承受的限度，就将用“交替方案”（Alternatives）代替原方案。此外，有些国家的大公司按规定或惯例，凡是新设立投资项目都安排严密的反向论证制度。这种逆向反思，是从相反的角度进行“不可行性研究”。如此正反论证，利于缜密考虑，权衡利弊，从而使投资决策更接近或符合客观实际。

相关链接

美国《福布斯》杂志通常年度“最适宜经商的国家（地区）”排名榜，选用11项评选指标，这11项指标是：（1）知识产权；（2）创新；（3）税赋；（4）技术；（5）腐败；（6）个人自由；（7）贸易自由度；（8）货币自由度；（9）繁文缛节；（10）投资者保护；（11）股市表现。

第四节　国外投资保证与保险制度

与国内投资不同，国外直接投资具有利润高、风险大的特点。发达国家为了鼓励跨国公司进行国外直接投资，保证其投资的安全和利益，采取了一系列的政策措施和法律手段，主要表现在投资鼓励和投资保证两个方面。

一、国外直接投资的鼓励措施

发达国家采取的鼓励私人企业国外直接投资的措施包括：对国外投资收益采取优惠的税收措施；政府向投资者提供资金和技术协作；提供投资信息及促进投资活动；设立多边投资担保机构及解决投资争端国际中心。

（一）对国外投资收益采取优惠的税收措施

外国投资者在东道国投资办企业，基于不同的原则，东道国对外国投资者在本国境内的收入有权课税，母国政府对本国的国外投资者的国外收入也有权课税，这样同一纳税人有可能负担双重纳税的义务。即使已经在东道国享受了低税率或减、免税收的优惠，但仍须向母国政府纳税，故无实惠可言。为了避免出现双重课税，发达国家采取两种优惠措施：

（1）税收抵免（Tax Credit），即国外投资者在东道国已纳的税款，可以在母国纳税额中相抵扣减。

（2）税收饶让（Tax Sparing），即纳税人在税源国已缴税，在母国可免征税收。第二项措施对国外投资者更有实益，但目前大多数国家采用税收抵免办法。

（二）政府向投资者提供资金和技术协作

主要发达国家政府对本国跨国公司，无论在东道国独资经营，还是在东道国合资经营，都给予资金和技术方面的协作。

1. 资金协作方面的具体做法

（1）政府出资或贷款，直接参与投资活动。

（2）政府设立特别基金，资助投资者在国外投资。这类特别基金有：美国政府对其海外私人投资公司的资助项目；法国对工业的“第二种贷款”，对海外投资提供设备补助金；日本输出入银行、海外经济协力事业团等机构的贷款及认购股份。

（3）设立由政府资助的金融开发公司。它的任务，首先是向国外投资项目提供“风险基金”——贷款或出资。这是对私人投资的资金融通活动，既不需要当地政府作保，也不需要对贷款提供担保，只要求该资助的投资项目被东道国承认。其次是促进和资助开发海外投资市场有成绩的跨国公司，主要是在技术援助、资金融通以及对投资项目的评估和总投资额的决定等方面进行资助和参与。这将有助于增加投资者在当地银行界的资金周转，改善当地合伙者与国外投资者的关系。

不少发达国家都设有开发金融公司，如美国的海外私人投资公司（The Overseas Private Investment Corporation，OPIC）、英国联邦开发公司（Commonwealth Development Corporation，CDC）、德国投资与发展公司（DEG）、法国的经济合作中央金库（CCCE）、欧洲经济共同体的投资银行（The European Investment Bank，EIB）、日本的海外经济协力基金（Overseas Economic Corporation Fund，OECF）、世界银行集团的国际金融公司（International Finance Corporation，IFC）等。

2. 在技术援助方面的协作

主要发达国家政府会提供资助，设立培训机构，为国外投资企业（尤其是在发展中国家）培训各种技术人员。此外，政府还协助民间非营利团体进行咨询服务工作。如美国企业为了推广其企业经营技术，成立了“国际经营服务队”；日本设立了“世界经营协议会”。

（三）提供投资信息及开展促进投资活动

发达国家为了促进国外投资，还积极向投资者提供东道国经济状况和投资机会的有关信息，以便投资者进行投资决策。政府提供情报的主要渠道是有关政府部门和驻外使领馆。另外，联合国开发计划署（United Nations Development Program，UNDP）是向发展中国家提供投资援助和多边技术援助的重要渠道。在促进投资活动方面，值得一提的是，政府还向投资者提供有关发展中国家的投资机会的资料，而且为与投资计划有关的暂定的技术或资金资料所进行的可行性研究或投资前调查提供全部或部分资金。政府所资助的调查资金，通常为调查费用的一半。待将来投资项目完成后，投资者应偿还政府资助的费用。有些国家将这项资金引入政府预算，从财政上予以保证。

（四）设立多边投资担保机构及解决投资争端国际中心

早在 20 世纪 60 年代，许多国家对建立一个国际投资多边担保机构就很感兴趣，并进行了定期的讨论。1974 年，阿拉伯国家首先建立了一个地区性机构——阿拉伯投资担保联营机构。该机构为阿拉伯成员国之间的投资提供投资担保、情报信息和技术援助。该投资机构的成功运转，推动了世界银行于 1981 年倡议成立一个由投资国和东道国资助和控制的多边投资担保机构（Multilateral Investment Guarantee Agency，MIGA），该机构于 1988 年正式成立，提出通过下列措施改善在发展中国家的投资气候：（1）为外国投资的非商业性风险提供担保；（2）通过调查研究，提供信息和技术援助，以及提倡在政策上的协作，作为世界银行和国际金融公司促进外国直接投资活动的补充。

合理解决投资争端，是保证私人企业国外投资活动顺利进行的重要措施之一。世界银行于 1965 年建立解决投资争端国际中心（International Centre for Settlement of Investment Disputes，ICSID），通过确立双方都接受的程序，解决东道国和外国投资者的争端，有助于改善直接投资的结构。在这个意义上，世界银行在双方之间建立起了更加信任的关系。

二、国外直接投资保证及保险制度

国外直接投资保证制度（Investment Guarantee Program）是指对投资项目所受损失进行全部的补偿。对外投资的保险制度（Investment Insurance Scheme）是指在一定条件下，对投资项目所受损失给予一定比例的补偿。但是，目前各国所实行的投资保证，实质上是投资保险。

由于直接投资是一种长期投资，并通常以建厂和购置机器设备等方式进行，因此它承担着政治风险，即没收、冻结通货、战争、革命或暴动等与东道国政治、社会、法律有关的人为风险。这些风险皆非投资者所能控制。一般所称投资保证，主要是指政治风险的保证。为了使现有的和可能的投资者放心，鼓励其对外直接投资，并保障其安全与利益，各国政府制定了种种保护措施。

相关链接

"国家保证"（State Guarantee）制度，又称"政府保证"（Government Guarantee）制度。这种制度的特点是：只限于对海外私人直接投资承担关于政治风险的保险责任，不包括一般商业风险。政府的保证不仅是给予事后的补偿，更重要的是防患于未然，尽可能保证事故不发生。

各国的投资保证及保险制度，都是对外汇险、征用险、战争险三种政治风险进行保险。凡经认可的投资项目，可以对三种风险之一或全部纳入保险范围。

关于保险费及损失补偿，海外私人直接投资者与政府保险机构订立保险契约，规定由投资者缴纳保险费，政府承保机关承担保险责任。若发生事故，政府承保机关按契约规定，向投资者补偿因事故所受的损失。

一旦发生事故，通常承保机构会补偿投保者实际损失的 90%，投保者自负损失的 10%。美国、英国、德国、挪威、荷兰、日本等国规定投资者自负比例为 10%，而加拿大、瑞士、丹麦则为 15%。

关于投保期限各国立法也不尽相同，通常最长期限为 15 年，更长的期限也不超过 20 年。

目前，许多发展中国家为了更多地吸引外资，亦通过了有关保护外资不被没收的法令，一些国家还把这种法令纳入宪法。发展中国家与发达国家已经签署了许多保护投资的双边协议，这些协议内容中包括了转移和没收风险。此外，有些国家（包括印度、韩国及主要工业国家）制订了投资担保方案。中国同美国签订的《关于投资保险和投资保证的鼓励投资的协议及有关问题的换文》已正式生效，由美国海外私人投资公司对美国私人企业在中国的直接投资承担政治风险提供保险和保证。

分担政治风险的另一种途径是办理私人保险业务。20 世纪 70 年代初，英国伦敦劳合社保险公司的保险商和经纪人首先创立了海外投资与出口合同的政治风险担保项目。从此之后，这种做法得到很大的发展。

三、美国投资保险和保证计划

（一）建立投资担保专职机构

美国在第二次世界大战后实施复兴欧洲经济的马歇尔计划时，就拟定了海外投资保证计划，以后又几经修订，并于 1969 年设立海外私人投资公司（Overseas Private

Investment Corporation，OPIC），使奖励、促进和保护私人海外投资的措施更为充实和有效。

美国海外私人投资公司于 1971 年 1 月开始营业，主管美国私人海外投资保证和保险事务并承担了原来国际开发署的投资保险业务。

OPIC 的主要业务是对美国在发展中国家的投资进行保险和提供项目融资。OPIC 承担的保险险别包括：货币禁止兑换险；征用险；战争、革命和起义险。其保险范围仅限于同美国签订了双边投资保护协定的国家和地区。投保人的资格要求是：美国公司、按美国法律建立并有美国公民持有 50% 以上股份的法人公司或按外国法律建立并由美国公民持有 95% 以上股份的法人公司。投保期限最长为 20 年。保险标的可以是现金投资、实物投资或权益投资。保险费的标准为：货币不可兑换险年率为 0.3%；征用险年率为 0.6%；战争、革命和起义险年率为 0.6%；同时投保三者年率为 1.5%。

（二）美国海外私人投资公司的主要担保业务

海外私人投资公司的主要业务，除了提供保险外，还包括以下内容：对美国企业在海外享有股权和参与经营管理的投资项目提供资金帮助；协助美国企业开发海外市场，以弥补美国开发援助的不足；保护美国厂商的国外利益；对不包括在《财富》1 000 家大公司名单中的中小企业在海外的投资，给予中、长期直接贷款；直接参与由其资助的企业创设的海外投资项目；此外，还向海外投资企业提供咨询和法律顾问等服务。由此可见，海外私人投资公司不仅是一个保险机构，而且是美国政府用来开发海外市场和扩大资金、技术、商品、劳务等出口的重要政府公司，其主要职责是协助美国政府实施对外投资政策，特别是主管投资保证和保险业务。

根据美国《对外援助法》的规定，投资保证（保险）的范围包括三种政治风险。凡经 OPIC 认可的投资项目，对下列风险之一或全部，承担保险或保证责任：

1. 外汇险

外汇险，又称通货不能自由兑换（Inconvertibility）的风险，是指作为被批准的投资项目的利润、权利金、劳务费、其他收入以及投资本金不能在东道国兑换成美元汇回美国时，只要在投资保险期内，OPIC 将按当时汇率兑换为美元予以支付。这种外汇保险事故产生于三种情况：一是东道国政府实行外汇管制，停止或限制外汇汇出，称为主动封锁；二是东道国政府外汇短缺，无能力兑换，称为被动封锁；三是东道国政府实行歧视政策，对投资者采用不同汇率，称为差别待遇。但东道国当地货币的贬值或升值，均不在外汇保险之列。

2. 征用险

征用险（Expropriation）指被批准的投资项目，由于东道国实行征用、没收（Confiscation）或国有化（Nationalization），造成投资财产全部或部分损失，OPIC 按征用险予以补偿。OPIC 在支付赔偿前，有权要求投资者采取一切必要行动，向东道国政府寻求合理和有效的手段，防止或抗议东道国的征用行动。投资者所采取的行动即使无效，也不妨碍其向 OPIC 索赔。

OPIC 向投资者支付保险金后，有权继承投资者对被保险项目所享有的一切权益，代位向东道国进行索赔，一般称为代位求偿权（Subrogation）。因此，投资者在接受OPIC赔偿前，有义务将自己就该投资项目对东道国所享有的一切权益转移给OPIC。

3. 战争险

战争险包括战争、革命、内战及暴动等引起的投资财产的损失。至于行政人员被绑架、规模较小的骚动等，则不包括在保险范围之内。

美国投资保证及保险制度是国内法律制度，但以国际保证协定为前提，并借此发挥作用，就此意义而言，可说是具有国际性或准国际性，已成为其他主要发达国家投资保证制度的范本。

复习思考题

1. 跨国公司可以选择什么样的国外投资目标？
2. 在保证资本增值的前提下，跨国公司投资导向有哪几种类型？
3. 企业如何确定国外投资项目的规模？
4. 何谓投资环境？跨国公司是如何选择国外投资环境的？
5. 投资决策与投资环境有什么关系？
6. 在进行投资项目选择时，投资者应遵循哪些原则？
7. 什么是投资可行性研究？跨国公司是如何进行国外投资可行性研究的？
8. 试比较目前国际上常用的国外投资环境的评估方法。
9. 发达国家为了鼓励本国公司进行国外直接投资，采取了哪些鼓励投资的措施？
10. 试分析国外直接投资保证及保险制度是如何促进投资活动的。

第五章　跨国公司的内部贸易与转移价格管理

✓ 本章摘要

跨国公司内部贸易的发展，关系到企业投入的数量、质量和价格等经营要素，还可以防止技术优势的扩散和丧失。公司内部贸易以转移价格为基础。转移价格有助于公司减轻税负，实现资金配置、利润调节，规避东道国的价格控制，防范外汇汇率变动风险和东道国的外汇管制，以获取高额利润。

各国政府为了防止公司滥用转移价格而蒙受经济损失，政府对转移价格实行严格管理。

✓ 本章关键词

跨国公司内部贸易　　跨国公司转移定价　　对外投资保险　　公司所得税　　政府对转移价格的管理

✓ 学完本章，你需要掌握：

跨国公司内部贸易的特点，转移价格的依据和定价方法。熟悉公司内部贸易与传统国际贸易的异同，跨国公司实行转移定价的目的。了解各国政府对跨国公司转移价格的管理。

跨国公司是全球化经营的企业组织形式，公司内部有大量的产品、技术、资金和服务方面的交流活动，这种公司内部贸易有其固定的特性，且发展迅速。跨国公司转移价格是公司内部贸易的定价基础，跨国公司通过转移价格的高估或低估，实现减轻税负、配置资金、调节利润和避免汇率风险等目标，从而使合作伙伴和各国政府蒙受经济损失。因此，加强对跨国公司转移价格的管理成为研究现代企业的一个重大课题。

第一节　跨国公司的内部贸易管理

跨国公司的全球战略和公司内部“一体化”战略，不仅促进了跨国公司与其他公司之间贸易的发展，而且促进了跨国公司内部贸易的迅速增长。

一、跨国公司内部贸易产生的原因

（一）跨国公司内部贸易

1. 跨国公司内部贸易的含义

跨国公司内部贸易（Intra-trade）是指一家跨国公司内部的产品、原材料、技术与服务在国家间流动，这主要表现为跨国公司的母公司与国外子公司之间以及国外子公司之间在产品、技术和服务方面的交易活动。尽管从国际贸易总量角度来看，跨国公司内部贸易额仍小于公司外部贸易额，但不断发展的跨国公司内部贸易日益重要，对传统的国际贸易方式产生了很大的影响。

跨国公司内部的国际贸易，也称为跨国公司内部贸易。之所以称其为“内部交易”，是因为这种交易虽然导致商品跨越国界的运动，但是交易行为主体实际上是同一个所有者。它既具有国际贸易的特征，又具有公司内部商品调拨的特征。因此，它是一种特殊形式下的国际贸易。在当代国际贸易中，跨国公司的内部交易已占世界贸易额的1/3以上，随着跨国公司的发展，这种内部交易在世界贸易中所占的比重将越来越大。

跨国公司内部交易在交易方式和交易动机上，与正常的国际贸易交换大相径庭。跨国公司内部交易的利益原则，即获利动机并不一定是以一次性交易为基础，而往往以综合交易为基础。从这个意义上讲，跨国公司内部交易是公司内部经营管理的一种形式，是把世界市场通过企业跨国化的组织机构实现了内部化（Internalization）。这种业已内部化的市场为跨国公司生产专业化分工、资金的融通调拨和技术的转让提供了重要的机制，也有助于克服由国别限制所造成的障碍。

2. 跨国公司内部贸易的特点

（1）跨国公司内部贸易是一种跨越国境的商品流通，是两个经济实体的商品和劳务的交易，这种交易的结果会影响两国的国际收支。

（2）跨国公司内部贸易又具有一般国际贸易所没有的特点，如交易价格不是由国际市场供需关系所决定的，而是由公司内部自定的。

（3）跨国公司内部贸易是在同一所有权企业内部进行的，它们所创造的是一个内部一体化的市场。在这一市场里，交易的动机主要是实现企业内部的经营与管理，使经营过程中各构成要素实现正常的运动。

（4）在跨国公司内部一体化市场里，传统国际贸易的国别和地区市场的界限消失了。从这个意义上讲，公司内部市场是一种理想的真正的国际一体化市场。然而，跨国经营企业与东道国市场有着紧密的联系渠道，建立的是一种互补经济关系，它们在原材料、零部件、劳动力、资金和市场等方面都与东道国当地经济密不可分。由此可见，跨国公司内部一体化市场绝不可能是一个完全封闭的市场。

3. 跨国公司内部贸易与外部市场的关系

跨国公司内部市场与外部市场的联系机制包括以下三种形态：（1）母公司所在国与子公司所在国的纵向关系；（2）各子公司所在国之间的横向关系；（3）纵向与横向

交叉的交织关系。因此，当这种联系机制链条上的某一环发生变化时，就会使其他环节产生“共振”或传递。

跨国公司内部经济关系指跨国公司内部母公司与子公司以及子公司与子公司之间经济关系的总和，这种关系是跨国公司内部经济关系的核心部分，跨国公司与东道国市场的联系则构成跨国公司内部经济关系的外围。

（二）跨国公司内部贸易产生的原因

跨国公司内部贸易产生的原因主要有以下几个方面。

1. 内部贸易是技术进步和国际分工进一步发展的结果

技术进步和国际分工的发展使传统的公司间分工有相当大的部分转化为公司内部分工。在公司的内部分工中，传统的水平分工也逐步让位于垂直分工。其结果必然使公司内部的贸易量大大增长。同时，跨国公司的发展，促进和健全了公司内部网络的形成，使全球范围内进一步一体化生产和市场购销活动成为可能。由于把生产加工的不同阶段分设在不同国家，或者由于各子公司专门生产整个生产线的某种特定部件，这就反过来扩大了企业的内部贸易。

2. 贸易内部化可以防止技术的扩散

内部贸易有助于公司增强其在国际市场上的垄断地位和竞争能力，实现全球利益的最大化。对技术的垄断是跨国公司的特有优势，也是其存在和发展的关键，公司的技术、产品在公司外部交易中有可能被竞争对手模仿而蒙受损失，内部贸易就可避免此类事情的发生。

3. 贸易内部化是跨国公司追求利润最大化的必然要求

公司内部贸易可以大幅度减少通过外部市场交易所付的费用，节约交易成本，增加利润。

4. 内部贸易可降低外部市场造成的经营不确定风险

由于完全受市场自发力量的支配，企业经营活动面临着诸多的风险，如投入供应数量不确定，投入供应质量不确定，投入供应价格不确定，不同生产工序和零部件分别由独立企业承担，在协调上又可能产生问题。公司内部贸易可以大大降低上述各种经营的不确定性，合理计划，科学地安排经营活动。

5. 内部贸易可以充分利用转移定价攫取高额利润

内部贸易的产品和服务定价是根据跨国公司的全球战略目标，由公司上层决策人士制定的。公司借助转移价格中的转移高价和转移低价，谋取高额利润。

综上所述，社会分工是资本主义商品经济的基础，分工必然引起交换。跨国公司实行内部国际分工，一则能使跨国公司通过专业化分工，提高劳动生产率，进而取得规模经济的效益；二则通过把一种产品的全部生产技术分割成为各个零部件的生产技术，转让给相应的子公司，有利于母公司对整个生产技术的垄断和对海外子公司的控制。因此，跨国公司内部的国际分工必然会引起跨国公司内部交换。没有分工就没有内部交换，反之，没有内部交换，内部分工也无法存在。

二、跨国公司内部贸易的特点

传统的国际贸易是不同国家之间所进行的商品和劳务的交换，而跨国公司内部贸易是一种特殊形式的国际贸易，它是同一所有权企业内部的商品和劳务跨越国界的流通，它具有以下的特点。

（一）跨国公司内部贸易实行转移价格，平衡公司各部门的利益

实行转移价格有助于克服公司内部分工的统一性与各部门利益不一致性的矛盾。随着公司跨国业务的发展，其内部根据世界资源的地理划分而形成的国际分工也在不断深化。公司的专业化分工提高了劳动生产率，取得了规模经济效益，同时又能防止技术工艺的流失。然而，海外子公司采取的是多样化股权形式，使得母公司与各个子公司之间形成多样化、多层次的经济关系。这种经济利益的差异性，必然导致跨国公司的总体利益与各子公司的局部利益之间的矛盾和冲突。跨国公司实行转移价格是克服这一矛盾的有效方法。转移价格使整个公司的经营活动在全球战略目标指导下实现内部交换，并在协调的基础上使各自的利益得到满足。

（二）跨国公司内部贸易不存在贸易标的所有权的外向转移

在传统的国际贸易中，商品的所有权由卖方转移到买方。但是，在跨国公司内部贸易中，商品所有权只是在公司内部各组成部分之间移动，而没有超出跨国公司的体系。从公司的整体意义上讲，内部贸易不存在所有权的外向转移问题。公司内部贸易所有权转移的原因是：多种形式的股权所有制所引起的经济利益的差异，以及内部经济核算、财务管理的要求。

（三）跨国公司内部贸易实行公司计划管理

跨国公司内部贸易的计划性主要是指内部贸易的商品数量、商品结构以及地理流向等要受公司长远发展战略计划、生产投资计划、市场营销计划和利润分配计划的控制和调节。跨国公司实施内部贸易计划管理的目的是：调节公司内部的资源配置，使之不断适应公司发展战略和外部环境变化的要求，在激烈竞争的环境中立于不败之地。跨国公司对内部贸易实行计划管理的手段是：自上而下，向各子公司下达必须完成的计划指标；借助转移价格实施和调整计划管理。

（四）跨国公司内部贸易与公司的技术水平有关

实行内部贸易与跨国公司拥有的技术水平相关。技术水平越高，内部贸易的比重就越大。跨国公司成功的关键之一，是始终保持其技术优势。这种公司特有的技术优势来自公司内部的研究开发，并严防向外扩散，它只能在公司内部应用。母公司向海外子公司技术转移的程度取决于技术本身的保密价值。据跨国公司专家邓宁教授研究，母公司内部出口贸易在其总出口中的比例，因行业而不同，计算机工业为 91.3%，石油工业

为51%，汽车工业为62.4%，电子工业为36.5%，纺织业为12.8%，食品业为9.8%。

日本丰田汽车公司几年来始终位于世界500强的前列。早在1995年，丰田汽车公司海外生产的汽车数量第一次超过从日本本土出口的数量。2003年，丰田汽车公司营业额超过了美国福特汽车公司，仅次于美国通用汽车公司，位居世界第二。2005年，两个公司又缩小了差距，相差无几。有一条经验值得借鉴，即内部贸易提升了丰田的经营效益。丰田汽车公司在东南亚地区汽车零部件的内部贸易，由设在新加坡的丰田汽车管理服务公司协调，充分发挥各子公司专业化分工的优势。丰田汽车公司安排泰国生产仪表盘，菲律宾生产变速器，马来西亚生产转向装置，印度尼西亚生产发动机（见图5-1）。

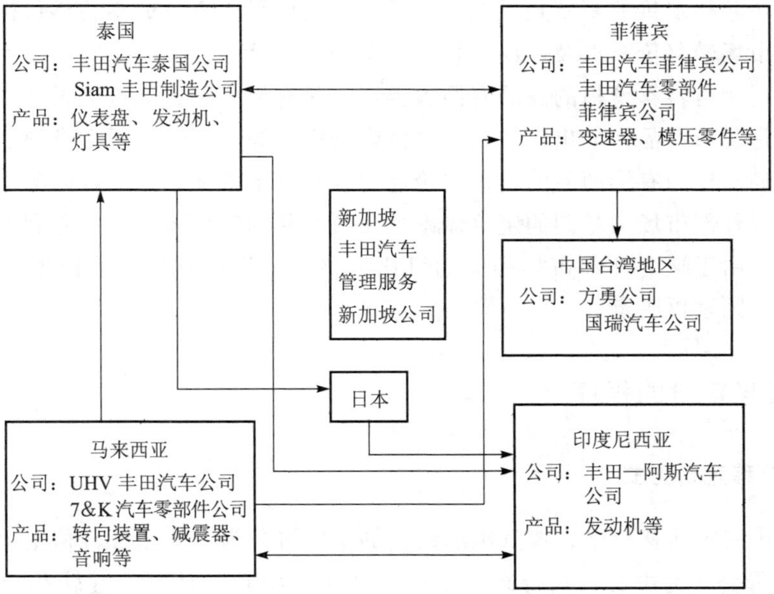

图5-1 日本丰田汽车公司零部件跨国生产网络

第二节 跨国公司的转移价格管理

跨国公司以转移价格为基础，对有形商品和无形商品采用不同的内部定价原则。制定转移价格的程序具有系统化、制度化和科学性的特点。

一、转移价格的依据

（一）转移价格的含义

转移价格（Transfer Price），在我国又称为转让价格、划拨价格、调拨价格。在西方国家也被称为公司内部价格（Intra-company Price）、内部价格（Internal Price）或记账价格（Accounting Price）。它是指跨国公司内部，母公司与子公司之间、子公司与子公司之间相互约定的出口和采购商品、劳务和技术时所规定的价格。这种价格在一定程度上不受市场供求关系法则的影响，它不是独立各方在公开市场上按“独立竞争”原则确定的价格，而是根据跨国公司的全球战略目标和谋求最大限度利润的目的，由总公司上层决策者人为确定的。

这种定价方法，从公司的角度看，可称为“公司内部的转移价格”；从法律角度看，一旦交易发生在不同国家的子公司之间，应称为“公司间的转移价格”。

（二）转移价格的依据

跨国公司转移定价的基础是成本和市场，其具体形式有总成本转移价格、变动成本转移价格、市场转移价格以及协议（协定）转移价格等。

跨国公司实行转移价格的商品有两大类：一是有形商品，如机器设备、半成品和零部件等；二是无形商品，如出售技术、提供咨询服务等。确定这两大类商品转移定价的原则是不同的。作为有形商品的转移定价通常有两种定价体系，即以内部成本为基础的定价体系和以外部市场为基础的定价体系。无形商品的定价体系，如专利费、技术服务费和管理费，由于缺乏外部市场相应的可比价格，定价没有具体的依据，通常根据需要，考虑相关因素再决定。

二、转移定价的程序

（一）转移定价方式

跨国公司制定转移价格，按其组织结构的不同可分为以下三种转移定价方式：

（1）以母公司为中心，实行高度集权的“本国中心”体制，其转移价格的制定采用集中化方式。即由母公司经理人员，按照公司全部要素，集中统一选择对整个公司最有利的价格。

（2）以海外子公司为中心，实行分权管理的“多元中心”体制，其转移价格的制定采用分权化方式。即由各子公司经理人员，按照所在地经济特点，选择最佳的转移价格。

（3）跨国公司实行管理权的集中与分散相结合的“全球中心”体制，其转移价格的制定采用协议方式，由利益相关各方协商议定最优化的转移价格。

（二）转移定价制定的具体步骤

跨国公司转移价格制定的程序，具有系统化、制度化和科学性的特点。转移定价的制定程序可分为五个步骤。

1. 确定转移价格的目的

转移价格的目的是减轻税负、配置资金、调整利润、逃避东道国的价格控制、避免外汇汇率变动风险、增强新建子公司的竞争能力等。转移定价的目的不同，所采用的手段各异。

2. 提出转移价格体系的初步设计方案

建立转移价格体系是一项复杂的价格系统工程，最初应局部试行初始价格（Initial Frice）。经反复实践，证明它不会因不适当而给公司带来经济损失，在此基础上即可拟订初步设计方案。

3. 草议和审定新的转移价格体系

公司计划人员经周密研究和比较各种设计方案后，提出最终的转移价格政策报告，其内容包括：（1）价格体系目标；（2）经营商品；（3）定价标准；（4）定价依据；（5）外购政策；（6）解决部门间矛盾和纠纷的方法；（7）仲裁委员会及仲裁员的职责；（8）计划与管理价格体系的原则和程序等。

4. 公司内部设立仲裁机构

跨国公司内部设立仲裁委员会或仲裁员，解决由于价格不完全一致而产生的争端，使部门间的冲突降至最低程度。

5. 定期检查和修订转移价格体系

国际市场竞争条件的变化、税法的修改、汇率大幅度的变动以及政治环境和外部经济环境的变化，或由于公司内部经营要素的变化，使原有的价格体系与内外部客观环境不相适应，因此要求公司定期回顾、检查和修订原有价格体系。

三、转移定价的方法

（一）有形商品的转移定价

跨国公司内部对不同类型的商品，采用不同的转移定价方法。有形商品的转移定价，通常采用两种定价体系：一种是内部成本加调高（或减调低）的转移价格定价体系；另一种是外部市场价格加调高（或减调低）的转移价格定价体系。

1. 内部成本加调高（或减调低）的转移价格定价体系

在这种定价体系里，在不同的情况下，又有不同的内部成本的确定方法，具体如下：

（1）在一个成本中心的垂直一体化企业里，以成本为基础确定转移定价。

（2）在一个利润中心的垂直一体化企业里，以成本加一定百分比的毛利作为定价基础。

（3）在生产同类产品的各生产单位之间，以成本加管理费作为横向转移定价的基础。①

2. 外部市场价格加调高（或减调低）的转移价格定价体系

在这种定价体系里，有两种确定市场价格的方法：（1）如果是有国际市场价格的商品，则以国际市场价格作为定价基础；（2）如果是没有国际市场价格的商品，如零部件、半成品等中间产品，则以成本加成的方法作为定价的基础。

---

① Robock S H, Simmonds K. International Business and Multinational Enterprises. 4th ed. Homewood: Richard D Iruin, 1999: 552-554.

各国跨国公司根据不同的转移定价的目标，采用不同的定价方法。美国的调查报告透露，有 2/3 的跨国公司采用内部成本加调高（或减调低）的转移价格作价方法，其中又有一半以上同时使用外部市场价格加调高（或减调低）的转移价格作价方法。

（二）无形商品的转移定价

无形商品的转移定价，是指子公司付给母公司技术使用费、贷款利息、商品使用费、佣金及管理费等的作价。

由于无形商品的价格不具有可比性，没有可参考的定价基础，其价格制定主要取决于掌握市场信息的程度和谈判中讨价还价的能力。

第三节　跨国公司转移价格的经济利益

转移价格是跨国公司的一种战略性价格，是跨国企业的一种经营策略。公司使用转移价格，一方面借助于这一定价手段积极影响内部贸易，以实现全球战略目标；另一方面用它来促成对子公司经营上的激励或对其业绩的考评。跨国公司使用转移定价手段的主要效能包括五个方面。

一、减轻税负

跨国公司子公司分布在世界各地，各子公司在业务经营中所取得的利润要向东道国缴纳公司所得税（Income Tax）。但各国的税法及税率又各有差别。跨国公司使用转移价格尽可能地减少或逃避有关主权国家对企业所得税和关税的课征，以增加公司利润。

对跨国公司而言，转移定价对进口税和所得税的影响正好相反，少纳进口税就会多纳所得税，而所得税税负通常要比进口税税负重，因此，跨国公司权衡的结果是在决定转移定价时通常优先考虑所得税税负因素。

（一）逃避所得税

企业所得税是跨国公司最大的税负。东道国政府通常根据公司的利润额计算应纳的税款。跨国公司使用转移价格把高税率国家子公司的利润转移到低税率国家或避税港子公司，从而可以减少向所在国纳税的税额。如一家美国跨国公司欲将某些中间产品销售到英国的子公司，它可以先以低价出售给设在百慕大群岛的子公司，再由该避税港子公司以高价转售给英国的子公司。在实际业务中，货物可由美国直接发往英国，无须经避税港子公司。而借助转移价格手段，美国母公司因“低价”出售而无盈利，英国子公司也因“高价”买入而无盈利，设在避税港的子公司则获取两方面的盈利，从而减轻了整个公司的税负，增加了利润。

（二）逃避关税

跨国公司通过转移价格，将设在高关税国家中子公司的进货价低估，降低子公司的进口额，从而减少进口税。另外，还可以利用区域性关税同盟的有关关税优惠的规定来减少关税。例如，欧洲自由贸易区规定，商品如系自由贸易区外生产的，由一成员国运往另一成员国时，须缴纳关税。但如果该商品价值的一半以上是在贸易区内成员国中增值的，则在贸易区内运销可免于缴纳关税。因此，如果一家美国跨国公司要把一批半成品运往其设在德国的子公司，制成成品后欲在自由贸易区内销售，美国的母公司就可采用调低转移定价，人为压低半成品的售价，使其在德国制成成品后的价值一半以上是在德国增值的，这样该商品在运销到自由贸易区其他成员国时就不用缴纳关税了。

二、资金配置

跨国公司从事对外直接投资，进行多国经营，需要利用众多的资本市场，并实现资金的自由调拨与配置。但是，东道国往往对资金的调出加以种种限制，如限制汇回利润、严格的外汇管制等。因此，跨国公司可利用转移价格在公司内部配置资金。

（一）由各子公司分担公司的研究开发费用

公司集中研究开发新技术和新产品，而产品销售地分布于世界各个市场，因此母公司要求各子公司分担集中开支的研发费用，采用转移价格调拨内部各单位的资金。

（二）转移资金以求厚利

公司把资金由低利国家转向高利国家，或者当某国外市场出现投资良机时，便抬高转移价格，以此将资金调往最有利可图的市场。

（三）避免东道国对资金的限制

公司使用转移价格，提前调回资金，或者减少直接投资额，利用高利贷款方式将资金以利息方式调回，可规避东道国对资金调出的限制。因为一般而言，各国的外汇管制都不限制贷款和利息的汇出。

三、利润调节

跨国公司利用高税区与低税区税收的差别，通过对转移价格的调高或调低来影响国外子公司利润水平的高低。公司通常采用的方法有以下两种。

（一）以低价或高价向子公司出售商品、劳务和技术，以减少公司的整体税负

通常而言，发达国家处于高税区，发展中国家处于低税区。母公司对处于低税区的

海外子公司采用调低转移价格的方式，便可以达到降低子公司的进货成本、提高其利润的目的；反之，处于低税区的子公司向处于高税区的母公司出售商品时，采用调高转移价格的做法，便可以达到提高母公司的进货成本、降低其利润的目的。这样，盈利从高税区转移到低税区纳税，从而减少了整个公司的税负，增加了利润。

（二）以低价进高价出的定价原则，实现利润的转移

跨国公司通过调整国外子公司的利润率，可以获得许多经济利益。

（1）就跨国公司而言，国外子公司公布的利润过高会引起东道国政府的注意和抵触，使其要求与跨国公司重新谈判进入的条件，分享其盈利，或者强迫盈利过多的跨国企业出售股权给当地投资者以分享盈利，也可能导致新的国有化趋势。跨国公司为了避免重新谈判，通过转移定价的办法，把盈利转移到国外，而只公布较低的公司利润。

（2）由于惧怕某一国外子公司利润过高而导致更多的竞争对手进入同一市场，跨国公司也会通过转移定价以降低利润的方法，掩盖其获利的真实情况。

（3）在跨国公司与当地的合资经营企业中，如果跨国公司为多数参股，它通常希望扩大该合资企业的资产额，减少所公布的利润额，从而减少因缴纳所得税和分红造成的损失。在此情况下，转移价格的调整旨在降低合营企业的利润率；但如果东道国的投资所占比重大，按投资比例分红的原则，跨国公司获利较少。因此，跨国公司不希望东道国多分红，也不愿将更多的利润留在合营企业，而是通过转移定价的策略，减少合营企业的总收入。

（4）跨国公司降低公司利润的做法还与东道国工会的影响有关。发展中国家的工会组织代表工人利益，工人要求共享企业盈利，增加工资和福利的开支。在此情况下，公司便调低子公司的利润率，使职工应分享的好处下降。

四、逃避东道国的价格管制

（一）问题的由来

东道国政府为了限制和管理跨国公司在当地的经济活动，维护本国市场和居民的权益，通常实行市场价格控制政策，跨国公司则利用转移价格来逃避这种管理与监督。

（二）跨国公司的应对措施

当东道国政府限制跨国公司以“倾销”价格在当地市场销售产品时，母公司则采取调低转移价格的策略，以低价将原材料、零部件等卖给子公司，使子公司仍能以低价在当地市场出售商品，击败竞争对手，从而控制当地市场；反之，当东道国政府限制跨国公司以高价销售时，母公司则采取调高转移价格的方式，使子公司产品的成本提高，其结果仍能使整个公司获取较高的利润。

五、避免外汇汇率变动风险和东道国的外汇管制

（一）采用转移价格规避汇率风险

通常，跨国公司母公司要在子公司进行年终结算后，方能获得子公司汇回的利润。而在此期间，汇率随时可能发生变动。跨国公司如果发现东道国或母国的汇率即将变动，就可以利用转移价格实现提早或推迟付款，以减少因货币贬值而造成的经济损失，或者获取汇率差价利益。

（二）采用转移价格逃避外汇管制

在实行外汇管制的国家中，东道国政府为了保持外汇收支平衡，对外国公司汇出的利润在时间上或数量上加以限制。如果东道国政府外汇管制过严，或子公司保留利润过高时，母公司可调高转移价格，提高产品成本，降低子公司的利润，以便间接地调回利润。

总之，转移价格已成为跨国公司弥补外部市场结构性和交易性缺陷的重要措施。转移价格事实上已成为跨国公司建立内部市场的主要手段，也已成为跨国公司内部贸易强大的支撑点。它在跨国公司的全球经营活动中扮演了一个关键的角色，并为其最终获取高额利润作出了重大贡献。

第四节 各国政府对跨国公司转移价格的管理

通常，跨国公司设置两套账目：一套是对外公开的账目，其利润是“应纳税的利润”，主要用以在税务当局，据此纳税；一套是对内的不公开账目，其利润是真正的“有效利润”（Effect Profit），主要用于公司内部控制和评估经济效益。由于跨国公司多方使用转移价格，使本国政府和东道国政府蒙受经济损失，许多国家的政府不仅不接受跨国公司所宣布的“清白”和想当一个“好公民”的自白，而且还采取措施对跨国公司转移价格实行管制。

一、母国政府对转移价格的管理

母国政府规定以独立、公平交易的价格为标准，要求跨国公司内部交易按“独立竞争交易原则”办理，也就是说，当母公司向子公司提供商品和劳务时，税务当局可以根据按“独立竞争”原则计算的“局外价格”进行监督，防止跨国公司逃避税负，使母国政府蒙受税收减少的损失。

相关链接

美国政府早在 1954 年就制定了《国内税收法》（Internal Revenue Code），其中第 482 节对管制公司内部转移价格作了规定。1968 年，财政部正式确定了国际定价管制措施，根据该管制措施，如果发现母公司和子公司的交易定价低于母公司应收取的价格，税务当局可按“独立竞争”的“局外价格”加收母公司所得税，从而提高其纳税金额。由于采取了这一措施，当年美国政府额外收回税额 7 亿美元。从那时起到现在，许多发达国家如英国、法国、日本和加拿大等也都相继出台了类似的对策。

二、东道国政府对转移价格的管理

东道国政府为了维护自身利益，也采用各种办法对转移价格实行监督和管制。

（一）以“正常价格”为基础，实行“比较定价法”

所谓“正常价格”是指“卖给无关的顾客同样商品的价格”。东道国税务当局以此为基础审核跨国公司转移价格，如果发现某一子公司的进货价过高或出货价过低，可以要求按“正常价格”进行营业补税，这就是“比较定价法”。

（二）对外资企业实行新的征税方法

（1）降低外资企业纳税标准，通常低于跨国公司母国税率。这种做法既可以减少或避免跨国公司利用税收差异操纵转移价格，也有利于吸收外资。

（2）实行税收待遇一体化（Uniformity of Tax Treatment），即东道国政府在一定时间内统一各种税收的税率，在保证总的税收收入不变的情况下，减少跨国公司操纵转移定价的可能性。

（3）公式分配法税收（Formular Apportionment Taxation）。东道国向跨国公司课征的税收有投入税、产出税和所得税三大类。其中，公司所得税最为重要，其采用的计算方法是，首先按一定公式估算出子公司应纳税利润，然后按该子公司的利润与其他国家正常利润的一定比例课征企业所得税。

三、加强海关对外资企业进出口货物的监管作用

海关是设立在关境上的国家行政管理机构，它是贯彻执行东道国对外贸易政策、法令和规章的重要工具。海关一旦发现外资企业进出口货物价格偏高或偏低时，有权要求对进出口货物重新估价和征税。

四、建立和健全审计制度，严格审议外资企业财务账目

外资企业的日常经营状况最终都会体现在企业财务账目上，跨国公司操纵子公司的

转移价格也要通过财务账目，因此，建立和健全严格的审计制度，能加强对外资企业财务的监督和管理。

总之，跨国公司是从事全球经营活动的企业，限制跨国公司任意使用转移价格，越来越引起世界各国的普遍关注。美国、欧盟、日本等拥有大量对外直接投资的发达国家都已制定了专门法规，限制跨国公司转移价格的使用。发展中国家与跨国公司打交道的时间短，缺乏经验，要管制转移价格就较为困难。目前，发展中国家应该进一步完善法律、法规，加强对外资企业财务报表的审核，并及时了解国际市场价格的变动情况及有关国家的税率差别，了解国际市场同行业利润率水平，及时发现问题，以便对跨国公司转移价格进行严格的管理。

相关链接

全球共同打击逃避税行为

随着各国对外开放程度的不断提高，人员、资本、商品和服务在更大和更广泛的范围内流动，但由于各国税法规定上的差异，给纳税人提供更多的纳税方式，为纳税人逃避税行为创造了条件。同时，各国银行法为纳税人金融隐私权设置的严格保密制度给纳税人的逃税行为撑起了保护伞。

1987 年，经济合作与发展组织（OECD）与欧洲经济委员会共同起草了《税收事务行政互助多边公约》（以下简称《公约》）。该《公约》在尊重纳税人的基本权利的同时，帮助各成员方应对国际避税。与双边法律机制不同的是，《公约》作为第一个真正意义上的多边税收合作公约，其对于加强国际税收合作、打击和遏制非法逃、避税行为以及维护各国国内税收利益具有积极作用。

但根据当时的《公约》要求，只有 OECD 和欧洲经济委员会的成员才有批准《公约》的资格。这将许多不符合上述成员资格标准的国家排除在外。这一限制性条件显然不利于国际税收合作的加强以及保护成员税收利益的目的。因此，2010 年 4 月又诞生了《〈多边税收行政互助公约〉修订议定书》。

自 20 世纪 50 年代以来，离岸金融中心迅猛发展，但在其发挥积极作用的同时，避税功能也被大肆利用，因此诞生了维尔京群岛等一批“避税天堂”。一些跨国公司利用法律漏洞和“避税天堂”进行合法避税的现象十分严重，国际联手打击跨国公司避税已成为刻不容缓的议题。

复习思考题

1. 何谓跨国公司的内部贸易？公司内部贸易的特点是什么？
2. 试述跨国公司内部贸易与传统国际贸易的异同。
3. 第二次世界大战后跨国公司内部贸易迅速发展的原因是什么？
4. 何谓转移价格？跨国公司如何进行转移定价？

5. 跨国公司转移定价有哪几种方式？
6. 试分析跨国公司使用转移价格的经济效益。
7. 第二次世界大战后各国政府对跨国公司转移价格采取了哪些具体措施？
8. 你认为我国政府应该如何防止跨国公司利用转移价格使我方蒙受经济损失。

案例分析

瑞士斯沃琪集团避税案

瑞士斯沃琪集团（Swatch Group）由原来的瑞士钟表工业公司（ASUAG）和瑞士钟表总公司（SSIH）于1983年合并而成，于1998年更名为瑞士斯沃琪集团，总部位于瑞士伯尔尼，是世界上生产手表的最大跨国公司，其零售额占全球份额的25%。斯沃琪集团在全球拥有160多个产品制造中心，主要分布在瑞士、法国、德国、意大利、美国、维尔京群岛、泰国、马来西亚和中国。旗下拥有斯沃琪、欧米茄、雷达、浪琴等17个世界知名手表品牌，是世界手表市场销量最高的瑞士手表生产商。

据斯沃琪集团亚洲分部的前财务经理约瑟夫·埃得和马特斯·潘瑟拉透露，斯沃琪集团亚洲分部办公地设在中国香港，却在英属维尔京群岛登记注册。英属维尔京群岛成为其操纵转移定价非法避税的中心地。在香港的斯沃琪集团亚洲分部将销往海外子公司的所有产品的价格都人为地大大抬高。如从亚洲分部销往新加坡和日本的欧米茄名牌手表，价格分别被抬高了40%和50%；销往美国和澳大利亚的手表，其价格也均有大幅度提高。

斯沃琪此举的原因在于，亚洲分部的办公地和注册地都是低税区，比起其他相关公司所在地的税负要低很多。从低税区将产品提高价格销往高税区，即可人为地将利润的大部分留在低税地，通过转移定价降低斯沃琪集团的整体税负。

报告透露，斯沃琪集团利用这种转移定价的手段从美国转移出大笔利润，从而逃避了几百万美元的美国税收。与此同时，它在澳大利亚和亚洲等地逃避的各国国内税收和关税的总额则超过了1.8亿美元。

斯沃琪集团这两名前雇员根据美国为保护财务丑闻举报者而出台的塞伯纳斯奥克斯利（Sarbanes Oxley）法案，向美国劳工部递交了一份记载斯沃琪避税内幕的报告。但美国劳工部以此事不在该法案的保护范围内为由而拒绝接受此案。两人的律师随即便向媒体公开了此事。斯沃琪集团对此表示，由于斯沃琪集团并不在美国证券交易所上市，因而美国劳工部并无权利过问此事。同时，斯沃琪的高层人员已经责令将在国内严肃调查此事。

一方面，斯沃琪宣称自己历来严格遵守包括税法在内的各国法律及国际法。另一方面，斯沃琪也在声明中写道："在不违反现有法律、法规的情况下，寻求税收结构的最佳化对所有企业而言已是一种商业惯例。转移定价是一个相当复杂的问题……斯沃琪集团在关联企业间使用的任何转移定价策略都并非仅以减少税收为目的，而是为消费者来协调国家间的价格结构，以防止出现有害的平行市场，这种平行市场将引起巨大损失，并需要远比税收高得多的成本。”

由于转移定价是跨国公司的母公司与国外子公司以及国外子公司之间根据整体利益和经营意图由公司上层决策者人为确定的，是以跨国公司的全球战略目标和谋求最大利润为目的，而并非在公开市场上按独立竞争的原则由交易双方共同确定，因此随意性很大，这就为跨国公司任意操纵转移定价、逃避税收提供了巨大空间。

专家指出，在国际上寻求税收结构最佳化的做法必须在合理的范围内进行，至于斯沃琪集团的做法是否在此范围之内，有待进一步调查。

第六章　跨国公司的技术转让与国际技术贸易

✓ 本章摘要

技术创新和技术垄断是企业发展的灵魂和动力。跨国公司的技术管理偏好技术的公司内部转让，而把技术的对外转让作为次佳的选择。跨国公司技术转让的特点是：技术转让的先进程度与股权投资成正比，技术使用的限制性条款与股权投资成反比。

跨国公司技术贸易的标的是技术，技术贸易的特点是：技术贸易的标的是无形的技术知识，技术贸易转让的是使用权而不是所有权；技术贸易的形式采用许可证协议；技术贸易的作价原则是技术引进方与技术供应方实行利润分成。

✓ 本章关键词

国际技术转让　　技术许可贸易方式　　技术特许经营　　技术贸易的作价原则　　技术使用费支付方式

✓ 学完本章，你需要掌握：

跨国公司国际技术转让的基本概念，跨国公司国际技术贸易的主要特点，跨国公司技术许可贸易的方式。熟悉技术贸易协议的内容、技术贸易价格的构成和支付方式。了解技术贸易的定价与一般商品贸易的定价原则的不同，了解跨国公司技术贸易的签约与履约。

技术创新和保持技术优势是跨国公司成功的秘诀。跨国公司的技术管理体现在技术研发管理、技术保护管理和技术转让管理三个方面。在国际技术市场上，跨国公司既是新技术开发的主体，又是国际技术转让的主体。随着跨国公司在全球市场上地位的确立和巩固，跨国公司新技术的研发，逐步从以母公司为主体转向母公司与国外子公司同时参与，充分利用各国的人才、资源和市场要素，并加强对新技术的有效保护，延长技术的垄断优势。

第一节　跨国公司的技术管理

跨国公司通过技术管理，保持技术创新者的地位，同时，将现有的技术商业化，主导市场和获取高额利润。

一、技术的含义、分类及其重要性

（一）技术的含义

经济学意义上的技术，即加工制造某种商品、运用某种工艺或提供某项服务的系统知识。其表现形态有两种：一种是有形形态（Tangible Forms），如语言、文字、数据、公式、图表、配方等；另一种是专门技术、实际经验、操作手艺和思维观念等无形形态（Intangible Forms）。技术知识可以转化到交易的商品和服务业中并创造价值。

世界知识产权组织（World Intellectual Property Organization，WIPO）根据技术内容的特征，对技术一词的定义是，技术是制造一种产品或提供一种服务的系统知识。这种知识可能是一项产品或工艺的发明、一项外形设计、一个实用新型、一个动植物品种，也可能是一种设计、布局、维修和管理的专门技能。

技术不是独立的有形物体，它既不能储存在仓库里，也不能像包裹那样由供方运往需方。技术是一种通过学习过程来转让的知识体。当技术由一国转让到另一国时，情况可能更复杂，费时且价格昂贵，甚至在一个跨国公司内部的技术转让也会出现类似情况。①

新技术已成为现代经济增长的主要动力。在新技术不断涌现、技术进步和技术更新速度不断加快的知识经济时代，谁首先拥有和应用新技术，谁就拥有强大的竞争力。

（二）技术的分类

经济学将技术分门别类划分的目的是加强技术的开发和管理。技术可以按照不同的标准进行分类，通常可根据五类标准对技术进行分类：技术功能、技术的表现形式、技术要素、技术产权和技术发展阶段。

（1）根据技术功能分类。按照功能，技术又可细分为三种：① 产品技术。它是指用技术改变某项产品的特性，可能是新产品的发明，也可能是产品设计的局部改进，其结果或是增加部分功能，或是提高产品的实用性，或改进产品质量、降低成本等。② 生产技术。它是指在产品制造过程中，通过采用新的工艺、新的流程、新的加工方法等，达到提高生产效率和改进质量的目的。③ 管理技术。它是指在生产全过程中，改进研发、生产、销售和售后服务的组织技术，从而提高企业的竞争力和经济效益。

（2）根据技术表现形式分类。按照技术的表现形式，技术又可细分为三种：① 增加技术硬件（Hard Ware）；② 改进技术软件（Soft Ware）；③ 采用技术诀窍（Knowhow），又称专有技术。

（3）根据技术要素分类。按照技术的生产要素特征，技术可分为劳动密集型技术（Labor Intensive Technology）和资本密集型技术（Capital Intensive Technology）。在生产

---

① Robock S H, Simmonds K. International Business and Multinational Enterprises. 4th ed. Homewood: Richard D Irwin, 1999: 483.

过程中投入的资本和技术两大类基本要素，因技术水平的不同，含有的资本和劳动的结合比例也不同。若投入的资本比例大于劳动比例，即为资本密集型技术；反之，即为劳动密集型技术。技术要素划分法表明了发达国家的跨国公司以输出技术为主。

(4) 根据技术产权分类。按照技术产权，技术可分为公有技术（Public Technology）和私有技术（Private Technology）。公有技术也称公开技术，是指人类社会的公共财富，人们可以不受限制地使用。私有技术分为专利技术和专有技术。专利技术指一种专利化的技术，专利技术的使用受国家专利法的保护。专有技术不通过专利程序，而采用严格的合同条款来保护，专有技术受合同法、民法等法律的保护。

(5) 根据技术的发展阶段分类。按照技术的发展阶段，技术可分为技术研发初试阶段、技术成熟阶段和技术衰退阶段。技术进入衰退阶段，将会有另一项先进技术替代落后技术，这就是技术的生命周期。研究技术的生命周期便于把握技术开发和引进的时机。

(三) 跨国公司的技术战略

先进的技术是跨国公司的无形资产，也是其重要的竞争优势。跨国公司不仅是新技术的创新者，也是新技术的拥有者和传播者。跨国公司的技术战略包括两层含义：一是技术增长战略，即不断地开发新技术，牢牢地保持技术创新者的地位；二是技术应用战略，将现有的技术商业化，占据技术市场主要供应者的位置。为此，跨国公司应从以下三个方面努力，实现其技术战略目标。

(1) 跨国公司是世界先进科技的创新主体。随着跨国公司的发展壮大，跨国公司依仗雄厚的资本实力、精湛的工艺技术和完善的机器设备等有形资产，以及拥有的专利技术、专有技术、商标品牌、经营管理和营销诀窍、研发能力等无形资产，将其所有优势发挥到极致。

(2) 跨国公司是国际技术转让的主体。跨国公司拥有先进的技术资源，通过国际技术转让，尤其是公司内部技术转让，扩散新技术。而每一次国外直接投资，包含着更大规模的国际技术转让，从而使跨国公司成为国际技术转让的主体。

(3) 跨国公司与技术的互动关系。跨国公司的发展与技术开发有着紧密的互动关系。一方面，跨国公司在技术研发上进行大量的投资，使其拥有明显的技术优势；另一方面，跨国公司凭借其技术优势，在国外直接投资中获取巨额利润。然后，跨国公司利用所获的利润，又保障了技术的更新与开发。

二、跨国公司技术开发与管理

(一) 跨国公司技术开发管理由一个中心向多元中心转化

为了适应国际市场变化的复杂性、产品生产的多样性和消费者偏好的差异性，跨国公司改变了过去以母国为技术研究开发中心的传统布局，逐步组建全球的研发网络，充分发挥各东道国的专业人才、科技实力和科研基础设施的优势，使跨国公司的研发工作朝着国际化的方向发展。

跨国公司开展研发国际化的具体形式有：

（1）设立国外研究开发中心，结合当地科技资源，突出重点研发项目。

（2）与国外相关企业和科研机构缔结技术开发战略联盟，合作开展项目研究。由此可见，跨国公司技术开发管理已由过去的本土化和集中化，逐步转向国际化和市场化。

（二）跨国公司的技术保护管理

跨国公司采用新技术开发的产品，一旦进入市场，就意味着有关技术的因素已公开化。虽然竞争对手一时无法从产品中轻易地获得相关的技术，但是，产品指明了技术开发的方向，大大缩短了竞争对手技术开发的时间。如果竞争对手很快地获得该产品的生产技术，而跨国公司还未收回投资开发成本，或尚未获取足够的利润，这表明跨国公司技术保护管理尚不严密。有一些精明的跨国公司采用在产品的关键部位加“锁”的办法，若强硬打开，该产品即刻损坏，这使竞争对手难以获取产品的核心技术。

（三）选择技术转让的时机和方式

跨国公司的技术管理工作，其中一项就是选择技术转让的最佳时机和方式。所谓“最佳”是指按技术的生命周期来转让。当技术处于开发期至成长期，以销售内含新技术的产品为主，尽量推迟技术的转让时间；当技术进入成熟期，则应着手出售该项技术；当该技术进入衰退期，更新技术即将问世，应大力出售该技术产品，尽最大可能回收其价值。

某项技术产品在不同时期、不同的国家可能处于生命周期的不同阶段。跨国公司充分利用这一差异性，可以达到同一技术多次出售的目的。

三、适度的技术知识保护与技术的扩散

（一）技术开发的创新者与后进者采取不同的开发之路

技术后进者由于经济实力薄弱，新技术开发能力不足，只得依靠进口产品、买进技术或者模仿别人的技术。而技术开发的创新者走的是自主创新之路。

创新不是简单地复制别人的成功，而是指合适的人在合适的时间作出合适的决定而达到预期的效果。创新是一个新点子、好主意，是独一无二的思维亮点。因此，创新的过程是剑走偏锋的思维，张扬另类创意传奇的过程。

在市场经济中，创新的主体主要是企业和个人，他们需要外部的支持，所谓“支持”并不是指社会的认可或政府的推动，而是知识产权的保护。

创新者，不是一个鲁莽的冒险者（Risk Taker），而是在竞争的市场中，让自己成为精明的风险规避者（Risk Shaper）。不断实施可行的试验操作化解风险（De-risk），并把风险转化为突破性成长良机，这正是如今成功企业的经验写照。被称为“利润机

器”的日本丰田汽车公司，推出了混合动力车——普锐斯（Prins），成为新型环保汽车的先锋，并从美国通用汽车公司手中夺走“全球最大汽车厂”的称号。

相关链接

“创新—商战”这是一个永恒的法则。技术领先者垄断产品市场，谋取高额利润。美国苹果公司凭一款 iPod 产品风靡全球，但 iPod 的创新决策过程却鲜为人知。公司建立了一个严格的计划时间表：取得为服务 iPod 硬件内的核心技术的授权，购买后成为 iTunes 的软件……于是这些系统化的规划化解了 iPod 项目的创新风险，确保了苹果公司 1 亿美元注资的成功。严格说来，iPod 不是苹果公司的“产品”，因为苹果公司本身并没有 iPod 生产线，而是将整个制造过程外包出去。美国加州大学研究人员分析了 iPod 第五代产品，这款产品是由数国多家企业生产的产品，不但可以听音乐，还可以看电影，每台售价约 299 美元。这台个人音像产品中最昂贵的部件是容量为 30G 的硬盘，由日本东芝公司生产，成本约 73 美元。其次是成本约 20 美元的显示器模组，成本约 8 美元的影像/多媒体处理器芯片以及成本约 5 美元的控制器芯片。最后又在中国组装，其单位成本大约只需 4 美元。但是这样的分类还不足以显示 iPod 零部件供应的复杂性，因为东芝公司所供应的硬盘大部分是在菲律宾和中国生产的，而提供两种主要芯片的两家美国公司，其产品大多数在中国生产。综上所述，一台售价为 299 美元的 iPod 有 163 美元为美国的企业和劳工所得，其中的 80 美元被苹果公司拿走，另外 75 美元属于销售和物流成本，剩下 8 美元分给各零部件制造商。日本为 iPod 创造价值为 26 美元，大部分属于东芝的硬盘。而中国得到的约为 3 美元，韩国所得不到 1 美元。

由此可见，在全球化时代，这种新产品的制造过程早已打破了地区、国别和关税的藩篱，制造商和产地已不再重要。制造一台 iPod 的所有零部件和劳动力总成本为 110 美元，其余的是其真正的价值。因此，真正创造这一新产品的是创意和设计，零部件和劳动力退为其次。苹果公司是 iPod 的最大受益者，苹果公司不是制造者，而是创新者。只有创新者才是大赢家。

（二）技术后进者依靠不对称竞争战略追赶技术开发领先者

世界市场上的后起企业，应采取不对称竞争战略，这是挑战者的成功之道。不对称竞争战略与常规的正面竞争战略相反，即与竞争对手不正面冲突，不形成争斗，使竞争失去对应的一方，失去了竞争对手的局面构成了不对称局势。正如中国俗语所说：你打你的，我打我的。只有利用对手优势中固有的弱点，挑战者才能创造和对手没有互动的非竞争局面，为自己创造更多的时间和机会，让对手无法反击，做到以弱胜强，以小搏大。企业发展就是一个由小到大，由弱而强的演变过程。

通常，领先企业在发展的优势中，其固有的缺点包括信息不对称、认知不对称、优先权不对称、意愿不对称和能力不对称等。后来者采用另辟蹊径的战略，可能会产生意想不到的效果。以基因芯片为例：美欧公司在 20 世纪 90 年代，开始研发尖端生物芯片，即基因芯片（Gene Chip），又称为 DNA 芯片，这是一种通过特殊方法将特定序列的基因探针有序地固化于1平方厘米的玻璃或硅片上，从而构成储存大量生命信息的芯片。基因芯片的独特优势是：科学家让芯片上成千上万的探针分子与待检测的基因样品杂交，然后通过杂交信号的强弱判断样品上生物分子的数量和活性。而基因芯片一次可检测和分析大量的核酸分子，所以能在同一时间分析大量基因，使人类高效、准确地破译遗传密码。这种新技术可应用到人类的各个领域，如疾病检测、医疗保健、公共卫生食品安全检测、农业、环境保护、司法和军事领域等。

美国先行掌握基因芯片最原始的知识产权，技术遥遥领先。这些产品的价格十分昂贵，美国长期垄断该项技术。

（三）成功企业树立企业创新氛围与机制典范

经济学家熊彼特的创新理论指出，生产技术的革新是驱动经济螺旋式发展的核心力量，技术和制度的破坏性创新（Destructive Creation）才是解决增长的长期动力。而模仿、拷贝不可能有长远发展。也正如印度甘地的名言，“Think Different”（不同凡响），即如果你总是像别人一样想问题，做事情，那就不会有创新，也不会成功。甘地还说，“Fine Purpose the Win Follow”即找准目标，途径自通。印度著名的塔塔集团始终坚持走自己的路，最终成为印度数一数二的大型跨国公司。2014年，中国国防科技大学研制的“天河二号”超级计算机，在德国莱比锡举行的国际超级计算评比中，蝉联全球超级计算机500强排行榜的冠军，而亚军的计算速度只有“天河二号”的一半。

没有创新就没有活力。创新首先要有科技投入，没有投入，无资金做后盾，创新只能纸上谈兵。但有了资金，如果没有好的机制，创新也会“竹篮打水一场空”。创新要有机制保障，钱要用在刀刃上，要出成果。

成功企业培养创新氛围和机制可采取以下措施：

（1）培育创新氛围。理想的创新氛围是：一个社会应具有崇尚科学、鼓励创新、人才辈出的共识。要营造创新氛围必须改革行政审批制，打破官本位，让更多的优秀人才脱离官场，涌入科技行列，进行科技研发活动。

（2）建立国家创新体系。发达国家成功的经验证明，仅靠政府一家办科研，力所不逮。要建立国家创新体系，要用两条腿走路。一是由政府作为创新主体，重点支持基础理论、前沿技术与公益性科技开发研究。这类研究项目盈利比较难，但社会效益巨大，政府作为主体义不容辞。另一类是由企业承担应用技术（Applied Technology）的研发工作。这类研究项目连接生产线，满足市场需求，立竿见影获取盈利。这种研究体系的好处，一是把企业推向创新主体，二是让政府无为而有为，集中财力进行重大科技攻关。我国成功的航天技术就是这种研究体系的典型。

（3）让市场分担风险。创新有风险，企业成了创新主体，自然而然地成为创新风险的主要承担者。创新成功皆大欢喜，一旦失败，哪怕亏损1亿元，对企业也可能是灭顶之灾。企业在重大风险面前显得很脆弱，长期困扰高科技企业的风险因素已经传递到传统企业。这种风险主要有：持续的科技突破、关键项目失败率增加、转型风险加大、品牌影响力的削弱、行业利润的递减、销售业绩的滑坡等。因此，企业需要有一个预警系统，并能对早期的危险信号进行迅速反应。如果能把主动化解风险的能力发挥到极致，风险就能转化为增长机会。成功靠有准备的头脑赢得机遇。

企业技术创新投入大，但成功推出新产品的概率小。一项全球研发调查显示，在每七个产品概念中，只有一个可以成功，即使那些成功的项目，也只有1/4能在竞争中获胜。这意味着公司要把很多资源浪费在失败的研究上面。对企业来说，其需要建立开发流程，不断消除流程中效率低下的环节，并在关键节点评估项目的进程，使管理层能适时和果断地终止业绩差的项目，以减少损失。对政府而言，国家鼓励企业创新，要从根本上设置一个风险分担机制，让企业创新无后顾之忧。美国在高科技方面遥遥领先与纳斯达克股票市场密切相关。中国于2009年建立创业板市场，让创新企业上市，让市场分担企业可能面临的风险。

（4）保护知识产权。全球化竞争企业要重视知识产权的价值，它既是获利的方式，又是狙击对手的利器。知识产权的保护是国家的责任，这种责任一方面体现为有法可依，另一方面体现为执法必严。政府对那些通过仿冒抄袭别人的成功技术而获利的行为，一定要重拳出击，不留余地。如果对投机取巧、坐享其成的行为姑息迁就，整个民族最终将会失去创新的动力。保护知识产权事关国家大计，万万不可手软。

（四）技术保护的原则与技术扩散

知识是一种公共产品，而且是一种全球性的公共产品，对其使用不会产生边际成本。

人类在重视和保护知识产权的同时，要防范知识产权和专利制度可能产生的严重扭曲，这种负面效应会造成垄断。如果这种垄断涉及救治生命的药品或是药物器材，其社会成本就会特别高。从社会角度考察，创新的边际收益是让它尽早地被社会所利用，但过严的专利制度有时恰恰起到相反的作用。例如，人类基因计划本应让人类更好地了解自己的基因信息，但某些企业对要求基因检测服务的人要收取几千美元的费用，这对大多数人来说，其费用过于昂贵，可望而不可即。从这个意义上讲，专利的回报在很大程度上来自限制公共物品共享。尤其值得一提的是，重复的专利申请制度，更加强了其垄断性，在历史上曾一度严重阻碍了商业飞机的研制工作，直到第一次世界大战前，美国政府强制推行专利共享制度，这个问题最终才得以解决。

发展中国家经济实力弱，研发投入不足，本应从知识创新中获得溢出效应，享受作为全球公共产品的创新成果，但现有制度使得发展中国家和发达国家之间的知识差距进一步扩大，从而被置于不利地位。尤其是无力支付昂贵的医药费，部分发展中国家变得越来越贫穷，发达国家的医药公司与发展中国家政府在药品专利上的矛盾日趋紧张。因此，过度的专利保护，使许多专利成为限制知识共享的屏障。各国政府共同反对过度的专利保护，有助于真正实现全球公共产品共享，增加社会效益。

政府的职责是，一方面鼓励专利创新和保护知识创新，另一方面要限制过严的专利保护制度。假如没有专利制度的保护，技术可免费使用，企业就没有从事创新的积极性，而专利保护过严，又阻碍了技术的扩散。因此，创新是第一位的，扩散是第二位的，两者不是对等的，而是“源”与“流”的关系。有了奇思妙想的技术创新“源”，才有吐故纳新的技术“流”。专利制度的制定必须在企业的原则和向社会扩散之间保持平衡，而不是根据边际成本等于零，取消专利保护以求最大限度的扩散。在实践中，要把握技术保护的原则与技术扩散之间的“度”，要根据市场实践的验证和研究分析决定“度”的界限。

相关链接

发展探索太空技术与地球人的民用技术息息相关、相互支撑。有人认为，与其花费大量金钱去月球、火星寻找生命，不如把钱用于减少地球上的饥饿人口。事实并非如此，科学家为提高人类现有的科学技术，去寻找探索太空技术。反过来，为探索太空而开发出来的技术，衍生出来各种各样的新产品，让我们的日常生产和生活更加便利、舒适和安全。目前，世界上有数万种产品的设计来自空间技术。有资料证实，美国航天局在太空技术上每投资1美元，就可以在应用技术上带来7美元的效益。在世界市场上，由太空技术衍生出的新产品比比皆是，如便携式钻头、替代传统水银温度计的耳温枪、抗紫外线的太阳眼镜、活性炭净水器、用航天器燃料泵技术研发出的人工心脏、全球卫星定位系统等。美国航天局将其太空技术运用于波音公司“翼梢小翼”技术之中，为其航线大大节省了燃油费用。

第二节　跨国公司的国际技术转让

技术的有偿转让是当代技术传播的主流。跨国公司通过对国际技术转让策略、区位和方式的管理，保持技术的垄断地位。

一、跨国公司的国际技术转让

（一）跨国公司的国际技术转让

联合国《国际技术转让行动守则草案》对技术转让的定义是：技术转让是指关于产品制造、生产工艺或提供服务系统的知识转移，不包括货物的单纯买卖或租赁。国际技术转让（International Technology Transfer）指的是三种技术要素即技能、工艺和知识，从一国到另一国、从一个企业到另一个企业的转移。技术转移可以通过技术援助、技术贸易以及技术人员的流动与共同研究开发等途径实现。技术转让的行为，从技术供应方来讲，是技术的输出；从技术接受方来讲，是技术的引进。从商业角度而言，技术的传播可以是无偿的，也可以是有偿的。通常以经济利益为动机的技术传播称为有偿的传播。国际技术贸易的迅速发展表明，技术的有偿传播在当今世界的技术传播中起着越来越重要的作用。

随着科学技术的迅速发展，科技开发费用日益昂贵，技术创新难度加大。这就决定了任何一个企业、一个部门、一个国家，都不可能发明和创造出经济发展的全部技术，因此客观上需要通过技术转让来获得新技术；同时，在技术本身存在生命周期的情况下，技术的发明者和拥有者为了获得最大利润，最终要把技术投向市场；最后，世界及各国知识产权制度的确立和专利制度的实施，又为技术转让提供了法律保证。这些都大大促进了国际技术转让的发展。

技术的国际流动不是完全自由的，各国政府都设有政策限制。首先，技术转让要受母国政策的影响，任何国家为了保证自己某些技术在世界上的领先地位，总是对先进技术的输出做出种种限制性规定；其次，技术转让也要受东道国政策的影响，任何国家都会根据自己的国情，制定对技术引进的引导或限制政策。

（二）跨国公司国际技术转让的内容

1. 跨国公司是当代国际技术转让的主体

跨国公司是国际技术转让的最重要的主体。跨国公司技术转让中的技术可分为三大类：第一类是工业产权的技术。工业产权也称为产业产权，是一种无形的财产权，也是一种商品。工业产权的持有人有权自行使用，也有权把它出售给他人或转让给他人使用，从中取得利益和报酬。工业产权包括发明专利、实用新型专利、外观设计专利和商标专利权等。第二类是非工业产权的技术。非工业产权主要指技术诀窍，也称为专有技术。其内容包括设计方案、设计图纸、技术说明书、技术示范和具体指导等。第三类是提供技术服务。

2. 跨国公司考虑技术转让的因素

跨国公司在考虑国际技术转让时，更加偏好将技术在公司内部转让，而把技术的对外转让作为次要选择。

跨国公司选择技术转让时考虑的主要因素有：

（1）被转让技术所处的竞争地位和它的成熟程度对跨国公司技术转让形式的选择起着决定性影响。

① 从技术所处的地位而言，不同技术所处的竞争地位可分为五类：支配地位、优势地位、有利地位、维持地位以及微弱地位。处于前两类地位的技术，跨国公司不愿以技术许可形式对外转让。

② 从技术生命周期看，当技术处于创新阶段时，公司大多不愿对外转让新技术；当技术处于发展阶段时，那些不会影响公司竞争力的外围技术可以适度对外转让。

（2）企业规模大小影响着技术转让形式的选择。

大型跨国公司比中小企业有更大的选择余地，而中小企业对外直接投资能力差，有时只能选择技术许可形式。大型跨国公司把技术交叉许可贸易作为分割销售市场和进行产品竞争的一种寡头合作战略。

3. 技术转让已成为跨国公司对外扩展的重要形式

（1）跨国公司需要转让那些不能被公司直接使用的新技术。

（2）对外技术转让能帮助跨国公司获取潜在的销售市场。

（3）借助技术转让促进跨国公司与竞争者之间建立良好的合作关系。

（4）东道国限制建立子公司，跨国公司只能以技术转让形式进入对方市场。

（三）跨国公司国际技术转让的特点

跨国公司有着强大的经济实力和雄厚的技术基础。跨国公司在向外扩大商品输出的同时，利用其资金和技术优势，极力开展国外直接投资和技术转让。其国际技术转让有四个特点：

1. 技术转让的先进程度与股权投资成正比，技术使用的限制性条款与股权投资成反比

跨国公司的技术向外传播，主要是通过直接投资转移技术。国外投资越多，在企业中占有的股权份额越大，跨国公司提供的技术就越先进。公司主要考虑向当地的技术转移是否符合国际专业化分工和能否带来最大的或长远的利润机会。因此，提供技术的先进程度是以公司的利益为标准，而不是以当地经济的需求为标准。跨国公司可以利用诸如技术分割转让、技术专利、超经济的限制性使用条款，甚至技术欺骗等手段，把技术进口国置于从属地位。当跨国公司国外投资占有的股权比例较小，甚至在非股权参与形式下，公司可利用其技术垄断地位，使用超经济的力量，严格限制关键技术的使用和防止技术的扩散。这种技术限制性条款主要包括限制技术使用的保密条款、单方面的技术反馈条款、束缚性的购买与搭销条款以及限制出口的条款等。

2. 采用特殊的技术战略，加强企业内部技术转让的控制

跨国公司的技术转让战略是指在全球范围内比较生产成本，选择最佳生产基地以确保高额利润。公司的绝大部分技术转让活动在公司内部进行，实行公司内部纵向技术转让形式。首先，在母公司研制新技术和新工艺，并将其专利成果应用于母国的国内生产；若干年后，再将新技术转让给设在其他发达国家里的子公司；经过若干年后，再向发展中国家的子公司转让技术。到那时母公司又有了新一代的技术。在这种垂直转让形式下，母公司是唯一的技术供应者，子公司的研究工作主要是使技术适应当地市场条件，并且必须将使用技术的信息反馈于母公司，形成一套技术传输、消化、应用和反馈机制。跨国公司这种分期分批的技术转让战略，无疑可以延长技术独占时间。同时，子公司每进行一次间接转让，便可获得相应次数的技术转让费。

3. 严格控制技术转让条件

跨国公司向外转让技术的条件包括技术的使用范围、技术的管理与扩散、技术的改进以及产品的销售方向等。跨国公司作为技术的卖方，对技术高度垄断。它们控制着技术转移的主动权，关键技术只发生空间上的转移，而不能成为当地经济的有机构成要素，并推动当地经济技术迅速地“起飞”。东道国对先进技术的需求并没有削弱跨国公司的垄断优势，反而为其延伸和维持垄断提供了市场。

参与这种国际技术转让的政府与私人团体，以及受国内专利法和国际公约与条约支持的国家级专利机构及国际标准化组织，都受到转让程序的严格控制。①

① Robock S H, Simmonds K. International Business and Multinational Enterprises. 4th ed. Homewood: Richard D. Irwin, 1999: 485.

4. 各种技术保护主义的因素制约着技术转让

跨国公司以技术作为商品向外传播，技术转让的层次以考虑自身利益为主，但是也会受到各种技术保护主义因素的制约。技术保护主义因素主要来自母国政府的制约、大公司之间的相互技术封锁以及对社会主义国家非经济因素的限制。另外，跨国公司之间由于竞争利益冲突，相互进行技术封锁，以防技术的传播产生“飞镖效应”（Boomerang Effects），给自己树立竞争对手。目前，技术保护主义结构严谨，已形成完整体系，技术保护主义影响着国际技术转让在更大规模和更高层次上的展开。

二、跨国公司国际技术转让迅速发展的原因

跨国公司国际技术转让迅速发展的主要原因是：

（1）跨国公司通过技术转让可以获得大量的利润。技术转让不仅使技术创新的投入得到一定的补偿，还可以获得丰厚的利润。技术是一种创造性的劳动产品，具有较高的附加价值，技术价格又具有不确定性，因此，技术垄断的供应方往往以垄断高价出售技术，获取高额利润。

（2）跨国公司通过技术转让调整优化产品结构和产品的地区结构。为了适应高技术产业的发展，跨国公司主动把传统工业转移到发展中国家。通过对传统工业的转移，可以完成对夕阳工业的转移，使得那些在发达国家已经进入衰退期的技术，在其他技术落后地区还保持相对的技术先进性，延长了技术产品的经济寿命。

（3）跨国公司通过技术转让可以获得各种信息和资料。通过技术转让，跨国公司可以获得各种反馈的经济信息，尤其是有关技术需求和价格水平的资料，为开发新技术、新产品提供可靠的决策依据。

三、跨国公司国际技术转让的策略管理

（一）跨国公司选择技术转让的时间策略

跨国公司应按照技术产品生命周期的不同阶段，结合企业在竞争中所处的支配、优势、有利、维持、弱势五种地位，做出技术转让时间上的选择。处在不同竞争地位的企业，在技术产品生命周期的不同阶段，所采取的技术转让策略有所不同。

（1）当技术处于创新阶段时，无论是处于支配地位还是处于弱势地位的企业一般都不会转让技术。

（2）当技术处于发展阶段时，处于支配地位和优势地位的企业原则上不转让技术；而处于有利地位的企业可考虑适当转让；处于维持和弱势地位的企业则考虑转让。

（3）当技术处于成熟阶段时，居支配地位的企业可考虑有选择地转让，但转让条件苛刻；而居优势地位的企业，比较愿意转让，但也有一定的转让条件；处于有利地位的企业愿意转让，条件要求也较少；处于技术维持地位和弱势地位的公司，则主动寻找转让机会，使其创造更多的利润。

（4）当技术处于衰退阶段时，处于技术支配地位和优势地位的企业，分别采取有选择转让和愿意转让的态度；处于有利地位的企业，则主动寻找机会转让；处于维持和弱势地位的公司则急于寻找机会转让，不苛求转让条件，力争创利。

（二）跨国公司选择技术转让区位的策略

1. 技术转让的区位次序

跨国公司在进行技术转让时，首先要选择比较发达的东道国和地区。当技术产品在这些地区和国家获得充分收益后，再向次一级的国家和地区转移该项技术。这样如同接力赛一样的技术转让，可使跨国公司获得双周期、多周期的技术生命，充分挖掘现有的技术潜力，给企业带来更多的收益。同时，也可以缓解发达国家向发展中国家转让技术的环境和不适宜性。从目前实际技术梯度次序考察，首先转让技术的是西欧、日本等发达国家和地区；其次是一些比较发达的、新兴的工业国家和地区。

2. 选择技术转让区位的原则

跨国公司在进行技术转让时，实行先内后外的原则，偏好将技术先在公司内部转让，而把技术的对外转让作为次优选择，这有利于技术的保密。跨国公司在其各个不同的分支机构内的技术开发和转让的布局的特点是：

（1）位于发达经济体内的跨国公司的分支机构，其技术开发和转让的规模较大，并服务于区域市场。该分支机构在一定程度上参与母公司的“深度一体化”。分支机构与母公司在科研人员和信息方面进行双向流动，实行最高水平的技术转让。

（2）位于新兴工业化经济体内的跨国公司分支机构，将从事一定的设计和开发工作，并与东道国的生产和科研机构建立联系，技术研发工作具有很强的独立性，但不具备战略层的开发职能。

（3）位于较不发达地区经济体内的跨国公司分支机构，其主要职能是零部件的组装，新技术的吸纳程度较低。主要的技术转让是使产品当地化以及组装和质量技术控制。

（4）位于高度保护的经济体内的跨国公司分支机构，技术发展缓慢，产业基础薄弱，东道国限制严格，该分支机构与当地的供应商联系密切，应用已普及的低技术。

（三）跨国公司选择技术转让的方式

跨国公司技术转让采用两种方式，即技术许可证与对外直接投资。此处重点介绍跨国公司采取的发放许可证的方式。在采取这种方式时主要考虑以下几种情况：

（1）当区位存在进入壁垒，阻碍跨国公司对外直接投资时，倾向于选择技术许可证方式。

（2）当跨国公司缺乏对外直接投资的必要条件时，往往倾向于采取技术许可证方式。

（3）技术的学习和掌握的难易程度决定是否采取许可证方式，复杂技术不利于以许可证方式进行转移。技术本身的生命周期和以前转移的次数，也会对选择转让方式产生直接影响。

（4）技术转让取决于技术本身的特性。那些变化快、寿命短的技术，倾向于选择技术许可方式。

（四）跨国公司技术转让的周期

跨国公司在跨国化的经营活动中，从利用技术谋取经济利益最大化的角度出发，把商品转移、对外直接投资和技术转让三种形式结合起来，遵循三者的内在关系，按其周期循环的规律，进行适时、适度的安排，其关系见图 6-1。

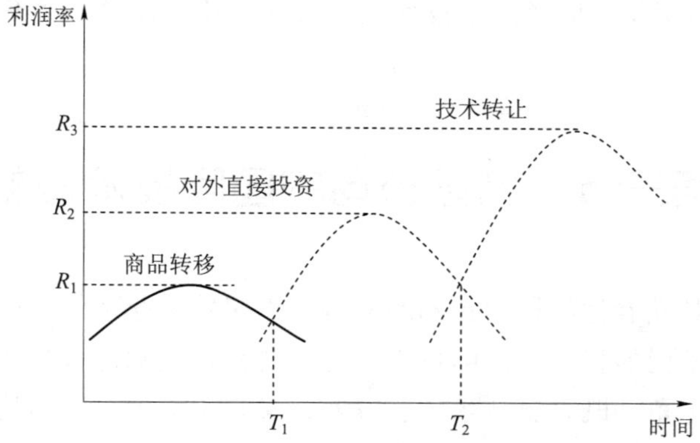

图 6-1　商品转移、对外直接投资和技术转让三者的内在关系

通常，跨国公司占有新技术后总是先在母公司组织生产，并将新产品出口，在当地市场不断扩大新产品的销售，增加利润。其后，该新产品逐渐适应了当地市场的条件，运用当地廉价的生产要素，也能生产出该产品，于是利润率开始下降，公司即于 T_1 时刻把出口商品转向就地投资、就地生产。再后，由于在当地产销，很快提高了当地该项技术的水平，且能仿制该产品扩大销售。此时，直接投资的效益由上升转为下降，降至 T_2 这一时点时，公司就采用技术转让。这样不仅能维持原有收益率，且可能达到最高收益率 R_3。

四、国际技术转让对发展中国家经济发展的作用

外部技术的发展是发展中国家技术发展的推动力，也是一种源泉。换言之，外部技术的发展造成一种竞争局面，促使发展中国家加快自身技术发展的步伐，同时，先进的外部技术为从事技术革新提供了可资借鉴的现成条件。技术的有偿引进，是弥补技术差距和填补技术短缺的最简单、最快捷的途径。发展中国家通过买进技术可以引入先进的技术，使原有的技术水平实现跳跃式的变化。

技术发展就其本身的特性而言，主要由两个因素来决定：其一，技术发展是一个渐进的过程，它取决于技术进步的时间要求；其二，技术发展要有多方面的基础条件，它取决于技术发明的素质要求。发展中国家技术素质低，与国外先进技术水平差距大，如果等具备了技术发明的基本素质，再从低起点开始创新研究，那么技术的差距非但不能缩小，反而会加大，因为具备低素质的技术发明较之具备高素质的技术发明，前者进步

速度要比后者慢很多。而采取积极引进技术的办法，虽然要支付技术使用费，但是可以实现时间上的节约，时间上的节约所带来的经济效益，即经济在技术水平上的跳跃式发展所带来的好处，是远远大于技术引进费用的。

发展中国家将引进技术作为进行高起点技术研发的基础，但绝不会自发实现技术的研发创新。因为技术的引进只是技术的添加，而技术的发展则是技术的生产。而且，技术引进只是取得某些技术的使用权。任何使用权的扩大，都必须再支付费用。由此可见，技术贸易不同于一般商品贸易，前者只是技术使用权的转让，技术的所有权仍在技术供应者手里。

第三节　跨国公司的国际技术贸易

国际技术贸易是随着世界科学技术的进步而迅速发展起来的。国际技术贸易与国际货物贸易相比有着不同的特点，国际技术贸易主要是以技术许可方式进行的。跨国公司是国际技术贸易的主角，既是新技术的供应者，又是购买者。国际技术贸易既可以在跨国公司内部进行，也可以在公司外的企业之间进行。

一、跨国公司技术贸易的现状及其特点

（一）跨国公司技术贸易的现状

跨国公司技术贸易（Technology Trade）是指跨国公司在不同国家或地区的企业或经济组织之间进行技术买卖的行为。

第二次世界大战后，国际技术贸易随着新科技革命的发展而迅速发展。1955 年世界技术贸易额为 5 亿~6 亿美元，1965 年达到 30 亿美元，20 世纪 70 年代中期达到 110 亿美元，80 年代中期超过 500 亿美元，90 年代中期为 2 000 亿美元，21 世纪初约为 5 000 亿美元，并呈现出迅速增长的势头。

在国际技术贸易中，工业发达国家间的技术贸易占主导地位，特别是发达国家的跨国公司间的技术贸易占到世界技术贸易的 60%～70%。

技术创新（Technological Renovation）是企业成长的灵魂和持续发展的动力，也是技术贸易的基础。世界 500 强跨国企业把新技术的研究开发放在首位，同时，配合技术垄断（动态型的）及技术贸易两种不同的手段，在竞争激烈的技术市场上占领和扩大市场份额。据统计，世界上最有竞争力的 100 家大公司的研发费用占世界科研费用总额的 58%，而它们所获得的开发成果占世界的 50% 以上。美国跨国公司的新技术开发占绝对优势，而美国大公司技术贸易占世界技术贸易总量的 1/3，美国是技术净出口国。美国已成为全球高科技投资最多的国家。

国际技术贸易不仅为技术出口公司带来可观的技术转让费，而且对引进技术的公司以及公司所在国的经济发展更为有利。通过进口先进技术，技术引进方可以加速技术改

造和产品的更新换代。此外，可以缩短研制时间，节省研制费用，提高产品质量，增强竞争力。

（二）跨国公司国际技术贸易的主要特点

国外直接投资与技术贸易密切相关，投资方可以现金、股权与融资形式进行投资，也可以将产权或非工业产权等技术作为股金投资。大多数国家在外资企业法中规定：参股各方可以现金、实务、工业产权等进行投资。这样，投资与技术转让结合成一体，它的主要特点是：（1）工业产权或非工业产权作为“技术资本化”方式出资；（2）投资方与接收方是一种共同经营关系，也是一种技术合作关系；（3）投资双方按出资比例分享利润，双方都关心产品质量、技术效益和经济利益。

跨国公司技术贸易的标的是技术使用权。虽然货物和技术都是商品，但技术贸易与货物贸易相比有很多区别，技术贸易主要有以下几个特点：

1. 技术贸易的标的是无形的技术知识

技术知识无法“计量”，难以进行质量检验，它可以多次交易而不需要多次生产。在实际业务中，人们习惯于将单纯的技术知识称为软件（Software），把作为技术交易组成部分的机器设备等称为硬件（Hardware），两者在交易中可以结合在一起，但技术贸易必须含有无形的技术成分。若不带有技术知识的交易，只涉及机器设备的买卖，这就不属于技术贸易，只是一般的货物买卖。

2. 技术贸易转让的只是技术的使用权

在技术贸易中，技术的供应方只是把某种技术的使用权转让给技术的接受方，如制造和销售该项技术产品的权利，而不是该项技术的所有权。

3. 技术贸易的当事人既合作又竞争

技术贸易不同于一般商品买卖，一方交货，另一方付款，义务与责任买断；技术贸易是一种长期合作关系，靠双方真诚合作才能达到预期的效果。技术合同的期限，少则三五年，多则十几年，各国都有不同的法律规定。因此，技术贸易这种连续性的长期合同决定了当事人彼此之间的关系是既合作又竞争。

4. 技术贸易的作价比较特殊

一般商品的价格，以其价值为基础，是商品的生产成本加利润。技术贸易的作价通常以技术接受方从引进技术中得到的经济效益为基础，再考虑其他多种因素，决定价格和支付办法。通常，使用技术的经济效益高，技术的价格也高；相反，经济效益低，技术价格也随之降低。

5. 技术贸易合同比一般商品贸易合同复杂

技术贸易合同涉及工业产权、非工业产权、技术风险、双方的权利和义务等多方面问题，还涉及投资、税法、外汇管理、劳动管理等方面的法律问题，同时还关系到国家的经济发展战略和发展规划等客观经济问题，签约难度较大。

6. 技术贸易要保持长期的技术优势

技术贸易的关键是要保持技术优势，保持技术优势的关键是要保持技术在时间上的优势。技术商品的特点是容易替代和扩散，从而优势也容易消失。通常，跨国公司保持技术在时间上的优势有两种方法：一是严格保证专有技术的秘密，如可口可乐的配方；二是依靠商标，利用商标相关法律给予长期的保护。

7. 跨国公司规模与技术创新和技术贸易之间具有相关性

一般而言，规模大的企业具有发明创新的实力，而规模小的企业反而是重要发明的主要来源。人们把较大公司具有较小的技术创新动机，而较小的公司往往在技术创新的竞争中获胜的现象，称为“阿罗替代效应”（Arrow's Replacement Effect）。这个概念是蒂罗尔在1988年提出的，描述垄断厂商在进行技术创新时面临原有产品市场被新产品市场替代的困境。技术从创新到投入市场又有一个过程，小公司无法承担技术走向市场所必需的市场营销投入，而大的公司依靠自己的市场优势能更顺利地使新技术被市场接受。

8. 通过转让“截短”的技术来控制承受方

跨国公司采用转让“截短”（Truncated）技术的方法，实现控制国外技术承受方的目的。世界500强企业通过转让“截短”的技术（即不完全技术转让），以加深技术承受方的技术依赖，从而实现控制国外技术承受方的目的。例如，美国福特汽车公司在对巴西的汽车生产线转让中，扣除了有关引擎制造方面的技术，使巴西只能依赖从福特汽车公司进口汽车引擎，从而被福特汽车公司牢牢掌握主动权。

9. 技术贸易以软件为主，硬件为辅

跨国公司的技术贸易呈现“软化”的特征，即交易标的由过去的购买成套设备带技术的模式，向单纯购买技术转化。买方通过获得技术软件，使关联的部门形成网络，建立独立自主的核心技术体系，从而增强企业的竞争力，同时，也节省了开支，促进自身硬件技术的发展。

10. 技术国家主义影响了国际技术贸易的发展

技术国家主义即技术贸易保护主义。首先，美欧等技术领先的国家垄断了国际技术贸易，其动用技术出口管制，作为制裁别国和服从美国霸权的工具；其次，美国利用国内法（如：美国《出口贸易法》301条款、特别301条款等）将其国内保护知识产权的法律延伸到国际贸易中，破坏了正常的国家间的交往；最后，发达国家利用其经济实力，通过操控技术的手段，制定有利于自己的多边公约，迫使发展中国家屈服于发达国家的知识产权保护标准和执行力度。

二、跨国公司技术许可贸易的方式

（一）跨国公司技术许可贸易的含义及必要性

1. 技术许可贸易的含义

跨国公司的新技术战略由三部分内容构成：一是用新技术制造新产品向国际市场出口；二是用新技术在国外直接投资，就地生产和销售产品；三是通过技术许可贸易将新技术转让出口。

跨国公司开展国际技术贸易主要以技术许可贸易的方式进行。所谓技术许可贸易

(Technology Licensing) 是由技术输出方与技术引进方签订技术许可协议，技术输出方在某种限定条件下对专利技术、专有技术和商标等知识产权加以转让。技术许可贸易实际上是技术使用权的交易。这种交易既可以在跨国公司内部进行，也可以在公司与外部企业之间进行。在交易中，输出方由此可以取得专利权使用费（Royalty）或技术服务费。

2. 技术许可贸易的必要性

跨国公司之所以采用技术许可贸易方式转让技术，有以下几个方面的原因：

(1) 当东道国对外国直接投资采取严格的限制措施时，跨国公司以技术渗透形式打入市场。

(2) 任何技术都有一定的生命周期，当应用技术生产的产品到达生命周期的成熟期后，便达到了技术效用的最大值。跨国公司往往通过技术许可贸易方式，将这种已没有必要继续控制的技术转让出去，从而获得利润。

(3) 由于海外市场容量太小，若采用直接投资，不可能达到规模经济效益，跨国公司则采用技术许可贸易方式进入当地市场。

(4) 有些技术在母公司内部还有一定市场，但受外界新技术影响很大，盈利水平不高，跨国公司就宁可将这类技术转让到国外。有些新兴工业部门，制造工序为技术密集型，但装配工序为劳动密集型，跨国公司便将装配工序转移到国外。

(5) 跨国公司以价值相当的、互惠的条件与其他公司互相交换各自的专利权或技术诀窍达到以人之长补己之短的目的。

(二) 技术许可贸易协议的授权范围

1. 技术许可贸易协议的分类

技术许可贸易的主要形式是许可证协议。许可证协议也可称为技术许可合同(Technological Licence Contract)。技术许可合同是指供应方和承受方为共同实现专利权、商标权和专有技术权转让的特定目标而规定的双方权利和义务的法律性文件。在技术许可贸易中，根据贸易标的不同可分为专利许可、专有技术许可、商标许可、混合许可（即专利、商标和专有技术两项以上内容同时包含在一个协议中）以及计算机软件许可协议。根据许可授权范围可分为独占许可、排他许可、普通许可、可分割许可和交叉许可五种形式。

2. 跨国公司技术许可协议的授权范围

(1) 独占许可（Exclusive Licence)，即在一定的地区内技术引进方对所授权技术拥有独占的使用权，技术供应方和任何第三方都不能在该地区内使用该项技术生产和销售产品。独占许可的使用费比较高。

(2) 排他许可（Sole Licence)，即技术引进方在一定地区内享有独占地使用所授权的技术制造产品的权利，任何第三方不得使用该项技术进行生产和销售产品。但是，技术供应方仍保留在该地区内使用该项技术生产和销售产品的权利。

(3) 普通许可（Simple Licence)，即技术供应方允许技术引进方在规定的地区内使用协议指定的技术，但是技术供应方仍保留在该地区内使用该项技术或者把使用权再转让给任何第三方的权利。普通许可是供应方授予引进方权限最小的一种许可，因此这种许可的使用费比较低。

（4）可分割许可（Sub- licence），即技术引进方有权在指定的地区将其所被授予的技术使用权再转让给第三方。可分割许可享有再转让权，其技术使用费比较高。

（5）交叉许可（Cross Licence），是指双方相互授予价值相当的、互惠的技术使用权。这种技术许可一般不收取报酬。

通常，在协议中规定技术许可贸易授权范围时，应当说明授权的性质，因为这将影响使用费的高低和双方权益。

（三）跨国公司技术许可贸易协议的权利和义务

技术许可贸易协议（Technology Licence Agreement）是对技术供应方和引进方均有约束力的法律性文件，双方的权利和义务应体现在协议之中。

1. 技术供应方的义务

（1）技术供应方应向技术引进方提供完整的、可靠的、正确的生产技术文件及资料，保证技术性能达到协议规定的目标。

（2）技术供应方按协议的规定提供有关机器设备、原材料、技术服务和培训人员等，保证正常开工生产。

（3）技术供应方除了在协议中详细说明技术诀窍的性质，以及采用何种方式传授这种诀窍以外，还应规定工程项目建成后如不能达到设计指标时，技术供应方应负担的义务。

2. 技术引进方的义务

（1）引进方应按协议的规定，按期如数交纳技术使用费。

（2）引进方应承担技术保密义务，尤其是对技术诀窍国际公认的四个要素——实用性、新颖性、保密性和价值，更要承担保密义务。协议中通常规定发生技术泄露应受何种处罚。

（3）在协议的有效期内，引进方对原有技术进行改进、革新，以及发展为更先进的技术时，应将其在原有技术上的改进和发展提供给供应方，这通常被称为技术反馈。同时，也应当规定，在协议期内，供应方应向引进方提供原有技术的改进和发展支持，这通常被称为技术继续援助。因此，这种相互交换改进技术应是无条件的、对等的、互惠的和及时的。

三、跨国公司技术贸易协议的内容

跨国公司技术贸易协议包括专利使用权、商标使用权、专有技术使用权、技术服务和特许经营五种协议。在实际操作中，多数情况是将它们订立在一个协议之中，这种技术贸易协议称为混合协议。

（一）专利使用权协议

1. 专利权

在发达国家，专利是重要的工业产权之一。它是受国家立法保护的一种“垄断”“专有”的财产权。专利权持有者在专利有效期内和一定的地区范围内享有使用其发明的专利技术从事某种产品的制造、使用和销售的特权。

2. 专利使用权协议的内容

发展中国家在与跨国公司签订专利协议时，往往要求列明下列条款：

(1) 许可方应明确说明此项专利已在政府当局批准登记，并对专利的可靠性负责。

(2) 许可方应列出专利名称、登记日期和有效期。

(3) 许可方应明确说明授予接受方许可生产、使用和销售的权利。

(4) 许可方承担防止在接受方所在国或出口国发生侵犯专利活动的责任。

(5) 许可方应保证接受方在其整个有效期得以充分利用专利权。

(6) 许可方应表明是否同意接受方在协议期满后仍有权使用专利。

(7) 许可方同意向接受方收取的专利使用费要比向与之竞争的其他接受方收取的费用优惠。

(8) 许可方应承诺授予改进的专利权，并不额外增加专利使用费。

(二) 商标使用权协议

1. 商标权

商标权（Trademark Right）同专利权一样，是一种工业产权，可以转让，并受到国家专门法律的保护。商标权又不同于专利权：商标通常没有法定时间的限制；商标的许可使用者必须进行登记方可使用；商标是以登记注册为前提，而专利是以“无人知晓”为前提；许多国家的商标法只允许有一个商标的注册使用者，而某一专利可以在某一个国家进行若干次的转让。

商标的价值在于它的声誉，它代表某一商品的制造商或经销商。因此，在商标协议中，许可方为保证商标的形象不因转让而受到损害，往往向接受方提出强制性监督条款，如规定对商品质量拥有核准权，要求带有该商标的商品的质量始终如一。

2. 商标使用中跨国公司应承担的义务

在商标协议中，发展中国家接受方要求跨国公司许可方承担下列义务：

(1) 表明自己是某一特定类别的商品在某一国家市场上的商标所有人。

(2) 允许接受方在某国市场上使用这类商品的商标。

(3) 许可方应承担义务，使接受方成为该商标的注册使用者。

(4) 许可方有义务保证商标的有效性，若发生侵权行为，应提出诉讼。

(5) 许可方无权要求接受方接受任何强制义务，如只能从许可方采购原材料及零部件等。

(6) 许可方无权限制接受方选择不带有许可方商标的其他产品的销售。

(7) 许可方无权制止接受方在应带有许可方商标的产品上使用自己的商标。

在实际操作中，上述 (5)~(7) 项是发展中国家作为接受方防止许可方滥用其质量控制权而要求制定的专门条款。

(三) 专有技术使用权协议

1. 专有技术

专有技术是由专门知识、技能和信息构成的。专有技术的表现形态分为有形形态

（Tangible Forms）和无形形态（Intangible Forms）两大类。有形形态包括图纸、配方、公式、操作指南、实验报告等。无形形态包括技术知识、专门经验、组织技能、操作技巧以及头脑中的观念或构思等，它体现于人，即这种专门技术已为人所掌握并变成其一种特殊技能，人们有时称它为示范知识。真正获得技术的最重要的手段是获得专有技术（或技术诀窍），因为专利技术内容与实际投入运用的差距甚大。专有技术的作用在于它具有四项要素：实用性、新颖性、保密性和价值。

2. 使用专有技术协议的内容

专有技术存在的价值在于它的保密性，专有技术内容一旦被公众所知，专有技术也就失去了它应有的价值。因此，保密条款就成了专有技术协议中最重要的一项条款。为此，许可方一般要求接受方承担以下十项义务：

（1）许可方只授予接受方专有技术使用权，即使用此类专有技术的租用权，但不是专有技术的所有权。

（2）接受方只能在协议规定的领土范围之内使用专有技术。

（3）接受方只能在协议规定的部门内使用该专有技术，不得任意扩大使用部门。

（4）接受方只能在协议规定的产品的制造过程中使用专有技术，不得任意扩大使用范围。

（5）接受方不能在超出协议所许可的生产能力之外利用专有技术生产许可的产品。

（6）接受方应指定专人接触及使用专有技术，记录每次使用的详情，禁止复制副本，不准发表或泄露机密，保守所获技术资料的秘密或随时退回图纸和资料。

（7）规定接受方违反保密规定的惩处方法。

（8）专有技术使用期限以协议为限，有效期满，即终止使用权。

（9）接受方在使用专有技术过程中取得技术改进，应无偿地转让给许可方。

（10）接受方无权将专有技术转让给他人。

东道国政府从整个社会公共利益出发，在审议本国企业的协议时，往往坚持如下的要求：避免许可权的过分垄断，政府只接受“把生产权限制在一国领土内”的观点；接受方对许可的专有技术应有永久转让权；接受方所承担的保密义务须与专有技术的性质和价值相当；接受方有权获得许可方在原许可技术上的任何改进技术；协议期满后，接受方有权扩大技术的使用范围等。

（四）跨国公司技术服务协议

1. 技术服务协议

技术服务也称技术援助（Technical Assistance），主要指专利和专有技术以外的技术资料和技术服务。技术服务的具体内容包括、工程项目的布局、各种生产投入的选择、生产的指导和人员培训以及提供营销技术等。

2. 技术服务协议的内容

技术服务协议的主要内容包括：（1）技术服务的具体项目；（2）技术服务的定价基础；（3）获得服务和支付酬金应履行的程序。

（五）跨国公司特许经营协议

1. 特许经营

特许经营（Franchising）是经销商品或提供服务的一种特殊许可。技术供应方不仅转让技术和商标，而且也传授经营方式和方法，还包括培训专业技术人员。技术供应方为了维护其商业信誉，严格要求技术接受方保证产品和服务的质量。技术接受方应按协议的规定向技术供应方交付提成费。特许经营的优点是投资金额小，风险小，进入市场快；缺点是提成费有限，同时，尽管技术供应方可以对技术接受方提出各种要求，包括定期检查质量和监督协议执行情况，但缺乏全面的控制权，而且可能培养出自己的竞争对手。

2. 特许经营的类型

通常特许经营协议有三种类型：

（1）特许经营产品销售。接受方被授权经营许可方已创出声誉的某种品牌产品。

（2）特许经营某种服务项目。如经营特许产品的配制、加工、装配和服务等项目。

（3）综合性的特许经营。在此形式下，接受方既有权经营享有盛誉品牌的产品，也有权获得有关加工、销售和服务等专门知识。

总之，在目前世界经济发展中，跨国公司是国际技术转让和技术贸易中最活跃、最有影响的力量，国际技术贸易绝大部分为跨国公司所掌握。因而，跨国公司已成为四个主要市场（商品市场、资本市场、劳务市场和技术市场）的主体。

第四节　跨国公司国际技术贸易的价格与支付

技术是一种特殊的商品，技术贸易的定价原则与一般商品的定价原则不同，技术贸易的定价一方面受价格成本、需求和利润的影响，另一方面还受到技术这种商品特殊性的影响。

一、技术贸易价格的构成与确定

（一）跨国公司技术价格有别于一般商品价格

技术价格和支付方式的确定是技术贸易的核心问题，也是技术贸易谈判的焦点，因为它们关系到双方的经济利益大小。由于技术是影响一个企业竞争力的主要因素之一，它作为一种商品进行买卖时，其价格的确定会受到各种客观和人为因素的影响，因此它比一般商品价格的确定要复杂和困难，而且技术价款的支付方式也与一般商品的支付方式有很大的不同。

国际贸易中的商品买卖是所有权的买卖，商品价格随着国际生产价格变动，其价格的一部分用以补偿制造商的生产成本，一部分为利润。制造商在作价时可以参照官方公布的物价指数和经济预测，根据价格实际涨落幅度和经验，把短期、中期和长期价格的变动因素计入预先计算的固定销售价格中。由此可见，商品价格是以生产成本为基础，通过买卖行为获得市场价格与生产成本之间的差额来实现利润。

（二）技术价格的特点

技术是一种特殊商品，技术贸易的价格，不能使用一般商品买卖所采用的生产成本加利润的计算方法。技术贸易的定价，一方面受成本、需求和竞争三大因素的影响，另一方面，它还受技术这一特殊商品本身的影响。

技术价格的特点表现在以下三个方面：

1. 技术价格即技术的使用费是以技术接受方所能得到的经济效益作为函数变量进行计算

使用技术经济效益高，技术价值就大。反之，其经济效益低，技术的价值也随之降低。所以技术价格不等于该技术的研究开发费用加技术许可方预期的利润。其原因在于：人们最初研究开发技术通常不是为了转让，而是为了企业和公司自身使用。技术只是在特殊情况下才成为商品。

2. 技术的需求和适用对价格有很大的影响

在适用的条件下，技术的先进程度对价格起着重要的作用。

3. 技术贸易的竞争影响着技术的定价

在技术水平相同的条件下，技术接受方实施技术的难易程度不同，授权范围大小不同，技术培训条件不同，都会直接影响技术定价。

因此，技术使用费是一种租借支付，而不是买卖支付，是技术接受方给予许可方的一种补偿。因为技术接受方从技术使用中可以获得经济效益，所以，在技术转让中才会出现支付问题。

（三）技术价格的作价原则

跨国公司国际技术贸易的作价原则是，技术接受方将使用引进技术所增值的部分利润分给技术许可方。技术价格的上限按技术的价值或按东道国政府规定的界限确定，技术价格的下限由转让的成本确定。同时，技术价格的高低主要取决于“技术接受方准备支付多少”，而不是“技术许可方提供的技术价值多少”。只有当技术许可方得到适度的报酬，而技术接受方愿意支付时，双方才会成交。

国际技术贸易的作价原则为利润分成率（Licenser’s Share on Licensee’s Profit，LSLP）原则，即技术价格是技术使用方使用技术后所得利润的一定份额，用公式表示为：

利润分成率=（许可方得到的费用/接受方获得的增值利润）×100%

技术价格=接受方利润×利润分成率

发展中国家从发达国家引进技术，其技术定价可参照上述公式，先计算出总利润，然后确定一个双方都能接受的利润分成率，一般不超过30%，就可得出一个合理的参考价格，再加上一些特殊的因素，定出实际成交价格。

引进技术的定价应考虑以下三个主要因素：

1. 生产制造成本

按照引进技术进行生产，其制造成本是决定引进技术能否收益和利润多少的关键因素。技术使用费和其他的项目投资费是一次性投资，而生产经营成本是投资项目中有长期影响的因素，它直接影响投资利润。

2. 营销目标

技术接受方使用引进技术进行生产，其产品能否达到销售目标，与投资项目、预测利润、确定价格直接相关。同时，营销目标也是技术供应方评估转移技术可能产生的影响程度的依据。

3. 技术收益率

技术收益率（Technology Turnover Rate）直接影响技术接受方的经济效益，技术收益率越高，经济效益就越大。技术收益率是衡量引进技术的费用是否合理和投资效果好坏的重要指标。用公式表示为：

技术收益率=引进方的净利润/技术总费用

可见，引进技术价格高，则技术收益率低。联合国工业发展组织（United Nations Industrial Development Organization，UNIDO）的报告认为，最佳技术收益率应为3~5，即花费1元钱能收益3~5元。

近十年来，在对技术使用费讨价还价的过程中，发展中国家往往不愿意接受跨国公司提出的昂贵的技术使用费，其主要理由是，研究开发新技术通常是为了自己生产上的需要，而不是为了转让他人。在开发技术中投入的费用，在产品生产中已获得足够的收益，否则技术供应方就不是一个成功的企业，其技术也就不会有太大的价值。因此，供应方的所谓开发成本（Development Cost）应视作沉没成本（Sunk Cost），技术供应方的研发费用应在本国市场和国外主要市场上摊销。对供应方来说，来源于其他市场的技术使用费是一种额外的收入，不应当把所投入的费用作为计算的唯一依据，而应以发展中国家只负担协议所花费的直接成本为依据。

二、跨国公司技术使用费的支付方式

按照国际惯例，跨国公司通常对专利和专有技术的使用费采用总付（Lump-sum）、提成费（Royalty）或入门费（Initial Payment）加提成费的方式支付。

（一）技术使用费的总付方式

总付即在许可协议中规定技术转让的内容、双方的权利和义务以及应付的使用费总金额。由接受方在约定的时间一次付清。这种支付方式与利润无关，它是把技术秘密和技术知识的使用权归为接受方的交换物。一次付清通常可分几种情况：协议签订时支付；提供书面技术文献时支付；投产制造出产品时支付。

对许可方来说，一次付清的有利之处在于：许可方可以立即回收研发费用、技术转让费用；当技术使用过程风险较大时，一次付清就更具优势。但一次付清也有不利之处：如果接受方在后续生产中取得重大的商业利益，而许可方不能成为其合作伙伴时，对许可方来说就错过了获利的机会。

对接受方来说，一次付清的有利之处在于：事先定价，便于核算；价格固定，在协议有效期内不变，可避免通货膨胀的影响；手续简便，不需另列账册，避开记账、查账的麻烦；能使接受方较快地从对许可方的依赖中解脱出来。但这种方式下也有不利的情况：支付期短，签约后就要支付一大笔费用，增加了创业成本；风险较大，若使用引进技术生产的产品质量达不到协议规定，则很难补偿损失；技术许可方没有继续提供改进技术的义务，不利于接受方技术改进；许可方可能与当地另一家公司以不同的使用费比率达成许可交易，从而危及接受方的利益。

（二）技术使用费的提成方式

提成费是指接受方使用转让技术进行生产后或技术项目交付使用在经济上取得效益后，在一定时期内以连续支付方式每年支付使用费，作为给技术许可方的一种报酬。这种交付方式意味着双方分享由技术转让而获得的利润。一般性项目产品使用费率为5%~10%，支付期限为5~10年。协议时间不宜过长，在技术日新月异的年代，协议期限应尽可能缩短，以免对业已老化的技术支付费用负担过重。一般而言，协议期限愈长，引进技术经济效益的计算概率就愈低；反之，期限愈短，概率就愈高。

提成是按利润分成原理计算许可方、接受方之间利润分配比例的一种方法。这种支付方式中具体的提成类别或者说计算提成费的基数，被称为提成基价。国际技术贸易中通常以销售价格为提成基价，也有按产品数量或按利润计算的。

提成率计算公式为：

$$提成率=技术许可利润(提成费)/产品销售价(提成基价)\times 100\%$$

提成率又可分为固定提成率和递减提成率。

根据协议的规定，接受方无论采用一次付清还是连续支付使用费的方式，许可方所承担的义务是相同的。从理论上讲，无论采用哪一种方式，它们的内涵是相同的，而且在数额上也是相等的。

（三）技术使用费的入门费加提成费支付方式

在实际业务中，人们在总付和提成两种方式的基础上派生出一种折衷的方式，即入门费加提成。

入门费指许可方为约束接受方严格履行合同而收取的定金，也是对许可方提供资料、披露技术机密、传授技术的报酬。

入门费实为总提成费中的预付部分，支付入门费高，提成费就相应减少。跨国公司的惯例是，入门费一般为技术价值的15%左右。入门费在技术合同经双方政府批准生效后才能支付。

第五节　跨国公司国际技术贸易的签约与履约

跨国公司的技术贸易主要以对子公司的内部技术转让和对外进行许可贸易等形式进行。跨国公司在初步决定了技术转让形式之后，就会着手进行技术转让的各项准备工作。

一、跨国公司技术贸易签约前的准备工作

（一）技术供应方的准备工作

跨国公司决定对外转让某项技术时，就要进行技术市场的研究、技术包装、技术促销和技术谈判等各项事前准备工作，这对技术贸易的成败有着重要的影响。

1. 技术市场的研究

技术销售与货物销售有明显的差别，技术是用以制造最终产品的工具，而它本身并不是最终产品，要创造一个需求者是很困难的，而且需求者的需求差异很大，他们决定是否需要该项技术也是一个漫长而复杂的过程。但可以肯定的是，引进的技术一定是适用技术。所谓适用技术（Suitable Technology）是指既能适应技术引进方社会经济的特殊条件又能创造最大经济效益的技术，它要求技术具有先进性、合理性和示范性。

跨国公司对技术市场客户的研究，主要集中在以下两个方面：

（1）潜在客户的自身条件，其内容包括：他们在该技术产品市场中的地位；现有技术状况；引进技术的目的；需求的程度；原材料供应情况以及企业财务经营状况等。

（2）潜在客户所在国的经济状况，其内容包括：该国的经济增长速度；现有的技术水平；工业基础与基础设施；市场容量以及政府的宏观政策等。

2. 技术的包装

在技术转让中，技术产品与货物商品一样都需要包装，但无形商品与有形商品的包装作用区别很大。技术作为知识产品，没有物质外壳是很难进行转让和推销的，因此，技术包装的好坏直接影响技术交易的成败。

技术包装是指技术供应方为了让人们对销售的技术及其价值有所了解并吸引客户，而通过一定的形式对技术所做的宣传和提供的信息。跨国公司在对所售技术进行技术包装时，既要向潜在客户提供足够的信息以便他们对技术进行评估，又要注意技术保密，不能和盘托出而泄露了技术秘密。在实际操作中，有时会在无意之中泄露核心秘密而得不到相应的补偿；有时又可能把技术特色保护地过严而使客户无法清楚地了解该技术的特色，从而难以成交。跨国公司在进行技术推销时，其重点应放在技术的商业实用性、操作简易性及自己的转让能力等方面。

跨国公司的技术贸易过程，可分为技术推销和转让两个步骤，与此相应的技术包装

可分为推销包装和转让包装。

（1）推销包装，是技术供应方为了让客户能对技术价值做出一定的评价而提供的适度信息，但这些信息不足以使客户利用该技术进行加工和生产产品。推销包装的目的是：一则能使客户事先了解技术的经济价值，便于做出决策；二则是非常谨慎地保护技术的关键性细节以防被人无偿地使用。

（2）转让包装，是在技术贸易协议生效后，技术供应方把所售技术有效地转让给技术引进方所采取的形式。常见转让包装有工艺程序包装（Processing Package）、详细设计（Detailed Design）和生产设备（Production Facility）。在上述三种形式中，工艺程序包装是最基本的。引进方可以通过工艺程序包装获得自行设计和制造生产设备所必需的整套技术信息和生产程序。

在实际转让过程中，技术转让包装不是技术转让全部的过程，还要有具体转让过程中技术供应方的实地指导、技术援助和操作管理。

（二）技术引进方的准备工作

东道国企业与跨国公司签订技术贸易合同是一项十分细致而复杂的工作。在正式签约前必须做好充分的准备，要充分、及时、准确地获得信息资料和背景材料，力争使自己处于最佳的优势地位。技术贸易合同应注意内容完整、权利义务明确，以便合同顺利履行。技术引进方应做的准备如下。

1. 技术引进方确定技术选择的依据与引进技术的类别和范围

技术引进方首先应该明确技术选择的依据，引进技术的类别和范围，为此必须考虑以下几个因素：

（1）技术产品目标市场。考察引进技术生产出来的产品能否被市场接受以及进入市场的能力。

（2）企业现有技术与引进技术的差距。明确新老技术的差距，有助于企业有针对性地引进关键技术和主要设备，防止盲目引进。

（3）企业从自身技术条件出发，充分考虑经济上的支付能力，生产上的配套能力，技术上的消化、吸收和创新能力，以便使引进技术产生最佳的经济效益。

2. 东道国确定引进技术的选择标准和原则

东道国企业对引进技术选择的主要标准和原则是：

（1）先进性。选择引进的技术应领先于企业现有技术和国内同类技术，且具有较长的生命周期和发展前途。

（2）实用性。选择引进的技术应是与本国条件相适应的能够解决技术难题的，能够很快被消化、吸收和提高的技术。

（3）可靠性。选择引进的技术的工业应用、生产操作应具有较高可靠度。

（4）安全性。选择引进的技术应是操作简单，维修方便，从社会和劳动保护角度而言不会对人身、社会环境造成危害的技术。

（5）经济性。选择引进技术要注意费用低，能够获得最大的经济效益。

3. 做好商务和法律准备，制订谈判方案

应该从市场、资金、技术和环保各个方面对技术方案做出总的分析评价，也就是对技术方案进行综合评价。

（1）必须做好商务准备。引进方的商务准备工作主要包括：① 估算生产规模、目标市场和销售数量；② 预测引进技术后可能产生的利润；③ 确定可以接受的价格、支付金额和支付方式；④ 做好近期及中长期财务预测，把握技术的经济效益。

（2）引进方在做好商务准备工作的同时，还要做好法律准备，主要内容包括：① 明确双方有关技术交易的法律、法令和条例；② 规定双方的权利和义务；③ 做好技术转让合同条款的起草工作。

（3）东道国企业在与跨国公司代表正式接触前，还需要制订一个谈判方案，其主要内容包括谈判的总体规划、谈判策略、谈判进行的期限、谈判的进程安排等。为了应付对手变幻多端的策略和做法，引进方要根据不同的情况拟订多套方案，以应对可能出现的意外状况。

二、跨国公司技术贸易谈判

技术贸易谈判应遵循自愿平等、等价互利、灵活合作的原则。双方谈判成败的前提取决于以下三个方面的因素：第一，双方能否在自愿平等的基础上，乐于“给”和“取”；第二，双方是否互相信任，能做出必要的让步；第三，这项技术能否通过其他途径和方式进行转让。

引进方经有关部门批准后，可以正式进行技术引进工作。技术贸易谈判比商品贸易谈判更为复杂。谈判的主要内容有：技术的性能和指标；技术服务和培训；保密条款；产品标准和考核验收以及商标等。

（一）技术性能和指标谈判的内容和要求

1. 技术性能和指标谈判

技术性能是谈判中的重要议题，它关系到引进技术的水平，影响到投资项目的经济效益。而技术指标包括技术工艺、产品数量和质量、能源消耗、环保状况等技术指标和参数。同时，要求技术供应方提供有关的技术资料。

在技术引进过程中，供应方的技术知识和经验不可能完全从设计图纸、技术资料和机器设备中反映出来，引进方想要尽快吸收消化引进技术，往往必须通过技术服务和人员培训。因此，谈判中应就培训目的、内容、范围、时间和地点等做出明确的规定。

2. 谈判要求

引进技术指标的可靠性，可以从生产出来的产品是否符合要求、能否产生有效价值等方面来进行考核。考核验收是技术合同的关键，考核内容包括：（1）考核产品的型号、规格、数量；（2）考核测试的内容和标准；（3）考核试验的单位、人员、时间、地点和考核的次数；（4）考核试验结果的评定和处理以及考核试验费用的负担等。

（二）商务谈判的内容和要求

技术贸易谈判的另一个重点是商务谈判。在技术贸易中商务谈判的主要内容有技术价格、付款条件、支付方式、包装标签、运输保险、保密、不可抗力、税收、侵权、罚款、仲裁、索赔和合同生效及其他法律问题。

技术价格、支付方式等内容前面已经述及，现就其他一些容易发生争议的问题作一简介。

1. 技术保密

技术保密是供应方要求引进方严格遵守的义务。双方通常在合同中就保密技术的范围和保密的地区做出具体的规定，以保护供应方的利益。

2. 商标使用

跨国公司的商标在市场上已享有信誉，具有强大的渗透力，引进方通常愿意使用这样的商标，以便扩大产品的销路。但如果长期使用，就会影响自身商标的声誉。双方经过充分协商做出具体安排，可以采用联合商标（Combined Trade Mark），即一切使用外国商标的商品同时也使用本国自有注册商标，以防止对外国公司商标的过分依赖。有的采用联结商标（Associated Trade Mark），即按双方商标的特点，设计成联结在一起的新商标，商标上应使用引进国家的文字和符号，也可以带有某些外国文字。在实际业务中，双方均愿意采用当地文字和符号来表示许可方的文字和符号，使其意义上相当，避免双重商标。

3. 销售范围

销售范围往往是商务谈判争议的焦点。引进方将产品出口，就可能与供应方的同类产品在市场上发生竞争。技术供应方为了保护自己的产品市场，力图对引进方销售产品的地区、价格、数量加以限制。通常，引进方要求销售的地区越广，供应方索取的提成费就越高。

4. 交换改进技术

按照国际惯例，技术供应方和技术引进方都有义务向对方提供各自的改进技术。引进方要求供应方在技术合同有效期内不断提供新发展的改进技术，称之为技术继续援助（Technology Continuing Assistance）。同样，供应方也要求引进方将自己改进的技术提供给供应方，称之为技术反馈（Grant-back）。双方必须就此充分洽谈，但应坚持对等互利的原则，防止只约束引进方单方反馈的不合理条款。

5. 税收

各国税收制度不同，对技术供应方产生的影响也不同。目前，实际上实行三种税收制度：一是双重课税（Double Taxation）；二是一次税收制；三是外国税收抵免制（Foreign Tax Credit）。在双重课税的国家，供应方一方面要向收入来源国纳税，另一方面还得向本国政府缴纳所得税。供应方为转嫁这笔税收，往往要求提高技术使用费。

技术贸易的谈判是艰难的，技术引进方想要取得谈判的成功，参与人员的结构和素质就十分重要。引进方必须派出由项目经理、科技人员、工程设计人员、外经贸人员、财务人员、金融人员、税收人员等组成的谈判小组。

三、跨国公司技术贸易合同的内容与履行

（一）技术贸易合同内容

1. 技术贸易合同类型

国际技术贸易协议（或合同），根据转让标的的不同，可分为专利许可协议、专有技术许可协议、技术咨询协议、技术服务协议等。

2. 技术贸易合同内容

国际技术转让绝大多数是通过许可证贸易来进行的，许可证贸易合同（协议）的主要内容包括两大部分：一是合同的正文，二是合同的技术附件和商务附件。概括起来有以下几项内容：

（1）定义条款：对合同中所列的专业名词和术语做出准确的解释，以免误解。

（2）转让项目条款：明确说明所转让技术的内容和范围。

（3）基本条款：规定合同的价格或提成费的计算、支付时间和支付方式、技术文件的支付、技术改造和发展的交换。

（4）技术指导和培训条款：就有关派遣技术人员的时间、人数、待遇、工作条件做出规定。

（5）保证条款：详细规定许可方的义务。

（6）保密条款：明确规定引进方保密的范围、办法、泄密所承担的责任。

（7）考核与验收条款：具体规定考核验收的内容、手段、次数及损失赔偿。

（8）商标许可权条款：商标是跨国公司竞争力的核心表现，商标许可权是买卖双方专项商定而单独设立的条款。

（9）特殊条款：就设计与联络、税费、合同价格的保值等做出规定。

（10）法律条款：规定人为不可抗力、争议解决办法，以及合同的生效、期限、续展及终止。

（二）技术贸易合同的履行

按照各国的惯例，本国企业（或公司）与外国公司签订的任何技术转让合同必须经过政府批准方能生效。合同生效后，技术供应方要根据合同的规定履行自己的义务。供应方应按合同条款的规定，提供技术资料和机器设备，派遣人员安装调试，配合引进方人员培训。

在技术贸易合同履行中，技术供应方要根据合同规定的条件交货。技术引进方首先要按清单清点验收技术资料，如有短缺，应及时通知供应方补交。验收后，组织技术人员、翻译人员熟悉和掌握技术要领。其次，与技术交易相关的设备也要进行检验，未经检验的部件不允许安装试车。设备安装完毕后，考核设备质量和安装质量，通过试车，确定一切正常，这是保证合同顺利履行的良好开端。

复习思考题

1. 技术创新与跨国公司的成长和发展有什么内在关系？
2. 什么叫国际技术转让？跨国公司技术转让中的技术可分为哪三大类？
3. 跨国公司技术转让的特点是什么？
4. 试述跨国公司技术贸易发展的原因及其主要特点。
5. 技术许可贸易的含义是什么？技术许可分为哪五种形式？
6. 跨国公司技术贸易协议包括哪些主要内容？
7. 技术贸易价格是如何构成与确定的？
8. 按照国际惯例，技术使用费的支付方式有哪几种？
9. 技术供应方和技术引进方在技术贸易协议达成前应做好哪些准备工作？
10. 技术贸易合同的主要内容是什么？

案例分析

惠普公司国际化经营中的技术转让

美国惠普公司（Hewlett-Packard Co. Ltd. 简称 HP 公司）是由 David Packard 和 Bill Hewlett 于 1939 年在美国加州硅谷创立的，故取名为 Hewlett-Packard。惠普的创办，被公认为等同于硅谷的诞生，惠普公司被称为硅谷文化的代表。经过几十年的努力，目前，它已成为世界闻名的国际电子公司，其主要产品为计算机及其设备、电子测量仪器、打印机、数码影像、化学分析仪器和医疗电子设备。

自 20 世纪 60 年代起，惠普公司开始跻身于计算机领域，在之后的十多年中突飞猛进，到 20 世纪 70 年代末，计算机产品的销售额已占到全公司营业额的一半以上。进入 20 世纪 80 年代，惠普公司率先推出了基于 RISC 技术的精密体系结构的计算机系统，不仅确立了公司自身遵循开放系统标准的发展方向，而且大大推动了整个计算机工业的发展，从而使惠普公司成为全球开放系统领域公认的先驱。今天，惠普公司已在 100 多个国家建立了全球性的生产销售服务网络，在服务器产品、PC 系列产品与手提设备等领域，惠普已成为全球最大的厂商。

技术转让

跨国公司是国际直接投资的主要承担者，惠普作为一家大型企业，随着对外直接投资的扩大而成为国际知名的跨国公司。在当今经济全球化日益加强的情况下，对外直接投资已不是单纯货币资本的转移，而是货币、技术、设备、管理和经验等要素的一揽子转移。通常，一般高科技企业在海外投资的时候，会将低附加值的生产制造活动转移到海外子公司，而将高附加值的研发活动留在母公司，因为向海外子公司转移关键技术或发展子公司自主创新的能力，将会影响到母公司的优势地位。但是，惠普公司作为世界知名跨国公司，认为海内外公司是一个整体集团，应注重全球资源的最佳组合及整体利益的最大化。

惠普公司在新加坡的海外投资，是跨国公司向海外子公司进行技术转让最成功的典范。20 世纪 70 年代，惠普在新加坡投资的工厂主要负责 HP-53 型计算机的组装和生产键盘、显示器。20 世纪 80 年代，新加坡工厂生产的喷墨打印机，其中已有 80% 的零部件来自子公司自己的采购渠道。到了 20 世纪 90 年代，惠普新加坡工厂开始对打印机的一些功能进行局部改进，其中最成功的一项改进是针对日本市场的需求，将美国母公司的 500C 彩色喷墨打印机在机械结构上加以重新设计，并开发出专门的日文软件，使惠普成功地打开了日本市场。之后，惠普新加坡工厂又自主开发了便携式打印机，这个新产品后来在美国获得了卓越设计奖。

惠普公司敢于把研发活动和关键技术转移到海外子公司，海外子公司又开发出具有本土特色的技术，不仅使创新技术回流到母公司，在全球市场形成新产品畅销的热潮，还可以为跨国公司创造全球市场的竞争优势。如果仅仅把海外子公司当作生产基地，缺乏全球化的经营思维和技术转让的长期规划，就只能在这些地区赚取微薄的劳动力成本价差的利润，而无法成为全球领先的跨国企业。

一个有远见的跨国公司，要想从海外投资中获取丰厚的回报，就必须有计划地进行技术转移的战略规划，而不应该把海外子公司当成简单的生产基地，对海外子公司的投资应考虑劳动力资本、税赋和其他因素的最优结合。

惠普之道

作为美国硅谷第一家高科技公司，惠普不仅致力于技术的研发创新，在企业文化的建设上也极富远见。惠普的创始人之一戴维·帕尔德曾说过："回顾一生的辛劳，我最自傲的很可能是协助创建一家以价值观、做事方法成熟对世界各地企业管理方式产生深远影响的公司。我特别自傲的是，留下一个可以永续经营，可以在百年之后，恒久持续作为典范的组织。"而戴维·帕尔德所说的"价值观""做事方法"就是现在广为人知的"惠普之道"。

"惠普之道"（The HP Way）作为独特的企业文化，体现了惠普以人为本的管理精神，受到了惠普员工及广大客户和合作伙伴的广泛赞誉。"惠普之道"的核心价值是：热情对待客户、信任和尊重个人、追求卓越的成就与贡献、注重速度与灵活性、专注有意义的创新、依靠团队精神达到共同目标、在经营活动中坚守诚实与正直。惠普的企业文化与多种不同背景的文化相结合，形成了平等、尊重、宽容和稳健的人性化氛围，吸引了众多不同文化背景的优秀人才，使他们的梦想和公司的目标紧密结合。

在当今信息大爆炸的时代，无论是企业用户还是个人用户，如何在互联网上准确、快速寻找自己想要的信息，已成为一个普遍的难题。惠普公司是一个立足于进步和创新的高科技企业，近期的科技创新应用，涉及从计算机技术到纳米技术的各个领域。惠普公司的研究项目"互联网内容分析"，可以自动地对要搜索的网页进行预读和分析以及分类和管理。这种技术可以更好地服务于客户，并将这些技术创新商品化，推广给企业和个人。

作为惠普公司 80 多年来的立身之本，"惠普之道"是推动惠普前进发展的动力，而不断对"惠普之道"创新是惠普获得持续成功的关键。

第七章　跨国公司的战略与策略管理

✓本章摘要

公司经营的成功靠知识和经验，别人的经验可能成为自己的知识，不可能成为自己的经验，经验要靠自己在实践中积累。战略问题是一个企业，乃至国家发展的核心问题，谋划战略部署，就是要把握现实，选择未来。跨国公司全球战略要求在全球范围内建立专业化的生产和销售网络，将世界市场和全世界消费者作为自己角逐的目标。跨国战略联盟是通过外部合伙关系而非通过内部增值来提升企业的经营价值。目前，战略联盟已成为国际技术合作和技术转让的一种新形式。

跨国公司所有权策略是指公司拥有国外子公司所有权的程度。所有权和控制权成正比。跨国公司的国际生产管理将生产资源进行自主地设计、计划和配置，充分利用有效的资源创造最佳的业绩。激烈的市场竞争促使跨国公司实行产品适应性、新颖性和竞争性三项基本策略。跨国公司人力资源管理要求做到企业人员与企业发展和谐共处。

✓本章关键词

跨国公司全球战略　　跨国战略联盟　　公司所有权与控制权　　企业社会责任　　跨国产品策略

✓学完本章，你需要掌握：

跨国公司全球战略的基本原则，国际战略联盟的形式与特点，公司跨国经营所有权策略。熟悉跨国公司的国际生产管理和产品策略。了解跨国公司人力资源管理。

战略（Strategy）一词源于军事用语，泛指作战的谋略。百米竞赛者清晰起点和终点，而马拉松赛跑者对此就不那么清晰了。因此，战略规则很重要。战略问题是一个企业（或国家）的核心问题。谋划战略部署，就是要把握现实，选择未来。由此可见，战略的本质是取舍，战略取舍考验企业家的智慧。

企业战略管理（Business Strategy Management）是指把企业经营的目标、方针、政策和业务活动有机地配置于一种模式之中，显示企业的战略属性和竞争优势，以实现企业目标的计谋和措施。跨国公司的全球战略管理是着力于机遇和风险的角度，应对现在和将来的企业经营环境，以及实现企业目标的行为方案。策略（Tactics）是指实现战略目标的行动方针和方式。策略是战略的一部分，它服从于战略，并为达到战略目标服务；而战略目标又必须通过策略来一步一步地完成。

跨国公司全球战略是对企业经营全局的筹划和指导，全球战略规定了企业一定时期内的全局性的方针和任务。而公司的所有权策略、产品策略和人力资源策略等，都是实现全球战略目标而采取的策略手段。战略与策略两者之间是全局与局部、长远利益与当前局部利益的关系，它们是有区别的，但在某种程度上又是一致的。

第一节　跨国公司的全球战略

跨国公司在全球范围内进行商品贸易、直接投资和技术转让，公司的全球战略将母公司与子公司的业务网络化，使高度集中的资源支配权与生产地方化分布有机地结合起来。跨国公司的全球战略会产生强大的协作力，便于实现内部化经营，便于集中统一管理，便于发挥下属机构的积极性。

一、跨国公司全球战略概述

（一）跨国公司的全球战略

1. 全球战略的内涵

跨国公司全球战略（Global Strategy of Transnational Corporation）又称为跨国公司国际专业化生产战略，它是跨国公司从 20 世纪 70 年代以来采取的一种全新的经营战略。跨国公司以加强其在世界市场上的竞争力为目标，在全球范围内建立专业化的生产和销售网络，分工制造零部件，定点加工装配，定向销售产品。

西方经济学家罗伯克（Robock）和西蒙斯（Simmonds）在《国际商业与多国企业》一书中指出，跨国公司的全球战略是“在作出重大业务决策时，据以考虑全球性的机遇、全球性的抉择以及展望未来全球效果的计划”①。一项全球性战略的制定，意味着决策者不受任何民族和国家的限制来考虑世界市场和世界资源的分配，而不是单纯孤立地考虑某一个特殊国家的市场和资源。一项全球战略目标，是要在多国基础上取得最大的经济效益，而不是计较国际业务活动中一时一地的经济利益。跨国公司的全球战略目标，就是要在技术日新月异的新时代角逐中取胜。企业必须从全球经营的总体考虑，有计划地谋求最大的利润和最小的风险。

2. 跨国公司全球战略的形成

跨国公司的跨国化过程，是一个逐步演进的过程。这里不排除有些公司通过战略选择，跳过某些阶段，直接进入跨国经营。通常企业跨国经营要经历以下几个阶段：

（1）从事进出口业务活动，进口所需的原材料、燃料和零部件，出口工业制成品。这种进口原料进行加工，进而出口成品的贸易结构，是企业走向国际化的初级阶段。

---

① Stefen H Robock, Keneth Simmonds. International Business and Multinational Enterprises. 4th ed. Boston：IRWIN Homewood, IL60430, 1989：400.

（2）公司设置商品出口部，摆脱对出口代理商的依赖，开始对外直接推销商品。

（3）公司在国外投资建立零部件装配线，开始在海外进行生产性活动。

（4）公司在国外直接投资，输出资本、技术、人员和管理，建立永久性的生产设施，就地生产，就地销售或向第三国销售。

（5）公司从全球战略出发，统筹安排国外子公司各项业务活动，在总公司和子公司之间及子公司与子公司之间建立一种网络关系。

商品贸易、直接投资（国外生产）和技术转让，是跨国企业跨国业务的三个重要组成部分。至于公司是采用进口原料在本国生产，然后加工出口成品，争夺世界市场，还是将资金和技术直接投向海外市场，就地生产，就近销售，或是进行技术转让，获取高昂的技术提成费，这些均由母公司进行中央控制和全盘统筹。

跨国企业的一个重要特征是它不以本国市场为导向。一旦企业走上了跨国化道路，跨国公司便实行生产资料支配权在国际范围内高度集中和生产单位在世界各地广泛分布相结合的原则。

3. 跨国公司经营的基本战略

全球性企业经营的基本战略是：第一，跨国公司的生产设施和经营活动遍布全球，以期为本国和国外市场提供双重服务；第二，跨国公司在与产品生产过程有关的每一个国家中组织专业化生产，同时，又通过内部交易把这些活动联系起来；第三，一切业务经营主要根据母公司在全球范围内获得最大利润的要求、总体市场情况和企业总体发展情况做出决策。

（二）跨国公司全球战略的意义

1. 便于实行内部化经营

跨国公司全球性的动机与战略，也就是公司经营和分工的内部化（Internalization），即大部分资金、技术和零部件的流动与转让是在公司内部进行的，如母公司与子公司、子公司与子公司之间的经营。在这里，各国之间的分工反映了跨国公司内部的分工，同时，跨国公司也把国际贸易的很大一部分变成跨国公司的内部交易。

全球战略使公司的经营具有较大的灵活性和机动性。公司可以充分利用遍布全球的生产、销售、金融、信息和研究发展的网状组织，随意调配各种资源，谋求利润最大化。具体表现在以下几个方面：

（1）跨国公司可以充分利用世界各地的资源来组织生产，降低生产成本，提高产品竞争能力。

（2）它可以利用子公司所在国的先进技术，专业化生产某种特殊的产品部件，然后集中到合适的地点进行装配，使其最终产品集各国技术之大成。

（3）它可以利用各国汇率和利率的差异，在母公司与子公司、子公司与子公司之间统一调配资金，以扩大资金来源、减轻利息负担以及赚取利息和汇率的差额。

（4）它可以通过海外直接投资，充分利用产品生命周期的理论，将一国的淘汰产品或即将被淘汰的产品，转移到尚未开发或正在开发该产品的国家，以延长其产品的生命周期，寻找新的市场机会。

（5）它可以利用各子公司技术之长，进行专项技术开发，由总公司统一安排，集中控制，技术成果由各子公司分享，从而保证了公司的技术优势地位，同时减少了研究开发费用。

（6）它可以利用各国税率的差异，将公司的所得由高税区转向低税区，达到合理避税的目的。

2. 便于实行集中统一管理

跨国公司之所以区别于其他类型的公司，是因为它具有全球性的动机和战略，是以争夺全世界消费者和全世界市场为目标。通过对外直接投资，跨国公司在世界范围内进行扩张，在世界范围内进行生产力配置。它把研究与开发、采掘、提炼、加工、装配、销售以及服务等再生产和流通环节，像章鱼的触角一样伸向世界各地，而最高的决策权仍保留在跨国公司的总公司手中。总公司对整个跨国公司的投资计划、生产安排、价格体系、市场安排、利润分配、研究开发方向以及其他重大决策，实行高度集中统一的管理。子公司根据母公司的全球战略部署制订各自的经营计划和措施。

3. 便于公司发挥下属机构的积极性

总公司下属机构的战略部署包括各种可能的抉择，明确地区、产品的发展规模和优先顺序，以及向新地区、新领域扩张的具体步骤等。由此可见，跨国公司的业务活动已经不是简单地对市场有利机会和不利条件的直接反应，而是经过周密策划的有计划的行动。在全球战略的指导下，公司内部的各个部门，彼此密切配合，互相协作，形成一个整体，所有国内外的分公司和子公司的活动，都服从于跨国公司的整体利益，彼此互相配合，交流技术，互通信息，共担风险，分享盈利。这是保证公司实现全球战略的关键。公司这种管理与控制体系，一则能使总公司高度集权地统一指挥，使海外子公司服从于整个跨国公司的全局利益；二则能使各海外子公司的业务活动保持其主动性，能使它们对迅速变化的环境做出适时的灵活的反应。

（三）跨国公司全球战略的优越性

1. 全球战略的多国公司优于单国公司

具有全球战略的多国公司与一国公司相比，其优越性表现在：

（1）公司活动的范围扩大，应对风险的能力增强。

（2）公司拥有的资源丰富，可提高公司在市场上的竞争能力。

（3）公司可利用各国市场的差异，采用“贱买贵卖”的方式，谋取最大限度的利润。

（4）跨国公司实行全球战略，增加了母公司与子公司、子公司与子公司之间各种原料部件、半制成品及产品的内部交易，从而扩大了国际贸易量。

事实证明，跨国公司的各个附属公司由于努力实现共同的战略目标，它们的经营效果比母公司及东道国的当地公司要好很多，应付危机的能力也强很多。

2. 全球战略使公司产生强大的协作力

在全球战略下，公司增强了全球统一调配的作用，使分散在各国的各附属公司协同作业所产生的力量大于未使用共同战略之前所有附属公司的力量之和，即所谓协作力（Combined Efforts）。这种协作的力量能起到提高公司机能和时效以及降低成本的作用。

跨国公司的这种协作力具体表现在：

（1）公司可以利用全球性生产的有利条件，在各国子公司之间进行调配，分享生产设备、技术转让、原料供应、人员培训和信息交流等好处。

（2）公司可以利用世界各地的资源来组织生产，并可委托母公司或兄弟公司在海外市场代为营销。也就是它们可以共用销售机构、销售渠道、储运设施、宣传广告和销售人员等，不必再重新建立。

（3）公司可以将研究开发机构集中控制，统一安排新产品的试制和推广，从而在技术上保持优势，并减少研究开发费用的支出。

（4）公司可以统一采购所需的原材料和零部件，凭借买主独家经营的地位与供应商交涉，寻求最低的买价、最佳的进货条件。

（5）公司设置财务调度中心或海外总管理处，负责统一调度全公司的借款、放款、保兑、外汇、内部转移定价等业务，有利于整个公司及时融通资金，降低利率，保证外汇安全以及最大限度地减少税负。

相关链接

在互联网时代，跨国公司全球战略的发展取得了巨大的成效。

对于“互联网思维”这一概念，其含义没有明确的解释，有人认为，互联网思维就是充分利用互联网的精神、价值、技术、方法、规则、机会来开展工作、实现创新的思想。那么，什么是互联网精神？一般认为就是去中心化、民主、用户至上、免费等。这是一个可以有不同理解的开放式的概念，就像互联网本身一样。

应该说“互联网思维”所涵盖的一切，都是对传统工业化思维的颠覆，工业时代是以大规模生产、大规模销售和大规模传播为标准，企业和商家联合向消费者销售自己的商品和服务。而互联网时代，传统销售与传播环节已经不再重要，企业将直接面对消费者，消费者反客为主，拥有了消费主动权。企业必须以更廉价的方式、更快的速度以及更好的产品与服务满足消费者的需求，“顾客是上帝”不仅是一种终端服务概念，还是整个设计生产销售链条应遵循的原则。

二、跨国公司全球战略的制定

（一）制定全球战略的基本原则

跨国公司在制定全球性经营战略时，依据的基本原则是：

（1）公司战略目标应有现实性和长远性。公司选择的发展目标，既要考虑内部资源条件和外部环境因素，又要展示经过努力可以实现的远景目标，使整个公司从上到下、从海内到海外，一要有时间概念，二要有任务指标。同时，战略设计对公司未来发展目标做出明确规划，要具有前瞻性和创新性，以满足未来发展的需要。

（2）公司战略目标应系统化和合理化。制定公司发展目标时，应该使各个目标之间保持连贯性和一致性，尽量避免矛盾和利益得失，否则将失去其指导作用。根据经营环境和自身能力的变化，要对战略目标进行适时和适度的修改。

（3）公司战略目标必须数量化和指标化。行之有效的公司发展目标不仅要有定性要求，还要有定量指标，这样既便于子公司贯彻执行，又便于母公司检查和考核。

（4）公司战略目标必须包含具体的政策和措施。战略目标所勾画的公司前景，要靠具体的政策和措施来实现，同时，每项政策和措施又要能体现公司发展目标的利益和要求。

制定和考核公司发展目标的主要指标包括公司基本经营思想、公司基本任务以及公司综合目标和具体目标等。公司基本经营思想表明公司的性质与指导原则。公司的基本任务或目的表明公司经营的范围和性质。公司的综合目标则表示，在公司基本思想指导下，公司在战略规划期间所要达到的目的和方向。公司的具体目标，包括利润指标、投资收益、销售收益、市场份额、股份红利、质量控制、成本降低、产品研制、人事安排、形象树立、政府关系、环境保护等。公司发展目标实现的组织保证，旨在加强实现公司目标的组织、人员、设备的经营结构，并为此合理分配资源。前者主要是革新机能，后者主要是统筹机能。

大多数公司往往是以利润作为最重要的目标。但不能简单地规定获取利润的指标，因为利润只是公司经营的结果，它并不能为公司指出前进的方向，而其他各个具体目标完成的好坏会直接影响利润指标。衡量利润大小，主要有投资收益率、销售收益率和股份红利率三个指标。其计算公式为：

投资收益率=纯利润/全部资本×100%

销售收益率=纯利润/总销售额×100%

股份红利率=纯利润/全部股份×100%

（二）全球战略的主要内容

1. 确定全球战略规划的时间跨度

战略规划的时间过长或过短均有弊端。时间过长，可能会由于世界经济的急剧变化而失去意义；时间过短，又不能达到战略指导的意义。通常，战略规划短则 3~5 年，长则 10~20 年。战略规划中还应包含数量和质量的指标要求。首先，在战略规划的期限内，对全公司的任务、目标、增长策略、产品投资组合、研究与发展方向等，做出总体战略安排。其次，各部门或地区根据总体战略，结合各自的实际情况，制定相应的战略大纲。最后，各附属公司制定具体的战术或工作计划。这样，整个公司从上到下，既有时间指标，又有数量和质量指标，便于公司在管理中的控制和监督。

2. 对公司实现战略目标内部因素的分析

对公司内部因素的分析，目的在于了解自己的优势和弱点，在实际业务活动中扬长避短，始终保持竞争优势。对公司内部因素分析的主要项目包括管理水平、生产能力、市场营销、财务状况、研究与发展、对外部环境约束的应变能力等。

3. 对公司实现战略目标外部环境的分析

对公司外部环境的分析，目的在于了解在现有的国际环境下，当前和未来的市场机会和局限因素。对外部环境分析的主要项目包括对宏观经济形势、政治形势、工业发展、技术水平、法律制度、财务制度、竞争对手、销售渠道和目标市场等因素进行逐项和综合的分析。

4. 制定公司的战略发展目标

对公司内部因素和外部环境进行的逐项和综合的分析与评估，明确了公司的现状和发展方向，然后，在此基础上制定公司的战略发展目标。此战略发展目标会充分体现以下原则：

（1）发展目标要富有现实性和激励性。

（2）目标要求数量化和层次化。数量化，即既有定性分析，又有定量分析，用数量方法表示发展目标；层次化，即按发展目标的重要程度，分出轻重缓急，使之层次分明。

（3）目标各部分要协调一致。

（4）要有保证目标实现的具体政策措施。

5. 拟定公司的发展战略

公司发展的具体战略包括进入战略（进入国外市场的方式及程度）、市场选择战略、产品战略、所有权战略等。

6. 公司战略目标的实施

公司及时地按照生产量、销售量、利润量与生产成本等目标，检验实施效果，分析实施战略计划过程中发生偏差的原因，及时进行修正或实施应变计划等。

相关链接

西方著名经济学家威廉·戴姆赞（William A. Dymsza）的国际性战略规划与控制模型图（见图 7-1）可作为跨国公司制定规划战略的参考。

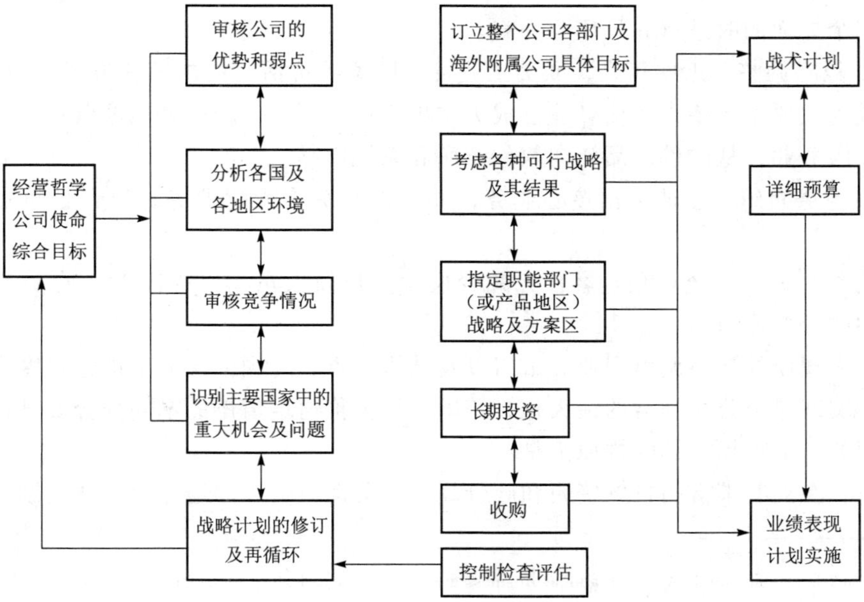

图 7-1　国际性战略规划与控制模型

（三）全球战略的制定程序

公司制定全球战略的标准程序可分为以下 14 个步骤：①

（1）确定战略目标的有效期。

（2）评估整个公司全球综合的和在每个国家的竞争实力。

（3）预测目标期内每年对产品和劳务的需求。

（4）确定竞争重点和总的策略。

（5）确定目标期内每个国家的年度销售指标。

（6）确定进行生产和开展其他经营活动的国家以实现目标期内的销售指标。

（7）列出那些在生产上具有潜在优势的国家。

（8）评估可供选择的生产地的投资金额和经营成本，测算从这些地方将产品输送到潜在市场所需的运输及关税费用。

（9）绘制目标期内公司的最佳布局及保障体系。

（10）预测所在国的风险。

（11）计划实现目标每年所需追加的投资金额。

（12）评测预期的现金流量及净现值。

（13）预测目标期内可达到的最高和最低的投资限度。

（14）及时调整投资计划和销售指标。

三、当代跨国公司全球战略的新动向

（一）确立适应经济全球化的战略目标

在 21 世纪经济全球化的新形势下，跨国公司进行了战略调整、业务重组和结构改革。这三个方面同时进行并且相互补充。

（1）战略调整。近些年来，欧美工业发达国家经济活动的内容和方式发生了变化，知识已成为主要生产要素，信息业已成为主导产业，因此，跨国公司经营重点从一般制造业转向服务业，从硬件产品转向软件产品和系统产品。

（2）业务重组。企业突出核心业务，并发展相关多元化业务，以保证重点，兼顾一般。

（3）结构改革。企业贴近客户，减少层次，精简人员，以提高对风险防范和环境不确定性的应变能力。

通过大规模的战略调整和业务重组以及结构改革，跨国公司的全球化程度进一步提高。为了实现整个公司利益的最大化，跨国公司把价值增值链的不同部分安排在最能发挥其作用的各地市场。其安排原则是：

第一，在拥有丰富的自然资源和廉价高质量劳动力资源的地方投资建立制造业中心

---

① Robck S H, Simmonds K. International Business and Multinational Enterprises. 4th ed. Homewood: Irwin, 1999: 400.

(Manufacturing Center)。

第二，在科学技术发达的地方建立研究开发中心（Research & Development Center），以利用当地的技术开发适销对路的商品。

第三，在服务业（尤其是知识密集型服务业，如金融、保险、财务、法律、咨询等）发达的地方以及靠近制造中心和研究开发中心的地方投资建立营运中心（Operating Center）。例如，中国香港、新加坡已成为众多跨国公司在亚太地区的营运中心，皆因为当地拥有良好的运输、通信和金融服务。

相关链接

21世纪，企业的“寿命战”越演越烈。这不仅局限于科技企业和工业企业之间，在PC（个人电脑）时代和后PC时代的科技企业也卷入了同样的战争。以诺基亚为代表的欧洲科技企业，因为新型智能手机横空出世而一败涂地。当下，美国科技企业也面临着韩国三星、LG公司以及中国新兴企业的挑战。这完全是因为数码技术的突破性创新。新技术层出不穷，使科技企业的寿命受到严重的影响。

经济学家研究认为，企业有效的生命取决于三大因素，即有效的经营能力、满足市场需求的业务能力和适时摒弃不符合增长和利润要求的旧产品的能力。

（二）建立公司管理的新机制

拥有全球战略的跨国公司，企业规模越来越大，经营范围越来越广。企业进一步将所有权和经营权分开，这有利于企业经理职能专业化，但也面临管理理论的“道德危机”，即管理者可能不关心公司的业绩，而是利用职权谋取私利，损害股东利益。因此，如何在两权分离的条件下在企业法人治理结构中建立起有效的制约监督机制，是当前企业管理中的重大课题。

投资者对企业管理人员实施种种监督和约束，以防止管理人员侵权。欧美跨国公司强调市场的作用，依靠活跃而富有竞争性的经理市场、产品市场和资本市场对经理人员施加有效的压力。股东们通过自己在证券市场上的股票交易活动来控制经理人员。如果股东们对公司的经营业绩不满，就会“用脚投票”，以抛售公司股票的方式来对企业经理人员施加压力。股东们也可以采用间接的办法，如要求公司经理人员向他们定期报告财务信息。股东们还可以限制经理人员进入董事会的比例，如美国政府规定经理阶层在董事会成员中的比重要低于50%。

为了避免管理上的道德危机，促使经理关心股东利益，投资者建立了新的监管机制，其主要内容有股票的认购权证制、外来者的接管和企业职工内部持股制。

1. 股票的认购权证制

这是一种类似于一般选择权的买卖，只是认购的标的物为公司股票。实质上这是一种把报酬与业绩连接在一起的做法。取得认购股票权后，在将来逐步兑现认股的权利，至于认股价格则是按原先商定的价格，通常比当时约定的股票价格低很多。董事会用股票认购权证代替现金，作为给经理业绩的报酬，这会在很大程度上激励经理去管好公司。如果公司经营好，股市价格上升，经理会获得丰厚报酬；如果公司经营不善，甚至倒闭，经理手中的认购权证可能会毫无价值。

2. 外来者的接管

一家公司经营不善会使公司的价值与股票的价值远低于应有的价值，这给外来者以可乘之机，他们低价收购大量股票，并控制公司，然后换上合适的经理，使股票大涨而收获颇丰。当一家公司高层经理受到这种敌意接管的威胁时，就会事先防范，兢兢业业地把公司经营好，以免遭到敌意性接管。由此可见，这种接管，一方面为企业更换无效率的经理提供了一种有效的方法，促成了经理市场的良好运作；另一方面，给受到接管威胁的企业经理提供了一种重要的约束机制。

3. 企业职工内部持股制

所谓企业职工内部持股制，即企业将部分股权分售给企业职工，其好处是：

（1）企业股东、经理和职工的利益被有意地紧密联系在一起。

（2）职工入股制将由经理人员一言堂的等级制企业改造成为合作的、具有激励机制的企业，既可调动员工的积极性，也在一定程度上起到制约经理行为的作用。

总之，拥有全球战略目标的跨国公司，要逐步实现生产全球化和资本全球化，使全球经营变为全球竞争优势，就需要利用全球经营提供创造价值的机会，同时应对各种相关的风险与挑战。

相关链接

跨国公司已进入全球化经营，但是关于如何治理公司的问题，可谓“一千个人眼中有一千个哈姆雷特”。但有一个共同点，即公司是赚取利润的工具，现代公司制度就是要实现利润最大化。公司和利润，好似一对孪生兄弟，谁都离不开谁。公司没有利润就难以为继，员工福利、股东权益、社会责任、向政府纳税等更无从谈起。

公司治理的核心就是要从各种不同的角度，梳理好公司与相关利益方的各种关系。公司治理关系的重点是公司股东间的关系、公司董事会的关系、公司高管的关系、公司与投资人的关系等。因此，根据公司和利益相关者之间的种种关系，公司治理的目标也变得清晰起来。简而言之，梳理好各种关系，就是公司治理，也就是现代企业的管理。

四、履行社会责任，提升企业的信誉度

进入21世纪，企业的社会责任从未像现在这样被企业界关注过。企业为社会创造财富，也要为社会承担责任。履行企业社会责任，是一个企业在其发展壮大的过程中无法回避的问题。国富民强、社会和谐需要企业承担责任。

（一）企业的社会责任

1. 企业的社会责任

企业社会责任（Corporation Social Responsibility，CSR）是指企业在实现利润最大化

的同时，要兼顾职工、消费者、社会公众及国家利益，履行保护环境、消除污染等社会责任，也就是企业在产品责任、社区贡献、创造就业和关注弱势群体等方面应尽到责任，企业要将经营目标与社会目标统一。

企业的社会责任是西方社会20世纪以来企业管理领域的一个重要观念，也是财富道德观念的重要组成部分。用正当合理的手段创造财富，以有利于社会的方式使用财富，市场经济的健康发展和社会的良性运行才成为可能。西方学者把企业社会责任进行分层，表述为三个“同心责任圈”：最里圈是企业的基本责任，如产品及经济增长等；中间圈是企业在实现其基本职责时对社会价值观和优先权的变化采取积极态度的责任，包括对环境保护的尊敬、和谐处理与员工的关系、对消费者认真负责的态度以及对公共健康的保护等；最外圈是企业对一系列社会问题必须给予高度关注，并积极参与改善社会环境的各项活动。

说到企业社会责任，大多数人首先会想到企业向社会捐赠。但是对跨国企业而言，单纯的捐赠并不是实现企业社会责任的最有效模式。社会责任的目标，应当是使需要帮助的人有机会帮助自己。企业更应当致力于建立一种可持续的社会与受助者个人都能负担的经济模式。如果能做到这一点，企业就会在更高的战略层面上实现自己的社会责任。

毕马威会计师事务所与阿姆斯特丹大学共同进行的有关企业社会责任的专题调查发现：在2002年以后，专题发表企业社会责任（CSR）报告的公司数目在不断增加。发表CSR报告已经是大公司不可缺少的工作。大多数大型跨国公司已单独发表企业社会责任报告。

中国社会科学院自2009年以来发布了《企业社会责任蓝皮书》（以下简称《蓝皮书》），对国有企业100强、民营企业100强和外资企业100强的社会责任履行情况进行了详细的分析和评价。并将企业按社会责任的不同发展阶段分为卓越者、领先者、追赶者、起步者和旁观者五大类型。《蓝皮书》显示，中国企业社会责任整体处于起步阶段，但国有企业特别是央企的社会责任体系建设及披露情况明显优于民企和外企。社会责任指数较高的企业是国家电网、南方电网、中国石化、华为集团、中国移动、华润集团、中国建材集团、中国远洋和华能集团。

目前，央企已建立企业社会责任委员会，并制定社会责任工作战略规划，所有央企已发布企业社会责任报告，已建立企业社会责任指标体系和评价体系。

值得关注的是，履行企业社会责任排名位于前列的企业，其经营业绩也是较好的。这说明出色的经营业绩通常会为企业履行社会责任奠定一个好的基础，而好的社会责任履行状态，则会促使企业健康、可持续发展，并为企业营造良好的外部环境。这说明企业履行社会责任与其经营业绩是相辅相成的。表7-1列出了2020年中国100强企业社会责任发展指数（前10名企业）。

表7-1 2020年中国100强企业社会责任发展指数（前10名企业）

排名	企业名称	行业名称	指数
1	华润集团	消费品、电力、地产等	92.9
2	中国三星	电子产品、通信设备制造业	91.6

续表

排名	企业名称	行业名称	指数
3	中国华电	电力生产、热力生产和供应	88.4
4	现代汽车集团（中国）	汽车制造	87.2
5	中国石化	石油化工	87.1
6	中国华能	电源开发	86.9
7	中国建材集团	产业、科技、成套设备等	86.9
8	国投集团	股权投资、股权管理、股权经营	85.3
9	中国一汽	汽车制造	85.3
10	东风公司	汽车制造和销售	85.2

资料来源：中国社会科学院，《企业社会责任蓝皮书（2020）》。

2. 企业经济环境和社会责任的统一

目前，各国的跨国企业都投身于可持续发展的潮流中，并将可持续发展与企业自身的发展目标合二为一，以实现企业与所处环境协调发展的长远目标。为此，许多跨国企业把经济责任、环境责任和社会责任三个方面有机地结合起来。

（1）经济责任。跨国公司担负起为股东、消费者、员工和整个社会长期创造价值的责任。这是企业对社会整体可持续发展最直接、最根本的义务，也是企业实现环境责任和社会责任的物质基础。在实现经济责任时，企业为利益所有相关方创造价值，为股东带来投资回报，为消费者提供改善生活质量的产品和服务，为员工带来就业机会，为政府贡献税收等。

（2）环境责任。企业在环境保护方面，尽力做到在产品生产的每一个环节中减少能耗，使用环保的材料，降低污染，增加重复使用和回收处理的机会，从而有效地保护环境。企业环境责任是一种短期增加成本与长期公共效益之间的取舍矛盾，企业不可因经济目标忽视公共效益。

（3）社会责任。企业的社会责任不仅是纳税和公益，还应该是股东、员工、消费者、价值链的上下游和社会五大价值环节的和谐统一。企业为社会创造财富，为社会承担责任。社会责任有助于和谐社会的建立，它不应当只是政府的施政目标，也是企业和全体国民共同努力的方向。一种以“社会责任，人人有责”为基础的社会价值观的创立才是和谐社会的需要，也才能保证企业的可持续发展。

3. 超越慈善的社会责任

自从“企业社会责任”（CSR）这个词在20世纪60年代被创造出来后，社会发生了很大的变化。如今，世界上大的跨国公司在促使社会变革上发挥着越来越大的作用。

世界500强公司在承担社会责任方面，都在不断加大在世界范围内的捐赠力度，并扩大志愿服务项目。企业的社会责任，除了单纯的金钱捐赠之外，还出现了企业参与公益的新模式。企业与社区共享同一个价值模式正在成为一种趋势。在这个价值模式下，企业和社区相互协作，让社区和企业互惠互利。在这一价值的引导下，企业的成功和社会福利的提升是一致的，而一个公司成功的价值和创新文化同样在解决社会的重要问题上，给世界带来了深远而积极的影响。

企业的公民精神不仅仅是“做善事”，当企业社会责任成为所有商业战略的组成部分时，企业就会提升对于“生意”的理解，创造出适合商业可持续发展的良性循环。因此，使一个企业的专业知识和社会发展项目中需要的元素产生化学效应是很重要的。当企业的商业目标和社会影响目标趋向一致时，共享价值新模式就可以实现。当企业转变观念，把社会责任视为机会时，共享价值观就能够激励企业积极开展改变世界的行动，并持之以恒。

（二）对企业社会责任的争议

对企业社会责任的争议本质是道德对利益的博弈。

从个人到企业，从个体到整体，道德意识的重要性毋庸置疑。当追求财富与道德自律同步发展时，才能达到现代企业家的最高境界。像每个个体的人一样，企业的道德也各不相同。企业的道德表现可分为四种类型：既合法又有道德、不合法又没有道德、合法但没有道德、不合法但有道德。

第一种类型的企业能做到既合法又有道德，其行为是最理想的状态。这类企业对员工公平，对股东诚实，对消费者货真价实不欺骗。不过理想的状态总是最难达到的，人有善的一面，也有恶的一面。能够做到理想状态的企业寥寥无几。

第二种类型的企业既不合法又没有道德，这样的行为也大量存在，有的企业产品质量差，弄虚作假，做出的承诺不能兑现，欺骗消费者。

第三种类型的企业合法但缺乏道德，其产品是基本合格的，但那些巧舌如簧的销售人员在推销产品时，不告知消费者使用该产品时应注意避免的风险事项。这种行为是合法的，却不符合道德标准。

第四种类型的企业不合法但有道德，有的企业为了追求利润，有偷税漏税行为。或许这种行为并不是为了个人利益，而是为了企业能够生存下去，员工不失业，是企业不得已而为之，但这种行为是不合法的。

以上四类企业共存于社会中，使社会不能自然达到和谐的状态。实现和谐社会，要有两个基础：一个是自律，一个是他律。自律是人们以道德意识和修养来控制自己的行为；他律则是人们要在法律条款的约束下遵守法律。企业也是如此，尽管有自律的需求，但更多的是倾向于表面应对他律，其不利之处就是治标不治本。一个真正和谐的社会需要治标又治本，那些有责任的企业是既有自律又有他律的企业。

发展市场经济，要提高经济效益，但市场经济本身是建立在道德意识基础上的，只有建立在道德意识基础上的市场经济，才能够真正发挥其社会作用。以不正当手段进行不公正的竞争，从而获得商业利润，这是破坏市场竞争的表现，也是缺乏自律的表现。

现在越来越多的投资者以及利益相关者，开始关注影响企业持续发展的非财务指标（例如产品对环境的影响、消费者的满意度、员工的满意度等），企业也开始主动或被动地接受企业社会责任这个新概念。理论界和企业界也开始研究企业的社会责任这个新课题。

由于各国政治、经济、文化的巨大差异，现在尚无法出台企业社会责任的国际标准，但大家都在朝着这个方向努力。

相关链接

欧米茄的公益之路

一个良好的企业，不仅要有良好的商业道德操守，还要承担起相应的社会责任。对社会的回馈，反映了一个企业的企业文化与经营哲学。对于瑞士欧米茄公司来说，公益活动也和做手表一样，根据不同的“生产线”，选择不同的表达方式。

看见手表时刻的第一步，是拥有健康的眼睛，而世界上有很多人失明，但其中有80%的失明可以预防或通过适当的医疗手段治愈。

国际奥比斯组织（ORBIS International）及其眼科飞行医院，是一个积极治疗可预防性失明的非营利机构。目前，奥比斯已在数十个国家开展项目，为合作伙伴提供必要的医疗设备、培训和技术支持，极大地减轻了可预防性失明带给人类的痛苦。欧米茄与品牌形象大使——知名影星丹尼尔·克雷格（Daniel Craig）精诚合作，携手支持国际奥比斯组织及其眼科医院。为此，欧米茄创制了一款特别表款——碟飞 Hour Vision Blue“明亮之蓝”腕表。并承诺，欧米茄将从该表款的销售额中拿出至少100万美元捐赠给奥比斯。

国际奥比斯组织主席罗伯特·沃尔特斯博士（Dr. Robert Walters）表示：“能够与欧米茄缔结全新的合作伙伴关系，我们异常兴奋，在欧米茄和丹尼尔·克雷格的协助下，奥比斯可以接触到并治疗更多的病患，减轻全球的盲症负担，使更多人的生活得以改善。”

第二节　跨国公司的国际战略联盟

跨国公司的国际战略联盟是由经济全球化导致的一场巨大而深刻的经济变革，是新的国际分工全球化发展的结果。它使得国际竞争在更高的层次上、更大的范围内，向更深的程度全面展开。计算机和网络技术的发展，为跨国公司战略联盟提供了技术基础；国际市场的网络垄断型态势，为跨国公司国际战略联盟奠定了产业基础；而国际反托拉斯的推广，则为跨国公司国际战略联盟的发展扫清了法律障碍。

一、国际战略联盟的含义及其主要特征

（一）国际战略联盟的含义

国际战略联盟（International Strategic Alliance）又称跨国战略联盟（Cross-border Strategic Alliance），是指两个或两个以上的跨国公司为实现某一战略目标而建立的合伙关系。这种战略联盟是通过外部合伙关系而非通过内部增值来提高企业的经营价值。这

种合伙关系，试图跨国利用与整合各成员的可供资源和经济实力，通过各种协议结成利益同享、风险共担的松散型经济体联盟。它能发挥并加强成员的竞争优势，以便对新出现的技术变革和市场机遇做出反应。

一家跨国公司可以和一个或多个合作伙伴在几个不同的领域内结成联盟，同时又在其他领域内与之展开竞争，这样既可以避免因为外部扩张即资产重组、兼并和收购而带来的两败俱伤，又可以避免诸如债务增加、股权稀释、企业凝聚力降低等企业合并的后遗症，还避开了威胁企业生存的巨大风险，同时以最小的成本实现最大的企业内部和外部扩张。

目前跨国联盟已成为跨国公司进行技术合作和技术转让的一种新形式。由于技术尤其是尖端技术开发的高风险、高成本以及新产品的快速淘汰，越来越多的跨国公司与一些有相关技术优势的公司达成协议，组成战略联盟，来共同承担技术的开发成本，获取新技术并更好地利用稀缺的技术人才。由此可见，战略联盟的目标主要是获得先进技术和管理经验，进入新市场，以及增强产品的竞争力。这种跨国战略联盟主要集中在高新技术产业。

（二）跨国公司国际战略联盟的主要特征

跨国战略联盟是两个及两个以上跨国公司为实现同一战略目标而建立的合作经营关系。它与传统的国际合资企业的合作方式有着本质的区别。这种战略联盟对内可以起到整合内部资源、优化企业价值链的作用；对外形成的是一种控制和支配的纵向从属关系。这是一种以共同利益为核心、以协作一致为基础的合作关系，能起到远交近攻的策略效应。其主要特点是：

1. 战略联盟合作形式具有较大的灵活性和随意性

战略联盟与合资经营企业在合作方式上完全不同：传统的合资经营企业是一个独立的经济实体，对于资金投入、资源的承担、管理结构和利润分享均有法律上的约束性协议规定，是一种股权联盟（Equity-base Alliance）；而新型的战略联盟各方签订的则是一种契约联盟（Contractual Alliance），是非股权式的松散“联姻”。联盟契约仅仅表明合作各方的共同战略目标以及在生产和销售方面协调行动，其共同目标的实现全靠协商而非法定的权利与义务。联盟成员之间各自具有独立人格，法律地位平等，不是控制与反控制的关系，而是一种松散的合作伙伴关系，这种关系可以随时因外部因素的变化进行调整。

2. 跨国公司战略联盟实现了柔性竞争

战略联盟将来自不同国家、不同企业的不同所有者组合在一起，形成了“你中有我，我中有你”的关系。它是竞争对手的合作，在合作中竞争，改变了传统的竞争与合作对立的观念，竞争双方是一种竞争—合作关系，以合作代替竞争，形成了所谓的“柔性竞争”。加盟的各方都有自己的目的，以对方之长补己之短，防御性地分配市场，进攻性地开辟市场，从而提升加盟者的整体竞争力。

3. 跨国公司战略联盟实行全方位合作

战略联盟不只局限于合资企业的相互参股、资本流动，还拓展到技术、市场、资金、人才、信息等方面的全方位合作。它把分散在各国的研究开发、生产加工、市场营销及售后服务等环节上的具有特定优势的不同企业联合起来，实行分工合作，优势互补，资源互用，利益共享。这样，加盟者既可从对方获得各自所需，又能确保各自的独立性。这种既“给”又“取”（Give-Get）的利益让与机制，要求联盟成员兑现“贡献”与“承诺”，方能实现合作互利。

4. 跨国公司战略联盟是一种深层次的合作形式

战略联盟是以技术、信息、知识共享为核心的利益共同体。联盟改变了以往企业单枪匹马自行研究开发新技术、新工艺、新产品的传统做法，将其提升到共同研发新技术，推出适应当地市场的个性化、优质化的产品和服务。这样因竞争而合作，靠合作来竞争，使联盟层次更深，更具有生命力。

（三）国际战略联盟成功的条件

一个成功的战略联盟应具备以下几项前提条件：

（1）联盟自始至终应贯彻双赢的正和竞争经营原则，使每个合作伙伴在互利基础上达到各自的经营目标。

（2）每个企业按不同的联盟建立不同的合作部门，并采用创新的组织机构适应其联盟资源的管理要求，实现最佳的资源配置，获取最大的经济效益。

（3）各个合作伙伴分享共同的价值观，在自主平等的基础上友好协商解决联盟经历的创立期、运行期和发展期的一切重大问题。

（4）建立不同的决策体系，科学地授予和有效地行使权力以推动各成员的共同参与。

跨国公司国际战略联盟体现既竞争又合作的竞争—合作原则。这种联盟形式无须增加新的投入，联盟成员可以取其核心竞争力之长，补其核心竞争力之短，实现取精用宏。

二、跨国公司组建国际战略联盟的主要原因

在世界市场上，竞争是客观存在的，竞争法则是物竞天择、适者生存。企业随着市场发展，这是客观规律。世界市场上的竞争体现在四个方面：一是产品开发竞争，指新产品创造发明的速度，在竞争中要取胜主要取决于科研水平和创新能力；二是制造工艺竞争，即产品质量和成本的高低，竞争中要取胜主要靠的是投资规模、生产组织能力和质量管理水平；三是营销技巧竞争，指品牌声誉、产品形象和消费者的心理满足程度，竞争胜负主要取决于广告宣传、促销手段和营销组织管理；四是要素成本竞争，即生产要素的获取及其成本的高低，竞争胜负取决于企业的综合实力。

随着国际市场竞争愈演愈烈，大公司为保持和发展生存空间，纷纷利用“联姻”的办法，弥补公司技术、市场和竞争力的不足，增强公司的竞争力和生命力。

（一）技术互补是加速组建战略联盟的重要原因

跨国公司若要保持技术竞争的优势，或从一种优势转向另一种优势，就必须加大研究与开发的力度。但新技术、新产品的研究开发费用昂贵，即便像跨国公司这样的大公司，仅一家企业也难以应付巨额投资开发费用，只得借助于“联姻”，互补和分享最新的知识、有效协调的产销网络和灵活转换产品结构的能力。

联盟合作伙伴的选择与联盟关系的确立是联盟成功的基础，选择合适的伙伴，是联盟和谐共生、长期合作的首要问题。成功的企业总结联盟伙伴的“3C”原则，即兼容性（Compatibility）、贡献力（Capability）、诚信度（Commitment）。兼容性要求成员从经营理念到操作处事要协调一致；贡献力是指各成员应全力以赴投入自己的核心竞争力；诚信度是指各成员对联盟的种种承诺的兑现程度，以此建立联盟的信任机制。

相关链接

目前，世界市场上流行的国际战略联盟以技术联盟和营销联盟为主，其中一半左右为跨国研发。

当代科技发展突飞猛进，产品生命周期缩短。西方经济学家指出，第二次世界大战前，一个新产品经历研制、投产、上市、衰退的全过程，大约需要 20 年；21 世纪初期，数据处理行业中一半以上的产品生命周期为 3 年，半导体工业不足 3 年便更新换代一次，电脑产品每隔半年就有新产品上市。

（二）组建国际联盟的外部原因

1. 应对日趋激烈的市场竞争

市场是企业生存和发展的必要条件，自 20 世纪 70 年代能源危机以来，世界经济持续走低，经济不景气，低速增长，许多耐用消费品市场饱和，竞争激烈，贸易保护主义抬头，这一切都增加了跨国公司进入市场的压力。

2. 应对市场需求结构的变化

世界市场消费需求结构发生变化，各种产品的差异性扩大，市场日益细分化，这些都迫使各国跨国公司改变传统的大规模标准化生产产品的模式，逐步走向个性化、优质化和小批量的生产模式。

3. 采用联盟方式有助于扩大市场份额

跨国公司为了确保现有市场和扩大潜在的市场份额，唯有走加盟的道路，促成优势互补，才能迅速加强自己的市场渗透能力。

4. 企业跨国联合，增强企业竞争力

增强企业竞争力是促成跨国战略联盟的又一个原因。过去，跨国公司用兼并的方法，击败竞争对手，增强经济实力。但有时对手的实力与自己旗鼓相当，双方共同争夺某些资源和市场，又各不相让，其结果是两败俱伤。现在跨国公司另辟蹊径，采用企业跨国联盟的方式，与昔日的对手携手合作，在竞争中求发展。

综上所述，国际战略联盟成为跨国公司国际化经营的主要方式，其原因主要在于：现代科技已将产品推向高技术化，使得一些大公司也望而却步；资源投入增加，提高了生产成本；产品生命周期的缩短，要求加大研究开发的力度；消费水平的提高，迫使产品向高精尖方向发展；贸易保护主义的加强，使得市场经营风险增长；汇率变动频繁，市场变化莫测；引进核心技术更加困难。这些因素都促进了跨国战略联盟的兴起和发展。

三、国际战略联盟的形式和战略目标

（一）跨国公司战略联盟的形式

一家跨国公司根据其不同的战略意图和不同联盟伙伴所具有的特定比较优势，可以构成各种不同的联盟方式。通常，联盟形式有以下三种：

1. 全球“竞争—合作”性战略联盟

竞争是促使战略联盟的关键原因，“竞争—合作”性战略联盟以合作代替竞争，坚持在竞争中合作，在合作中竞争的原则。它是一种更高级的竞争形式。这种联盟形式，既可以利用各自的规模经济优势，又可相互让渡和扩展市场，以扩大市场空间。

2. 公司契约式联盟

在保持原有法人的基础上，以契约的形式确定合作关系，它便于控制，合作关系稳定，有利于实现公司意图。它是通过契约规定各方的权利和义务，而不是按资金实力决定它们在联盟中的地位。常见的形式有技术互换协议（Cross Technology Agreement）、生产合作协议（Production Cooperative Agreement）、许可证协议（License Agreement）及销售代理协议（Agency Agreement）等。

3. 合作备忘录式联盟

跨国公司早期的战略联盟是出于技术互补的需要，合作双方提供各自的技术专长，双方合作，优势互补，以增强国际竞争力。它通过签订合作备忘录来交流信息、提供技术咨询服务、交换特许权、介绍客户等，建立的是一种比契约形式更松散的合作关系。

（二）战略联盟的战略目标

1. 扩大技术交流

各国不同的企业有其技术之长和技术之短，企业利用结盟方式，扩大技术交流，实现优势互补。成功的例子包括韩国三大汽车集团通过与美国、日本汽车公司的联手，获得了先进的汽车制造技术，迅速发展成为世界主要汽车生产国和出口国。

2. 促进共同开发

科技发展已进入一个新技术开发费用越来越昂贵的阶段，这促使企业利用各自的技术优势，共同开发新产品，降低开发费用。美国福特汽车公司与日本马自达汽车公司联盟，运用前者精密的设计能力和后者完美的工艺质量，两家公司联合开发的新型越野吉普车曾成功地获得美国“汽车新潮”最佳奖。

3. 缓解国际纠纷

半导体工业在世界市场上竞争十分激烈，公司间经常因技术使用权问题发生摩擦和纠纷。例如，意大利和法国的合资经营企业 SGS—汤姆逊电子公司起诉日本东芝公司侵权，日本公司为防止事态扩大而对其不利，主动提出签订半导体专利的相互特许交换协议，以防止矛盾激化。

4. 避免过度竞争

20 世纪 90 年代，美欧日厂家在芯片生产上展开激烈的竞争，为避免两败俱伤，美国国际商业机器公司（IBM）与德国西门子公司（Siemens）联合日本东芝公司，三方合作开发新一代的 256 兆位芯片。

上述所列举的实现战略联盟目标的成功案例，其共同点就是各方都努力提升联盟内的“三力”，以克服联盟组织体内的文化差异。这“三力”是妥协力（Compromise）、协同力（Synergy）和掌控力（Dominance）。联盟是企业间的战略合作，关键要解决内部的文化冲突，这就要求不同企业的文化要培育妥协力，形成协同力，促成联盟体内的新掌控力。

目前，跨国公司战略联盟的发展趋势不可逆转，尽管公司加盟有利又有弊，但权衡利弊后，还是利大于弊。因此，西方经济学家用“与狼共舞”来形容结盟的相互关系。结盟若能使成员之间的差异缩小，矛盾缓解，战略联盟也就会得到巩固和发展；相反，若结盟反而激化和扩大了成员之间的矛盾和冲突，联盟成员便可能甩掉旧的伙伴，去寻找新的伙伴，联盟就会因之而解体。

考察国际战略联盟成功的经验，联盟蜕变与联盟间实施相互并购，也是联盟关系的演变形式。联盟蜕变是指联盟目标实现后，联盟成员为达到更高、更新的目标而组建新的盟约关系。联盟并购是指盟员间实施收购的经济行为，这样原联盟组织从“外部一体化”向“内部一体化”演变。通常这种并购发生在各方实力悬殊的情况下，从而改变了原联盟的性质。

第三节 跨国公司的所有权策略

跨国公司所有权选择策略（Ownership Strategy）是影响企业成败的重要因素，其关键在于公司希望拥有国外子公司所有权的程度。国外子公司可以由跨国公司独资经营，即百分之百地拥有企业所有权，也可以与当地私人或政府合资经营，共同拥有企业所有权。合资经营有三种形式：一是跨国公司占合营企业多数股权（Majority Ownership）；二是跨国公司占合营企业少数股权（Minority Ownership）；三是跨国公司与合营企业对半参股（Equal Ownership）。实际上，股权策略涉及母公司对国外子公司的承诺和要求，母公司对子公司股权参与程度的高低决定了子公司在整个公司中的地位与作用。

一、所有权与控制权

（一）对公司所有权的选择

在不同的国家，对公司所有权的选择也不尽相同。有些国家制定政策和法令对外国子公司的所有权予以规定。如印度和墨西哥，通常要求外国公司在合资企业里，以少数股权参与。它们规定外资不得超过50%，以保证东道国掌握主权。有些国家只限定外国公司产品和技术，而参股可以有商量余地，可以独资经营，也可以多数参股。还有许多国家欢迎外资，给外国公司在所有权的问题上留有相当大的选择余地。

（二）所有权与控制权的关系

所有权和控制权（Ownership and Control）是有联系的，股权持有者虽然可以通过持有股权多少来影响国外子公司的重大决策和重要人员的任命，但控制权却远远超过这一范围。

东道国对外资公司的控制权还可以表现为，东道国政府通过对企业的宏观控制影响跨国公司子公司的决策，如规定外国权益的最高限额和当地股权的最低限额、当地原料在产品中应占的比例、产品定价、转移定价、利润汇回比率、劳资关系、工人的解聘、外籍人员居住条例等。东道国政府的这些规定往往给外国子公司的独资经营带来种种不便。

跨国公司对国外子公司的控制权表现为，通过各种手段来影响国外子公司，如控制生产、工艺、技术和销售渠道，或掌握资金的来源及运用的手段，或选派经理人员（包括技术、财务等专业人员），或在合资企业合同中规定外国公司享有少数否决权，或在董事会名额分配上处于优势地位，或把经营管理置于另外规定的经营合同之下等。

（三）跨国公司采用弹性所有权的原因

以往很长一段时间内，许多跨国公司持有一种坚定的态度，即在任何时候、任何情况下，都坚持百分之百的股权。但是，在新的情况下，很多跨国公司在所有权战略方面不再坚持独资经营，而是采取弹性策略。其主要原因是：

（1）随着合资企业经验的增长，无论发达国家还是发展中国家的东道国政府，面对的要求增加企业所有权的压力越来越大。有的东道国民族主义情绪日益高涨，合资经营或许成为唯一可以选择的进入市场的战略。

（2）跨国公司本身对合资企业的看法趋向于更加灵活和实际。越来越多的跨国公司逐渐认识到在国际业务中所有权不等于控制权，关键是跨国公司能在多大程度上拥有独占的地位，如技术、产品、管理和市场权力等，从而影响国外子公司的决策。

有关资料显示，进入21世纪后，在美国海外投资公司颁布的新的投资项目中，大部分是合资经营，其次是有2~3个国家参与的合资企业，最后是有国际金融公司参与的合资企业。

二、影响跨国公司选择所有权策略的因素

（一）影响所有权策略的内外因素

在许多国家，对外国公司所有权的政策是由国家行政和法律加以规定的。印度、墨西哥规定，合资企业中的外方不能处于控制企业的地位，这样就影响了外国公司的所有权选择。而在另一些国家，跨国公司可以拥有较大的选择权。

有些大公司为了贯彻其经营思想和做法，设法控制合资企业。比如，可口可乐公司扩大产品销售行之有效的方法是不惜巨资进行广告促销，但许多国家，尤其是发展中国家，限制运用这种耗资惊人的广告促销战略。为此，可口可乐公司只能选择可控制合资企业的多数参股形式，或在合同中注明只要它参与合资企业，就必须控制销售经营权。

影响跨国公司选择所有权策略的内外因素如下：

1. 内部因素

（1）公司在技术、产品、管理及市场营销等方面占有多大程度的优势。优势越突出，对国外子公司确定所有权的发言权越大。

（2）母公司的财力和管理资源是否充裕，如若不是，采用合资企业形式便于利用当地资源。

（3）公司产品策略的要求。凡是母公司实行产品多样化策略的，就适宜在国外进行合资经营；反之，经营产品单一的公司，销售和生产产品的决策，需要相对集中在超国家或地区的水平上，避免产品在许多出口市场上竞争，因此，公司不宜采取合资经营形式。

（4）公司的应变能力及速度。

2. 外部因素

（1）东道国对外资所有权的政策规定及当地民族主义的情绪。

（2）东道国合伙者的合作能力及经营效率。

（3）东道国合伙者在当地金融市场上的融资能力。

（4）当地市场上的竞争者及竞争情况。

（5）母国政府对跨国公司海外经营的政策是鼓励还是限制。

（二）跨国公司撤资形式及其原因

跨国公司从其全球战略出发，可能对某个投资市场追加投资，增加所有权，也可能对某一个投资市场减少投资，撤出股份。撤出投资系指一家跨国公司主动或被动地清理或出售全部或部分国外投资。通常有三种方式：一是出售资产（或售出股份）；二是清算停业；三是被东道国征收。在这些方式中，有主动也有被动。主动撤出投资和被动撤出投资具有不同的意义。从企业经营角度看，撤出投资并非是坏事，它是由外部经营环境、投资机会、经营意图和经营业绩等综合因素决定的，它是全球经营的一项积极决策。统计数字表明，大多数公司的撤资行动是主动的。

跨国公司撤走投资的形式及其原因主要有：

1. 主动撤出投资

主动撤资的原因：总体或长期利润偏低；东道国生产条件和市场经营状况不佳；当地政府管制加强；合作伙伴关系恶化；企业经营业绩持续下滑；东道国外部环境恶化，企业无法再生存等。

2. 进攻性的撤出投资

公司鉴于最初投资的运行情况，需要推行积极的合理化经营措施，往往必须放弃某地的投资，以便加强另外的投资。造成这种撤资的原因是：公司经营计划的调整；对公司资源和市场机遇的重新评估；公司重要业务受挫；管理层的经营思想和经营方法的调整等。这种撤资行动，就公司而言，是一种进攻性的战略，但东道国往往不能接受。

3. 有计划地撤走投资

通常情况下，东道国在接受外国公司投资前，要求其保证经过一定时间后才能放弃投资。这就是所谓的“计划放弃投资”或“协助实现国产化后撤出投资”。东道国的这种规定，也是市场准入和继续经营的先决条件。

4. 被动撤走投资

这主要指由于东道国实行国有化或本地化而引起的征收或没收。这种情况主要发生在 20 世纪 60 年代和 70 年代，目前已大大减少。

总之，跨国公司追求的是利润，灵活多样的股权策略只是经营战略的灵活反映。不管采取何种股权合作形式，选择合适的合伙对象是合资企业的关键所在。哈佛大学跨国公司中心的一项研究报告证实，国际合资企业的失败率达 30%～40%，失败的最大原因在于对合伙者的错误选择。若无合适的合伙对象及相应的法律保证，跨国公司就倾向于建立独资公司或实行契约式经营。同时，它之所以采取灵活变通的所有权策略，一是迫于世界经济政治形势的变化和同行业间竞争的加剧，二是跨国公司规模的扩大和管理水平的提高，使它有能力采取灵活的经营策略。

第四节　跨国公司的国际生产管理

跨国公司的生产制造、资源采购和生产配置以全球市场作为运作平台，合理利用全球资源。实现资源生产的国际化设计、计划和配置，也就是国际生产管理活动。企业国际化生产管理的目标是在生产过程中实现对企业有限资源的最有效利用。

一、跨国公司国际生产的战略管理

（一）跨国公司国际生产的战略管理

跨国公司的国际化战略管理是指公司对其用于生产的资源进行自主的设计和配置活动。这种以全球市场作为运作舞台的资源配置，需要扬长避短，充分利用各国的优势资源要素，进行有效的组织和协调。国际化生产管理具有高度的复杂性和艰巨性。其生产活动分布在环境各异的不同国家中；生产分布点多、线长、面广；生产管理和物流管理头绪多，难度大。在生产管理的决策中，管理目标的分解、传递和转化，应具有一致性和可操作性，以减轻和消除市场变化与生产体系的震荡和冲击。

国际生产战略管理的主要内容有：

1. 优先目标的选择

现代企业的生产目标由六个要素组成：质量保证、应变能力、价格合理、技术创新、交货及时和服务周到。由于企业技术工艺水平、资源保障的能力、客户对产品和服务的要求存在差异以及产品的特性不同和不同的市场定位等原因，企业不可能在以上六个要素方面同时达到最优状态。因此，就需要企业在生产战略管理中，对六个要素进行优先目标的选择，形成最佳的组合，生产出具有竞争力的产品和服务，以充分满足客户的需求。此项抉择的过程是生产战略管理的内容之一。

2. 业绩目标的兑现

根据对目标的选择，企业制定相应的生产指标体系，以实现企业的业绩目标。此项兑现过程，就是要做到满足客户合同的要求与完成企业业绩目标相一致。

3. 行动方案的制订

行动方案的制订是指为实现业绩目标而确定的具体的管理方法和技巧。在战略管理中．具体行动措施包括资源供应计划、精益生产安排、全面质量管理、产品技术保证和零库存设计等。

跨国公司的国际生产战略管理，要在公司全球战略目标指导下，对业务领域、产品生产等诸多方面，进行科学管理和规划，使得生产布局、工厂数目、规模大小、技术水平、资源保证、设备配备、资金保证等管理细目，做到相互衔接，尽善尽美。

（二）企业国际生产方式的战略选择

跨国公司的生产活动以全球市场作为其活动的舞台，不同的经济活动对其生产方式会产生差异性的影响，使其做出不同的抉择。影响跨国公司国际生产战略选择的因素主要有经营战略、环境风险和经济效益。

1. 经营战略因素

由于实力、规模和特色各不相同，不同的跨国公司具有不同的生产经营控制水平，因此有不同的国际生产方式的选择。通常有两种不同的经营战略可供选择：一种是实施全球经营战略，将生产、制造、采购、储运等一切生产物流以全球市场为出发点和落脚点，企业生产经营国际标准化的商品和服务，同时，适当兼顾当地市场个性化的要求。这是一种全球规模的集中式生产方式。另一种是采取差异化的国别经营战略，按照不同国家的经济、社会和市场结构以及不同的消费习惯和偏好，采取一种分散型的生产方式。

2. 环境风险因素

企业的投资经营活动必然伴随着各种风险，由于国别和市场的不同，风险的种类、规模和表现也各异。一种情况是所在国的政治风险、经济风险、价格控制风险、国有化风险比较低，跨国公司偏向于利用集中式生产方式或者混合式生产方式，使所在国的子公司形成较大的经济规模；另一种情况是所在国的相关风险比较高，子公司宜采取分散型生产方式，以提高规避风险的应变能力，减少可能遭受风险的损失。

3. 经济效益因素

国际化经营企业对生产方式的选择，会直接影响到企业的经济效益，甚至经营的成败。选择理想的生产方式，应有利于降低生产经营成本，提高产品和服务的竞争力。所在国生产方式的选择应与生产规模、产品质量、运输费用、进口关税、贸易保护程度和金融自由化等因素相关联。

（三）跨国公司国际生产的主要方式

跨国公司的经营活动在诸多国家展开生产的投入与产出，在国际范围内进行国际化生产的作业流程，按其物流方向可分为集中生产方式、分散型生产方式和混合型生产方式。

1. 集中生产方式

集中生产方式是指公司的产品生产和提供的服务以某一个中心工厂为轴心，建立一个生产投入与产出的供应网络，各地子公司向中心生产基地供应原材料、零部件和半成品，经过逐级加工组装成最终产品，销往世界各地市场。集中生产方式见图 7-2。

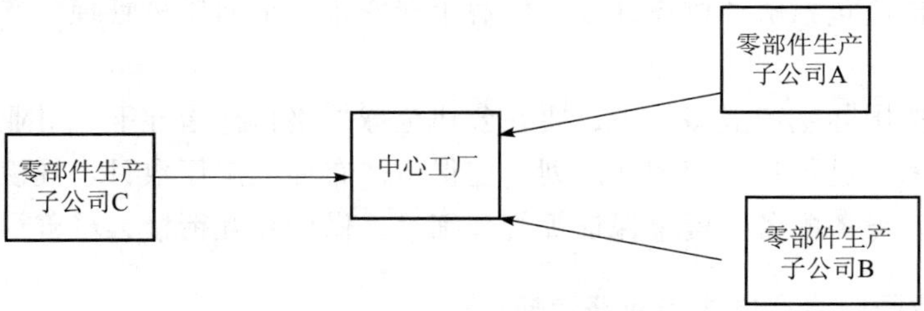

图 7-2　集中生产方式

（1）集中生产方式的优势在于：① 充分利用各子公司的生产要素和技术特长；② 有利于产品生产的各个生产环节的质量保证；③ 做到统一集中的控制管理；④ 保证达到规模经济效益，提供高标准、低成本，有竞争力的产品和服务。

（2）集中生产方式的不足之处是：① 容易受所在国经济、贸易等政策变动的影响；② 国际运输状况的变化会影响到整个生产链；③ 生产一旦形成流程，其生产的变动性、灵活性较差；④ 汇率的变动会影响到销售成本。

2. 分散型生产方式

分散型生产方式是指在各个分市场所在国设立地区性中心工厂，分别进行关键部件的生产和产品组装，其余部件由周围的子公司提供，产品最终成型后由中心所在地的分市场统一进行销售。分散型生产方式见图 7-3。

（1）分散型生产方式的优势在于：① 以各分市场为轴心而设立的地区中心工厂与各供货子公司组成价值链，产品就地生产，就地销售，运输成本较低；② 由于生产链处于同一地区，不易受东道国经济、贸易政策差异性的影响；③ 产品的成本和销售均按统一货币计价，不受汇率变动的影响；④ 生产和销售的流程处于同一地区，便于信息交流。

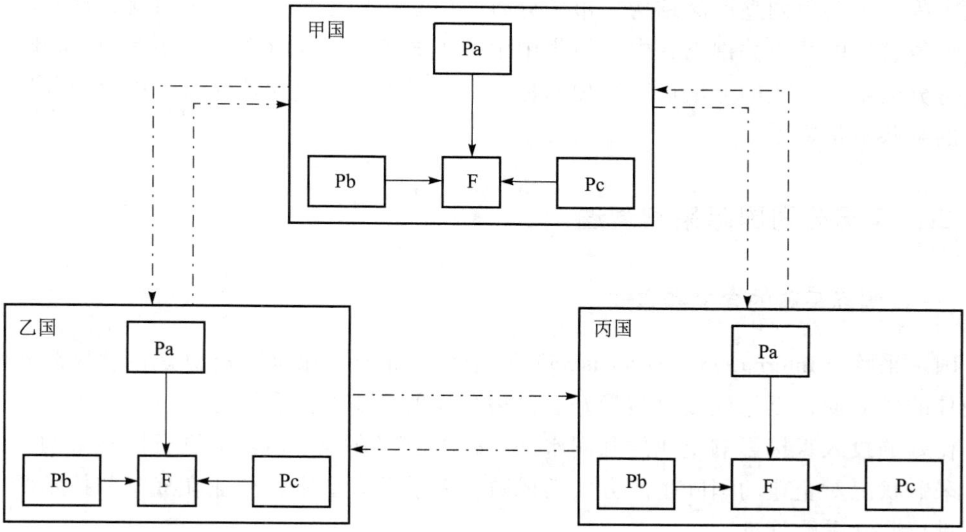

图 7-3 分散型生产方式

注：图中虚线箭头为信息流向，实线箭头为物流方向，F 为中心工厂，P 为零部件生产子公司。

（2）分散型生产方式的不足之处在于：① 难以取得较大的规模经济效益；② 不利于公司更大范围内的国际分工，因而难以提高生产效率，增强竞争力；③ 总公司要加强对各分散型生产方式的指导和管理，以保证生产环节和质量的统一性。

3. 混合型生产方式

混合型生产方式指由若干个相邻市场所在国设立的中心工厂对一系列产品进行协作生产的方式，即采用上述两种生产方式的组合形式。这是一种生产一体化程度更高的国际生产方式。混合型生产方式见图 7-4。

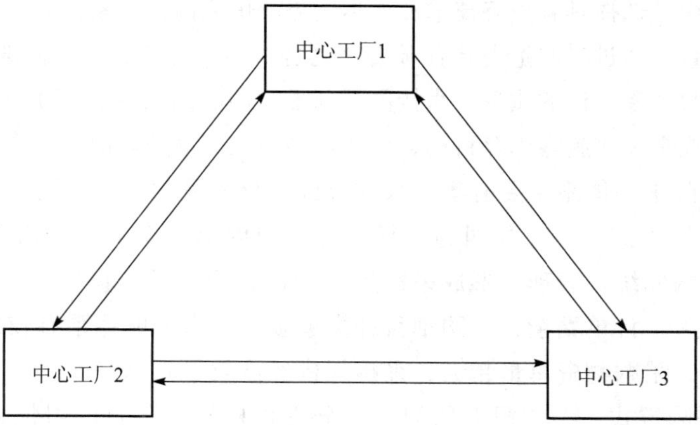

图 7-4 混合生产方式

混合型生产方式既吸收了上述两种生产方式的优势，又避免了可能产生的不足。混合型生产方式体现了规模经济降低生产成本、扩大销售市场和增加销售额的优势，可以在很大程度上避免调整产品结构、市场分布、中心工厂选址等不足。因此，这种生产方式使价值链中的几个关键点集中，使集中生产方式的集中加工装配的优势发挥到极致，又兼容分散生产方式的分散加工装配的特点，同时也不可避免地保留了以上两种生产方式中的某些不足之处。

二、跨国公司国际采购管理

（一）国际采购的含义和方式

国际采购（International Purchasing）是指企业充分利用全球资源，在世界范围内寻找最佳的供应商，以保证提供质量好、价格合理的对路产品和服务。

良好的投入直接影响企业的利润水平。跨国公司在全球市场上进行国际采购，因此国际采购状况对企业的国际生产方式的成败至关重要。通常，企业在战略和技术两个层面上进行国际采购管理。

1. 战略层面

企业从国际生产方式出发，对采购商和供应商实施严格的管理，这是企业生产成败的关键：（1）组建集成化的供应链，对原材料和零部件的加工制造进行前端管理，保证生产投入的质和量万无一失。（2）在广泛的外部市场上选择最佳的上游供应链，从而提升企业的竞争力。（3）加强与供应商的合作，促进新产品的开发，以适应市场求变、消费者求新的需求。

2. 技术层面

实施国际采购和供应商管理，对企业控制经营成本至关重要。这种重要性表现为：（1）有利于降低生产成本。在制造业中，原材料的采购成本约占产品单位成本的40%～60%，只有当制造商和供应商共同努力时，方能实现降低产品成本的目标。因此，在采购和供应商的管理中，选择具有独特技术和成本优势的供应商，关系到竞争的成败。（2）有利于提高产品质量。通过对制造业产品质量的考察，1/3的产品质量问题与供应商有关，因此，保证原材料和零配件的质量，直接关系到最终产品的质量。（3）有利于减少库存。现代企业为降低成本，实施零库存目标，就要加强与供应商的磋商与合作。

跨国公司国际采购体系主要有集中采购方式、分散采购方式和混合方式。

（1）集中采购方式。以总公司为主导，将公司内部各个部门所需要的产品和服务项目进行集中采购和统一管理，形成采购规模经济，增强了与供应商讨价还价的能力。由于公司体系庞大，订单繁杂，采购细目种类繁多，要求采购体系有较高的购买技能与调配技巧。通常，采购物资总量越大，采购规模经济效果就越好。

（2）分散采购方式。总公司下属的各个分支机构按照各自的习惯做法，分别发出进货报价、进行谈判以争取最佳的订货条件。这种自主采购方式其好处在于，能发挥各自的自主能动性和灵活性。这种方式适合采购货物种类多而供应商分散的情况。其不足之处是，在采购中，各个分支机构容易形成客户竞争的局面。

（3）混合方式。这是兼容集中采购和自主采购的混合采购方式。在混合采购方式下，某些物资采用集中采购，发挥采购规模经济效益，其他物资则分散自主采购，发挥自主经营的积极性和传统性。

目前，跨国公司国际采购普遍采用电子商务采购系统，使市场信息、询价、报价、签约等采购系统、电子银行结算与支付系统形成一套科学、迅速和可靠的网络模式，将国际采购的四个基本要素——物资流、资金流、服务流和信息流融为一体。

（二）国际采购对企业生产整合程度的影响

1. 国际采购与生产整合程度的关系

企业生产整合程度指企业生产某种产品的自制部分与外部采购部分之比。生产整合程度越高，企业依靠的采购投入就越低，其极端情形是自给自足；生产整合程度越低，企业依靠的采购投入就越高，其极端情形是百分之百的采购。自制与采购在两种极端情形中游移。通常，采购又分为内部采购和外部采购。内部采购是指从相关的子公司采购，这是企业的内部交易。外部采购是指从非关联的企业进行采购，是外部市场交易。

在国际生产方式中，企业某些特定的环节是真正创造价值的活动，即企业价值链上的战略环节，这是企业能够保持优势的关键点，是企业保持竞争优势的真正依托。在实际业务中，任何企业可供支配的资源是有限的，不可能在所有环节都保持优势，只有通过采购充分利用外部最优资源，实现企业内部自有的优势资源与外部的最优资源的整合，使其产生一加一大于二的整合效应。实践证明，企业保持产品竞争力的关键，就是要最大限度地利用自有的优势资源，同时又要充分利用外部的最优资源，使其产生最佳的整合效应。

2. 国际采购应注意的问题

在采购与自制的决策管理中应注意的问题是：（1）成本因素。由于跨国经营会涉及不同的价格体系，多变的汇率、要素成本的变化以及与采购有关的费用都应计入采购与自制的成本比较之中。（2）供应的可靠性。原材料和零部件供应的质量、供应线的长度和环节，会影响供应的稳定性和持续性。（3）管理的偏好。不同的管理者，在采购与自制的决策上，有不同的偏好和习惯，欧美公司偏好于选择自制方式，日本公司则习惯于使用采购方式。（4）生产一体化程度。在生产一体化程度较高的公司，各个子公司分工与协作关系密切，各价值链的环节配合和协调较好，自然倾向于内部采购。（5）政治与政策因素。在那些贸易政策、本地化政策、民族感情较开放的东道国，则可较多地自制或当地采购。

第五节　跨国公司的产品策略

市场和产品是跨国公司全球战略的重要组成部分。没有一家公司的产品能永远保持其市场份额，专利有期限，竞争者会跟进，新的科技发展会迫使老产品“退休”。因此，每一家公司都应有一个能不断满足市场需要的产品总体规划，国际化产品策略就是这样一种规划。

一、国际化产品策略

（一）国际化产品策略的含义和形式

国际化产品策略（International Product Strategy）是指公司进入新的产品经营状态的连续次序或路线。优良的产品策略能使所生产出的产品满足市场的个性、优质、领先的要求。

跨国公司依靠先进的技术和控制技术的能力，占有市场的一定份额，产品则是其各项技术的组合。跨国经营产品策略有八种基本形态，见表 7-2。

表 7-2 跨国经营产品策略基本形态

	国内开发	国外开发	国内生产	国外生产	国内市场	国外市场
1	√		√		√	
2	√			√	√	
3	√		√			√
4	√			√		√
5		√	√		√	
6		√		√	√	
7		√	√			√
8		√		√		√

跨国公司采用哪一种基本形态，主要考虑的因素是产品生产过程的复杂程度、国外市场的需求以及运输成本和关税税负等。

（二）国际化产品策略的基本内容

（1）提高产品的市场适应性。市场表示产品销售的地理方向，根据市场不同的要求和特色，销售不同的产品要采用不同的销售方式。

（2）提升产品技术的新颖性。产品代表了一定的技术或包含着一定的技术成分。产品技术的高低是决定企业能否赢利的一个重要条件。为此，企业总是不断地开发新技术，推出新产品，占有更多的市场份额。

（3）增强产品生产的竞争力。根据市场的需求，不断进行技术改进与创新，使后续产品的数量和质量在国内外市场上具有更强的竞争力。

相关链接

世界著名品牌对消费者具有强大的磁性吸力

美国《福布斯》杂志每年都会评出最具价值的世界顶级品牌。一个显著的特点是，美国品牌占据入榜品牌的半壁江山。

2020年榜单结果显示，100个上榜品牌，总价值2.54万亿美元，较2019年增加0.21万亿美元。在各行业的品牌中，科技品牌跃居首位。美国的苹果、谷歌、微软、亚马逊、脸书，德国的奔驰、宝马，日本的丰田、本田、索尼等品牌榜上有名。苹果品牌以市值2 412亿美元位居榜首；谷歌以2 075亿美元的品牌价值紧随其后，排名第二；微软市值1 629亿美元，排名第三；亚马逊排名第四，品牌价值1 354亿美元；位居榜单第5~10名的企业是脸书、可口可乐、迪士尼、三星、路易威登、麦当劳。排名前十的企业中，除了三星和路易威登，全部被美国企业占据。

二、国际化产品与产品信息的市场营销策略

产品在市场营销中，通常采用五种不同的产品—信息传递策略（Product-Communications Strategy）。

（一）同一产品、同一信息传递策略

有些公司在市场营销中，不仅对产品采取标准化策略，而且对品牌名称、包装、分配、广告词等也采取标准化策略，例如可口可乐（Coca Cola）、柯达（Kodak）、壳牌（Shell）等。这种全球标准化策略的好处是可以大大节省生产成本、研制费用和广告销售费用，形成统一的全球形象并可获得生产方面的规模经济，便于存货控制。其缺点是忽略了产品在不同市场上的不同需求。

（二）产品延展、信息传递适应的策略

有些从某一主要市场（或母国中心市场）发展出来的产品，在其他市场上虽“转换用途”，但使用情况不变，信息广告词句、拓销主题仍可适用。例如，作为交通工具的自行车与作为娱乐工具的自行车，其广告宣传词虽然不同，但其推销主题方向仍一致。公司实行这种策略，其好处是可以节省生产成本、研制费用、存货成本，只需略做广告宣传改动。

（三）产品适应、信息传递延展的策略

为适应当地市场不同的使用情况，对有些产品的功能做适当修改，但产品信息传递方式方法仍然不变。典型例子是闻名世界的快餐企业麦当劳（McDonald’s）的汉堡包和炸薯条。它们具有统一的品质、统一的营销程序以及适应各地口味的特色。根据《人

人商业》杂志的介绍，麦当劳“出炉的薯条一定不存放超过 7 分钟，汉堡包不超过 10 分钟”，世界各地的麦当劳几乎一样，世界各地的顾客走进当地的麦当劳快餐店，完全清楚他们可以得到些什么。

（四）产品双重适应策略

多国籍公司根据各地市场不同的需求情况，采用完全适用当地情况的产品及产品信息传递策略。

（五）新产品发明策略

当产品的延展或适应策略都不发生作用时，公司则根据当地消费者的需要及支付能力生产和销售新的产品。此种策略的特点是因地制宜，适应性强。日本索尼公司“是用产品领导潮流，不是问需要哪一种产品”。索尼公司走的是不断开发产品，以创新制胜的路线。为此企业通常用销售总额 6%~10% 的费用进行科技研发。

相关链接

中国企业追求卓越精神，创造卓越的企业制度，打造全球品牌。美国《福布斯》杂志 2013 年表彰了中国优秀的家电和汽车等产品的品牌，称它们为全球品牌。它们是联想、海尔、海信、华为、中兴、TCL、格兰仕、吉利汽车、奇瑞汽车、长城汽车以及青岛啤酒等。2020 年，华为入围全球品质价值 100 强，居第 93 位。中国企业的产品开始受到发达国家消费者的认可，已成为被发展中国家广泛接受的热门产品。

三、国际化产品扩展策略

（一）跨国公司扩大产品销售的方法

随着业务的扩大，跨国公司越来越重视产品扩展策略的研究，使公司在所选定的行业领域内，与对手展开有效的竞争，不断淘汰旧产品，开发新产品，争夺市场。

跨国公司产品扩展的通用策略（Generic Strategy）主要包括产品成本领先策略（Cost Leadership Strategy）、产品差异化策略（Differentiation Strategy）和产品集中经营策略（Focus Strategy）三种。

1. 产品成本领先策略

产品成本领先是跨国公司竞争经营中的基本策略。所谓产品成本领先策略也就是低成本策略，是指跨国公司持续发挥自身的资源优势，实现企业产品生产的规模化和标准化，降低生产成本，以最富有竞争力的价格击败对手。这种低成本策略可使跨国公司实现价格求廉、销量求多的目标。

成本领先策略能使跨国公司获得高于行业的平均利润，有效防御竞争对手的竞争，对抗强有力的买方，提高行业进入的障碍，有效应对来自替代品的竞争。

2. 产品差异化策略

产品差异化策略是指跨国公司利用品牌优势向不同的市场提供不同的产品和服务，使其在行业范围内更具特色，可以给销售带来额外的附加值，从而在市场竞争中占有优势地位。

3. 产品集中经营策略

产品集中经营策略是指在特定的目标市场对特定的客户进行有针对性销售的策略，使竞争对手略逊一筹。

（二）跨国公司扩大产品销售的新策略

1. 产品促销手段由内向外延伸

跨国公司将在母国销售的产品、营销方式运用到国外市场上，这样既简单又方便，同时，也节省推销费用，因而可降低成本。如可口可乐公司、百事可乐公司在世界市场上都采用与母国相似的促销手段，它们的广告和促销活动的主题也与母国基本一致，并都取得了比较满意的效果。

2. 产品延伸，促销手段改变

当同一产品在不同的市场上销售，有不同的用途，满足不同的需要时，跨国公司销售这一产品便应采用不同的销售方式和不同的广告宣传手段。如自行车在发展中国家，是作为交通工具使用，而在发达国家，是作为娱乐器材，因此，在这两个不同市场应采用不同的方法宣传自行车的不同用途。

3. 产品改变，促销手段不变

当一个产品在世界各国市场上的用途完全一样，但使用条件不同时，也可以采用统一的促销手段。如埃克森—美孚石油公司（Exxon-Mobil），按世界各国不同的气温条件，适当改变汽油的配方，但广告宣传采用统一的标准化的主题内容，即“请把老虎装进你的油箱，你的车就会跑得像猛虎一样快”。这样的促销手段也很成功。

4. 产品、促销手段的双重改变

当某一产品被用作某一特定的用途并且其应用的环境条件不同时，产品和促销手段也都要随之变化，以适应市场的需要。如节日的贺卡，美国和欧洲在使用时略有差别，就应采取不同的促销方法。美国人习惯使用带有文字的贺卡，签名即可，因此在美国推出的贺卡大都有祝词。欧洲人喜欢在空白的贺卡上亲笔写下自己对朋友的祝福，因此宜推出空白贺卡。

5. 产品创新

市场的魔力在于竞争，竞争取胜的关键在于技术创新和不断地向市场推出新产品。因此，跨国公司的产品扩展策略，就是要处理好产品选择和促销手段之间的关系，其核心问题是：一是对产品的需求和功能的改变；二是不同市场上产品的使用条件、潜在消费者的偏好和购买能力不同；三是产品和促销手段变化之后所引起的成本变化。跨国公司只有在分析产品情况、市场组合、企业生产能力之后，才能制定出最佳的营销策略。

相关链接

跨国公司从营销角度考虑，会注重产品的多样化、级差化和同步化。产品多样化可以体现大公司的经营优势，也是降低风险的重要方法。如可口可乐、麦当劳、肯德基、雀巢、宝洁等都采取了“全球产品—地方口味”（Global Product and Local Tastes）的营销策略。首先，产品具有全球化的形象，成为“世界产品”。然后，推出系列化产品，适应不同消费者的需要。如肯德基为适合日本人口味，取消土豆泥，改为凉拌卷心菜，少放糖。产品级差化，即将产品分为不同的档次、款式等，也就是市场细分化（Segmentation）。产品同步化，也就是在经济水平相近、消费相类似的各国推出同种产品，此时，一国推出的产品会诱发另一国购买，即示范效应（Demonstration Effect）。

相关链接

21世纪，各国的大公司根据对产品成功销售的经验，提出推销的价值信号——“SUCCESS”，即：S——simple，产品简洁明了；U——unexpected，产品不曾见过；C——concrete，产品坚固耐用；C——credible，产品性能可靠；E——emotional，产品人见人爱；SS——stories，产品触物生情（或生趣）。

第六节　跨国公司的人力资源管理

人力资源是企业的重要资源，人力资源管理是企业资源管理的核心。跨国公司的人力资源管理归属于国际人力资源管理的范畴，它与国内企业人力资源管理相比，有相似之处，但又有很大的差异。

一、跨国公司人力资源管理的特点

人力资源管理是指人力资源的获取、分配与利用。人力资源管理按照以上三个方面开展六项基本活动，即人力资源规划、人员招聘、业绩管理与考核、培训与开发、薪酬待遇与福利、劳资关系。

（一）因人、因地制宜的管理原则

现代企业人力资源管理通常是指企业有效地利用其人力资源开展各项业务活动，以实现公司的战略目标。人力资源管理涉及人员和企业之间和谐相处的各种关系，其内涵包括人力资源的获得、人力资源的回报、人力资源的开发和保持以及人力资源的保护等内容。

跨国公司在全球经营的环境下，实施国际人力资源管理，对不同国家的不同人员实

行不同的管理。企业经营所在国有三种类型：一是所在国，即东道国（Home Country），指在海外建立分支机构的国家；二是母国（Parent Country），指公司总部所在国；三是其他国，指除上述两种国家以外的劳动力或资金的来源国家。

人力资源管理从母国角度可分为三种：东道国工作人员（Home Country Nationals）是指在跨国公司所在国录用的员工；母国工作人员（Parent Country Nationals）是指来自跨国公司母国的员工；第三国工作人员（Third Country Nationals）是指那些既不是来自东道国也不是来自母国的员工。由于员工来源不同，需要进行因人制宜、因地制宜的管理。

（二）国际人力资源管理的特点

跨国公司人力资源管理的特点主要有：

1. 按经营环境进行人力资源管理

在国际经营环境中对员工的管理，应考虑有关的税收，所在国的经济、法律、文化和人事等方面的规定和要求。

2. 按公平原则管理来自不同国家的人员

在国际人力资源管理中，各级经理应以尽可能的公平原则，从现实出发安排不同国籍员工的工作和任务，薪酬、福利和提拔晋升等应一视同仁。应避免对外籍人员人为地设置无形的上限（Transparent Ceiling），使员工遭遇不同待遇。

3. 逐步实现人员本地化

跨国公司人力资源管理应随着国际业务的深化，减少母国人员和第三国人员，尽可能使用本地人员，培养和提拔优秀的当地人员担任各级领导职务。

4. 规避经营风险

随着国际业务的拓展，跨国经营的地域、范围会扩大，经营的品种也增加，这会使企业面临更多的经营风险。企业应不断提高人员素质和业务能力，加强管理，以减少不必要的风险。

5. 关心员工的生活

在激烈的国际竞争环境中，员工的工作紧张，压力大，人力资源部门更应关心员工的生活，提供必要的支持，如午餐问题、住房问题、娱乐活动、驻外人员配偶的随调问题、子女上学问题等。员工无后顾之忧，安居乐业，这样他们的积极性才能被充分调动起来。

二、跨国公司国际化人员的招聘与甄选

（一）国际化人员的招聘

人员的招聘（Recruitment）是指在保障数量和质量的基础上，招聘符合企业岗位所需的人员。招聘是一种组织行为，是企业的招聘目标与申请职位人员素质的统一。

跨国公司人员招聘通常采用内部途径和外部途径两种方法进行。在公司内部进行选

拔的好处是成本较低，其不足之处在于选择的范围相对较窄，未被提拔的人员士气受挫，造成内部不合，还会造成“近亲繁殖”而使组织缺乏活力。外部招聘的好处是可供挑选的空间大，外部人员可以带来新的思维和工作方式，其不足之处在于新来的人员需要有一段时间了解和适应企业的工作环境。

近年来，跨国公司人员招聘策略有两种发展趋势：一是以母国人员为重的策略，另一种是淡化人员国籍的策略。

1. 以母国人员为重的策略

以母国人员为重的策略是指企业的一些重要岗位选用母国人员。

（1）策略的优点

① 有利于贯彻母公司的全球战略，使各地子公司和母公司保持良好的沟通、协调和控制。

② 有利于公司了解人员的可控性和忠诚度，防止生产技术和管理经验的外泄，可减少转移成本和风险。

③ 有利于母国人员熟悉母公司的战略目标、企业文化和经营理念，便于公司有效控制和管理。

④ 母公司人员安排在不同国家、不同环境中工作，有利于母国人员扩大视野、提高综合素质，为母国建立跨国经营人才库创造条件。

⑤ 使用母国人员可避免卷入所在国的种族、阶级、宗教等活动的矛盾和冲突之中，使跨国公司在东道国成为一个“好公民”。

（2）策略的缺点

① 不利于东道国优秀人才的升迁，一旦这种怀才不遇情绪积累过多，会打击当地人员的士气，甚至会出现人心不稳，频频跳槽另谋高就的情形。

② 母国外派人员要用相当长的时间适应和熟悉当地的经营环境，在此期间可能会对企业的经营产生一些不利的影响。

③ 母国外派人员往往占据所在国子公司的重职高位，他们对当地社会文化、经营理念、宗教信仰和语言习俗的了解有一定的局限，从而会影响企业的经营效益。

④ 母国外派人员的成本远远高于当地聘用人员的成本。据有关调查材料，外派人员平均费用是正常水平的 3~4 倍，有的甚至高出 4 倍。

⑤ 母国外派人员可能会因远离生活条件优越的本国环境，长期在艰苦环境下工作，远离亲人而产生文化冲击（Cultural Shock）和孤独感，会降低工作的积极性。

2. 淡化人员国籍的策略

淡化人员国籍的策略是指在全球范围内征选综合素质符合工作岗位需要的人员，从而淡化人员的国籍。

（1）策略的优点

① 公司总部和子公司所需人员统一从公司人才库中择优挑选高素质的员工，论才用人，按需派岗。

② 公司对重要职位实行定期轮岗制度，保持各部位“机体”的开放思维和活力。

③ 人力资源部每年采用纵向和横向的方法考评人员，保存信息，主动向有关部门

选送具有国际业务经验和业绩好的人才。

（2）策略的不足之处

① 任务艰巨、成本费用高。建立公司人才库，在全球范围内挑选人才是一项费时费力的长期工作，还要加强日常培训和培养人才的工作，其费用成本较高。同时，要按照国际薪酬标准实行公司内部真正的同工同酬制度。

② 这种由母公司集中统筹的人力资源管理策略，强调人才集权，降低了子公司的独立性。

上述两种策略的选择与跨国公司国际化经营的发展密切相关。在跨国公司初期，跨国公司可能考虑组织控制因素，而采用以母国人员为主的策略；随着跨国公司国际化的深入和跨国经营的成熟，公司会逐步实施淡化人员国籍的策略。

（二）国际化人才的甄选

1. 国际化人才甄选的特征

国际化人才的甄选（International Selection）是指在国际范围内选评和录用公司重要岗位的候选人。这种招聘和甄选人才具有跨地域、跨文化的特征，要求更具有全局性、动态性和前瞻性。跨国公司尤其注重海外子公司经理人员的选派工作，并逐步形成了一套综合素质考核指标。

2. 甄选指标

（1）专业知识和业务能力。海外子公司经理人员应具备跨国经营的专门知识和技能，善于处理资产运作、生产管理、财务金融、人事管理和法律纠纷等问题。良好的学历背景、卓有成效的工作业绩和丰富的工作经历是考核经理人员的重要指标。

（2）多元的文化素质。跨国公司的各级经理在多元文化中工作，海外子公司经理人员应具备文化适应能力、交际能力、语言能力、生活方式的适应能力以及换位思考能力等。对业务中出现的因多元文化造成的矛盾与冲突有较强的认知能力和应变能力。

（3）语言沟通能力。跨国公司的经理人员除了掌握国际商业用语外，还应掌握所在国的语言，便于在工作中自如地交流。

跨国公司人才的招聘和甄选程序可分为制订招聘计划、发布招聘信息、测试与选拔、录用与评估四个阶段。

三、人才的培训与开发

在经济发展的道路上，后发展起来的国家，可能会用比较短的时间赶上前期的发达国家，但这种技术学习和模仿导致的技术水平提高，只能占一时之上风，不具有持久性。当模仿学习结束以后，自主创新，发掘内部的原动力，更多地获得知识产权和专利，才是决定性的因素。而这就需要吸引精英，需要教育体制、教学方法的革命，鼓励全民思维创新，尊重个性的创新，鼓励多元化、多标准的答案以及文化和思维方法的变革。因为大多数创新并不是由亨利·福特类型的幸运的梦想家带来的，而是千百万一线的生产者和设计者造就的。

（一）人才培训与开发的必要性

为了实现人才与公司的共同成长，跨国公司的人力资源部门有专职人员负责人才的培训与开发工作。为此，有些跨国公司投资建立人才培训基地，如麦当劳的汉堡包大学、百事可乐的跨国管理学院、摩托罗拉大学、通用电器的培训基地和飞利浦公司的培训中心等。跨国公司人才培训和开发的共同目标是：通过培训提高员工的工作技能，规范员工的职业行为；通过培训激发员工的潜能，增强员工工作的适应能力和在国际市场上的竞争能力，提高其管理的能力；通过培训和开发，使员工才能更能促进跨国公司战略目标的实现。

（二）人才培训与开发工作的内容

1. 外派经理人员的培训

首先，要选择符合外派岗位需要的人才，主要考察其业务水平、专业知识、管理能力以及对所在国的文化、人际交往的适应能力和语言交际能力等；其次，要进行赴任的岗前培训，其内容包括所在国的背景知识、语言和文化意识等。

2. 建立和健全跨国团队

公司领导团队的培养是一个渐进的过程，需要在实践中积累知识、经验、判断力等，其基本方法是：（1）由表及里（外表至内涵）；（2）由过去至现在（历史纵向）；（3）由一事至全面（由点到面）；（4）由已然至未然（由已知到未知）。

跨国公司经营国际化业务的团队，由母国人员、东道国人员和第三国人员组成，这个团队必须在跨国公司战略目标指导下和谐地开展工作。

跨国经营团队拥有许多优秀的人才，只有将个体力量汇集成团队精神，才能在激烈竞争的国际市场上立于不败之地。一个有效的跨国经营团队应具备以下的基本素质：团队的每个成员具有高超的业务技能；每个成员懂得协同作战；团队拥有足够的资源和明确的目标以实现公司的战略计划；团队成员应发扬主人翁精神为实现公司的战略目标进言献策。

四、跨国公司业绩管理

一个成功企业的业绩管理是以公司的战略目标为基准的一种企业管理形式。它是通过对公司战略的建立、目标分解和业绩的考评，并将业绩的结果应用于公司的日常管理中，以激励员工不断地提高业绩，最终实现公司战略目标的一种管理活动。

跨国公司的全球战略目标就是要从全球经营的总体来考虑，有计划地谋求最大的利润、最小的风险。世界500强企业的资料显示，跨国公司业绩管理指标包括以下方面：

（1）确立公司战略目标。跨国公司明确、高远的战略目标，足以调动和鼓舞员工的斗志和士气，全体员工朝着一致的方向努力，保证战略目标的实现。

（2）透明的可量化的目标。很多企业都会制定两类战略目标：一类是必须达到的基本目标（生命线目标），另一类是须经过努力才能达到的挑战性目标（期望目标）。

公司的战略目标，不仅给员工指明了发展方向，而且是可量化的指标体系。

（3）建立健全的组织结构。跨国公司要实现战略目标，需要建立一套健全的组织结构。不同的战略需要不同的组织结构，不同的组织结构对战略目标的实现具有不同的影响力。跨国公司采用矩阵式的组织结构就比较容易实现多元化和国际化发展的战略目标，而采用职能式组织结构就很难满足战略目标的实现要求。

（4）设立有效的业绩考评制度。跨国公司人力资源部每年都要进行工作业绩考评。所谓业绩考评是指按照公司的战略目标，定期对员工和部门的工作情况、业务表现和业绩成效的考核衡量。通常采用自评和互评两种方法，被考核人的上级、同级、下级以及客户都会参与考评，实现全方位的360度（360° feedback）的考评。

（5）推广业绩优良者的成功经验。业绩考评要达到树立先进、批评后进的目的。因此，要大力推广业绩优良的部门和个人的成功经验，使各个部门和员工都有努力的方向和归属感。同时，业绩考评的结果要与薪酬挂钩，将业绩考评结果应用于工资调整、奖金分配、职位晋升等，以激励员工的奋斗精神。

总之，公司业绩管理与考核使企业的全体人员共同参与工作目标的制定，并共同努力、协同完成工作目标。管理学大师彼得·德鲁克（Peter Druck）曾提出的目标管理的方法是"管理中的管理"。该方法是先由公司领导提出公司在一定时期的总目标，然后由部门和员工根据总目标制定各自的工作目标，在工作中实行"自我控制"，并努力完成各自的工作目标。各部门目标的完成，保证了公司总目标的实现。目标管理的实质是"目标业绩导向的自我管理"。

五、薪酬待遇与福利

跨国公司的人力资源管理中，薪酬和福利的管理是直接关系到员工经济利益的大事。

基本工资是整个薪酬项目的基础，也是各种报酬和津贴的依据，员工的生活补助、住房补贴、出国服务津贴、在职期间的福利以及退休金、养老金等都与基本工资直接挂钩。基本工资与生活支出成本（Cost-of-living）密切相关，为了吸引和留住当地的优秀人才，跨国公司员工的基本工资通常都高于其所在国企业具有同等学力员工的基本工资水平。

津贴（Allowances）是对外派人员的生活补贴。津贴包括生活费津贴、住房津贴、子女教育津贴和搬迁调动津贴等。其中最受关注的是生活费津贴（Cost-of-living Allowances，COLA），这是不同国家之间生活费差额的补偿。

跨国公司对员工提供的福利通常包括医疗保险、社会保险和养老保险等。由于各国的福利管理有很大的差异，各国的跨国公司提供的福利计划也有所不同。

跨国公司的薪酬与福利管理，往往与有关国家的税收政策、法律法规、生活支出成本、风俗习惯、生活环境等有关。薪酬与福利政策还要与所在国的汇率、通货膨胀率等情况相联系，这也是跨国公司人力资源管理的重要内容。

六、跨文化人力资源管理

跨文化人力资源管理是指对来自不同文化背景的人力资源进行获取、评估、选存、发展和调整等一系列管理的过程，以充分发挥和体现不同文化背景人员的工作积极性、智慧和才能，从而提高企业的劳动生产率和经营效益。在全球化经营的条件下，人力资源跨国流动非常普遍。对人员的不同文化背景所产生的文化差异要统一于总公司的战略目标，以使各企业的组织结构、技术操作、决策方式和控制程序基本趋同。事实表明，在跨国经营中，由于经营、技术、财务方面的因素导致失败的约占30%，而由于文化沟通和经营理念的融合导致失败的约占70%。由此可见，跨国公司的跨国经营管理首先是跨文化的人力资源管理。

（一）跨文化人力资源管理实施的原因

1. 统一文化价值取向

文化差异源于不同的文化价值取向，并由此产生文化冲突。文化价值取向反映不同人员的价值观、态度和行为之间的相互作用、相互影响的倾向。每个个体通过其人生观、价值观和世界观表现出各不相同的文化及其特点。价值观决定人们的态度；处事态度决定人们的行为；行为模式影响企业文化。由此可见，价值观主导着企业的组织结构和组织行为，态度是价值观的直接体现，它驱使全体员工向着跨国公司战略目标努力奋斗。

2. 避免文化冲突

在跨国经营中，人员的复杂性和文化多元性决定了人们会有不同的行为方式，因而容易引起文化冲突。这种文化冲突可能表现为国别地区的文化差异，也可能是员工文化背景的差异。引起文化冲突的主要原因是种族优越感、缺乏沟通、文化态度等。

（1）种族优越感。有些种族自认自己种族比其他种族优越，自己的文化价值观比其他的文化价值观高贵。

（2）缺乏沟通。由于来自不同文化背景的员工，对时间、空间、风俗习惯、价值观等认识的不同造成沟通难度大，或由于语言障碍造成各方缺乏沟通，均会产生文化冲突。

（3）文化态度。每个个体对一定的企业文化管理都会有不同的观点、看法，并由此采取不同的行为方式。人力资源管理要求对企业的不同文化作出正确的处理，避免出现文化冲突。

（二）跨文化人力资源管理的策略

随着经济全球化和企业跨国并购的发展，跨国文化企业越来越多，跨文化管理也越来越重要。这就要求管理者在遇到不同的文化差异时，要按各个企业所面临的具体情况，制订符合自己的可行方案，做好跨文化人力资源管理的策略选择。

1. 企业文化的本土化策略

通常，跨国公司在国外市场就地投资，就地生产，就必须雇用当地员工。这是因为：一方面，各国政府规定必须在当地雇用一定数量的员工，以增加就业；另一方面，由当地招聘的员工熟悉当地的法规、市场动态和风俗习惯，便于跨国公司在当地站稳脚跟，拓展市场。因此，选拔和培养当地各级企业管理人员是跨国公司文化管理本土化策略的基本指导思想。本土化有利于跨国公司降低国外派遣人员和跨国经营的生产成本；有利于与当地社会文化的融合，减少东道国对外来资本的反感情绪；有利于东道国增加就业，提升经济安全，参与国际接轨。

2. 文化移植

尺有所短，寸有所长。不同文化有其自身不同的优势，文化移植在跨文化人力资源管理中，被称为“民族中心模式”。这种模式适合于采用无差异策略，推广单一产品的跨国公司，其人力资管理政策由母公司统一制定，各子公司只是严格执行这些已经标准化的管理政策。这种标准化管理政策已经被世界各国广泛认可。它的基本特征是：各个东道国子公司的重要管理岗位由母公司直接派遣，便于公司文化全面移植到各个业务单位和业务环节，让子公司的当地员工逐步适应，并接受这种外来文化，并以此开展公司的日常业务。

文化移植的另一种策略被称为“多元中心模式”。这种模式是在母公司文化作为子公司主体文化的基础上，把东道国的文化移植到母公司的文化中，也就是将母公司制定的政策作为大政策框架的基础，各子公司根据当地情况，制定具体的政策和措施。这种模式的优势在于其灵活性和适应性，其劣势在于两种文化嫁接有一定的难度。

3. 多元文化包容策略

现代企业竞争不再是比较投资更多、设备更先进、产品更漂亮，而是比较企业内部文化管理的功底。其核心是，既有原则性，又有灵活性和柔软性。跨文化人力资源管理面临着众多的文化差异，有子公司存在的文化差异，有母公司与子公司之间存在的文化差异，有个体之间存在的文化差异，有在母国的总公司内部存在的文化差异等。有矛盾、存差异，这是客观现实，因此要求各级管理者学会包容，即包容不同的意识形态、不同的观点、不同的价值观、不同的文化背景。这种包容性和非排他性，人们习惯上称之为兼收并蓄，文化互补。承认文化差异，却不相互排斥，而是优势互补。在业务操作中，都以母公司的文化为主体，吸收和补充东道国的文化优势，这就是多元文化渗透的模式。

复习思考题

1. 何谓跨国公司全球战略？跨国公司制定全球战略的原则是什么？
2. 跨国公司制定全球战略的意义何在？
3. 跨国公司为什么要组建国际战略联盟？国际战略联盟有哪几种形式？
4. 跨国公司国际战略联盟有哪些主要特征？
5. 试述跨国企业的所有权与控制权的关系。
6. 影响跨国公司选择所有权策略的因素是什么？

7. 哪些因素可以影响跨国公司国际生产战略的选择？
8. 按物流方式划分，跨国公司的国际生产方式有哪几种？各有何利弊？
9. 当代企业在世界市场上的产品扩展策略有哪些？
10. 跨国公司人力资源管理有何特点？

案例分析

Google 如何管理“知识工作者”

“知识工作者”是由美国管理学大师彼得·德鲁克创造性地提出的。他说，知识工作者相信，他们获得薪酬是因为效能，而不是为了每天从上午9点工作到下午5点。精明的企业会“扫清知识工作者前进道路上的一切障碍”。

与大多数科技公司一样，Google（谷歌公司）的许多雇员都是工程师，Google 用以下十项原则来促使知识工作者发挥最高效能。

挑选新人。应聘 Google 公司，面试者至少需要同六位考官面谈。这些考官有的来自管理层，有的可能是面试者未来的同事。每个考官的意见都能影响最终结果，这使得聘用过程更加公平、要求更高。

服务周到。公司要解除员工的后顾之忧。正如德鲁克所说，公司的目标是“扫清知识工作者前进道路上的一切障碍”。公司不仅提供标准的一揽子工资以及福利，还满足勤奋工作的工程师们几乎所有的生活要求——一流的就餐条件、健身房、按摩室、洗衣、理发、洗车、班车。总之，要让他们轻松地兼顾工作和生活。

一起办公。在 Google，几乎每个项目都是团队项目，因此，团队成员之间必须沟通，有效沟通的最佳途径是让团队成员在一间办公室里办公。其结果是，Google 的几乎每个员工都与他人共用办公室。当一名成员需要与同事协商问题时，只要开口就立即能办到，不存在电话留言，没有任何电子邮件延误。当然，公司还有许多会议室可供人们进行详细讨论。与知识渊博的同事坐在一起是一种令人难以置信的高效学习体验。

提倡协作。由于团队所有成员之间的距离都在几英尺之内，进行协作相对比较容易。除彼此之间物理距离较短之外，Google 员工每周还通过电子邮件向团队的所有其他成员发送上周工作摘要。这使每个人都能便捷地了解同伴们的工作进展，并与团队工作保持同步。

共享创意。Google 员工对公司信息工具的使用频率非常高，其中最突出的是网络。几乎每个项目和每项任务都有专门的内部网页，这些网页都被编入索引，项目成员只要有需要，就能随时查阅。

鼓励创新。Google 的工程师们最多可以把20%的工作时间花在自选项目上，就是希望让有创意的人发挥创造力。Google 有一个不是秘密的“武器”——点子邮件表。这个软件是全公司范围的建议箱，无论是关于泊车方式还是重要的应用程序，员工们都可以在此发表意见。该软件使每个人都能对建议进行评论和打分，并把最佳建议传达给最高管理层。

群策群力。Google坚持的观点是“众人拾柴火焰高”，在做出任何决策之前，都要征得最广泛的共识。在Google，管理者的角色是充当各种观点的集大成者，而不是独断专行的领导者。达成共识能使团队更加同心协力，使决策更加周全。

氛围宽容。彼此宽容已成为Google员工的行动准则。像所有其他组织一样，员工们发表意见时也会情绪激昂，但没有人有过激行为。Google着力营造一种相互尊重、彼此宽容的氛围，而不是人人唯命是从。

数据决策。Google建立了专门的系统用来处理外网和公司内部网的信息，几乎每项决策都以量化分析为依据。公司的几十位分析员在数据中耕耘，跟踪最新趋势，以使员工们跟上时代潮流。

高效沟通。公司每周都要举行全体员工大会，宣读各项通知，介绍有关信息或解答问题。这让管理层和知识工作者能对彼此的想法有所了解。在Google内部，信息传播相当广泛，但严重的泄密事件却很少。对员工而言，只有深受信赖，才能满怀忠诚。

第八章　跨国公司的市场营销管理

✓ 本章摘要

跨国公司对国际市场进行环境分析和市场细分是为了选择目标市场。公司对各个国际市场采用不同的营销策略，并针对目标市场制定出相应的定价策略。

跨国公司市场营销组合决策中的关键是促销决策，促销决策直接影响产品销售和企业利润。

跨国公司为了保证营销决策的准确性和及时性，采用探索性调研、描述性调研和因果分析调研等方法。

✓ 本章关键词

目标市场营销策略　　六个 C 营销渠道策略　　目标市场定价原则　　营销调研

✓ 学完本章，你需要掌握：

跨国公司选择目标市场的营销策略，市场营销的竞争策略和选择营销渠道的方法，跨国公司市场定价的方法。熟悉跨国公司市场定价目标的选择，不同产品生命周期的市场定价，国际营销调研的方法。了解跨国公司市场营销的促销决策。

跨国公司市场营销管理包括出口销售管理和在各国当地市场销售的管理。公司营销活动的对象是全球消费者，经营环境具有很大的差异性，从而决定了其营销策略的多样性。跨国公司在了解国外市场的基础上，进行市场细分与目标市场的选择尤为重要。选择目标市场进入的时间和方式，具有国际性色彩。跨国公司的市场营销组合包括市场策略、产品策略、价格策略、促销决策和市场营销调研等方面。跨国公司市场营销的种种不可控因素，更加大了营销的难度，为此，跨国公司需要一大批国际化的营销人才，以适应各项任务的需要。

第一节　跨国公司的营销策略

跨国公司以全球市场为经营目标，面向世界市场做出自己的生产、经营决策。据估算，跨国公司有 20%～50% 的利润来自国外市场。因为国际市场的环境要比国内市场的环境更复杂，所以跨国公司在进行国际营销活动之前，必须首先分析国际环境（政治和法律环境、经济环境、社会文化环境），掌握商情和各种经济技术信息，熟悉国际惯例，以尽量减少风险。

一、跨国公司选择国外目标市场

跨国公司经营以世界市场为依托，对市场的评估是公司经营之本。市场评估（Market Evaluation）就是对各个不同市场的需求和竞争状况进行预测，并在此基础上明确各个市场的发展方向及相应措施。跨国公司对国际市场进行环境分析和市场细分的目的是选择目标市场。所谓目标市场（Target Market），是指跨国公司产品的销售市场和服务对象市场，即公司确定的作为公司经营对象的某些特定的顾客。一家跨国公司应该如何选择目标市场，取决于产品性质、市场特点以及跨国公司资源能力等因素。

（一）跨国公司选择目标市场的策略

跨国公司的目标市场营销策略有无差异营销（Undifferentiated Marketing）、差异化营销（Differentiated Marketing）和集中营销（Centralized Marketing）三种。

1. 无差异营销

经过市场细分之后，跨国公司虽然认识到市场有差异，但这种差异不大，即市场上共性大于个性。因此，跨国公司决定以统一的产品、同样的销售渠道、整齐划一的促销措施和价格向全球广泛推销。例如，可口可乐公司多年来在世界各地使用相同的瓶子、相同的口味、同样的广告。这种策略最大的优点就是可以降低生产和营销成本。但在国际市场竞争日益加剧的形势下，除经营农矿初级产品和规格统一的原料性工业产品的跨国公司还勉强使用这种策略外，其他跨国公司对这一策略的使用已越来越少。

2. 差异化营销

跨国公司按照各个市场的不同需要，分别设计不同的产品和运用不同的市场营销组合，同时为多个市场或子市场服务。这种策略的好处是细分市场较多，能提高总销量，同时，也可以避免过分依赖某一市场。但这种营销方法会相对增加产品费用、生产成本、管理费用和促销费用。

3. 集中营销

集中营销策略是在市场细分的基础上，公司只选择一个或几个性质基本相同的细分市场，作为该公司这一系列或某品种商品的目标市场。

（二）跨国公司选择目标市场应考虑的因素

公司应当使用何种方法选择目标市场，取决于对与公司内部和外部有关的因素的充分衡量，其中主要因素有企业规模、产品的同质性、国际市场的差异性、产品生命周期和竞争对手策略等。

1. 企业规模

大公司拥有较雄厚的经济实力，在选择差别和无差别市场营销策略时就占有优势。而小企业由于管理和销售力量较弱，一般宜采用密集型市场营销策略。

2. 产品的同质性

跨国公司根据产品差异程度的大小，采取适当的市场营销策略。对差异性较小的产品，可采取无差异市场策略，如软饮料、农产品；而对于差异性较大的产品，则宜采用差异性或密集型市场营销策略，如电器产品。跨国公司营销的成功与否往往取决于满足差异性需求的程度。

3. 国际市场的差异性

对政治、经济和社会文化环境大致相同或相近的不同国家或地区的市场，如购买者的需求特性也基本一致，可视为相同市场，采取无差异市场营销策略；而对于差异程度较大的市场，跨国公司一般采用差异市场营销策略或集中市场营销策略。

4. 产品生命周期

当产品处于介绍期或成长期时，一般宜采取无差异化市场营销策略，因为这时公司的目的在于探测市场。当产品处于成熟期或衰退期时，宜采取差异化市场营销策略，以扩大销售量；或采用密集型市场营销策略，以维持和延长产品在某市场的寿命期。

5. 竞争对手策略

国际市场竞争对手采取何种策略，也是影响跨国公司如何进行国际市场营销的一个重要因素。如竞争对手在目标市场上采用无差异化市场营销策略，跨国公司采用差异化市场营销策略则比较容易成功；而竞争对手采用差异化市场营销策略时，跨国公司采用无差异化营销策略就将处于不利的竞争地位。

（三）跨国公司产品的国际市场定位

1. 对产品进行市场定位的原因

如果跨国公司对目标市场分析的结果表明公司必须发展新目标或维持原有目标，那么，公司必须对产品进行市场定位，并依此确定本企业产品与竞争者产品在市场上分布的相对关系。

对产品进行市场定位，就必须了解消费者对产品的需求及所追求的利益，在这些需求中哪些是关键的因素，在此基础上研究竞争者和本企业产品在市场上所处的相对位置，以便最快最优地树立起本企业产品在市场中的地位和形象。

2. 定位方法

假定某跨国公司选定以某国消费者使用的 18 英寸彩色电视机市场作为其进入的目标市场。经调查发现，顾客们关心的主要是产品质量和价格高低。目标市场上竞争者所提供产品的情况如图 8-1 所示。

图中 A、B、C、D 四个圆圈代表目标市场上四个竞争者。圆圈面积大小表示这四个竞争者的销售额大小。竞争者 A 生产和出售高质量和高价格的彩电；竞争者 B 生产和出售中等质量和中等价格的彩电；竞争者 C 生产和出售低质量和低价格的彩电；竞争者 D 生产和出售低质量和高价格的彩电。我们假设目标市场上竞争的主要情况即是如此，那么，这家企业的产品应当定位在什么位置上呢？这家公司主要有以下两种选择。

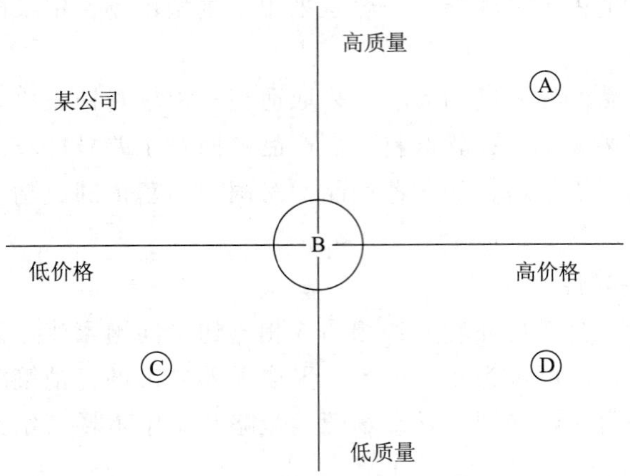

图 8-1　目标市场产品竞争定位图

（1）选择把本企业的产品位置定在竞争者 A 的附近，与 A 争夺顾客。选择这样的定位必须具备以下条件：① 本企业能比 A 生产出更好的产品；② 市场本身容量很大，足以吸收这两个竞争者所生产的产品；③ 本公司比 A 有更多的资源；④ 这种定位与本公司的信誉和特长相适应。

（2）选择把本企业的产品位置定于左上角的空白处，即决定生产和出售高质量和低价格的 18 英寸彩电。公司这样做，固然可以在这一部分市场上立即取得领导地位，但必须具备以下条件：① 公司有制造高质量彩电的技术；② 公司以低价格出售高质量的彩电，仍能获利；③ 公司通过各种促销手段使消费者相信本公司的产品质量能与 A 公司的产品质量相媲美。

二、跨国公司市场营销的竞争策略

跨国公司的产品在国际市场上的地位决定着公司在市场上扮演的角色。角色不同决定了公司采用的竞争策略也有所差别。

（一）市场领袖策略

几乎每个行业都有一个公认的“领导者”，领导者通常在市场上拥有较高的占有率，它在价格、新产品、促销等方面的活动足以影响其他企业的活动。

为了维护领导者的地位，跨国公司可采取以下策略：发展目标市场的每一细分市场，或维护其取得的市场占有率，通过努力增加产品线中的产品项目，吸引潜在顾客进入市场，增加产品用途；或增加原购率、重购率。

作为某行业或某产品的市场领导者，拓展目标市场的每个细分市场，都应在市场调研的基础上经过“实地试营销”阶段，以发现可能存在的问题。在这一问题上美国婴儿尿布生产商宝洁公司跨国经营婴儿尿布的经验教训很有代表性。

相关链接

宝洁公司在20世纪80年代把美国市场最受欢迎的婴儿尿布产品打入中国香港地区和德国市场。公司自认为该产品在美国已销售多年，受到普遍好评，因此，决定跨越试销阶段，直接大举进入中国香港地区和德国市场。但事情大大出乎宝洁公司的意料。中国香港地区的消费者抱怨尿布太厚，德国消费者却反映尿布太薄，吸水性能不足。宝洁经过深入细致的市场营销调查才发现，婴儿一天平均尿量虽然大体相同，但婴儿尿布使用习惯在中国香港和德国却大不相同。香港的消费者把婴儿的舒适性作为头等大事，尿布一湿就换，因此，宝洁公司的尿布就显得太厚；而德国的母亲比较制度化，晚上给孩子换完尿布，到早晨才会再换一片，于是宝洁公司的尿布就显得太薄。

（二）市场挑战者策略

处于市场挑战者地位的企业，通常仅比领导者的市场占有率稍小一些，仍然有希望获得领导者的地位。

作为挑战者，企业必须发现其竞争对手的一些弱点，从中找到增加市场占有率的机会。通常可供挑战者选用的策略有：

（1）采用低价方式快速进入目标市场，待市场地位巩固后，再提高产品的售价。

（2）选择合适的推广对象，包括中间商和零售商。

（3）发展新产品。这样一方面可以巩固其挑战者地位，另一方面能进一步扩大市场份额，进而取得领导者的地位。

相关链接

日本本田摩托车在20世纪60年代进入美国市场时，所推销的四种车型（50cc、100cc、150cc和200cc）中，获得成功的是美国市场摩托车厂没有生产的50cc轻型摩托车，销售渠道选的是自行车商店，而不是专业摩托车商店，从而避免了“正面攻击”，另辟蹊径，取得了成功。

（三）市场追随者策略

市场上大多数公司处于市场追随者的地位。因为它们经济实力不雄厚，没有能力来竞争领导者的地位，只能扮演追随者的角色从事市场营销活动。追随者可选用的主动进取策略有：

（1）市场细分策略。对市场产品进行周密细分，选出最优产品，设计恰当的营销策略，主攻某类产品以满足市场的需要。

（2）追求高利润策略。对追随者而言，利润的大小往往比市场占有率更有吸引力，故选择具有优势且利润率高的产品发起攻势。

（3）市场追随者战略。即时刻关注发达国家市场领先者的产品政策、价格政策和销售行为，密切注视领先公司在价格、新产品方面的变化，据此来制定本公司的营销对策。

（四）集中目标，“定时出击”策略

当市场已发展成为世界市场，竞争已成为全球性竞争，企业应当找准目标，把精力集中在自己最具优势的方面，而且主动“定时出击”（Time Pacing）。许多跨国公司已把企业研究开发集中在能够创造价值的某些环节、某些产品或劳务等重点部门，有时甚至放弃过去较强项，但现在份额已下降的业务，及时转向有发展前途的新领域和新业务。

早在 1965 年，英特尔集团的创始人之一摩尔曾预言，电脑微处理器芯片的记忆容量，每 18 个月增一倍。这项当年鲜为人知的“摩尔定律”，成为英特尔公司上下奉为圭臬的企业目标。年复一年，英特尔推出新产品的速度决定了全球电脑业前进的步伐。1987—1997 年，英特尔公司凭此为股东创造出年平均增长率 44% 的收益。之后，整个公司几乎年年盈利，其盈利是世界大电脑公司盈利的总和。

1. 何谓“定时出击”策略

英特尔公司推出的“定时出击”策略，即企业身处无法预测的剧变的市场中时，有计划、有意识地推出新产品、新服务或进入另一个新领域、新市场。这种策略具有规律性和节奏性，而且完全主动。

2. “定时出击”策略的作用

（1）“定时出击”策略对企业管理中两个关键却常被忽略的过程有重要作用。一是管理转型（Managing Transitions），即从一个活动转到另一个活动；二是管理节奏（Managing Rhythm），即步调的变换。企业按部就班地出击，就能激发一种自我动力；企业能有效地实现管理转型，则能维持源源不绝的动力，且又不错过任何重要的节拍。

（2）“定时出击”策略就像节拍器，为企业变革创造了可预期节奏。这种预期节奏造就了企业文化中一种强有力的心理冲击。为了实现预期目标，企业整体会产生一种往前冲的紧迫感，而且个人和团队的能量更容易集中于共同的目标。

（3）“定时出击”策略适用于企业的各个领域。以英特尔公司为例，它不仅做到每 18 个月向市场推出新产品，还做到了每 9 个月增加厂房设备。英特尔不断地更新设备和扩大产量，有效地提升进入市场的门槛，阻止了竞争者进入芯片市场，而且，即使英特尔一时无法满足市场的需求，竞争者也无法分一杯羹。

对英特尔的成功经验，其他行业的企业紧跟效仿，形成了明显的“带头羊效应”。3M 公司每年盈利的 30% 来自新产品，网景公司要求每 6 个月推出一款新产品，英国航空公司每 5 年创新一项座舱服务，明星咖啡连锁公司每年全球新开 300 家连锁店等。

由此可见，上述跨国公司的营销策略，是从市场的主从关系角度来部署营销策略。作为发展中国家的新兴跨国公司，应当重点研究市场追随者策略，以帮助自己在国际市场上赢得一席之地。

三、跨国公司选择营销渠道的方法

跨国公司对目标市场进行选择和定位以后，就要决定采取何种方式进入目标市场，即是通过直接出口、间接出口，还是在当地市场上通过合资、独资、许可证贸易、合同生产和管理等形式就地生产、就地销售。跨国公司在选择营销渠道时，既要考虑公司的总体利润目标，又要考虑不同营销渠道的特点。跨国公司一般从成本（Cost）、资金（Capital）、控制（Control）、覆盖（Coverage）、特性（Character）和持续（Continuity）六个方面来考虑如何选择营销渠道。这六个因素被称为“六个 C 营销渠道策略”。

（一）成本

成本指公司开发和保持一个营销渠道所需的费用。公司开发国外市场营销渠道的成本越低，其他五个 C 的经济效率越高。通常降低成本的最有效方法是缩短营销渠道，直面市场。

（二）资金

公司选择营销渠道应从节省资金开支出发，追求最佳效率。公司利用中间商进行产品分销可以减少资金投入。其中，独立的中间商在买下商品时即能提供现金流转，而代理商在没有售完商品以前，不会要求公司进行现金流转，但往往要求在经营开始时提供资金补贴，因此，跨国公司应根据不同的营销渠道特点，结合自身的经营目的和财力情况做出不同的营销决策。

（三）控制

跨国公司为了控制国外市场的营销机构，往往不惜重金投资建立能实现最大程度控制的销售系统，缩短营销渠道的长度，以便加强跨国公司对产品售价、促销方法和销售方式的控制。

（四）覆盖

所谓市场覆盖，是指为了保证目标市场销售量的完成而要实现的在目标市场上的销售份额。跨国公司扩大国际市场销售的方法，一是加大对购买力强大的市场的渗透力，二是扩大市场的覆盖面。

（五）特性

跨国公司在选择营销渠道时，应同时考虑两个方面的特性，即公司的特性和目标市场的特性。公司的特性是指产品性质以及公司的规模、经营能力和财务状况。公司的特性与营销渠道的选择密切相关。目标市场的特性是指客户、中间商和竞争者的特性。

（六）持续

一般而言，成功的企业，其营销渠道要保持长期的、连续的畅通。为此，跨国公司应选择持续性较好的经销商和专营零售商作为自己的中间商，并且在目标市场上培育品牌忠诚者。

第二节　跨国公司的价格策略

跨国公司制定出合适的定价策略是保证公司目标实现的重要条件。通常，制定产品的价格要考虑三个制约因素，即生产成本、竞争性产品的价格和消费者的购买能力。其中最关键的是产品的生产成本。产品的生产成本决定了产品的最低定价，而可比产品的竞争性定价和消费者的购买能力则制约着产品的最高定价。

一、跨国公司选择市场定价目标

跨国公司在确定目标市场产品销售价格时，一般以营销目标为依据，按照公司的利润目标、市场目标、竞争目标来确定其产品的价格。

（一）利润最大化目标

跨国公司的利润最大化是指公司在较长的时间内谋求整体目标的最大利润，而不是指公司短期内在单个产品上尽可能获得的最大利润。因此，公司为了保证长远的、整体的最佳利润，不惜在短期或个别产品上少获利或暂时亏损。如在产品的组合方面，日本佳能公司宁愿在复印机上制定较低的市场价格，获得少量利润，而趁机扩大了复印纸和油墨等的销售量，以合理的定价赚取了较高的利润，从而保证公司总体的最大利润。

（二）争取预定的投资利润率

跨国公司目标投资利润率是公司根据自己的发展目标而制定的利润与投资总额的比率，通常目标投资利润率要高于一般利率。这种定价目标一般被在行业中处于领导地位的公司或那些受专利保护而暂时没有竞争压力的系列产品所采用。这种定价方法比较简便，公司只要以产品的生产成本为基准，并预测产品的市场销量便可算出相应的市场售价。

（三）巩固和扩大市场占有率

当跨国公司产品已打入目标市场，公司的营销策略目标和价格目标的重点便是维护和扩大市场份额，使公司的产品在目标市场上占有优势地位，从而通过扩大市场份额增加利润。此时，公司扩大市场占有率的途径一般是通过建立产品声誉，大力促进适销产品的销售，进而扩大销量。

（四）始终紧盯竞争对手的价格

以全球市场为经营目标的跨国公司，无疑会遇到竞争对手的价格竞争。为此，跨国公司在进行市场定价前，应综合考虑公司与竞争者实力的比较，如生产规模、产品成本、产品质量、产品信誉等。如果综合实力超过对手，定价可高于竞争者；如果实力不如竞争者，定价可低于对手。

（五）实施价格领导制

在竞争激烈的世界市场上，一些大型跨国公司为了避免在竞争中两败俱伤，往往通过协商，组成各种卡特尔，实行价格领导制来限制竞争、稳定价格、确保市场。

二、跨国公司市场定价的方法

跨国公司市场定价的基本方法有三种，即成本导向定价法、需求导向定价法和竞争导向定价法。

（一）成本导向定价法

成本导向定价法是指跨国公司市场定价主要考虑如企业目标、政府法令、需求状况、竞争格局等因素，但最主要的依据还是产品成本。成本导向定价法可分为以下两种。

1. 成本加利润定价法

这种方法是指在总成本基础上加上一定的利润，以此作为产品价格的基础。这种定价法是成本加成的方法。其优点是简便易行，能保证企业有稳定的利润，不会亏本。缺点是没有从客户利益角度考虑问题，忽略了市场竞争。在国际市场的交易中，产品和价格是由国际价值决定的。以成本加利润定价，在某些市场原本可能以更高的价格获取更高的利润，而在另一些市场可能因价格偏高，无法进入而失去客户。

2. 边际成本定价法

边际成本定价法是指跨国公司在制定产品价格时，只考虑产品的变动成本，而不考虑固定成本。当市场竞争激烈时，公司为了打入市场，稳定市场占有率，把竞争对手逐出市场，采用边际成本定价法是较好的选择。从长远观点出发，公司有时要甘心接受早期的低利润，甚至亏本经营，并将亏损作为市场长期发展的一种投资，以培育其长期获取更多的市场占有率与市场地位的能力，俗称“放长线钓大鱼”。

（二）需求导向定价法

需求导向定价法，是指跨国公司主要考虑国外市场的供求关系，根据市场需求强度即客户能够接受的水平制定价格。需求明显增大时可以制定市场可能接受的最高价，需求降低时就制定低价。采用这种方法，首先要了解国外市场上的供求关系，估算出产品在国外市场上的最终价格水平，然后估算中间商利润、关税、运费等，从而倒推出产品的出口价格。

（三）竞争导向定价法

竞争导向定价法，是指跨国公司在考虑产品成本和需求的同时，主要依据同一市场上同类产品竞争对手的价格来确定自己产品的价格。处于寡头垄断和垄断竞争格局中的企业，应考虑采用这种方法。这种方法适用于以下情况：

（1）企业在某一时期、某一市场上，以击败某一或某些竞争对手为主要目的，此时应以竞争对手的价格为依据，低于或等于竞争价格，并随竞争对手价格变动而变动。

（2）某些大宗商品，如小麦、茶叶、石油等，其世界市场价格是公开的，企业在这种情况下一般应随行就市，高于当时市场价格就会失去交易机会，低于当时市场价格则会降低利润水平。

（3）企业刚刚进入某一市场，对需求、中间加成等因素了解不够，此时的一个简便方法就是模仿竞争对手同类产品价格，待充分掌握情况后再进行适度的调整。

三、跨国公司市场定价的步骤

跨国公司制定合适的价格，必须从公司的全球战略目标出发，考虑消费者的需求、生产成本、竞争压力、产品的特性等因素的影响，在此基础上进行价格可行性研究，最终制定出合理的销售价格。跨国公司制定产品价格一般由以下几个步骤组成。

（一）寻求产品可能的消费者

跨国公司制定产品和服务价格的依据是考虑顾客可能接受的价格水平，这些最终支付价格的购买者对公司定价的反应在很大程度上影响着跨国公司营销计划的成败。跨国公司制定价格时，必须综合考虑产品的使用者、购买者和影响购买者需要的因素以及他们对不同价位产品的态度。

（二）预测市场潜在的需求量

跨国公司要合理定价，首先要估算消费者的需求量。公司营销决策者先按照地区、收入、消费倾向的相似性来对消费者进行分组，然后预测在每一个不同的细分市场上产品和服务的不同价格和不同的需求量，最后汇总各个不同细分市场的需求量，这样就取得了产品和服务在不同价格水平的需求量。

（三）掌控竞争者的价格变动信息

一般而言，了解竞争者产品的市场价格并不困难。然而，要掌握竞争者产品的实际价格结构却非易事。在市场竞争中，设法获取竞争者产品的价格折扣表及有关价格信息至关重要。许多公司习惯采用数字代码，以防泄露。为了解读数码，了解实情，一些公司采用接近竞争者的推销员、海外子公司的管理人员、公司决策者和重要往来商的办法，刺探竞争者的价格信息。

（四）剖析竞争者的价格定位

在确定市场、预测需求、了解竞争者的价格结构之后，跨国公司营销决策者就能大致掌握竞争者的定价方案。不同定价的数量取决于公司在世界市场上参与竞争的产品价格的变动范围和产品的定价弹性。产品价格的变动范围越宽，产品的交叉需求弹性越大，产品定价可选择的数目就越多；如果定价范围狭窄，产品交叉弹性又低，对该产品而言，可供选择的定价方案可能就有限了。

（五）正确测算公司的净价格

测算公司不同产品的净价格，对于正确估计在产品不同价格下公司的利润大小是很重要的。跨国公司在借助于中间商推销商品的情况下，它们的实际所得应当是产品市场定价减去中间商的利润。跨国公司通过自己的营销渠道将产品直接销售给消费者，公司只要支付一部分营销费用，便可得到全部的销售收益。

（六）估算产品的成本

跨国公司销售产品的成本由三部分组成，即固定成本、可变生产成本和促销费用。

1. 固定成本

固定成本通常由固定资产的折旧、租金、利率和管理费组成。它不随生产量的改变而变化，但单位产品中的固定成本比例随生产量的增加而不断下降。

2. 可变生产成本

可变生产成本包括原材料、能源、劳动力成本等内容，它随着产量的增长而增加，但单位产品中所占比重并不随产量的变化而变化。

3. 促销费用

促销费用包括产品在国际市场营销中的费用，加上关税、运输费、保险费、通货膨胀、汇率变动和分销渠道等费用。

（七）预测产品销售利润

公司在计算出产品在不同价格条件下的销售量和总成本后，就可以预测产品在不同价格下的不同销售利润，并在此基础上进行产品的最优定价。

（八）多元化价格定位

跨国公司为了扩大销售，获得最大的利润，应按照上述步骤对不同的消费群体进行单独的价格定位，并且针对不同群体设计不同的营销方法。

四、不同产品生命周期的市场定价

跨国公司参照美国哈佛大学教授雷蒙德·弗农（Raymond Vernon）提出的产品营销

生命周期理论①，制定在各个不同阶段上的产品定价方法。

（一）产品市场的开创阶段

在产品市场的开创阶段（Introduction Stage），新产品刚刚进入市场，跨国公司依靠新产品的独创性新技术、新品牌等非价格因素，得以维持其垄断或寡占的优势。其产品的定价策略取决于新产品的新颖性和这种性质能维持的时间。由于产品处于垄断地位，定价方式以获取最大利润为目的，一般总是使产品的边际成本与边际收益相等。

新产品垄断所得的高额利润对其他公司会产生很大的吸引力，由于竞争者的模仿，新产品很难在较长时间内保持垄断地位，尤其是那些容易失去新颖性的产品，跨国公司往往采用撇脂定价和渗透定价方法，以保证公司获取最大利润和实现既定的定价目标。所谓撇脂定价是指那些缺少弹性的产品，其价格定位于比垄断价更高的价格，从而在短时期内获得高额的利润。渗透定价则是指那些富有弹性的产品，其价格定位较低，从而在短时期内迅速占领市场。

（二）产品市场的增长阶段

由于产品定型，需求增加，生产扩大，这时国内和国外市场出现了模仿者，这标志着产品进入增长期，趋于成熟。在产品市场的增长阶段（Growth Stage），潜在竞争者的仿制品已进入市场，这时跨国公司主要根据市场上的竞争情况来决定自己的产品价格，以便保持并扩大市场份额，降低成本，实现规模效益。

在这一阶段，寡头垄断的市场条件已经形成，少数几家跨国公司垄断了市场，占据了大部分市场份额。其定价策略是按照纽结断折需求曲线进行的（见图 8-2）。

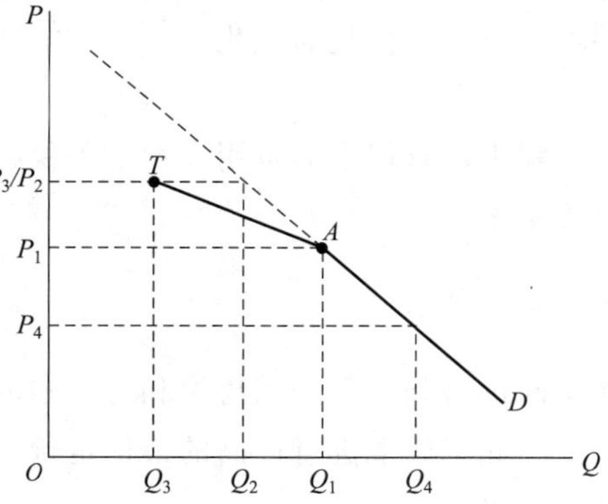

图 8-2　纽结断折需求曲线

若市场产品价格为 P_1，公司销售量为 Q_1，D 线为该公司产品的需求曲线。如该公司提高产品价格至 P_2，其他寡头为了趁机扩大市场份额，一般不提价，或提价幅度小于 P_2，因此该公司产品的销量就会在 Q_2 的基础上进一步下降到 Q_3，市场份额大幅度下

① Raymond Vernon. International Investment and International Trade in the Product Cycle. Quarterly Journal of Economics, 1996 (5): 190-207.

降，得到另一条偏离 D 的需求曲线 AT。而当公司降价时，其他寡头也会相应降价，以保持市场份额不变。为了避免引起价格战，其他寡头价格下降幅度一般与本公司产品价格下降的幅度相适应。

图 8-2 表明了竞争对手的重要性，只有仔细研究分析竞争者的定价战略和对价格变化的应变能力，跨国公司才能制定出更为合理的市场价格。

（三）产品市场的标准化阶段

在产品市场的标准化阶段（Standardized Stage），市场上产品广泛流行，产品的新颖性正在减退，市场销量接近饱和，增长停滞，产品趋于成熟，同一产品在市场上竞争者众多，出现了替代品，形成了垄断竞争的市场条件。此时，若跨国公司仍按边际成本与边际收益相等的原则进行定价，则公司应慎重定位：若定价过高会造成市场份额减少；若定价过低，又可能引发价格战，结果会两败俱伤。

（四）产品市场的衰退阶段

在产品市场的衰退阶段（Declining Stage），产品在市场上由盛至衰，即失去了其新颖性，市场上有无数的竞争者存在，造成产品容易进入市场，这种情况类似于完全竞争的条件。为了争取消费者，保持市场份额，跨国公司对产品的定价应尽可能地低，有时为了等待新产品的生产，产品的价格甚至低于产品的成本。

第三节 跨国公司的促销决策

促销策略是指公司通过人员推销、广告宣传、公共关系和营销推广等各种促销手段，向客户推荐产品信息，引起客户的注意和兴趣，激发客户的购买欲望和购买行为，以达到扩大销售的目的。因此，促销策略是跨国公司市场营销组合的基本策略之一。国际市场上的促销方法主要包括广告宣传、人员推销、营业推广和公共关系等。

一、广告宣传

（一）广告的作用

广告（Advertisement）是指跨国公司通过大众媒介，以付费形式将有关产品和服务的信息传递给消费者的一种促销活动。广告由于具有广泛的公众性、强有力的表现性和能反复引起消费者注意的渗透性，而成为人们日常生活中的一个组成部分，并在国际市场营销的促销过程中发挥着越来越重要的作用。

跨国公司在国际市场上开展广告促销（Advertising Promotion）活动，方式虽与在国内的基本相同，但由于各国情况差异极大，所以比国内情况要复杂得多。广告作用是否得到发挥，取决于以下一系列综合因素：各国不同语言带来的广告用词障碍；各国广告媒介的完备程度对广告媒体选择造成的影响；各国政府对广告媒介、可进行广告宣传的产品、广告信息内容、广告开支的各种限制；各国广告代理机构的完备程度和广告代理制度的不同规定对广告业务发展的限制；各国消费者对广告的态度和反应给制定广告策略带来的影响等。

（二）广告促销方式的选择

与国际营销产品决策的标准化和差异化争论相联系，国际市场广告促销活动中也长期存在着究竟实行标准化还是当地化的争论。所谓的标准化，就是把同样的宣传主题和基本相同的广告信息传播给各国市场。而当地化是指按当地的文化和习俗制定不同的广告信息内容和形式。

（三）广告媒体

对于各国广告媒介的选择，也是在国际市场开展广告活动时需要认真研究的问题。在国际市场开展广告活动除需要全面了解报纸、电视、无线电广播、期刊、户外广告、直接邮寄等各种广告媒介的一般特点外，还特别需要注意在各国不同的情况下能否充分发挥各种媒介的作用。这需要分析产品本身的性质、各国各种媒介的可利用情况和成本的变化情况，最终根据单位成本的广告效应来确定媒介选择。

（四）广告费用

广告预算在国内广告和国际广告中都是一个复杂的问题。从理论上讲，只要广告带来的收益大于广告支出，就可继续增加广告费用。但在实际操作中，由于企业很难确定广告支出的收益，因而一般用下面几种方法来确定广告预算。

（1）量力支出法，即根据自己能承受的广告费用来支付广告费的绝对额。

（2）销售额比例法，即根据公司在某国市场上的销售额来支付一定比例的广告费用。

（3）竞争预算法，即根据与竞争对手大致相同的广告费用来确定自己的广告费用。

（4）广告目标法，即根据公司总体经营战略，确定在一个时期内要达到的广告目标。如促进销售增长、提高品牌知名度等，最后确定完成这一目标所需的广告费用。

这些方法也各有利弊，需要在实践中做出具体分析。

二、人员推销

（一）人员推销的作用

1. 人员推销的定义

与广告这种推销活动相比，人员推销是更加直接的促销方式。它是指公司派出人员或雇用当地人员、其他国家人员向顾客和潜在顾客面对面地介绍产品，以促进产品销售。

2. 人员推销的基本过程

（1）发掘潜在顾客。

（2）做好事前准备，如掌握关于产品、顾客、竞争对手的基本情况。

（3）接近顾客，创造进一步宣传产品的可能性。

（4）介绍、宣传产品。

（5）应对顾客提出的各种异议。

（6）要求顾客购买。

（7）事后与顾客的联系。

（二）推销人员的管理

人员推销的过程并不复杂，但收效如何，最主要取决于推销人员的个人素质，特别是推销人员与他人交往的能力。

人员推销的管理主要包括对推销人员的招聘、培训、激励和评价。人员招聘可从本国、市场所在国和其他国家的人员中挑选，他们除了要具备一般市场销售人员的基本素质以外，还应具备独立的决策能力、全面分析研究的能力、对异国文化的适应能力，并对公司工作保持忠诚。

三、营业推广

营业推广（Business Promotion）是指能够迅速刺激需求、鼓励顾客购买的各种促销形式。也可以认为，营业推广是除广告、人员推销和公共关系以外的所有鼓励消费者购买产品、提高零售商和中间商推销能力并改善其合作态度的市场营销活动。

营业推广的形式多种多样，主要可分为两类：一类针对最终消费者，如免费赠送样品、发放优惠券、销售产品时赠送其他的商品、收款金额取整、发行彩票等；另一类针对中间商和零售商，如购买产品时给予价格折扣、合作广告、销售竞争以及发给销售补贴等。

市场营销不得法，市场会教训犯错误的企业。企业的产品质量不佳，市场服务不好，不承担社会责任，这些最终都会体现在消费者的选择上，与企业的生死存亡相关。

相关链接

营业推广是一种综合促销思想的体现。据报道，在我国香港经营青岛啤酒的企业曾采用了“一个啤酒瓶盖可以换取一元港币”的现金兑换方法，从而促使香港许多大饭店的服务员积极向顾客介绍青岛啤酒，成为实际上的青岛啤酒推销员。这一方法对青岛啤酒在香港打开销路起了很大作用。

四、公共关系

（一）公共关系策略

公共关系（Public Relations）是企业为处理好与各种社会组织和公众的关系而采取的一种策略。由于处理好公共关系的最终目的也是扩大企业的销售额，因而公共关系也被视为一种重要的促销手段。只是它与广告、人员推销和营业推广相比较，是一种更为间接的促销手段，因为它是通过树立企业形象来促进产品销售的。

（二）公共关系方式

跨国公司要树立良好的公共关系形象，通常采用以下方式：

（1）了解社会组织和公众的需要，通过调查和研究确定它们需要什么、关心什么，并以此确定自己的行为准则。

（2）进行企业形象分析，判断企业在社会中的形象和地位，特别要注意进入国外市场后做到入乡随俗，使企业的形象适应当地文化和习俗。

（3）利用各种可能的机会传播对企业有利的信息。

（4）加强同政府机构、各国立法机构的交往，通过向文化、教育、体育、福利事业捐助，与社会各界建立良好的关系，赢得人们对公司的信任和好感，争当“好公民”。

在竞争市场上，公司应借鉴生态中的共生关系。共生（Symbiosis）是指两种或多种生物互相合作，以提高生存能力。在生态系统中，共生关系经常存在于原本可能互相为敌的物种关系中，由于共生两者皆获利。

在一些行业中，如电子公司总是寻求双赢的共生关系，这反映在它们的交易中与对待员工的态度上，甚至反映在它们与竞争者的关系上。优秀的电子公司经常与另一家公司既合作又竞争。

优秀的电子公司和电脑公司不会有毁灭竞争者的念头。它们竞争的动机是促进公司业务的增长，扩大市场规模，为此它们甚至可以与竞争对手合作以“炒热”市场，使大家都能赚钱。

第四节　跨国公司的市场营销调研

市场营销调研是决策的基础、营销的前提。一个企业成功的秘密不是它的经验，而是他吸取经验的能力，这与他取得的经验成正比。调研与决策是一个观察与思考的过程，也是独立地进行分析、综合、判断和推理的过程。

国际市场复杂多变，从事国际营销的企业对信息的需求在数量上、质量上、范围上都比在国内营销的背景下更高。在信息革命不断推进的今天，参与国际营销的企业只有重视国际市场上的营销调研，才能及时掌握足够的、必要的信息，才能保证营销决策准确和及时。

一、国际市场营销调研的内容与要求

（一）目标市场的宏观与微观环境的分析

1. 注重企业营销环境的分析

从总体上注意到国际市场营销活动受各种环境因素影响之后，跨国公司的国际市场调研还必须结合这些环境分析，正面研究所面对的问题。

（1）在研究是否需要进入国际市场方面，应做的课题有：产品的世界市场总需求量；公司潜在的世界市场份额；影响市场份额的竞争因素；替代品的发展情况；国际和国内市场的价格比较；产品扩张后能否产生规模效益等。

（2）在研究国别市场选择方面，应做的课题有：目标市场国的经济发展总水平及由此决定的市场总需求量和可能的潜在市场需求量；产品在该国的市场竞争力度，竞争者已占有或可能占有的市场份额，营销策略及变化趋势；该国的政治、法律和文化情况；政府对外国投资和商品的有关政策及法规等。

（3）在研究市场进入方式方面，需要制订各种可能的方案，如：采用出口方式还是许可证贸易方式；直接销售还是寻求建立地区代理商；在目标市场国生产还是仅在那里组装；单独投资还是合资经营。进而，在各种方案中权衡利弊，进行可行性分析。

（4）在研究营销组合决策方面，应做的课题有：关于买方的信息；关于产品品质、设计、操作等方面的信息；关于分销渠道的信息；关于价格决定和可能遇到的限制的信息；有关广告、人员推销、营业推广和公共关系方面的信息。

2. 对目标市场的宏观环境分析

跨国公司对目标市场的宏观环境分析，直接关系到选择目标市场、确定产品定位及新产品开发方向、安排分销渠道及促销方式、决定定价方案等一系列营销战略和战术决策。目标市场宏观环境分析的主要内容如下：

（1）有关的政治法律制度。其包括：该国的国际关系，政治稳定性，政府对经济事务的干预程度，税收制度，有关行业的相关政策法规，参加的国际公约和协定，劳工、广告、包装、环保、定价、消费者权益保护等方面的法律规定。

（2）外资与外贸政策。其包括：外汇管理，相关产品的关税、配额、许可证以及其他非关税贸易壁垒的情况，对外资企业的政策等。

（3）宏观经济状况。其包括：经济制度的形成和特征，经济发展水平，基础设施、通货膨胀、国际收支和进出口贸易等情况，有关的行业标准和规范等。

（4）人口状况。其包括：人口的数量、密度、自然增长率和年龄结构，家庭的规模和数量，人均收入和收入的分配形式。

（5）自然环境。其包括森林、矿产、土地、水利、地形、气候等资源条件。

（6）科学技术水平。它是指相关行业中科技的研究与应用水平。

（7）社会文化。其包括当地的语言、文字、文学艺术、交流方式、价值观念、社会组织、教育水平、生活习俗等。

3. 对目标市场的微观环境分析

跨国公司对微观环境的分析，体现了“知己知彼，百战不殆”的策略。跨国公司只有在了解自身的人、财、物等条件，分析自己在东道国的市场份额及销售潜力，并且明确自己的产品在目标市场上的具体定位（如所处生命周期的阶段、产品的形象等）的基础上，才能将有限的企业资源合理地配置于相应的国际营销决策之中，获取最优的经济效益，不断地提高自己在竞争中的实力。

跨国公司在对目标市场的微观分析中，应注意：竞争者来自哪些国家，其经营范围及经营策略；竞争者所占的市场份额及其未来发展趋势；东道国在市场竞争和公平交易方面的有关法规等。具体内容应包括以下几个方面：

（1）国际市场产品信息。其主要有：在目标市场上，消费者对产品的特殊要求；消费者的购买习惯（如购买的时间、地点、频率和方式等）；消费者的满足程度及原因分析，如消费者对产品质量、商标、包装装潢、功能设计等的要求和意见，产品的潜在消费者和潜在购买力情况，产品在生命周期中所处的阶段及发展趋势，该产品的替代品和互补品的情况，新产品的出现及更新换代周期。

（2）国际市场价格信息。其主要有：在目标市场上，该产品的价格弹性和价格水平；其他同类产品的定价方法；顾客对不同企业产品价差的反应；互补品和替代品的价格水平及变化趋势；产品生命周期不同阶段中的价格调整；顾客对价格变动的心理承受能力和经济承受能力；产品从生产到消费过程中各层次中间商的加价幅度；东道国对进口产品价格的具体规定和限制；东道国在信贷条件、支付方式、销售条件等方面的习惯做法。

（3）国际市场分销渠道信息。其主要有：产品到达东道国的过程中采用的运输方式（包括交通工具、运费、运输时间、包装要求、储存条件、保险金额及可靠性等）；产品出口涉及的出口商、进口商、批发商、零售商的使用成本、资信状况、销售条件、市场地位、经营范围以及能够提供的服务（如促销、融资、谈判、储运等）。

（4）国际市场促销信息。其主要有：目标市场上各种促销手段的形式和可利用程度；各类传媒的特点、费用、目标受众、市场覆盖面以及使用效果；广告代理业的发达程度及工作效率；各类中间商所能起到的促销作用。

（二）国际营销调研的种类

营销调研的目的是减少决策风险，决策者在调研之前就应该明确所要调研的问题。通常营销调研可分为下面三种基本类型。

1. 探索性调研

探索性调研通常是一种非正式的定性分析，常用于企业对需要调研的问题尚不清楚因而无法确定应调查哪些内容的情况。探索性调研的主要目的是快速、简捷地从各种信息源收集有关信息，以启发思路，找出症结所在，确立之后调研的目的和方向。

2. 描述性调研

正式的营销调研过程通常都包含描述性调研，即记录和描述市场潜量、顾客偏好、竞争行为等多方面的市场情况。

3. 因果分析调研

这种调研通常采取定量分析的方法，其目的是揭示有关影响变量间的因果关系，以寻找某一问题产生的原因，如促销与销售的关系、出口受阻的原因等。

一般而言，探索性调研所要回答的问题主要是“是什么”；描述性调研所要回答的问题主要是“何时”“何地”“如何”“谁”等；而因果分析调研所要回答的问题主要是“为什么”。通常的调研程序是先进行探索性调研以确立调研目标，然后再开展详细的描述性调研或因果分析调研。

（三）国际营销调研的要求

国际营销调研的基本出发点是为决策者提供准确信息，减少营销决策失误，因此，科学、系统、客观的营销调研能给营销决策提供依据，提高决策质量。为此，营销调研应具有真实性、完整性、可比性、适时性等特征。

1. 真实性

高质量的信息应该是真实、可靠和有效的，应该能够准确地反映客观世界的真实情况。因此，在市场调查过程中，对调查资料的分析必须实事求是，对市场活动的环境、条件、因果关系、各种因素的制约和影响程度的描述，都应准确无误、真实可靠。要把收集到的资料、情报和信息进行筛选、整理，再经过调研人员的分析之后，才能得出调查结论，供企业决策之用。

2. 完整性

市场调查的完整性，体现为应该全方位地收集营销决策所需要的各方面信息。企业的营销决策受到企业内部和外部诸多因素的影响和制约，因此，为了对影响企业营销决策的关键因素做出正确结论，就必须对该因素所涉及的营销环境的各个侧面进行全面、系统的了解和分析。

既然营销调研的目的是辅助营销决策，调研过程所处理的信息首先能够满足决策者的需要。完整性强的信息就可以很好地解决决策者所面临的具体问题。

3. 可比性

国际营销调研大多涉及几个国家的比较，而从各国收集的情报资料来看，在时间的基期、专有名词、指标的含义和统计口径等方面往往并不一致，从而缺乏可比性。要使来自不同国家的信息有实际价值，就要有较好的可比性。比较可行的办法是从一些国际性组织如联合国的下属机构、世界银行或国际货币基金组织获取情报。尽管这些报告也来自世界各国，但它们设有专门机构负责情报资料工作，对各国的原始数据进行了分类、整理、加工、处理，使其具有较好的可比性。

4. 适时性

商场如战场，过时的市场情报可能会导致决策失误，只有最新的信息资料，才能反映国际市场的现实情况，成为企业制定国际市场营销策略的客观依据。市场调查的适时性表现为应及时捕捉和抓住市场上任何有用的情报、信息，及时分析、及时反馈，为企业在营销过程中及时制定和调整策略创造良好的条件。而过时的信息没有决策价值。

营销调研活动需要付出大量经费、时间和人力，以确保调查工作的顺利进行和调查结果的准确。在调查内容不变的情况下，采用的调查方式不同，费用支出就会有所差异；同样，在费用支出相同的情况下，不同的调查方案也会产生不同的效果。因此，营销决策者要根据自己企业的实力、营销决策的重要性、所需信息的可获性，以及营销决策的时间紧迫性，来制定相应的调研方案。

二、国际营销调研的具体步骤

营销调研是一项目的性很强的工程，调研人员为了实现公司的营销目标，就需要将营销环境中的有关信息通过营销信息系统进行加工处理。营销信息系统（Marketing Information System，MIS）是一个由人、计算机和程序组成的系统，它的任务是准确地对有关信息进行收集、分类、分析、贮存和评估，以便决策者检索信息，为他们的营销决策提供依据。

跨国企业营销调研工作通常包括确定调研目标、制订调研方案、收集处理数据和撰写调研报告四个步骤。

（一）确定调研目标

首先，营销决策者和市场调研员共同研究公司营销现状、存在的问题，明确调研意图；其次，市场调研人员进行初步的小规模试点调研，对大量纷繁复杂的营销现象进行分析，从中找出问题所在，最终确定调研目标。

（二）制订调研方案

在明确了调研问题、确定了调研目标之后，就要制订调研方案。调研方案是对调研任务的过程进行设计和安排，包括调查的目的和对象、调查的地区和范围、调查资料的来源以及收集所需资料的具体方法等。一个完善的调研方案能够提高调研工作的效率。一般来说，调研方案主要涉及以下三个方面的内容。

1. 明确信息来源

信息来源可以是现成的统计资料和有关的书面材料，也可以通过调研员发放问卷、亲自面谈等形式收集一手资料。

2. 确定资料收集方法

常用的收集资料的方法有询问调查法、观察法、实验法、实地考察法等多种形式。

3. 设计抽样方案

调研员可选择多种调研方法，但多数情况下会采用抽样调研方法，其具体内容包括确定调查对象、确定抽样规模、决定选用概率抽样还是非概率抽样。如果使用概率抽样，总体中的每个元素都有被抽中的概率，而且这个概率值是非零的、可计算得知的；而如果采用非概率抽样，则具体样本单位的选择完全是建立在调研人员个人对调研背景、调研任务和调研过程判断的基础上的。

（三）收集、分析、处理和综合数据

调研方案确立之后，就要按照调研方案去实地收集信息，并对这些收集来的“原材料”进行分析和处理。

1. 选拔和培训实地调研人员

实地调研人员是调研方案的具体执行者，他们素质的高低及工作实效的好坏将直接影响调研的质量。因此，在调研活动正式开始之前，通常要根据调研目标及调研方案的要求，对他们进行选拔和培训，确保他们具备应有的素质。

2. 实地收集资料

根据调研目标和调研方案的要求，实地收集所需的各种信息。根据企业的实际情况，这一过程既可由企业内部的调研人员实施，也可委托国内外的专业调研公司或咨询机构完成。如果委托企业之外的机构进行调研，则还应在整个过程中注意对调研质量的控制和监督。

3. 对收集来的资料进行检查、核实和校订

收集来的资料在未经过处理之前，往往是零星、分散的：有的过于陈旧；有的明显带有主观性和片面性；有的资料（如回收的问卷）不符合设计者的要求；有的来自不同国家、地区。由于统计方法和统计口径不同，所收集资料的时效性、准确性和适用范围都不一致，使得信息的可比性不强，如世界各国对“可支配收入”的界定就有很大差异。因此，只有对收集到的信息先进行检查、核对、换算、调整，才能使其具有良好的可比性和准确性。

4. 资料的分类和编码

对资料的分类是将经过检查核实为有效的资料，根据调研方案的要求进行分类，以便检索和使用。编码是指将经过初步编辑的定性的材料定量化，即对所询问的问题或观察的内容，为每一个可能的答案或结果指定一个数量值，以便随后对这些信息进行计算机处理和分析。

5. 数据的综合分析和处理

运用回归分析、相关分析、时间序列分析等多种统计方法，对整理好的数据进行综合处理和分析，以得出结论。通常这项工作是由已有的计算机统计分析软件如 SPSS 或 SAS 等完成的。

（四）撰写调研报告

国际营销调研的最后一项工作，就是由熟悉数据收集和处理过程的调研人员，同了解企业面临的营销问题的管理人员一道，共同对调查结果做出解释和说明，得出结论并撰写调研报告。调研结束后，调研实施者通常是以书面和口头两种形式向委托者进行汇报。书面的调研报告一般包括三部分内容，即调研总结、报告正文和参考附件。

三、国际营销调研的主要方法

跨国公司国际营销调研的常用方法有案头调研和实地调研两种。

（一）案头调研

案头调研（Desk Research）为第二手资料调研，是指查寻并研究与调研课题有关的资料的过程。进行案头调研主要是因为国际营销中许多课题涉及的范围相当广泛，而市场营销人员不可能完全熟悉国外的基本社会和经济情况，因此需要利用现有的研究资料、统计数字来进行分析。通过资料研究，可以进行市场供求趋势分析、市场相关因素分析、市场占有率分析等。

案头调研的资料来源，通常可以分为企业内部信息和企业外部信息两大类。

1. 企业内部信息

许多从事国际营销的企业，特别是那些现代化的大型跨国公司，都在企业内部建立了以电子计算机为基础的管理信息系统，该系统记录了企业内部各职能部门的有关数据和信息，如产品规格、生产进度、原料采购、库存管理、产品销售、成本控制、人事管理以及市场商情预测等。

2. 企业外部信息

企业外部信息的来源有很多，主要有以下几个方面：

（1）政府机构。各国政府有关部门每年会公布相关资料，如各级统计部门公布的统计资料、各级政府颁布的经济发展计划等。有些国家还专门设有促进进口办公室，负责提供有关进口程序及规定、当地营销技巧和商业习俗、经营各类产品的各级中介机构的目录、当地市场对某些产品的需求信息等方面的情报。

（2）国际组织。为方便国际贸易往来和共同处理一些国际事务，世界上已经成立了多种类型的国际组织，这些组织一般都会定期出版一些刊物，发布有关的市场信息，并对该组织所处的领域中出现的问题或趋势进行研究。影响比较大的国际组织有联合国贸易与发展会议和国际贸易中心、联合国粮食与农业组织、联合国教科文组织、国际货币基金组织、联合国经济委员会、世界知识产权组织，还有一些区域性组织，如石油输出国组织、东南亚国家联盟等。

（3）银行机构。作为金融中心，银行是国际市场信息的重要来源。世界性的银行如世界银行及其所属的国际开发协会和国际金融公司，区域性的银行如欧洲银行、亚洲银行等，它们每年都对许多重要的经济和金融信息进行公布、分析和预测。

（4）国际商会。国际商会的总部设在巴黎，以公开发行国际商务各方面内容的刊物著称，其会员是各国、各地区的商会。各级商会通常能提供直接的市场信息，如成员名单及成员资信、当地商业状况、贸易习惯和贸易条例等方面的信息。

（5）行业协会。这些行业协会都定期收集、整理和出版一些有关本行业的产销信息。如美国制造商协会、日本的汽车进口商协会、英国的航空工业制造商协会等，都能为行业内部的企业提供情报。因此，从事国际营销的企业要想了解本行业的国际市场行情，各国的行业协会是很有价值的信息来源。

（6）专业调研机构。许多专业的市场调研公司、广告公司和信息咨询公司都会定期对某些特定行业或领域的市场形势、发展趋势等情况进行汇总、分析及预测。

（7）有关的出版物及各类传媒。各种综合性的、地区性的和行业性的年鉴、报刊、书籍中都有丰富的国际营销信息。虽然它们的系统性和时效性各不相同，但都是国际市场信息最重要、最丰富的来源之一，对企业预测国际市场、开发新产品、进行海外投资具有重要的参考价值。

（8）其他途径。各国的消费者组织、官方或民间的信息机构、有关的学术团体等也都可以提供许多有价值的信息。

总之，案头调研的信息来源主要应重视外国的政府机构、行业协会所提供的报告和重要的国际组织所提供的研究报告及统计数据。

（二）实地调研

尽管案头调研能为国际营销决策者迅速地提供大量的国际市场情报，然而却无法回答那些有关企业经营活动的具体、细节的问题，如国际市场上的顾客对某个品牌产品的看法和改进意见、各个层次的中间商在经营该产品的过程中所遇到的问题、广告及其他促销措施的效果。

实地调研（Field Research）是第一手资料的调研。相对于案头调研，实地调研的成本较高，因此一般是必须开展的具有重要决策意义的调研题目才会采用实地调研方式。实地调研的方法与在本国进行调研的方法基本相同，如问卷调查、个别访问调查、电话调查、邮寄调查、商店观察等，但各国情况千差万别，所以要从各国情况出发，同时要注意获得当地人的帮助。

国际市场上的实地调研是指在有潜力的国外市场上收集原始资料（也称一手资料）的过程。原始资料的收集方法一般有询问调查法、观察法、实验法三种。

1. 询问调查法

询问调查法是指调查者直接向被调查者询问有关问题，并记录所答信息的方法，是国际营销调研中最基本、最常用的实地调研方法。询问调查可以通过电话、信函、面谈、传真、计算机网络等途径进行，其中普遍采用的有面谈、电话访谈和邮寄问卷三种形式。

（1）面谈。面谈即调查人员通过与被调查者面对面地问答或讨论来获得有关信息。面谈访问的对象、时间、人数和形式等都可以由调查人员根据调研需要确定，灵活是面谈方问的一个突出特点。由于当面交谈比较容易获得被调查者的配合，形成比较融洽和谐的气氛，便于深入交换意见，所以了解到的信息就较为全面、深刻、真实，并富有启发性。面谈的主要缺点是费用大、时间长、对调查人员要求高。面谈调查的质量在很大程度上受调查人员的调查技巧、工作态度、心理素质以及调查时状态的影响。

（2）电话访谈。电话访谈即由调研人员按照事先拟定的调研问题，并根据抽样要求，通过电话询问被调查者的意见。电话访谈通常是以电话号码为基础进行随机抽样，它最大的优点就是速度快。对于那些时间紧迫的调研，电话访谈通常是最快、最及时的方案，如广告效果测试等。另外，由于电话访谈无须面对面接触，因此可以减轻被调查者某些心理上的顾虑，使他们能够畅所欲言，而且也能被那些不愿意陌生人来访的家庭所接受。

目前，计算机和通信技术的高速发展给营销调研提供了更加先进和便捷的手段。许多企业的调研部门和专业调研公司都采用了在线的计算机辅助电话调研技术，可以由计算机从预置的抽样框中进行随机抽样。

（3）邮寄问卷。邮寄问卷即调研人员将设计好的调查问卷或表格邮寄给被调查者，请他们填好后寄回。邮寄问卷的适用区域广泛，只要是邮政所达之处都可以采用，有利于提高样本的代表性，而且费用也比较低。从被调查者的角度而言，回答问题可以不受时间和场合的限制，有充分的时间考虑，如有必要还可以查阅有关资料，而且通常不要求署名，匿名性较强，调查结果的可靠性高。

2. 观察法

观察法是指调研人员亲自到现场或借由仪器设备对调查对象进行观察与记录的一种营销调研方法。与询问调查法相比，观察法最显著的特点就是调查者同被调查者之间通常没有直接交流。因此，在运用观察法的大多数情况下，被调查者并没有意识到自己正在接受调查，往往表现得比较真实自然，这使得调研结果更加准确。观察法很适合于观察人们的行为、表情、姿势和物体的性状、位置、相互之间的距离，还可以用于记录声音和图形等。

3. 实验法

实验法是一种定量调研技术，它首先根据调查目的选定调查对象，然后人为地改变或操纵某些因素，并记录这些因素的变化对所选定调查对象的影响，从而获得调查结果。实验法一般是在准备推行一种新产品或一项新的营销举措之前，在小范围内进行的实验，目的是证明这种新产品或新举措的推广价值。

在跨国公司国际市场营销调研中，询问调查法、观察法和实验法这三种实地调查方法很少单独使用，从事国际营销的企业往往会根据当地的环境和企业自身的实际情况，将其中的一些具体技巧结合起来运用。

复习思考题

1. 跨国公司选择目标市场的策略是什么？
2. 国际市场营销的竞争策略有哪几类？
3. 为了竞争市场领导者的地位，市场追随者应采取何种竞争策略？
4. 什么是六个 C 营销渠道策略？
5. 如何选择市场定价目标？常用的市场定价方法有哪些？
6. 市场定价有哪几个步骤？每个步骤应注意什么问题？
7. 什么是产品营销生命周期理论？不同生命周期阶段的产品有什么不同的市场定价策略？
8. 市场营销组合中促销决策的主要内容是什么？

9. 试述国际营销调研的主要内容和要求。

10. 国际营销调研有哪些步骤？主要调研方法有哪几种？

案例分析

高品质造就奔驰的成功

奔驰汽车公司创建于1926年，创始人是卡尔·本茨和戈特利布·戴姆勒。它的前身是1886年成立的奔驰汽车厂和戴姆勒汽车厂，1926年合并，形成戴姆勒—奔驰汽车公司（中国简称奔驰汽车公司），总部设在德国斯图加特。现在，奔驰汽车公司除了以生产高质量、高性能、豪华汽车闻名外，还是世界上最著名的大客车和重型载重汽车的生产厂家。在德国十大名牌汽车产品中，奔驰车名列第一；在世界十大名牌汽车产品中，奔驰车排名第三。

1909年，奔驰汽车公司申请登记了三叉星徽作为轿车的标志，象征着陆上、水中、空中的机械化。1916年，在此标志的四周加上一个圆圈，在圆的上方镶嵌了4个小星，下面有Mercedes（梅赛德斯）字样，“梅赛德斯”是幸福、美丽的意思，意味着戴姆勒生产的汽车将为车主们带来幸福。1926年，奔驰汽车公司与戴姆勒汽车公司合并，新的公司又设计了新的商标，为“梅赛德斯—奔驰”（Mercedes—Benz）。这一商标沿用至今，现在，所有的奔驰汽车都在散热器护栏上装有三叉星徽，并以桂冠花环包围着梅赛德斯—奔驰星徽。此标识上的三角星的大小、高矮、倾斜度，会随着车型的变化而变化，以达到车标与车型的一致。奔驰的汽车标识是汽车品质卓越、性能安全可靠的标志。

高品质的竞争力

奔驰汽车现在已成为公认的高档车，是身份、名誉、地位的象征。奔驰汽车屹立于汽车品牌不败的原因取决于公司的三项承诺：卓越的发动机制造技术、乘坐舒适和独树一帜的风格。奔驰品牌对于看重社会地位和显示不同身价的人而言，它与财富、安全、长寿是同一概念。奔驰变型车300SEL以隽秀轻巧的鸟翼形车门和超过250km/h的速度风靡欧美，至今仍是车迷们梦寐以求的珍品。奔驰600型更是把国家首脑、百万富翁甚至教皇都带到三叉星的光辉之下，创下汽车史上辉煌的一页。奔驰车是一些国家政府级礼宾车队常用车种之一，亚洲许多国家和地区的富豪都喜欢用奔驰车。

通常，人们一提到奔驰汽车，想到的便是豪华、舒适。其实大多数奔驰车是相当质朴的。奔驰的目标是要使汽车在任何路面和所能达到的每种速度下，都能胜任一部真正汽车的所有功能，既要乘坐舒服，又要像跑车一样提供优良的行驶性能。奔驰的豪华不仅体现在设备上，它对技术、工艺和质量的要求都是很高的。奔驰的标准一直是所有豪华轿车生产商公认的标准。据说，奔驰总统座车不仅车身能防弹，而且轮胎在中弹后还能自动愈合。在全球豪华车市场，梅赛德斯—奔驰一直占据重要地位。正是由于奔驰关注品质、重视品质，才建立了一个享誉百年的汽车品牌。

20世纪70年代以来，奔驰的轿车发展为多品种系列，分为四大类别。A级：微型轿车；C级：小型轿车；E级：中型轿车；S级：大型豪华轿车。另外，还有跑车系列SLK、CLK、SL、CL，多用途箱体车系列M和V级车等。奔驰在每种产品系列中，根据不同顾客的需求，将其进一步细分为不同的产品线：标准型车身颜色稳重大方，内饰与外观协调统一，采用标准配件，价格适中；豪华型车身颜色品种繁多，内饰豪华典雅，囊括奔驰各种豪华设备，尽显车主身份地位；运动型车身色泽鲜亮抢眼，内饰与外观色泽反差明显，底盘低并配有强动力的发动机和各种动感设备。

高质量、安全性、信赖性、先进技术、环境适应性是奔驰公司制造汽车的基本理念，凡是奔驰公司推出的新车，均要达到这五项标准。高质量、高品质是安全的保证。在西方人眼里，人的生命是最宝贵的，汽车撞坏了可以修理，也可以再重新购买，而人的生命只有一次。所以奔驰车的高质量、安全性是第一位的。奔驰要求“质量优于数量”，奔驰不追求产量的扩大，而是保证生产出高质量、高性能、高级别的汽车。在世界十大汽车公司中，奔驰汽车产量最小，但它的利润和销售额都名列前五名。奔驰车经久耐用，很少做广告，奔驰人的解释是“我们的质量就是最好的广告”。

奔驰对品质精益求精，在价格上采用高价位，与日本车相比，一辆奔驰车的价格可以购买两辆日本车。价值定价是奔驰重要的制胜武器，消费者为了得到身份与心理满足感，不惜重金购买奔驰车。

传统与创新

传统与创新是奔驰的企业文化。

保持传统是奔驰的一个特征。奔驰车具有自己独特的前脸格栅和大灯，保持原有的风格。奔驰车的设计有两点原则：一是所有在同一时期生产的车型系列，都按规定的轮廓和相似的细节设计基本部件，以使用户鉴别和区分“奔驰”的产品，奔驰称之为“横向共同件”。二是每一辆新车均要在原有车型的基础上，安装设计好的基本部件，这样就会与过去的设计保持连贯性，称为“纵向亲缘性”。

奔驰在生产过程中，从产品的设计、研制、实验、生产到推销、维修，高品质的原则贯穿始终。奔驰有一支技术熟练、训练有素的技术工人队伍，对产品的零部件有严格的品质检验制度。

在奔驰的员工里，每10名员工就有一名是负责安全检查的。每一台发动机要经过42道检验关。这是奔驰车高品质的保证。

奔驰公司除了有由计算机控制的设备外，为了检验新产品的质量和性能，还建造了一个占地8.4公顷的试验场，内有由各种不同路面组成的15公里车道，快车道上拐弯处最大斜坡倾角达90度，为了做破坏性的实验，公司每年要用100多辆新车以时速35英里（约合56.3千米）的速度撞击坚固的混凝土厚墙，以此来检验新车的安全性。

为了进一步把好质量关，奔驰公司在美国、欧洲、加拿大、拉丁美洲、亚洲等地专门设有质量检测中心，中心内有大批的质检技术人员及各种先进设备，每年要抽检上万辆奔驰汽车。

安全是奔驰汽车的一个卖点，也是吸引消费者购买奔驰车的一大要素。奔驰首创吸收冲击式车身、SRS 安全气囊等安全设计，被汽车工业界引为标杆。奔驰车通过对事故的实地调研和试验场测试，不断完善奔驰车的安全体系，力求在发生撞车事故时，尽可能保证人的生存空间。保证车门能够打开，油箱不受损坏。从 1993 年起，所有奔驰车驾驶员座位上都增设了安全气囊，能在车祸发生的 0.026 秒内打开气囊，从而大大减少驾驶员受伤的可能性。现在这一领域又引入了一种综合性的技术——“实际生命安全概念”。它开始于利用电子辅助系统防止碰撞，然后采用一系列成员保护系统保护乘客安全，在发生碰撞后快速开展紧急救援。这项名为“梅赛德斯—奔驰实际生命安全概念”的综合技术由六个不同的阶段组成：危险警告、事故防范、轻微碰撞、碰撞、成员保护和紧急救援。这些先进安全系统都已在奔驰车上实现。

“精美、可靠、耐用”是奔驰的宗旨，科研先导是奔驰成功的重要因素。为了保持高质量和开发新技术，奔驰每年投入的科研开发费用高达 4 亿美元。奔驰拥有庞大的科研队伍，每年都要进行大量研发投资。奔驰设有中央研究院和技术研究院，每年的研究经费多达数十亿美元。造型优美，不断更新，具有传统和流畅的奔驰车身，一眼望去就给人“这是奔驰车”的感觉，并且它首先使用了汽油喷射技术。在轿车电子化方面也居于领先地位。

奔驰的传统凝固成经典不变的永恒价值，而不断创新则为品牌注入了更多新元素，确保奔驰始终走在汽车产业的最前沿。

第九章　跨国公司的资金财务管理

✓本章摘要

跨国公司的财务管理主要研究公司的财务制度、融资管理、外汇风险管理、营运资金管理和税收管理。做好公司的财务管理就要控制企业的资金筹集、投放、营运和增值。

跨国公司应加强外汇风险管理，研究影响汇率变动的因素和外汇风险的预测，以降低外汇风险，减少损失。跨国公司的营运资金管理采用静态管理和动态管理的方法。

跨国公司的税收管理关系到公司国际投资的区位选择、海外机构的设置、融资方式和转移定价等重要业务。

✓本章关键词

公司财务管理目标　　公司财务管理体制　　公司融资决策　　外汇风险管理
公司营运资金管理　　公司税收管理

✓学完本章，你需要掌握：

跨国公司财务管理的功能，跨国公司的融资决策。熟悉外汇风险预测与管理，公司资金营运的方法。了解外汇风险的主要类型，各国税收和税则的差异性。

跨国公司的财务管理是对公司系统内的资金运作及其所体现的诸多经济关系进行的计划、组织、指挥、协调和控制。跨国公司财务管理是跨国公司经营管理中的核心内容。公司财务运作的成败与其庞大复杂的融资系统的有效运行密切相关。公司的融资服务于经济活动，同时又制约经济活动。

第一节　跨国公司的财务管理

财务管理是企业跨国经营成败的关键。跨国公司财务管理即是控制企业资金运动的全过程，包括资金的筹集、投放、营运和增值。它要求企业的财务主管在适当的时间、适当的地点、以适当的形式提供适当的财源。跨国公司财务管理不能将企业营运资金陷入金融体系中，否则无法更好地投入实体经济。2008 年爆发的国际金融危机佐证了这个道理。

一、跨国公司财务管理的目标

（一）跨国公司财务管理的环境分析

跨国公司财务管理的环境不同于“单国性”企业的财务工作，它必须应对多种因素的变化，其中包括各国的经济环境、金融环境、税收环境、法律环境、政治环境以及社会文化环境。跨国公司的财务管理是一个多层次多方位的复杂系统，它使跨国公司的财务活动和财务管理呈现出高度的复杂性。

财务活动环境的复杂性增加了财务管理的难度和风险。其难度和风险主要有：各国通货膨胀率不同；汇率和利率的波动；政府不同的外汇管理措施；进出口税率歧视性波动；政治上的民族排外主义等。跨国公司的生产和业务活动分布在不同国家，其财务活动的环境也各不相同，这也给财务管理提供了机遇。跨国公司可以充分利用全球的资金市场，为企业的跨国经营活动选择融资方式和获取资金提供便利，可把握机遇，规避风险，为获取额外利益创造可能性。

跨国公司全球化经营会面对不同的政治与经济制度、不同的货币、不同的汇率，这就给公司财务管理提供了多样性的选择。

（二）跨国公司财务管理的目标

跨国公司财务管理的目标是公司理财的结果，也是考评经营业绩的标准。制定合理、有效的财务管理目标，是做好财务管理工作的前提。跨国公司所设定的财务管理目标有三个。

1. 公司利润最大化

传统企业的管理目标是追求利润最大化（Maximum Enterprise Profits）。利润最大化目标的实现，要依靠合理、有效的财务管理。但是，在经济全球化的时代，将利润最大化作为公司财务管理目标可能会带来一些缺陷：第一，简单的利润目标，忽略了取得利润的时间和资金的时间价值，从而难以适时地做出财务决策和合理的财务评估。第二，片面地追求利润，往往导致公司上层管理者和财务人员只重视公司的短期效益，而轻视公司的长远战略。这有悖于财务管理的合理性和有效性。第三，过度地追求利润目标，会使公司管理者和财务人员不顾风险的大小，一味地追求利润，缺乏风险意识。因此，当代财务管理理论不将利润最大化作为财务管理的最优目标。

2. 股东财富最大化

股东财富最大化（Maximum Shareholder's Wealth）的目标是通过有效的财务管理确保公司股票的市值优势地位，为公司股东获得最多的财富。在股份制公司，股东的财富由其拥有的股票数量和股票的市值决定。股东的财富与股价成正比。股票的市值越高，股东的财富就越多。

股东财富最大化的目标优于公司利润最大化目标，原因如下：第一，公司股票的价值，是由当前利润和公司预期的未来利润共同影响的结果。认清这样的事实有助于财务人员克服短视和短期行为，建立深谋远虑的管理方式。第二，股东财富最大化目标容易量化，便于考评。第三，股东财富最大化目标有利于财务人员关注企业风险，避免损害投资者的利益。

股东财富最大化目标的缺陷是：第一，强调股东利益，容易忽视其他利益相关者（如员工、客户、社会、政府等）的利益。第二，公司股票的价格是社会经济诸多因素影响的结果，并非公司财务管理所能掌控。第三，该目标只适用于上市公司。

3. 企业价值最大化

企业价值最大化（Maximum Enterprise Value）是指跨国公司的财务管理采用最佳的财务政策，使企业资金的时间价值及风险与企业的报酬相匹配，努力实现年度总价值和公司长期发展目标。跨国公司通常采取合理、有效的财务政策与措施，以实现企业价值最大化。企业价值最大化的内容包括：（1）保持公司销售额长期稳定的增长。客户利益至上，扩大营销和不断推出新产品。（2）保障股东的利益。使投资者对企业经营持有信心，愿意做长期战略性投资。（3）控制风险。企业财务经营严禁不顾风险大小，盲目追求利润。（4）培养可靠的资金供应者。公司的财务工作要加强与债务人的联系，重大资金运作必须听取债权人的意见。（5）关心员工的利益。公司要为员工创造安全、舒适、和谐的工作环境，使员工的利益与企业效益挂钩，员工的培训和升迁与企业的发展同步。（6）重视社会效益。企业讲信誉，履行企业的社会责任，当好“好公民”。（7）严格遵守东道国国家的法律。（8）加强与政府主管部门的联系。

总之，企业的业务运营要依靠科学的财务管理。著名的经济学家亚当·斯密说，“手”是看不见的，即靠市场自发的调节。企业的运营不是自主完成的，要有立法、监管和征税，三管齐下。

（三）当代跨国公司财务管理目标的特点

1. 跨国公司财务管理目标的多元化

大型跨国公司财务管理目标是多种因素构成的综合目标，其中起主导作用的是主导目标，它体现公司全球战略目标的要求。其他目标为辅助目标，处于被支配的地位。上述“企业价值最大化”，就是主导目标。此外，公司财务管理努力实现企业持续、稳定增长，保持企业融资和偿债能力，控制风险等一系列的辅助目标。

2. 跨国公司财务管理目标的层次性

跨国公司财务管理目标是一个有机的系统，其目标体系通常由整体目标、分部目标和具体目标三个层次组成。（1）整体目标。整体目标即跨国公司财务管理的基本目标，它直接关系到企业的效益和企业的增长，它决定着分部目标和具体目标。（2）分部目标受制于整体目标，服从于整体目标。分部目标中的国际筹资目标、项目资金运作目标、外汇风险控制目标等是实现公司整体目标的保障。（3）具体目标。它指在整体目标和分部目标的制约下，经营某项特定财务活动所要达到的目标，如一项投资项目的决策、一次股票发行所要达到的目标等。公司财务管理目标是通过众多具体目标的兑现而实现的。

3. 跨国公司财务管理目标的复杂性

全球化经营的跨国公司，其财务管理面临各国复杂的财务环境，受制于各种财务管理的影响，使得跨国公司财务管理必须“一把钥匙开一把锁”，既要兼顾局部利益，又要顾及整体利益，因此造成财务管理的复杂性。

二、跨国公司财务管理体制

（一）跨国公司财务管理体制的形成

跨国公司的财务管理体制自成一个组织体系，承担着不同的财务职责，并影响着整个公司的分工和运营。跨国公司的财务管理体系大多与公司业务活动的规模相适应。当公司规模小、国际化程度低时，财务管理大多由理财的专职经理和少数专职会计负责，公司实行分权管理体制。当公司业务规模不断扩大，特别是国际业务猛增时，财务管理过渡到总部集权体制，即公司总部主管重大的国际财务决策和执行，以保证有限的资金集中使用、高效化运营。当整个公司业务进入全球化运营时，财务管理趋向“大权集中，小权分散”的财务管理体制。总部负责全部资金的部署和增量回收，海外子公司和分支机构负责管理具体项目资金的运作，总部一般较少干预。

（二）跨国公司财务管理体制的类型

跨国公司财务管理的类型，按公司的规模和国际化的程度不同可分成三种：分权型、集权型以及部分集权与部分分权型。

1. 分权型财务管理体制

分权型财务管理是以海外子公司和地区业务中心作为财务管理的决策单位，享有财务管理决策自主权。这样便于抓住商机，独立运作。分权型财务管理的特点是：各个战略业务单元（Strategy Business Unit，SBU）按照统一的会计准则制做财务报表，便于公司总部对经营业绩进行对比分析。

（1）分权型财务管理的优点

① 有利于调动各个 SBU 管理人员的主观能动性。

② 有利于信息专门化。各个 SBU 成为提供信息、选用信息、加工信息和储存信息的单位。

③ 有利于各个 SBU 的财务人员自主决策，以提高制定和实施决策的速度，克服集中管理所产生的规模不经济性。

④ 有利于基层管理人员的培训和决策实践，便于积累经验和才干，也有助于总部考察具有潜质的管理人员，进行适时的提升。

（2）分权型财务管理的缺点

分权型财务管理难以保证部门的目标与公司整体目标的一致性。各个 SBU 决策者可能会以最好的方式制定和实施本部门的目标，但很难顾及其他单元和总部的目标。

2. 集权型财务管理体制

集权型财务管理是将财务管理的决策和实施集中于公司总部，采取集中管理的形式，这样有利于全盘财务的调度。集权型财务管理的特点是：整个公司的战略决策权和经营权都集中于母公司总部，海外各子公司和地区业务中心起辅助的作用。

（1）集权型财务管理的优点

① 有利于发挥总部财务专家的作用，提高公司财务管理水平。

② 有利于提高资金的使用效益，集中财力办大事。

③ 有利于总公司运用资金，加强对下属企业的控制与协调，体现母公司作为控股公司的作用。

④ 有利于提升公司抵御国际市场上的外汇风险能力。

（2）集权型财务管理的缺点

① 集权型财务管理会影响子公司管理人员的积极性。

② 难以兼顾各个子公司的局部利益。

③ 容易忽略子公司的经营实绩。

④ 由于集中决策与管理，便于母公司通过转移定价以逃避税收和规避政策法规的限制，容易造成东道国政府与母公司之间的摩擦。

3. 部分集权与部分分权型财务管理体制

有些跨国公司在财务管理中，将上述两种体制取其长、避其短，即产生一种部分集权与部分分权的财务管理模式。重大决策集中，次要决策分散，实行总部与子公司次级财务中心的分权管理。总部起到决策协调的作用，次级财务中心享有相对独立的决策权。总公司根据各个子公司的特点和区位，控制财务分权管理的制度。

三、跨国公司的财务控制

跨国公司为实现财务管理目标，必须采取一定的财务管理形态和财务控制手段。所谓财务管理形态，是指跨国公司对财务管理权的安排。所谓财务控制，是指跨国公司内部的业务评估制度、财务报告制度以及管理和考核财务业绩的标准。

（一）公司内部业务评估制度

公司内部业务的评估，是根据财务评估指标体系对各个经营实体的实际业绩进行考核，视其完成任务的情况、合理使用公司财源的状况及各项财务指标实现的情况等，用“公司货币”换算，计量公司业绩，并对其工作进行评价。

1. 业务评估以“公司货币”为标准

公司业务经营通常采用三种货币：跨国公司母国货币、子公司所在国货币和第三国货币。无论使用哪一种货币记账，考核时，最终都必须以“公司货币”（Corporate Currency），也就是母公司所在国货币来编制综合财务报表，使得整个公司按统一的换算标准和业绩衡量标准进行评估。在业务评估中，不同货币的换算会受到汇率变动的影响，这是财务工作中最难处理的问题。

2. 汇率换算常用的方法

（1）当期与非当期区分法（Current and Non-current Method），即公司资产负债表中的当期项目按制表日汇率换算，非当期项目按项目发生时汇率换算。

（2）货币与实物区分法（Monetary and Non-monetary Method），即公司资产负债表中以货币形态表示的价值按制表日汇率换算，以实物形态表示的价值按其发生时的汇率换算。一般要求按职能货币进行换算。所谓职能货币，是指公司日常处理经营活动中应收、应付款项的流通货币及实现利润的货币。

3. 职能货币及其汇率换算方法

（1）母国货币。母公司与附属公司业务往来，通常将母国货币作为职能货币，以避免汇率波动波及母公司现金流动。

（2）子公司所在国货币。以子公司所在国货币作为职能货币。以其来记账时，汇率换算标准为：资产负债表按制表日汇率换算，损益表按平均汇率换算。如果出现差额，按“由换算引起的资本调整额”入账。

（3）第三国货币。子公司设在第三国的控股公司，以第三国货币作为职能货币。汇率换算时，先将资产负债表和损益表换算为第三国货币（职能货币），然后再换算成母国货币，记入财务报表。

（二）公司财务报告制度

根据母公司决策和对附属公司考核、监督的需要，公司设立三种类型的财务报告：（1）综合财务报告，主要供母国政府使用；（2）子公司财务报告，按东道国的要求对企业经营状况做出财务分析，以供东道国审核；（3）公司实际业绩财务报告，专供母公司决策者参考。

各种财务报告使用的目的和要求不同，内容也不尽相同，主要应列明以下内容：资产负债表、损益表、资金分析表、营销分析表、库存分析表、借款细目表、应收账款分析表、通货膨胀影响分析报告、工资成本分析报告、订单积压报告、外汇损益报告、外汇风险暴露报告等。

如果子公司在业务上具有很大的自主权，与母公司财务往来不甚密切，母公司管理和考核子公司经营状况就显得格外重要，母公司通常从以下几方面进行考核：业务实绩与预算分析比较、投资收益率、销售报酬率、资产报酬率、资产与负债管理、股份红利增长率、现金流量增益额、战略规划完成情况、经通货膨胀调整后业务实绩、新技术开发和应用情况、公司产品市场占有率及产品质量情况、公司营销战略分析等。

跨国公司总部通过建立公司内部的预算控制和业绩评估制度对国外子公司进行合理有效的管理，而子公司的财务业绩分别由三个报告制度反映出来，即财务预算制度、财务报告制度和财务分析制度。①

总之，公司财务管理不仅对企业合理地筹措和应用资金起决定性作用，而且对企业各项经营活动的规划、风险的分析、资源的配置等起着指导、监督和促进的作用。

---

① UN International Accounting and Reporting Issues, 991 Review, United States, New York, 1992.

第二节　跨国公司的融资管理

资产经营作为产品经营发展到一定阶段后的一种创新经营形式，也是企业超常规发展的主要手段。一般而言，企业的发展不外乎两种主要途径：一种是内部扩张，通过内部资本积累，不断投资新的项目和业务，走内涵式发展道路；另一种是外部扩张，通过兼并、收购、联合、重组等手段，把已有的企业或业务合并进来，以迅速扩大经营规模。企业如果单纯依靠产品经营手段，只能按常规速度发展。国际级大企业在发展过程中往往坚持两种方式并重，尤其当企业发展到一定阶段，并且外部经济环境比较有利时，通常更多借助于资产经营进行外部扩张，使企业获得超常规发展。企业进行资产经营，把产业资本和金融资本很好地结合起来，企业规模就可呈几何级数增长。

一、跨国公司融资经营的放大效应

跨国公司通过资产经营实现迅速壮大的原理呈现出六个放大效应，即结构放大效应、交易放大效应、市场放大效应、融资放大效应、时间放大效应和效益放大效应。上述各个方面的效应使得企业可以突破一定的传统经营条件的约束，拓展企业的发展空间。

（一）结构放大效应

资产经营跳出了传统的、只对产品进行生产经营或提供劳务的模式，对经营对象做了极大的调整扩展。它把整个企业的一切资源，如厂房、设备、产品、货币、债权等有形资产，以及商标、专利、技术、人才、商誉、管理、营销网络等无形资产全部利用起来，通过在资本市场的运作，实现资源的优化配置和资产的快速增值。而且，经营对象由单一产品或劳务的简单平面结构，扩大到了创造经济效益的所有生产环节和生产要素，从而形成利润的立体结构，推动企业的高速发展。

（二）交易放大效应

随着经营对象的扩大和完善，资产经营的交易规模也相应地急剧扩大，与产品经营相比，交易量往往呈几何级数增长，这是产品经营所无法比拟的。

（三）市场放大效应

产品经营的市场是狭小的，往往局限于一个国家、一个地区或一个行业。由于资产经营是通过价值形态、资本形态的方式进行交易，这在当前资本市场日趋国际化的条件下，企业可以利用资本市场流动性强的特点和优势，综合运用资本市场的各种投资工具，不受空间、时间的限制，可与世界上任何地方的投资者进行交易，从而使市场容量无限扩大。

资产经营不仅使企业面对的资本市场得到扩大，而且可利用资本市场的筹资，企业重组、购并实现商品市场的放大。日本经济中的一些支柱工业部门即是通过庞大的资本市场实行兼并活动，形成了庞大的垄断公司，成为世界上各行业的巨人。

（四）融资放大效应

资产经营把产业资本与金融资本结合起来进行融资，与一般融资方式相比，具有非常明显的特点：一是直接融资，它依托资本市场进行融资，资金来源广；二是融资工具多元化，可根据条件和时机，灵活运用配股、注资、分拆、可转换债券、股份出售等各种融资工具；三是资金量大，以中国香港证券市场为例，筹资量小的一般有几亿港元，多的达到几十亿甚至上百亿港元；四是股本型筹资无负债，可增强企业财务基础；五是融资无次数限制，只要企业经营得当，在资本市场进行扩股和配售，基本上不受时间约束；六是具有兼容性，它不排斥一般融资方式，而且成功的资产经营还可以提高企业知名度和资信状况，更有利于企业进行其他方式的融资。

资产经营的融资放大效应还表现在一些企业可通过充裕的资本市场，发行便利的融资工具，运用杠杆收购原理以小吞大。

（五）时间放大效应

产品经营从筹建、生产到销售直至回收投资，周期一般都比较长，需要几年甚至十几年的时间，而且也受到产品生命周期的制约。而资产经营的对象往往是已进入销售阶段且有一定盈利的成熟资产，因此投入和产出的周期大为缩短，而且，通过资产经营可以对企业各类产品的生命周期进行有效匹配，从而使企业得以持续发展。企业还可以将有关业务或项目通过上市或出让等资产经营活动在特定市场交易中（如证券市场）释放出来，从而大大提高资金循环、周转的速度。一般而言，企业收购其他资产，半年后就可包装上市，从而使资金循环周转速度成倍提高。

事实证明，一个国家骨干大企业成长速度的加快可以带动整个国民经济增长速度的提高。日本和韩国能够在第二次世界大战后的较短时间内完成工业化进程，跻身于世界经济强国行列，与两国大企业的迅速崛起是分不开的。日韩大企业在政府的扶持和鼓励下，大力进行资产经营，使时间放大效应得以足量释放，从而在短时期内完成了欧美大公司几十年甚至上百年走过的发展历程。

（六）效益放大效应

资产经营通过对资产存量和增量进行管理、重组和交易，可在短期内使资产获得最大限度的增值，为企业带来巨大的效益。如跨行业的产、供、销的全方位资产运作可使企业的资源得到最优配置，从而带来企业资产运作的高成功率和高回报率。

资产经营交易的另一个特点，就是其交易不是以资产的当时实际价值进行的，而是以溢价方式进行的，不仅包括了当时价值，还包括了未来价值，即资产的未来盈利能力，从而使资产的未来价值和利润能提前获得，这就使资产经营的投入产出比大大提高。一般而言，资产溢价交易的卖方可以提前套现资产，获得更多的流动资本，有利于企业拓展新的业务。而资产的买方之所以愿以高于现在价值的价格接受某项资产，一方面可能认为此项资产与公司原有业务整合后未来价值会高于溢价，另一方面买方也可能是偏重于长期投资的投资者，追求的是稳定、持久、适中的投资回报，而非短期利益。发达国家溢价发行股票时，认购者中机构投资者如养老基金、保险公司占了较大比重便是很好的证明。

二、跨国公司经营资金的来源

（一）来自跨国公司集团内部的资金

1. 跨国公司需要资金融通的业务范围

跨国公司从事国际经济活动，筹集资金是一项重要的业务活动。跨国公司需要的资金不仅数量庞大，而且涉及众多国家和多种货币。一般而言，跨国公司有六项主要的业务活动经常需要国际资金融通。它们是：借入短期资金融通国际贸易；借入短期资金以敷日常业务开支；借入中长期资金购买固定资产；借入中长期资金用以兼并其他公司；在全球范围内借贷资金，以使资本收益最大化；在外汇市场买卖外汇，以谋取汇率差异收益。

2. 跨国公司集团内部的资金来源

跨国公司集团内部的资金融通是指母公司与子公司，或子公司与子公司之间相互提供的资金。母公司通常为其国外子公司提供大量所需的资金，尤其是投入足够的股份资本以保持对企业的所有权和控制权。其主要形式有：

（1）公司内部资金积累。内部资金积累主要由未分配的利润和折旧提成组成。折旧提成是企业资金的重要来源，一般约占 40% 的比例。一些国家实行加速折旧政策，企业依法按最高折旧率提取折旧费，这样既可使所得税减少，又可以提前回收投资。

（2）母公司对子公司的股权投资。母公司除了向海外子公司主动投入一定的股权投资，还可以在子公司存续运转期间追加投资，以提高对子公司股权的控制程度。

3. 母公司向国外子公司提供贷款

贷款可以是货币形态，也可以采用实物形态，诸如提供机器设备、原材料、最终产品以及资本化了的专利、工艺和管理等。采用这种形式贷款的目的在于减少纳税，并避免对股息汇回的限制。因为大多数国家课税时，将股息算作利润，而利息则不计入利润，从而可以减少纳税。此外，当东道国外汇紧缺并实施外汇管制时，偿付利息比汇回利润享有优惠。

4. 母公司大量投资购买子公司的有价证券，以保证对子公司的所有权和控制权

这种投资资金来源于母公司的未分配利润和折旧基金，可以在公司母国资本市场上发行债券，也可以到国际金融市场借款，或者由其他子公司调拨资金。

跨国公司集团内部的资金，已成为西方公司重要的资金来源，其比重约占四个方面

资金来源的 50%。随着国际金融市场利率的提高，跨国公司更加依赖国外盈利的再投资。

（二）来自公司母国的资金

跨国公司吸收外部资金是筹集资金的又一项重要措施。母公司可以利用其与母国经济发展的密切联系，从母国银行、金融机构和有关政府组织获取资金。具体有三种途径。

（1）母公司或子公司从银行和金融机构获取贷款，这是公司外部资金的主要来源。特别是在世界经济不景气的时候，银行和金融机构对工业与公司贷款的重要性就会增强。

（2）母公司或子公司在母国资本市场上发行债券，这是公司传统的集资方式。传统的证券集资往往通过专门的金融机构进行，如美国投资银行和投资信托公司，英国商业银行等都具体经办这类业务。

（3）母公司或子公司从母国有关政府机构或组织获取贸易信贷以及鼓励对外直接投资的专款资金，这一资金来源随着贸易保护主义的增加而与日俱增。子公司从母公司所在国采购机器、设备、原材料和零部件等，可以获得母国银行提供的出口信贷。另外，母国政府为了鼓励公司国外投资设立了专门机构，采取拨付专款的方式，支持在发展中国家设立子公司。如美国海外私人投资公司（Overseas Private Investment Corporation，OPIC），其主要任务是向设在发展中国家的美国子公司发放贷款。联邦德国的德意志开发协会（DEG）对联邦德国国外子公司提供贷款和股票投资。通常这类金融机构所提供的专款资金的利率低于商业贷款的平均利率。

（三）来自东道国的资金

当跨国公司集团内部或跨国公司母国资金来源都不能满足子公司的资金需求时，子公司东道国资金成为补充来源。它们包括银行和金融机构的贷款、发行股票、出售债券等。由于跨国公司子公司遍布全球，各东道国经济状况差别很大，有的国家金融环境比较好，有的国家稍差，有的国家根本难以在当地集资。因此，跨国公司利用当地资金的情况不尽相同。

在发达国家，跨国公司因各国金融环境差异而采取不同的集资方式。在美国和加拿大，证券市场是最重要的资金来源。在德国和英国，银行业是提供信贷和借款的主要机构。在日本，银行业和证券业的职能分离，银行主要参与对公司的短期和长期贷款以及提供贸易信贷。

子公司在发展中国家集资通常都比较困难，因为那里没有资本市场，或者资本市场很不发达，银行通常只提供短期贷款，证券市场很不健全。

（四）来自国际社会的资金

当上述资金来源仍不能满足跨国公司的集资需要时，跨国公司还可以利用国际资金。除公司集团内部、总公司母国、子公司东道国以外的任何第三国或第三方提供的资金，都可称为国际资金。国际资金主要来源有以下三个方面。

1. 向第三国银行借款或在第三国资本市场出售证券或债券

向第三国银行借款通常只限于在跨国公司子公司从第三国购买商品时设法获取出口信贷。大多数发达国家都有类似于美国进出口银行的出口融资机构，一些发展中国家也开始为它们产品的出口提供融资业务。

向第三国资本市场筹集资金主要采取出售外国债券的办法，但是采用这种方法集资的公司需要承担外汇风险。当前四家最大的国际性债券市场是美国纽约美元市场、日本东京日元市场、联邦德国马克市场及瑞士法郎市场。

2. 向国际资本市场借款

跨国银行是国际资本市场的大贷主。跨国公司借款的主要形式是以债券筹集中长期资金。其主要特点是公司发行多种形式的债券。有传统的固定利率债券，也有浮动利率债券。在各种债券市场中，欧洲债券市场越来越显示出它的重要性。

3. 跨国公司从国际金融机构获取贷款

对于在发展中国家进行投资的外国子公司而言，国际金融公司是另一个资金来源地。国际金融公司（International Finance Corporation，IFC）是世界银行集团的组成部分，由100多个国家政府参加的国际组织，其宗旨是向成员国，尤其是向在经济落后国家或地区重点建设项目投资的私人公司提供无须政府担保的贷款和投资，以促进国际和私人资本流向发展中国家。鼓励私人公司投资的方式有三种：（1）直接向当地企业投资，分享利润；（2）向这些私人公司提供贷款，期限为7~15年，利率略高于世界银行贷款；（3）以上两种方法兼而有之的投资。国际金融公司最多承担项目总成本的25%~30%，而且不介入项目的管理，以便调动私人公司的投资积极性。

三、跨国公司的融资决策

（一）跨国公司融资决策的依据

跨国公司从多方面筹措资金，扩大国外经营业务。公司可以从各方面的资金来源中，选择较佳机会取得资本，获得比较利益，从而使公司资本成本降到最低。

跨国公司选择最佳融资来源的目标是：经外汇风险调整后，使外部资金的成本降低到最低；在选择公司集团内部资金时，使公司的全球性税负及政治风险降至最低；公司各个经营单位都应以谋求整个公司全球性综合资本成本最优化为其经营的宗旨。

跨国公司在制订融资决策时，必须考虑以下几个方面的问题：

（1）国际资本市场瞬息万变，资本的成本变化快，公司应密切注意世界金融市场及东道国市场的变化，扩大资金来源。资金来源的选择是一种连续性的活动。一般而言，在市场诱人时，应在市场寻找资金，而不是等到公司需要资金时才去寻找。手中剩余的资金可以设法获取利润，一旦公司有需要，就可以将其投入获利更大的项目中。

（2）公司对国外的投资尽可能使自己的股本义务最小化，以便减少承担股本风险，但是那些新建的国外项目、扩建的重点项目和有示范作用的项目，股本资金必须来自跨国公司。使用公司自有资金和使用长期借贷资本是筹集固定资产的通用方法。流动资金的筹集要尽可能地利用当地信贷。当地筹资和国外筹资的比例取决于当地资本的可用性、成本水平以及政府对高债务比例的限制。

（3）各国融资情况差别很大。在有些国家，银行透支甚为流行；在另一些国家，政府融资机构可能就是当地融资的主要来源；而在美国和加拿大，有价证券是集资的主要途径。因此，公司在做融资决策时，应当注意研究各国商业银行的形态、证券市场的规则以及政府对资金的管理政策等，并采取相应的对策。

（4）不同的国家，其税收制度、融资机构、融资习惯以及资本流动管理措施各不相同。同时，不同的资本市场既给融资收益提供了机会，但也潜伏着增加资本成本的风险。

（5）融资过程中两个变动性较大的因素——通货膨胀和汇率变化，应予以特别的关注。各国不同的通货膨胀率可能影响子公司的竞争力和利润率。汇率变化会影响子公司的竞争地位及母子公司之间现金流量的价值。

（二）跨国公司的融资方式

在国际市场上，跨国公司作为市场主体，必然是投资主体。通过多种方式、多种渠道筹集公司生产经营和发展的资金，谋求公司的生存和发展，是公司经营者的重要经营举措。

根据融资期限不同，融资方式可分为长期融资、中期融资和短期融资三种。

1. 长期融资

跨国公司的长期融资主要方式有发行股票、发行公司债券和长期借款。

（1）发行股票。股票是拥有公司股份即公司部分所有权的书面凭证，它是有价证券的一种基本形式。公司依法定程序向社会公众发行股票筹集资金，通常分普通股和优先股。普通股，其股本构成股份公司资金的基础部分，是股票最普遍的一种形式，其股息随公司利润的变动而相应变化。普通股集资是股份公司最为稳定的资金来源，也是吸收其他方式投资的重要保证，公司可按盈利状况和现金运用情况灵活安排股息和红利的发放，有利于公司顺利发展。优先股是指此种股票持有者比普通股股东享有优先权。它是一种介于普通股集资和举债集资之间的筹资方式。优先股的股息率固定不变，可优先领取股息，并且在公司解散时，拥有优先分享公司净资产的权利。公司往往在创业阶段和扩展时期发行股票集资，使用这种方式集资的优点在于：通过发行股票能够在短时期内，把分散在社会上的大量货币资金聚集到一起，以满足大规模生产所必需的资本额，同时，扩大公司营业不再受公司自身积累能力的限制。

（2）发行公司债券。公司债券（Corporate Bonds）指公司按照法定程序约定在一定期限内按票面额还本付息的一种有价证券。证券持有人可定期获得利息并在期满时收回本金，而发行证券的公司以此获取长期资金。两者之间是债权与债务的借贷关系，并非是股权关系。因此，债权人不参与公司管理、不承担经济责任。

公司债券在筹集长期资金方面具有下列优点：债券面额小、流动性强、筹集范围广、规模灵活；债券利率略低于银行贷款利率，又高于存款利率，债权债务双方都能接受；债权人不过问公司的经营，使债务人能较好行使自主经营权。

（3）长期借款（Long-term Loan）。公司经营大型投资项目或其他工程建设，需要在国际金融市场上筹集巨额长期贷款。公司通常从以下两个渠道获取借贷资金：一是银团贷款，即由一家跨国银行牵头，由若干国家的银行参加，专门组成一个贷款银团共同发放贷款。这种贷款的特点是费用比较高，但灵活性较大。二是在会员国政府担保下，私人公司可以取得世界银行的长期低息贷款，而世界银行下属的国际金融公司也会向会员国公司发放不需政府担保的贷款。

2. 中期融资

国际金融市场上通常将1~7年期限的融资称为中期融资。其主要形式有中期贷款、出口信贷和国际租赁融资。

（1）中期贷款。跨国公司需要不断增添固定资产，也需要补充长期营运资金的不足，各国商业银行、金融公司和人寿保险公司可以提供这种中期贷款。

（2）出口信贷。出口信贷（Export Credit）是由出口国银行对本国出口商或外国进口商或进口国银行发放的贷款。由于大型机械、成套设备贸易成交额巨大、周转期限很长，因而需要较长期限和较大金额的信贷支持。这种一年以上的贸易信贷，可分为卖方信贷（Supplier's Credit）和买方信贷（Buyer's Credit）。

卖方信贷即出口国银行提供给出口商的信贷。卖方信贷实质上是出口商凭借银行信用，再向进口商提供分期付款的商业信用。各国卖方信贷的具体做法尚有差别，通常做法是进口商在签订买卖合同后先支付相当于货款10%~15%的金额作为定金，在分批交货、验收和保证期满时，再分期支付10%~15%的货款，余下的70%~80%货款在全部交货后的若干年内分期偿付，并一并偿还延期付款期间的利息；出口商与其所在地银行签订贷款协议取得银行贷款，再向进口商提供延期付款的商业信用，然后从进口商偿还的货款中把借款和利息等费用偿还给贷款银行。采用卖方信贷有利于进口商资金融通，其代价是进口成本和费用较高，一般比现汇进口价高3%~4%。

买方信贷，即出口国银行直接向进口商或进口国银行提供贷款，并要求此项贷款只能用于购买债权国的商品。进口商利用买方信贷及时向出口商支付货款，出口商能迅速收回资金，加速资金周转。买方信贷的具体做法是进出口商签订合同后，进口商支付相当于贷款额15%的现汇作为定金，并以贸易合同为基础，在进口国银行担保下与出口商所在地银行签订贷款协议；出口国银行根据贷款协议规定，凭出口商提交的发货单据，代进口商付货款给出口商，同时将款项记入进口商借款账户内；按贷款协议的条件，进口商向出口国银行分期偿还本金并支付利息和其他费用。

此外，中长期贸易信贷还有福费庭（Forfeiting），即在延期付款的大型机械设备交易中，出口商将经进口商承兑、进口商往来银行担保的期限为半年至5~6年的远期汇票，无追索权地售给出口商所在地银行或金融机构办理贴现，提前取得现款的一种资金融通方式。

（3）国际租赁融资（International Leasing Finance）。租赁是指出租人把某种物品出租给承租人在一定时期内使用，并按合同规定收取租金。国际租赁是指不同国籍当事人之间的租赁。对承租人来说，国际租赁是一种筹措外资的方式，其优点是灵活性大，受通货膨胀的影响小，且有利于更新机器设备，使用很普遍。

国际租赁融资的具体操作程序是，在不同国籍公司之间，先由租赁公司（银行）出资把机器设备购入或租进，然后出租给承租公司，并按合同规定收取租赁费。国际融资租赁一般合同期限较长，签约后不能随意解约，租赁物的修理、保养等均由承租公司负责。租赁合同期满后，承租人可按合同规定把设备退还给租赁公司或继续租赁，也可以按合同规定以象征性价格购买租赁物品，并办理产权转移手续。

租赁业务种类繁多，主要包括经营性租赁（Operating Lease）和融资性租赁（Financial Lease），还包括维修租赁（Maintenance Lease）、杠杆性租赁（Leverage Lease）、售后回租性租赁（Sale and Lease Back）和综合性租赁等。

3. 短期融资

短期融资通常是指期限在一年内的融资方式，其具体形式可分为短期贷款、商业信用融资、无担保银行贷款和有担保银行贷款。

（三）公司的国际资金运用

国际资金运用指跨国公司在国际经营活动中对所持资金的管理。国际资金运用的职能是：从整个公司的立场谋求最佳财务效果，减少公司的全面性资金成本及公司资产的全面性风险。其内容包括长期投资、证券投资、长期放款、流动资金的经营等。

1. 长期投资

长期投资（Long-term Investment）指通过长期投资财务决策分析及比较不同投资计划的预期报酬。制订长期投资财务决策，一般分三个步骤：第一步，评估投资计划所涉及的各项交易的预期汇率，确定融资计划和预期投资风险。第二步，预测投资计划利润汇回金额、汇率及纳税问题。第三步，比较各种不同投资计划的效益。通常采用的标准是净现值（Net Present Value），即投资方案在使用年限内的总收益现值与总费用现值之差，也可表示为使用期内逐年收益现值之总和。其计算方法为：（1）单一目标贴现率（Target Rate），即从全球观点出发，公司资金的来源和去向是以获利最大化为标准，以最低的贷款利率借款，以最高的获利投资。（2）按不同的国家或不同的计划，采用“各管各”（“Let every tub stand on its own bottom”）的资本成本及贴现率。

2. 证券投资

证券投资（Portfolio Investment）是长期战略的一个组成部分。跨国公司采用证券投资形式对外提供贷款，同时，以该形式作为重要资金来源。这种投资形式可能会增加投资项目的盈利性。通常，规模大的投资项目要求在它们的金融结构中有大量的证券资本。但是，能否获得大量证券资本的前提条件是，保证贷款者即使在价格下降或其他不利情况下，所有借款能够得到如数偿还。因此，在世界经济出现回升势头后，各国资本市场上的股票及有价证券交易相继活跃。

一般而言，一个大的投资项目，例如筹建一个大的采矿项目，可能需要5亿~10亿美元总投资，其中40%~60%为证券投资。这样一大笔金额很难由一家公司单独承担，需要形成一个贷款集团。但是，将怀有不同目标和期望的证券投资者组合在一起，为一个项目提供证券资金时，其中的管理工作将是十分复杂和困难的。

3. 长期放款

长期放款（Long-term Credit）是跨国企业国际资金运用的又一项内容。跨国公司将闲置资金投放市场进行长期放款生利。但是各公司往往都下意识地隐瞒这方面的活动，利用跨国银行转手贷款，公司事先将资金存入此类银行，再由银行出面贷款（Fronting Loan）。若贷款给国外子公司，还会起到避免或减少风险的作用。因为东道国政府为顾及本身形象，并不限制当地的外国子公司向国际性银行支付贷款利息。反之，东道国政府可以用种种借口限制此类子公司支付贷款本息给母公司。

第三节 跨国公司的外汇风险管理

跨国公司的外汇风险（Foreign Exchange Risk）表示汇率变动造成公司价值的变动性，或者说，货币变动改变公司未来现金流量预期数值的可能性。而外汇风险管理要求公司在进行海外业务时，要考虑到汇率变动对资金流动和资产负债结构影响的可能性及影响程度。

一、跨国公司外汇风险预测

跨国经营外汇风险的管理指对外汇市场可能出现的变化做出相应的决策。这是跨国公司国际财务管理的一项十分重要的内容。在业务中公司经营各种货币，而货币币值的变化，即贬值和升值，是经常发生的。货币币值的变化会影响交易的金额、现金的流量、资产、债务以及整个公司的经济效益。

（一）影响汇率变动的因素

外汇汇率是一个国家的货币以另一个国家货币表示的价格。外汇汇率也是一种价格，因此它的变动也是由供求关系决定的。在当今各国实行浮动汇率的制度下，影响汇率变动的因素有：

（1）外汇的供求状况决定汇率的变动，而影响供求的因素包括市场价格水平、生产成本、货币供应量、短期利率和国际收支状况等经济因素，以及对这些经济因素的预测。

（2）国际贸易的供求结构变化会引起汇率变动。通常，由于新资源的发现，生产方法的改进，消费者的需求变动等供求方面的结构性变动会影响汇率的变动。

（3）生产的周期变化和国民生产收入的变动，直接影响出口能力和进口需求，从而引起汇率的变动。

（4）各国政府贸易政策与措施的变动。例如，政府采取措施阻止高通货膨胀率所带来的国际收支恶化，提高进口关税，实施进口配额、出口津贴等贸易干预手段。

（二）汇率短期变动的原因

就短期汇率变动而言，没有一个单一因素可以充分解释汇率的变动，因而也无单一的处方可以获致汇率的稳定。汇率短期变动的原因有：

（1）以该货币计价的金融资产的需求，与该金融资产的供应能力之间的平衡状况的影响。

（2）货币供应增长速度的影响。如果某货币供应增长迅速，而其他因素不变，则该货币对其他货币的比价就趋于下降。这是因为：一方面，货币供应的迅速增长，会引起利率下降，资金外流，造成汇率下跌；另一方面，货币供应迅速增长，会引起国内物价上涨，进口需求增加，出口竞争能力削弱，国际收支经常账户恶化，于是汇率下跌。

（3）利率高低影响短期货币的需求。一种情况是，经济扩张，利率上升，投资者对该国货币信心增强，则资金内流，汇率上升；另一种情况则是，经济不景气，国际收支状况恶化，迫使提高利率，则将造成汇率下跌。

外汇汇率波动在今天已成为跨国企业经营中一个重大的不确定因素，这个问题对国际经营至关重要，如何进行外汇汇率变动预测呢？通常采用的预测技术有两种：判断模型和计量经济模型。判断模型是参照国别的情况进行分析和判断。例如，分析进出口贸易、国民生产总值、市场物价水平、银行利率变化等经济指标；分析政治形势、政权稳定程度和政府更迭等政治因素；估计政府，尤其是中央银行的干预作用；心理因素等。计量经济模型是运用数字方程式，采用影响汇率变动的诸因素，如工业生产、贸易流量、资本流量、相对通货膨胀利率变动、货币供给增长率及国际收支等指标，制定国别经济特定模式。

许多跨国公司在国际经营中，认识到外汇风险管理的基本要素是汇率预测和风险暴露的程度，而汇率预测是最困难的一个项目。为此，跨国公司对于汇率变动采取必要的保护措施。根据需要编制年度汇率预测报告，这些报告中，有的只预测变动方向，有的预测变动幅度，也有的进行概率分配估计。其信息和资料来源，主要是国内外银行报告和动态分析，其次是子公司、金融报刊和金融专家提供的帮助。

（三）公司财务管理工作中的外汇风险预测

跨国公司财务管理工作中的外汇风险预测应包括以下几项内容：

（1）外汇风险影响交易的类型。

（2）外汇风险对母公司和子公司的影响。

（3）外汇风险对跨国公司战略的影响。

（4）外汇风险对公司管理职能作用的影响，包括生产、销售、财务、人力等。

汇率变化所涉及的范围很广，影响很大。一家从事跨国经营的公司深知外汇风险对资产和债务的影响，他们通常采取的补偿政策是：当该公司所在国币值上升时，把对外出口转变为在国外生产；当公司所在国币值下降时，则把在国外生产转变成对外出口。

二、跨国经营中的外汇风险类型

外汇风险，也称为外汇暴露（Foreign Exchange Exposure），指由于汇率变动，而引起公司资金收益和损失可能性的一种测度。这种损益可能性即是外汇暴露的本质。因此，外汇的暴露程度也就是外汇风险大小。

外汇风险不仅涉及国外业务公司，任何公司只要应收账款或应付账款涉及外币，都会引起外汇风险。对跨国公司来说，这种风险会影响公司资产、负债、交易值、现金流量及目前和未来的盈利。各跨国公司因条件不同而受外汇风险影响的程度也不相同。

外汇风险主要有四种类型：交易风险、换算风险、经济风险和税收风险。

（一）交易风险（Transaction Exposure）

交易风险指在汇率变动后，公司对以往债务关系必须清结，由此引起的损益可能性，包括：以外币计价的商品或劳务的买卖，以外币表示的借款或贷款，尚未履行的期货外币买卖合同，以及以其他方式所取得外币资产或所发生的外币负债。当一家公司以一种外币表示的未收回债权超过它的负债时，该公司就属于“积极”暴露。

（二）换算风险（Translation Exposure）

换算风险，又称翻译风险、会计风险，是指以外币量度的国外子公司的资产负债表数字，必须用公司货币来重新表示，以便能使公司账目统一，这种重新表示即是所谓的折算。

目前，许多大型跨国公司，均采用 1982 年 12 月美国财务会计标准局（FASB）所制订的规则——结算日汇率法。对收入、支出、利得、损失等损益表中的各项目，按表中所指的时期内的平均汇率，经适当加权进行折算；对资产负债表中的各项账目根据现时法（Temporal Method）换算，所有的货币资产和负债将按新汇率换算；其他账户则仍按它们最初入账时的汇率转换。经上述各方法折算后的利得或损失计入“主权资本折算调整账户”。

（三）经济风险（Economic Exposure）

经济风险指预测或应对汇率变动对以母公司货币衡量的公司现金流量的长期影响。这种测度不是来自会计程序，而是来自经济分析。其目标是：一方面，力求使汇率变动对公司海外开支和营业活动的风险最低化；另一方面，使公司现金流动的现值最大化。经济暴露分析实际上等同于长期战略计划，它要求经理们在考虑国际经济环境变化诸因素时，也应考虑汇率变动对公司未来现金流动的影响。

（四）税收风险（Taxation Exposure）

税收风险指汇率波动对公司所得税的影响，外汇损失时即减少税负，外汇升值时则增加税负。为此，跨国公司力求使它的全球性外汇损失所享受的税收利益最大化，使外汇利得所应纳的税额最小化。

三、跨国经营中的外汇风险管理

跨国公司组织全球生产的销售活动，使用许多国家的货币，因此外汇管理至关重要。外汇风险指由于汇率变动而引起的公司资金损失。从公司财务角度考察，会计账目可分为两大类：一类称为不受货币变动风险影响的项目，如股本、存货、固定资产和长期贷款等；另一类称为承担货币变动风险的项目，如现金、流动资产、流动负债和长期负债等。各跨国公司因条件不同而受外汇风险影响的程度也不相同。当跨国公司预测东道国货币将要贬值时，可以采取相应的措施，减少承担风险的资产，增加承担风险的负债。具体做法包括：延期偿还公司内部按当地货币计算的欠款；突击增加进口，防止东道国货币贬值引起的进口价上涨；增加库存量，以便在货币贬值后调整存货价格；向东道国银行大举借款等。如果公司预测东道国货币将要升值，则可以采取相反的措施。

跨国公司要经常预测汇率变化对公司收益稳定性可能产生的影响，并采取必要的措施避免或减少风险造成的损失。一般情况下，跨国公司采取调整生产经营战略和加强外汇风险管理两个方面的措施。

（一）调整生产经营战略

跨国公司为了避免或减少外汇风险给企业经营造成的损失，在生产经营上采取以下具体措施。

1. 生产经营分散化

通常跨国公司在许多国家和地区组织企业经营活动时，在汇率变化情况下，以一个子公司的收益弥补另一个子公司的损失，以在某一市场上的优势弥补另一个市场上的弱势，从而抵消正负风险，从总体上保持公司收入的稳定性。

2. 财务活动多样化

跨国公司谋求从不同的资金市场和资金渠道寻求各种货币资金，在汇率变动的情况下，通过货币多样化组合中不同货币价值的此长彼消，可以避免或减轻风险。

（二）加强外汇风险管理

跨国公司外汇风险管理的具体做法有长期资金风险管理和日常资金风险管理两种。

1. 长期资金风险管理

长期资金风险管理的目标是确保公司资产和股东利益的长期最大化，因此，它不是通过期货市场上的运作来应对业已出现的资金风险，而是在资金风险刚刚产生还未变大之前，就采取适当的对策使这种风险最小化。跨国公司常用的三种对策是：第一，预测若干年内汇率变动的有效范围，以便有针对性地采取保护措施。第二，估算若干年内，外汇流入和流出之间的差额所引起的净风险。第三，对预期风险进行抛补（Cover），即“保值的”对冲，以便减少或消除可能的风险。跨国公司利用其财力雄厚、情报信息灵通的优势，对影响汇率的诸种因素，如一国经济发展情况、国际收支的变动趋势、通货膨胀的变动规律等进行早期情报分析和预测，并及时做出“货币风险报告”，采取必要的措施，防患于未然。

2. 日常资金风险管理

日常资金风险管理的目标是，减少公司日常性业务活动中由交易及折算暴露引起的外汇风险，以求达到近期每股税后盈利最大化。它是公司资金风险管理中最重要也是最基本的业务。具体措施包括：

（1）对冲（Hedging），也称为套期保值，即在外汇市场上经由期货合同先行买进或卖出未来外汇期货，以备到期时有确定数额的外汇支付给对方（或有确定数额的本国货币能够收到），或经由外汇市场先行借进外币，将其换成本国货币加以运用或生息，当本币所预期的外汇到期时，即以其归还此笔外汇借款。对冲是以一项抵消性的安排来避免或减少风险，使某一外汇合约所失去的，能由另一抵消性合约收回。

（2）提前及延迟支付（Leads and Lags），指在公司测度到汇率变动时，可以加速或延缓移动资金，以便减少风险。这在公司内部资金流动方面被广为采用。如若母公司预期某国货币即将贬值，便立即指令当地子公司增加就地借款，并提前偿还母公司或其他子公司的应付款项。如预期子公司所在国家的货币将要贬值，则对各项付款采取延迟付款。

（3）转移定价是跨国公司从其全球利益出发，操纵各子公司之间的交易价格，将其他子公司的商品和劳务按人为高价转移到高风险地区的子公司，或者将高风险地区子公司的资产按人为低价转移到低风险地区，从而达到转移资产、减少风险的目的。

（4）其他应对外汇风险的手段有贷款互换、货币互换和信用互换等。所谓互换（Swap），指两个公司间签订协议，以一定量的某种货币交换另一种货币，并在一定期限后，再换回原来的货币。

长期和日常的资金动用是资金管理的重要环节。跨国公司内部的资金联系十分密切。如母公司向子公司新的投资项目提供资金，各公司之间的商品和劳务交易，母公司为子公司提供技术和管理服务而收取相应的技术使用费和管理服务费，公司之间相互提供贷款，公司内部借贷利息的支付等，都会引起资金流动。跨国公司制定统一的公司财务管理制度，要求各公司在现金管理中，以尽量少持有现金为上策，公司将闲置资金集中管理和使用，这样既扩大了可供利用的资金来源，又加速了资金周转，提高了有限资金的使用率。

第四节　跨国公司的营运资金管理

跨国公司的营运资本也被称为流动资本，主要包括现金、有价证券、应收账款和存货等。营运资本管理是跨国公司财务管理的一项十分重要的内容，加强营运资本管理可以有效地使用资金，减少资金成本，实现利润最大化的目标。

营运资金管理（Working Capital Management）指从事跨国经营的公司经常发生的、

直接与销售活动和流动性资产的融资需要有关的管理活动。跨国公司经营活动涉及不同的国家和地区，如何使各分支机构的收支往来能在规定的范围内，以最低的资金转移成本，以合适的资金流向、流速和流量，促使整个公司流动资金报酬率提高，税后利润增大，是营运资金管理的目标。

营运资金管理包括静态管理和动态管理两个方面。静态管理的主要目标是对各种类型的流动性资产的处理，如现金管理、应收账款管理和存货管理。动态管理的主要目标是对资金从一个地理位置向另一个地理位置的转移进行处理。在跨国经营条件下，这两项管理都会遇到许多限制性因素和不确定性因素。

一、跨国公司营运资金的静态管理

营运资金管理，从静态上考察，主要有三个方面的管理，即现金管理、应收账款管理和存货管理。

（一）跨国公司现金管理

1. 现金管理的工作内容

跨国公司资产项目中，现金流动性最大，但同时它又是一项没有收益的资产，现金管理（Cash Management）的目的在于：支持公司跨国经营活动，满足公司对现金的需要，减少现金闲置时间和数量，克服外汇风险，从而提高整个公司现金调度、使用和储存的经济效益。为此，应做好下列财务工作：

（1）现金计划。对某段时间后各子公司和下属单位的现金收支额做出预测，并以此为基础编制综合现金预算。正确的预测要表明将来一定时期内预期的现金流向和流量，可能影响预测的主要因素以及应采取的对策。

（2）资金回收。财务工作应尽快收回公司应得的现金，并缩短应收款项的在途时间，即应该缩短客户与银行的交款时间及银行与公司的拨款时间。

（3）资金转移。财务工作应及时、准确地将资金转移到需要的部门或理想的地方。所谓理想的地方，指外汇交易成本最低、货币贬值风险最小、短期利率较高的地方。

（4）现金支出。财务部门应拟订现金支付方案，避免过早支付，延长公司所开出支票流回公司的时间，选择能够提供多种服务和信贷业务的支付银行。

（5）弥补资金短缺。财务部门应及时地将资金调到资金短缺部门，以解燃眉之急。公司不仅要考虑调出资金的额度和成本，还要考虑调出和返回资金拟采用的货币种类。公司应保存一定数量的现金，以应付公司日常经营活动的需要，但由于货币具有时间价值，因此在满足日常开支情况下，公司应使现金总量最小化。

2. 公司持有一定现金金额的动机

（1）交易动机，即持有一定现金以应付日常交易所需。与其相联系的管理目标则是注意预期的现金流入、流出的规模和变动程度。

（2）谨慎动机，即持有一定现金以防预算方案中的现金流动出现偏差。与其相应的管理目标则是注意公司各部门资金流动的实际情况。

(3) 投机动机，即持有一定现金投向有利可图的投资机遇。与其相应的管理目标则是把某货币市场借贷款的利率、各种货币汇率的变动与公司在其他市场上经营的机会不断进行比较。

许多跨国公司实行现金集中管理的制度。所谓集中管理，是指公司总部及其分支机构的现金流动总量、结构由同一个或若干个财务中心实施统一的管理和控制。这种集中管理办法的实施地通常选择在世界或地区级的货币中心，如纽约、伦敦、东京等地或选择在避税地。现金集中管理的优点是：可减少现金总需求的变动幅度，降低融资成本和外汇成本，使现金在各子公司与母公司之间得到合理的利用。其具体做法是采用内部结算法，使各分支机构持有的现金应付实存相抵后，以净额支付交易款项，这样可以大量节省外汇交易费用，避免不必要的货币转换和不适当的货币使用。

(二) 跨国公司应收账款管理

跨国公司应收账款管理 (Accounts Receivable Management) 指公司应向有关组织和个人收取的款项。这种应收账款业务主要在两种不同交易中产生：一种是与独立于公司之外的经济组织和个人之间的交易；另一种是与公司内部各部门之间的交易。这两种交易导致的应收账款应区分对待。

1. 公司内部的应收账款

跨国公司内部，一个单位同其他单位发生交易，而未立即收取货款，就形成了公司内部的应收款。对公司内部应收款的管理，不是着眼于选择交易货币再确定支付条件，而是注重公司在世界市场上的财力配置和资金调动。实践证明，利用公司内部应付款项的安排会给公司内部各单位融通短期资金提供便利。

2. 公司外部的应收账款

跨国公司向独立子公司的经济组织和个人销售产品或转让技术等，未能立即收取的款项，就形成公司外部的应收账款。对公司外部应收账款进行管理，主要应注意以下三个问题：

(1) 选择应收账款计价货币。公司销售产品和转让技术的交易，最好采用硬货币或本国货币来计算价格和支付货款，以使应收账款在到期日的实际价值有所增加，或不致遭到外汇风险；而买方则愿意用软货币或所在国货币来计算价格和支付货款。因此，选择交易货币是谈判的重要内容。卖方在不得已的情况下接收软货币，也可以在金融市场上对该软币进行远期保值。

(2) 确定付款条件。在对应收账款管理中，支付条件可采用延期付款，目的是使买方融通短期资金，扩大销售。如果接受软货币作为交易货币，就应尽可能地缩短延期付款的时间，以减少风险；如果采用硬货币作为交易货币，公司可以放宽延期付款时间，这样做一方面可以吸引买方，另一方面不承担风险。

(3) 降低赊销风险。跨国公司采用赊销 (Charge Sales) 方式，一是迫于竞争的需要，二是为了扩大销售量，增加公司利润。赊销是目前国际贸易中普遍采用的做法，一个公司如果不采取赊销的方式，在竞争激烈的世界市场上，是很难有所作为的。

跨国公司在赊销时应采取什么样的信用尺度至关重要。信用尺度过宽，可能导致应收账款不能收回，坏账增加，从而使公司利润数字成为虚假的数字；信用尺度过严，可能导致销售下降，利润减少。因此，跨国公司在不同的市场上应实施不同的信用标准方案。

上述两种应收账款，既有共同点，又有不同点。共同点是都可能面临外汇风险。不同点是：公司外部的销售应考虑客户的资信问题，公司内部的销售则无须考虑；公司外部的销售应认真选择货币种类并规划收款期，公司内部的销售其支付时间取决于公司分配资源的愿望，而不是支付时间表。

3. 防止应收账款风险的措施

跨国公司为减轻应收账款的风险，可以采取以下几种措施：

（1）要求公司出售的产品都必须以硬货币支付，这样可减少风险。

（2）公司可购买货币信用保险，以抵补因赊销可能产生的外汇风险。

（3）采用保理收款（Factoring）的方式来避免外汇风险。所谓保理收款，是指公司在无追索权基础上卖出它的应收账款。无追索权（Non-recourse）即指应付款者不能付款，则由代收款者而不是原收款者承担损失。目前，发达国家银行一般都提供保理收款业务。

（三）跨国公司的存货管理

1. 存货管理的定义

存货管理（Inventory Management）指跨国公司对从市场购入以供销售，或经过加工再出售的各种材料物资的管理。存货管理是流动资产管理的重要内容之一。公司经营中涉及的各种材料物资不仅品种繁多，而且所占用的资金数量也很大。存货管理的目标是，尽可能运用科学方法确定预期的销售额、订货成本、储运成本等因素，以决定某一时期的经济订货量，并在此基础上，加上预防销量突然上升和缺货的安全边际量（Safety Margin），便是最佳订货量。这样资金就能得到经济合理的运用，从而使存货管理达到最优水平。

2. 影响存货量的因素

存货管理应考虑影响存货量的三个决定性因素：销售规模、产品生命周期长短和产品的耐用性。在跨国经营活动中，各国生产成本和储运成本千差万别，跨国公司便拟订出几套存货方案备用。

3. 如何应对影响存货管理的变因

通货膨胀和货币贬值是影响存货管理的两大变因，为此，跨国公司可采取以下措施：

（1）确定通货膨胀或货币贬值对现有库存的影响。

（2）确定各子公司存货类型对决策的影响。

跨国公司存货管理的特点是：存货量大，销售有保证，但储存成本高；存货量小，储存成本低，但缺货成本高。缺货成本指由于停工待料而发生的损失，或为补足拖欠订货而发生的额外成本开支，或由于对客户延期交货而付给的罚金以及由于未按期交货而在商誉（Goodwill）方面所蒙受的损失等。因此，存货管理的任务是，根据各子公司不同情况，分别确定存货量，并经常加以调整，使整个公司长期保持存货的最优水平。

二、公司营运资金的动态管理

短期资金的经营属于跨国公司营运资金（Working Capital Management）的管理业务，它在公司国际资金管理中占据重要的地位。

跨国公司资金的短期经营指现金资产和近似现金资产的全球性管理，其职能包括资金安置、资金调配、资金成本最小化等。

（一）资金安置

资金安置（Positioning of Funds）指公司所有流动资金安置地点的选择及所持有货币币种的问题。最理想的管理方法是采取全系统（Full System）的管理，使分散在各附属公司的资金集中到公司总部或地区总部，其财务和业务上的各种收支往来能够协同运用，达到以最适当的流向、金额和时机，使整个公司内部资金转移成本降至最低，加速公司各单位间的国际资金移动的速度，从而达到经济效益最大化。

1. 限制资金安置的因素

资金安置的限制因素包括政治、税收及外汇等。政治限制因素，指跨国公司内部资金转移受到通货不兑现或其他外汇管制等公开的限制，或者受到严格限制股息汇出，或课以重税等隐蔽的限制。税收限制，指公司资金必须流经各国，受不同的税法管辖。外汇限制，指资金由一种货币形式兑换成另一种货币形式时，因进出差价及交易费而影响交易成本。

2. 公司采取的反限制措施

对上述限制资金安置的因素，公司采取把资金分项拆开，然后逐项转移的办法。其主要内容包括股息汇出，权利金、劳务费及母公司间接费用的摊付，转移定价，以及转移被封锁的资金。

（1）股息汇出。这是国外分支机构向母公司转移资金最常用的形式。公司考虑是否汇出股息的因素有税收因素、政治风险因素、外汇风险因素等。

（2）权利金、劳务费及母公司间接费用的摊付。母公司收取这些费用时，往往考虑到计算支付金额的标准、支付货币、支付时间及汇往地点等。在一般情况下，东道国对股息汇出从严处理，而从宽处理权利金和劳务费的汇出。

（3）转移定价。通过对产品、劳务、技术的或高或低的转移定价，达到直接转移资金的目的，这是跨国公司安置资金的财务手段。

（4）转移被封锁的资金（Blocked Funds）。东道国政府外汇短缺，实行严格的外汇管制，从而造成公司资金被封锁。于是，跨国公司采取如下的相应对策：第一，在投资前预筹对策。例如，公司为确保运营资金的安全，采取防患于未然的措施，使流动资金尽量由当地筹集以及签订物资供应与销售挂钩协议。第二，在投资后，发生限制资金汇出时，可以将投资“拆包”，分别以权利金、劳务费及债务的还本付息形式汇出资金，这些都比股息汇出所受限制要小。也可以利用转移价格，或提前或错后支付等办法，将已被封锁资金汇出。第三，将被封锁的资金暂时就地隐蔽，待机移出。具体办法有：在当地寻求有利可图的项目再投资（Re-investment）；以定期存款方式存入银行；购买当地债券；向其他公司贷款等。

（二）资金调配

资金调配是将一家子公司的剩余资金调配到需要资金的其他子公司，实现统一使用跨国公司集团流动资金的目的。这种资金调配的方法是，公司规定附属公司所持当地货币现金余额仅以足够应付日常业务需要为限，超过此最低需要的现金余额都汇往中央现金库（Central Cash Depository），统一安排这些现金以何种货币持有，以符合整个公司的最佳利益。这样，跨国公司各经营单位的剩余资金，可由公司统一调拨和使用，使资金在统筹运用上产生既经济又迅速的效果。若某一子公司发生资金短缺，中央现金库立即可以以电汇方式迅速融通资金，或由某一跨国银行的分支机构直接向当地子公司作紧急垫付。

跨国公司有效地操纵中央现金库，建立起多国现金调度系统（Multinational Cash Mobilization System），其功能是可以防止资金呆滞以及减少资金放置在错误的货币上因而蒙受贬值的损失，或在利率方面造成亏损。

（三）资金成本最小化

资金成本是资金使用成本的一部分，也是外汇成本的重要组成部分。在国际货币管理业务中，实现资金成本最小化的主要方法有：

（1）加速资金转移。将多余的资金汇集到设在总公司或地区总部的中央现金库，以便应对不时之需，使公司资金发挥更大的效用。

（2）消除重复转移。具体方法包括：根据各种货币的相对优势及弱点、各种货币的利息情况以及各个货币市场的操作功能，进行合理地调配；加强对各国经济政策的了解和分析；正确运用收支冲销方法。

（3）统一协调各子公司对交易和预防投机活动的资金需要，采用多边净额结算（Multilateral Netting）方法。跨国公司通过掌握各子公司的经常账户状况，当子公司因正常业务往来发生外汇交易时，为节约外汇交易费用，避免不必要的货币兑换，以及减少各子公司资金需要，公司会采用多边净额结算。对某一公司账户上出现的支付需要，以其他子公司对同一客户的债权进行划拨冲销，然后仅支付净额。这样，只要跨国公司以中心结算的形式持有全部必需的预备性金额，公司资金成本就可以降低。

第五节　跨国公司的税收管理

跨国公司的税收管理（Tax Revenue Management）是国际业务中一项重要的财务管理内容。它影响国际投资的区位选择、海外机构设置、融资方式及转移定价等重大业务活动。世界上各国税法和税则千差万别，增加了跨国公司税收管理的难度。

一、国际投资区位选择中的税收管理

（一）综合税收水平

跨国公司在世界各地开展投资业务，而各国的税法、税则、税种和税率各不相同，差别很大。跨国公司在做投资选择时主要考虑的因素有当地的综合税收水平、税收结构、税收优惠和汇回利润等。在某些国家，可能所缴公司所得税不高，但其他的税收在税收总额中占有很大的比重，使得综合税收处于高水平，这就会影响公司做出投资决策。

（二）税收结构

跨国公司的财务管理可以对不同的税种采取不同的处置方法。如公司所得税是跨国公司最大的税负，对公司的所得税，财务管理可以利用规定的最高折旧率和转移定价的方法减轻总体税负，具有较大的管理能动性。相反，对增值税，财务管理的机动性就较小。一旦当地的增值税在总体税负中所占的比重较高，就不利于公司财务管理发挥其减轻税负的能动性。

（三）税收优惠

各国（尤其是发展中国家）政府为了吸引外资，实行不同的税收优惠政策。税收优惠项目包括所得税和其他国内税种，这对国外投资具有较大的吸引力。

（四）汇回利润

跨国公司通过海外经营，获取经济利益，并将其税后的利润汇出投资所在国，这就是汇回利润。汇回利润包括子公司的股息、利息、特许费以及分公司的汇回利润。而东道国对跨国公司汇出的收入实行不同的预提税率，这将直接影响投资项目未来的经营实绩。因此，跨国公司在对财务管理做出国际投资区位决策时，必须考虑各国预提税率的差别。

二、跨国公司海外机构的纳税管理

各国政府通常对不同的企业（或产业）组织形式采取不同的税收政策。跨国公司的海外机构组织形式有总公司和分公司、母公司和子公司。不同的企业组织形式属于不同的纳税对象，享受不同的纳税待遇。

（一）纳税数量

各国政府对分公司和子公司实行不同的纳税数量。通常，东道国对分公司征收较高的所得税，有些国家则不征收。当子公司向母公司汇回利润时，绝大多数国家对子公司征收预提税，而分公司向母公司汇回利润则予以免征。

（二）税负待遇

各国政府对跨国公司的国外分公司和子公司实行双重课税或税收抵免政策。通常，国外分公司已向东道国政府缴纳的所得税，可以抵免母公司的税负，以避免双重课税。而子公司则不然，有可能出现双重课税的问题。

（三）纳税时间

各国政府对跨国公司下属的不同公司规定不同的纳税时间，使一些公司可以享受到延期纳税的好处。

1. 分公司

国外分公司不是一个独立的经济实体，其损益情况都要纳入总公司的账目，当分公司亏损时，可以冲抵总公司的盈利，减少总公司的税负。因此，跨国公司国外投资项目在运作初期，以采用分公司的形式为宜。待分公司转亏为盈时，再设法转为子公司形式。

2. 子公司

子公司在初创时期的亏损，可以先记入账目，待盈利后可抵消部分税收。

3. 母公司

母国政府对纳税时间的规定是：母公司从国外子公司的应收所得，在子公司以股息等形式汇给母公司之前，可以暂时不征税，待该笔所得汇回母国时，才予以征税。这种做法有利于母公司享受延期纳税的优惠。而延期纳税，实际是跨国公司享受了政府的一笔“无息贷款”，跨国公司可以利用这笔“贷款”，进行投资或从事其他经营，获取利润。延期纳税的时间越长，跨国公司获利越大。

（四）税收优惠

东道国对子公司和分公司实行不同的税收优惠政策。通常，子公司是属于当地的法人居民，被视为当地企业，可享受当地企业的一切优惠待遇，受当地法律的保护，享受东道国与其他国家签订的税收协定所提供的各种优惠。而分公司不是独立的法人，被视为“外国公司”，不能得到同等的优惠。

三、跨国公司的国际避税

跨国公司的国际避税指利用各种不同的税法和国际税收协议中的差异、漏洞、缺陷和特例，通过合法的手段规避或减轻纳税义务。现在，越来越多的国家认定，避税和逃税是属于滥用税法的不正当行为，许多国家政府参与制定反避税条例，加强联合审计和情报交流，严防跨国公司偷税、漏税事件发生。

跨国公司的国际避税做法通常有以下几种。

（一）转移定价避税法

转移定价避税法指跨国公司通过分布于不同税率和税则国家与地区内的子公司，在公司内部自行调节成本和收入，将成本由低税区转移到高税区，又将利润由高税区转移到低税区，从而达到减轻公司税负的目的。例如，某国是高税区国家，原材料以高价进口，成品以低价出口。于是该国的加工企业利润趋于零，甚至亏损。而实际企业利润已被转移到跨国公司下属的位于别国的子公司。

（二）选择公司身份避税法

各国的税收结构是按具体的纳税人和纳税对象设置不同的税收政策。跨国公司通过选择国外机构组织形式的身份来达到避税的目的。常见的方法有：

（1）根据东道国对不同身份的公司的税收规定，跨国公司选择设立子公司或分公司以达到避税的目的。

（2）根据东道国对常设机构和非常设机构不同的课税方法，跨国公司选择可以避税的机构形式。一般而言，东道国对外国常设机构的所得税征税，反之，对非常设机构则不征税。

（三）高息贷款增资避税法

当跨国公司母国的所得税率低于子公司所在国的所得税率时，母公司通过增加对子公司的高利率贷款，使子公司的一部分所得以免征所得税的利息形式转移到母公司的账户，从而达到避税的目的。

（四）利用关联企业间固定资产购销和租赁避税

公司财务管理人员将设备或固定资产价格抬高，虚增企业生产成本，将技术转让价款隐藏在进口设备价款中，逃避技术费预提税；或将某一个子公司的财产高价租赁给另一个关联企业，于是企业利润通过租赁费用得以转让。

相关链接

国际避税地避税

甲国跨国公司 A，在百慕大避税地设立一个子公司，A 公司向乙国销售一批商品，销售收入 2 000 万美元，销售成本 800 万美元。甲国应征收所得税，税率为 30%。A 公司将此笔交易收入转至其百慕大公司的账户。由于百慕大避税地不设公司所得税，此项收入无须纳税。

按照正常交易原则，A 公司在甲国应纳所得税为：$(2\,000-800)\times 30\%=360$ 万美元。而 A 公司通过虚设避税地业务，并未将此笔交易呈现在甲国的账目上。A 公司设在百慕大的子公司虽有进账，但无须纳税。若该子公司将此笔收入赠与其他公司，也可不缴纳赠与税。所以，避税地是跨国公司的避税天堂。

相关链接

中国改革税收制度

目前，国家税务总局实施《关联企业间业务往来预约定价实施规则》（Adance Pricing Arrangement，以下简称 APA）。APA 规定，允许企业通过“预约定价”的方式，缴纳关联企业间交易的所得税，即允许企业和运营税务机关就相关应纳所得税或销售利润率区间进行商谈论证，并按此纳税。作为国际通用的纳税方式，预约定价可以减轻政府部门漏征税的风险与审查成本。跨国公司也可以减低被稽查后双重征税的成本。

复习思考题

1. 跨国公司通过资产经营要实现什么样的目标？
2. 跨国公司经营什么样的业务需要国际资金融通？
3. 跨国公司通过哪些渠道获得跨国经营的资金？
4. 长期融资、中期融资和短期融资分别服务于什么样的业务领域？
5. 什么是外汇风险管理？跨国公司如何进行外汇风险预测？
6. 公司在跨国经营中可能会遭遇哪些外汇风险？
7. 跨国公司加强外汇风险管理应采取哪些具体措施？
8. 何谓营运资金管理？跨国公司如何进行营运资金的静态管理和动态管理？
9. 跨国公司对所属海外机构如何做好纳税管理？
10. 跨国公司通过哪些合法手段来规避或减轻纳税义务？

案例分析

欧米茄风云百年

时光荏苒，岁月如梭，欧米茄缔造了一个钟表品牌的世纪传奇。由瑞士钟表匠路易士·勃兰特创建于 1848 年的欧米茄表，历经百年积淀，凭借其先进的科技和精湛的制表工艺，稳居制表业的领导地位。

1848 年，23 岁的路易士·勃兰特在瑞士西北部的小镇办起了一家装嵌怀表的小工坊。每到冬天大雪封山，他便在工坊里精心生产怀表，开春后，再去意大利、英国、北欧等地推销自己的产品。1879 年，路易士·勃兰特去世，他的两个儿子路易士·保罗和路易士·塞萨尔接手父亲的产业。由于当地其他作坊提供的零配件不稳定，兄弟俩决定自己生产全部零配件，同时放弃传统制表方法，改用机械化生产。1880 年，他们在人力资源、交通和能源供应条件较为理想的比尔地区建立了新厂，这里至今仍是欧米茄总部所在地。

卓越与创新精神

1892 年，勃兰特兄弟生产出世界上第一只能够报时、报刻、报分的三问报时表(Minute-repeater)。1894 年他们制造出了精密准确的 19 令机芯表，并以希腊字母“Ω OMEGA”作为标志，欧米茄品牌自此诞生。Ω 是希腊文最后一个字母，象征完美与成就、极致与卓越。公司也因此命名为“欧米茄”。两年后，其 19 令机芯表获得欧洲几家著名天文台颁发的精确计时证书，自此欧米茄名声大振，并成为瑞士最大的制表商。1900 年，巴黎世界博览会，在埃菲尔铁塔下，欧米茄款式系列的纯金雕花表以其出色的表现获得了国际评委会颁发的最高荣誉——希腊神殿（Greek Temple）奖。

两次世界大战期间，欧米茄是英国皇家空军的专用表。1932 年，欧米茄率先推出潜水表——海洋系列（Marine）。此后，欧米茄又生产出海马系列（Sea-master）专业潜水表。1993 年，欧米茄推出的 18K 金自动上链海马潜水表，装配有氦气排阀，它是世界上第一只有推动按钮、在水下 300 米依然运作正常的机械式潜水表。

欧米茄最有传奇色彩的是它的超霸系列（Speedmaster）专业计时表。20 世纪 60 年代，美国宇航局用两年时间，对一批名表进行严格的失重、磁场、震荡、撞击以及温差测试，结果欧米茄超霸表技压群雄，于 1965 年被确定为美国宇航局指定计时器（10 年后超霸表还成为苏联宇航员的指定计时器）。1969 年 7 月 21 日，欧米茄手表跟随美国宇航员阿姆斯特朗登上了月球。1970 年，超霸表又以十分之一秒的精确计时功能，协助燃料仓发生爆炸的阿波罗 13 号宇宙飞船激活引擎，成功脱离月球轨道返回地球。为表彰超霸表在这次拯救行动中的出色表现，美国宇航局特别将其最高荣誉“史努比奖”颁发给欧米茄。

欧米茄一向精益求精，并以前瞻态度探索制表工艺。一个半世纪以来，欧米茄品牌凭借高超的制表技术和优秀的设计获奖无数。在瑞士钟表界，欧米茄代表着极致、卓越、精湛与创新。大多数欧米茄机械表芯都接受过瑞士官方天文台的测试，并多次创下最精确的计时记录。而欧米茄表的设计也不断追求完美，显示着别样的高贵气质。永恒的卓越品质是欧米茄追求的钟表形象。

如今，欧米茄腕表已发展出多个系列，包括诞生于 1948 年的深受潜水爱好者与探险家喜爱的海马系列；曾因遨游太空而闻名于世的全球著名的超霸计时表系列；全世界范围内最具辨识度的星座系列；搭载有欧米茄创领表坛的同轴擒纵技术、经典高雅的碟飞系列。另有博物馆等特别系列、华贵珠宝及华贵皮具系列。

目前，欧米茄的销售网络遍布全球。品牌的销售对象以成功人士为主，与欧米茄的鲜明形象如出一辙。历年来，其卓越成就及贡献主要包括：登月创举（超霸专业腕表是唯一的一只在月球上佩戴过的腕表）、曾先后 20 多次担任奥运会指定计时、屡创精确计时记录、荣获无数设计奖项等。众多明星加入欧米茄名人大使：超级名模辛迪·克劳馥，好莱坞演员乔治·克鲁尼、妮可基德曼，中国演员章子怡，体坛名将菲尔普斯，高尔夫名将格雷格·诺曼、加西亚、魏圣美，以及登月宇航员巴兹·奥尔德林、在月球上行走的尤金．赛尔南。

欧米茄启用的所有代言人都有自己的高标准。的确，虽然欧米茄的名人大使都已在事业上获得显著成就，但欧米茄相信，非凡的人格魅力才是他们可信可嘉的源泉，他们在聚光灯之外的努力才是他们真正的卓越所在。这些名人不仅吸引了公众对品牌的关注，也分享了品牌的价值观，一致认同信誉、品质及开拓进取是欧米茄 160 多年来钟表制造的卓越和创新精神。

欧米茄的奥运情结

欧米茄在世界范围内是知名度最高的手表品牌，欧米茄何以成为这样一个拥有惊人认知率的品牌？不得不说和其奥运会 TOP 赞助商的身份密不可分。

在体育运动专业计时历史上，欧米茄拥有无可比拟的辉煌成就。1932 年，在洛杉矶奥运会上，欧米茄成为历史上第一个担任全部竞赛项目正式计时的公司。在过去的 80 多年间，欧米茄在奥运计时技术方面的发展直接推动了奥运会比赛的变革。从某种意义上说，欧米茄是奥运比赛规则的改变者。

1932 年是体育计时历史上一个非常关键的时刻。作为第一个出任奥运会正式计时的手表品牌，欧米茄提供了 30 块经瑞士官方天文台认证的高精确度计时表，为各个比赛项目提供计时服务。官方比赛结果精确到 1/5 秒和 1/10 秒。

1948 年，欧米茄推出了崭新设备——终点计时摄像机，这也成为此后奥运会田径项目中沿用至今的精确计时仪。它能在数位田径选手同时冲刺时，帮助裁判解决无法用肉眼判断的胜负之争，让观众看清谁是真正的冠军。这种摄像机为运动计时带来了革命性突破，英国人将它称为“魔术眼”，它也成为欧米茄帮助奥运会计时技术不断突破的代名词。

随后，在 1952 年赫尔辛基奥运会上，欧米茄开启了计时技术的石英与电子时代，其自动石英计时器的精确度达到了 1/20 秒。在 1968 年墨西哥城奥运会上，欧米茄计时系统将发号枪、扬声器和开始信号连接在一起，计时精确度达到 1/1 000 秒，宣告了计时员与终点裁判的分歧终成历史。在 2008 年的北京奥运会上，欧米茄再一次掀起技术创新的浪潮，实现了另一个革命性突破：计时设备首次与发令枪相连。2012 年伦敦奥运会是欧米茄和奥运会的第 25 次合作，欧米茄又带领最强大的计时阵容，不断超越自己所创造的纪录。无论谁最终问鼎金牌，有一点毋庸置疑：每项比赛的每个获奖者成绩的测量与显示，都是由欧米茄——这个全世界最成功的体育计时品牌所完成的。

80 多年来，欧米茄已经 25 次成为奥运会官方指定计时商。2009 年欧米茄又宣布继续成为国际奥委会全球奥运合作伙伴直至 2020 年。除了为每一届奥运会担任计时工作外，欧米茄还负责数据处理、场地赛果显示以及向全球媒体发布赛果等重任。

对于欧米茄来说，2016 年巴西里约热内卢奥运会可能是最为不同的一届——高尔夫球自 1904 年以后首次回归奥运会。欧米茄不仅和奥运会是天作之合，和高尔夫同样密不可分。观澜湖高尔夫世界杯赛，欧米茄就担任了官方指定计时的重任。欧米茄在推动高尔夫赛成为奥运比赛项目中起了至关重要的作用。在里约热内卢的奥运赛场，不仅田径场、游泳馆及其他场馆的计时计分和数据分析任务由欧米茄提供，而且在万众瞩目的高尔夫赛场上，也出现了欧米茄的身影。

欧米茄与奥运会的合作又延伸到青年奥运会，这是一个年轻的赛事，2010 年首届青年奥运会在新加坡举办，2014 年青奥会移步中国南京。2014 年在南京举办的青年奥运会上，欧米茄在各个赛场为 26 个运动项目提供专业计时服务，并使用重达约 80 吨的先进计时设备，其中包括 115 个公共和比赛专用计时牌，总长 100 千米的光纤电缆，以及 25 个电视视频信号发生器。2013 年 8 月 15 日欧米茄与南京青奥会组委会一起在南京最热闹的新街口揭幕了一个高达 6 米的倒计时牌。当晚，倒计时牌背后的户外电视广告牌滚动播出了欧米茄手表的最新广告。

现在，奥运会的商业化运作越来越成熟，更多的品牌通过赞助奥运会来展示品牌形象。欧米茄不但在经济上提供支持，更重要的是为奥运会提供计时方面的技术支持。为世界上最出色的体育健儿提供计时服务，的确是莫大的荣耀。欧米茄深信，他们的计时专家会不断提升并重新定义世界级别的体育计时科技，并将在今后的历届奥运会中树立新的里程碑。

第十章 跨国公司国际直接投资理论

✓本章摘要

跨国公司国际直接投资理论是从传统的国际资本流动理论中分离出来的，其理论依据和分析方法可分为垄断优势理论、产品生命周期理论、内部化理论、国际生产折衷理论和比较优势投资理论。

由邓宁提出的国际生产折衷理论指出，企业在国际化经营中应充分利用所有权优势、内部化优势和区位优势。

✓本章关键词

垄断优势理论　产品生命周期理论　内部化理论　国际生产折衷理论　比较优势投资理论

✓学完本章，你需要掌握：

垄断优势理论、产品生命周期理论、内部化理论、国际生产折衷理论以及比较优势投资理论的内核。熟悉上述五种理论在实际业务中的应用，了解各种理论的不足之处。

跨国公司是国外直接投资行为的主体，而国外直接投资又促进了跨国公司的成长。西方经济学家关注跨国公司的国外直接投资活动，并提出一系列国外投资理论。从理论的发展阶段来看，可分为两个阶段。第一阶段，从 20 世纪 60 年代初到 70 年代中期，主要任务是解释对外直接投资的决定因素，并称为对外直接投资的理论。第二阶段，20 世纪 70 年代中期以来，研究重点由对外直接投资转向对外直接投资的行为主体，即跨国公司。因此，这个阶段提出和发展的理论也就是跨国公司的理论。

跨国公司对外投资理论是从传统的国际资本流动理论中分离出来的。所不同的是，经济学家对跨国公司理论的研究各有其侧重点。工业经济学家在探讨国外直接投资时，从产品的垄断和要素市场出发；国际金融专家着重解释资本市场的不完善性；而管理决策专家的研究重点是公司内部的管理和决策过程。

20 世纪 60 年代初，海默（Stephen H. Hymer）首创当代跨国公司理论，随后出现了形形色色的相关理论模型，并逐步形成相对独立的理论形态。在这一个理论领域研究中，加拿大学者海默的垄断优势理论、美国经济学家弗农（R. Vernon）的产品生命周期理论、尼克博克（F. T. Knickerbocker）的寡占反应论、英国教授巴克利（P. J. Buckley）和卡森（M. C. Casson）的内部化理论、邓宁（J. H. Dunning）的国际生产折衷理论以及日本学者小岛清（Kyoshi Kojima）的比较优势投资理论都是颇具特色的代表性理论流派。随着经济全球化的迅速发展，发展中国家的新兴跨国公司崭露头角，为跨国公司对外投资理论的研究进一步提供了广阔的视野和丰富的素材。

跨国公司的国际投资理论，按其理论依据和分析方法可分为五大类：（1）以产业组织理论为基础的理论，如垄断优势论和寡占反应论；（2）理论贸易与工业区位理论相结合的理论，如产品生命周期理论；（3）比较优势理论；（4）内部化理论；（5）国际生产折衷理论。

第一节　垄断优势理论

垄断优势理论也称特定优势论或产业组织论，是关于跨国公司凭借其特定的垄断优势从事国外直接投资的一种跨国公司理论。这种优势主要体现在知识资产中，使用知识资产生产出当地企业无法与之竞争的高技术产品或异质化产品，创造额外利润，弥补从事海外经营的额外成本，克服直接投资中碰到的诸多不利因素，进而能够较当地厂商更胜一筹，从而得以生存与发展。

一、垄断优势理论的提出及其主要内容

（一）垄断优势理论的提出

垄断优势理论（Theory of Monopolistic Advantage）是大公司依仗其特定的垄断优势拓展对外直接投资的一种跨国公司理论。垄断优势理论于20世纪60年代初由加拿大经济学家海默（S. H. Hymer）在其所著的《民族厂商的国际化经营：一项对外直接投资的研究》论文中提出，这是海默在麻省理工学院的博士学位论文。文中首次明确指出大企业到国外直接投资，主要原因在于其特定优势。这种“企业特定优势”（Firm-specific Advantages）即企业国际化经营的垄断优势。20世纪70年代中期，海默的导师金德尔伯格（Charles P. Kindleberger）在其基础上加以补充发展，形成所谓的“海-金传统”（H-K Tradition），成为当代跨国公司理论的初创者。海默开创该理论吸收了产业组织理论的精华，区分了国外证券投资和国外直接投资，指出传统国际资本流动理论的套利假设无法说明跨国公司的国外直接投资行为，自此跨国公司国外直接投资理论首次以独立的理论形态从传统的理论中分离出来。

垄断优势理论认为，传统资本流动理论仅用于说明证券资本的国际移动，无法解释第二次世界大战后跨国公司的国外直接投资，以及投资企业对海外子公司的控制。而美国公司不同于第二次世界大战前的英国公司，美国公司凭借其国外直接投资来控制国外企业的经营。由此，金德尔伯格认为，国外直接投资旨在实施对投资企业长期控制的资

本流动。

（二）垄断优势理论的主要内容

1. 市场的不完全性

海默重点研究了美国企业的国外直接投资，研究对象主要集中在具有独特优势的少数工业部门，他发现这种投资和垄断工业部门的结构有关。企业对外扩张充分利用了自身拥有的生产要素，谋取高额利润，扩大企业规模。

完全竞争（Perfect Competition）指在市场结构中，众多生产者生产同一类产品，均无力控制市场，而只能接受由供求关系形成的价格。不完全竞争（Imperfect or Non-monopolistic Competition）指在市场结构中，众多生产者生产和销售同一类产品，但具有差异性，这种差异性表现在产品的质量、性能、档次、规格等方面，还表现在产品的品牌、商标方面，由此产生了在不完全竞争条件下激烈的价格和非价格竞争。对外直接投资是市场不完全和寡头垄断的产物，是拥有某些垄断优势的大公司为实施控制不完全市场所采取的一种措施。①

市场不完全可分为四种形态：

（1）由规模经济引起的市场不完全。

（2）产品市场的不完全。

（3）资本和技术等生产要素市场的不完全。

（4）由政府课税、关税等贸易限制措施引起的市场不完全。

前三种市场不完全使企业拥有垄断优势，第四种市场不完全则导致企业对外直接投资以利用其垄断优势。

相关链接

传统的国际贸易理论是以完全竞争理论为前提的，在自由竞争的完全市场前提下，企业可以根据各自的比较利益，从事进出口活动。所以，国际贸易业就成了企业参与国际市场的唯一形式。但随着经济的发展，垄断的形成和贸易保护主义的抬头打破了世界市场的完全性，出现了不完全的竞争市场。

不完全市场竞争是指由产品差异、技术垄断、规模经济等引起的偏离完全竞争的市场结构。垄断寡占已成为不完全竞争的主要形式。这种不完全竞争市场使得世界市场在其运行与体系的功能和结构上呈现出缺陷和失败。

2. 企业开展对外直接投资的两个基本条件

企业开展对外直接投资的基本条件：一是企业自身必须拥有竞争优势，以抵消在与当地企业竞争中的不利因素；二是不完全竞争市场的存在，使企业始终拥有和保持这种

① S. H. Hymer. International Operations of National Firms: A Study of Direct Foreign Investment. Cambridge: M. I. Press, 1976.

优势。

海默和金德尔伯格的观点被称为对外直接投资的垄断优势理论或产业组织理论。但严格来说，他们的观点并不能够被称为一个理论，因为它只是简单列出企业所拥有的竞争优势以及企业对外直接投资的动因。但在20世纪六七十年代中期，这个理论对西方学者有很大的影响，西方学者基本上沿用这种观点，就市场不完全来分析企业对外直接投资的决定因素。

3. 跨国公司的垄断优势

跨国公司在东道国进行直接投资，会遇到一些政治、经济、法律、文化、语言和社会环境等不利因素，跨国公司之所以能够进入东道国市场并与当地企业进行竞争，主要原因是拥有垄断优势。

跨国公司的垄断优势主要表现在三个方面：

（1）知识资本优势。跨国公司拥有专利技术、专有技术、管理技术、融资信息等无形资产的优势。这些优势的特点是：知识优势可以限制竞争者进入既有的垄断领域；管理技术优势，可以使竞争者难以为继，败下阵来；融资信息优势，可以帮助优先获得市场信息和资金，使竞争者无力抗争。由此可见，跨国公司的垄断优势，在于对知识资本的占有和使用。

（2）产品差异化优势。跨国公司利用具有差异化的各种产品、特殊品牌、销售技术及市场操控能力，人为造就产品生产不完全的竞争优势，使得不同地区和不同层次的消费者的消费需求和偏好得以充分满足。产品差异化可以表现在产品样式、外观设计、质量、价格、包装和广告等方面。

（3）规模经济优势。跨国公司规模优势表现为：第一，生产集中，限制竞争对手的进入；第二，控制市场，使竞争对手始终处于不利的市场地位；第三，大企业的技术、管理、信息的优势，使产品的平均成本不断降低，使竞争对手败于产品的性价比方面。

跨国公司凭借内部规模经济与外部规模经济获取竞争优势。公司内部通过水平一体化和垂直一体化经营，以当地企业所不能及的规模开展生产经营，降低生产成本，获取高额利润。同时，跨国公司通过国际化生产，充分利用各国生产要素的质量和价格差异，发挥其区位优势。

海默的垄断优势理论进一步说明，美国公司选择国外投资的原因：一是东道国往往采用关税与非关税壁垒措施阻碍外国商品的进口，而跨国公司以直接投资方式绕过壁垒，实现扩大市场销售的目的；二是技术等知识资产不同于销售商品那样直接获取利润，跨国公司通过直接投资有效地控制技术的运用，防止核心技术泄密。由此可见，市场不完全直接导致跨国公司对资源的排他性占有，使得局外企业难以与其展开竞争。这就是基于市场不完全的垄断优势。

垄断优势使跨国公司有能力获得并长久保持竞争优势，从而立于不败之地。因此，垄断优势使跨国公司生产出当地企业无法供给的高质量的差异化产品，最大限度弥补从事海外经营的额外成本，克服投资过程中可能遇到的诸多不利因素，并确保略胜当地企业一筹的优势地位。

垄断优势理论的核心可以理解为，跨国投资的形成以不完全竞争为基本假设前提，以市场不完全为基本条件，以垄断优势为中心，充分发挥其核心资产的作用，抵制各种不利因素，在国外直接投资方面强势胜出。

二、垄断优势理论的发展

海默-金德尔伯格的垄断优势理论，开创了跨国公司对外直接投资的新思路，在20世纪60年代到70年代，西方学者在其理论框架下，又进一步发展和完善了垄断优势理论。

约翰逊（H. G. Johnson）在其1968年的《比较成本与发展中的世界经济之商业政策理论》、1970年的《国际公司的效率与福利含义》、1975年的《技术与经济独立》等论文中指出，制造简单的产品只需简单的技术和知识，且易于袭用仿制；制造复杂的产品需要复杂的技术知识，难以模仿复制。跨国公司的优势在于始终把握新知识，并在其公司内部转让，以确保跨国经营的优势。

哈佛大学的凯夫斯（R. E. Caves）在其1971年的《国际公司：对外投资的产业经济学》、1974年的《多国厂商、竞争及在东道国市场上的劳动生产率》、1982年的《多国企业与经济分析》等论文中指出，产品的差异性是企业产品竞争力所在，跨国公司发挥其技术垄断优势使其生产的产品千差万别，满足不同层次、不同消费者的需求，也可以通过营销技巧使产品在消费者心理上产生不同的反响。

跨国公司通过各种措施加强其竞争优势和垄断地位。西方学者还研究了企业发挥生产过程的规模经济优势和充分利用非生产性活动的规模经济优势，如集中开发新技术、新工艺和新产品，集中进行财务管理和加强促销等。

跨国公司参与国外经营活动，当选择天平偏向对外直接投资，而不是出口时，企业规模庞大似乎是重要因素。企业规模代表了许多有竞争力的因素，如较雄厚的资产、熟练的劳动力、较多的研究与开发经费、较强的承担风险的能力、市场寡占力量等。如果考虑特定的国外市场，关税壁垒、东道国的大小和经济增长情况，是选择对外直接投资还是出口的重要因素。

在海默-金德尔伯格的垄断优势理论中，以垄断代替完全竞争，并将直接投资与证券投资分类进行探讨，从而突破了传统的研究方法，开创了一条研究跨国公司理论的新思路，因此，海默是当代跨国公司理论的开拓者。

但美国学者尼克博克（Frederick T. Knickerbocker）认为，垄断优势理论还不足以解释跨国公司对外直接投资的持续性因素。在垄断性较强的市场结构中，少数大公司相互关注着对方的行为，一旦某家公司率先在国外投资设厂，其他竞争对手就会相继跟进，以期在新市场上巩固自己的竞争地位。尼克博克称这种投资行为是“防御型投资”。这一假说在一定程度上解释了在垄断市场上一定时期内突发性的大量国外投资的现象。尼克博克认为这就是“寡占反应论”（Oligopolistic Reaction Theory）。

海默的理论并非尽善尽美，主要不足之处是：其研究方法是经验分析与描述，缺乏抽象的实证分析；其理论的指导意义缺乏普遍性。具体表现在：

第一，不能解释生产部门跨国化的地理布局问题。

第二，不能解释服务性的跨国公司的区位选择问题。

第三，以美国为研究对象，对其他发达国家有指导意义，但无法解释发展中国家企业的对外直接投资问题。

第二节　产品生命周期理论

产品生命周期理论是由美国哈佛大学教授雷蒙德·弗农提出的，该理论从产品技术垄断角度分析了国际投资产生的原因，认为产品生命周期的发展与对外直接投资有着密切的关系。

一、产品生命周期理论的产生与主要内容

（一）产品生命周期理论的产生

产品生命周期是由美国哈佛大学教授雷蒙德·弗农（Raymond Vernon）1966 年在《产品周期中的国际投资与国际贸易》一文中就美国企业对外直接投资的动态特征与产品生命周期的相关性提出的概念。弗农的理论把国际投资同国际贸易和产品生命周期结合起来，利用产品生命周期的变化，解释美国第二次世界大战后对外直接投资的动机和区位的选择，他的理论被称为国外直接投资的产品周期理论。[①]

产品生命周期（Product Life Cycle）是指产品在市场上竞争地位的变化过程：第一步是向市场推出产品；第二步是逐渐扩大产品销路，以至产品充斥市场；第三步是产品由盛至衰，最终被新一代产品所替代甚至退出市场。产品由创新阶段到成熟阶段，进而到标准化阶段，产品出口逐渐被国外直接投资所替代。这里所说的产品生命不是指其使用价值磨损殆尽的过程，而是指产品在市场上的营销寿命。

（二）产品生命周期理论的主要内容

产品在市场中的营销周期是普遍的。产品运行的这种周期可分为产品创新、产品成熟和产品标准化三个阶段。国外直接投资是在产品生命周期不同阶段，跨国公司因竞争条件和生产条件的变化而做出的不同决策。

国际互联网和电子商务对企业跨国经营会产生渐进式的影响。先进发达的信息技术大大促进了跨国、跨界的经济活动。同时，经济活动的分散可能会减少某些地域的聚合利益。通常，在产量和质量方面能够明确界定和计量的活动，采用运程存取的方式，其价值比最高。但是有些被称为“只可意会，不可言传”的专业知识，其隐蔽性决定了只能面对面、手把手地传授，这种传递在很大程度上受到地域的制约。国际互联网能够做到远程“交谈”，却不能“握手”。因此，企业的跨国经营必须拥有在各地市场存在

---

① R. Vernon. International Investment and International Trade in the Product Cycle. Quarterly Journal of Economics, 1966（5）：190-207.

大量业务活动的根基。

弗农教授的产品生命周期理论，揭示了产品区位转移的三阶段模式，如图 10-1 所示。

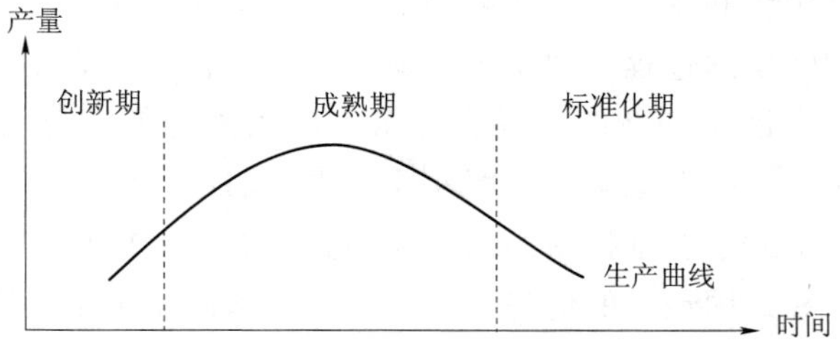

图 10-1　产品生命周期

第一阶段，在本国生产，并将产品出口，产品处于创新阶段；第二阶段，转移到发达国家，投资生产，本国保持适量生产和出口，产品处于成熟阶段；第三阶段，转移到发展中国家生产，本国减少甚至停止生产，所需的产品由国外进口，产品处于标准化生产阶段。

1. 产品创新阶段（New Product Stage）

在产品创新阶段，实施创新的国家和企业往往拥有技术上的垄断优势，新产品在国内生产，大部分在国内销售，一部分出口。这时新产品生产企业的注意力集中在产品的设计及其功能，而不是成本上。消费者并不在乎新产品价格的高低。

产品创新阶段，产品质量不稳定，产品所需的生产投入和加工工艺及规格的变化很大，企业需要与原材料供应商保持密切的联系，以便迅速适应市场需求的变化。

各国企业创新机会并不均等，这与其经济实力和技术水平有关。在这一方面美国占有相对的和绝对的优势，美国企业凭借其新产品的独特创意、技术、排名等非价格竞争因素获得垄断优势。美国开发的新产品多是节省人力、时间及提供方便的高档消费品和资本-技术密集型产品。而英国偏重于生产节约劳动成本的新产品，日本偏重于生产少投入、污染少、袖珍型的新产品。

2. 产品成熟阶段（Mature Product Stage）

这一阶段产品定型，需求扩大，产量增加，需求的价格弹性逐渐增大，而且国内外出现了许多仿制者，标志着此产品已进入成熟阶段。

由于市场竞争日趋激烈，参与竞争者增加，替代产品增多，生产新产品的企业的技术垄断和市场寡占地位相对削弱，因而生产成本的节约成为在市场上击败竞争者的重要因素。企业面临生产成本上升和国内市场日趋饱和的挑战，企业需要扩大对外直接投资，开拓海外市场，降低生产成本，提高经济效益，从而弥补出口的减少和抑制国内外仿制品的竞争。美国公司选择那些经济水平、消费结构相同的国家作为投资对象。加拿大、欧洲各国及日本首先成为其对外直接投资的国家。

3. 产品标准化阶段（Standardized Product Stage）

在产品标准化阶段，产品的生产技术、生产规模及产品本身已完全成熟，产品的生产实现标准化。这时，国内外市场上充斥着大量仿制品，原新产品生产企业的垄断优势已完全消失，成本-价格因素在市场竞争中起了决定性作用。这样，为了进一步降低成本，原投资国开始在一些发展中国家投资生产，再将其生产的产品返销到母国或第三国市场，最典型的例子是一般家用电子产品。

弗农从企业垄断优势和特定区位优势相结合的角度深刻地揭示了出口企业转向直接投资的动因、条件和转换的过程。他认为，新产品的创新国企业在产品成熟阶段必须到国外寻找低成本的生产区位和新的市场，与东道国的原材料优势和劳动成本优势相结合，以扩充自己的优势，确保原来出口贸易业已占有的市场份额，有效地排斥当地的仿制品，抑制潜在的竞争对手，维护新产品创新国企业的垄断优势。与此同时，该企业通过国家间的成本差异和跨国经营的优势还可以获得对国内竞争企业的比较优势。

产品生命周期实证研究具有重要的现实意义。第二次世界大战后，美国曾经是收音机的主要出口国。当国外市场（特别是日本）开始掌握这一技术时，美国则成为收音机的大量进口国。随着半导体收音机的发展，贸易流量又开始有利于美国。最后，美国又开始进口半导体，并以印刷电路的发展开始了它的第三代出口。在电子元件行业中，从真空管到晶体管，然后又到集成电路和微型电路这一过程，也产生了类似的贸易类型。

产品生命周期理论把市场特性视为推动创新发明的动力。就美国而言，这意味着发明重点将放在节省劳动力上面，或者刻意满足高收入消费者的要求。产品生命周期理论的重要性在于，它正确地评价了贸易、对外直接投资和企业增长之间的紧密关系。产品处于创新阶段时，生产成本相对来说并不重要，在标准化阶段，由于面临市场竞争，甚至可能是降价竞争产品的挑战，生产成本就变得十分重要了。此时，产品发明者就会到国外寻找成本较低的生产地点和新的市场，以便增强市场竞争优势。

产品生命周期的发展，会导致产品转移型的对外直接投资，这种投资流向呈现出从发达国家到次发达国家再到发展中国家的梯度式演变。

弗农的产品生命周期理论也存在不少缺陷：第一，该理论提出的产品区位转移的三段模式（即母国生产并出口转移到发达国家投资生产，母国减少生产和出口转移到在发展中国家投资生产，母国停止生产改为由海外进口）不能解释 20 世纪 70 年代以来出现的新情况。20 世纪 70 年代以来，很多跨国公司就开始在国外研究开发、生产和销售新产品。第二，这个理论仅仅考察了美国企业的情况，开发资本-技术密集型产品，然后转移到发达国家投资生产，但日本小岛清的理论对日本对外直接投资做出了完全不同的解释，由此可见，弗农的理论有很大的局限性。第三，这个理论认为，母国垄断优势的消失导致对外直接投资。事实上，许多跨国公司在既保持母国的技术优势的同时，又进行大规模的国外直接投资。

二、产品生命周期理论的发展

20 世纪 70 年代，弗农从跨国公司经营实践中逐步认识到他所提理论的不足之处，曾多次撰文修正和发展自己的论点，主要是运用国际垄断（或寡占）行为来解释跨国公司的国外投资行为。其代表作有 1971 年所著的《国家主权面临困境：美国企业的跨国扩散》、1974 年的《经济活动的区位》以及 1977 年的《风暴笼罩多国企业》等。弗农的产品生命周期修正理论，将产品生命周期重新划分为“创新期寡占”、“成熟期寡占”和“衰老期寡占”三个时期。在这三个时期，跨国公司依据不同的市场进入障碍来建立和维护其垄断寡占地位。不同的市场进入障碍对跨国公司的生产区位选择具有重要意义。

（一）创新期寡占

在新产品生命周期的创新期，需要投入大量生产要素，不断地改进产品设计和工艺流程，因此这些产品是技术密集型的。新产品经过市场促销，开始进入国内外市场。一旦新产品在母国市场占有相当地位，为了扩大这种领先地位，解决高昂的运输费及关税，降低成本，以及应对技术扩散导致产品和工艺技术标准化和国外竞争等情况，跨国公司开始将技术难度较小和生产规模较小的产品生产线转移到国外。由于工艺技术、生产成本和资源禀赋的差异，跨国公司的区位选择也千差万别。

（二）成熟期寡占

当产品大致上已定型，趋向标准化时，率先推出新产品的企业开始丧失其原有的创新领先地位，但仍可以发挥其规模经济、营销能力、市场网络等优势，阻止竞争对手进入目标市场，保持其寡占地位。这时率先企业的核心优势是规模经济结构。为了保持和延长寡占优势，跨国企业主要采取牵制战略和盯住战略。所谓牵制战略，即跨国企业各自到对方的主要市场投资建厂，以避免竞争对手在自己的市场上削价竞争。所谓盯住战略，也就是寡占反应，即紧紧追随领先企业，开辟新市场，维护均占优势。

（三）衰老期寡占

产品标准化使领先企业的产品丧失优势，甚至被市场所淘汰。有时甚至要采用产品差异化和出口卡特尔（限产定价协议、划分市场和顾客协议、操纵价格协议）来维持市场份额。这时，跨国公司区位选择的主要依据是成本差异，而寡占反应和市场距离则变为次要因素。

在过去很长一段时间内，哈佛学派在跨国公司理论研究方面做出过贡献。他们的理论基础是产品生命周期理论。这种理论在研究方法上存在一定的缺陷。其一，第二次世界大战后美国在西方经济和贸易中占有霸主地位，因而哈佛学派关于跨国公司的研究自然打上了“美国式跨国公司”的烙印，以美国大企业为出发点，人为地忽略了西欧和日本企业跨国经营的发展和特点。事实上，20 世纪 60 年代到 70 年代，西欧和日本企业的跨国化速度和规模逐渐超过了美国，哈佛学派的研究显示出其固有的主观性和片面性。其二，哈佛学派的研究在时间上有很大的局限性。他们只研究第二次世界大战后的美国跨国公司，而在第一次世界大战和第二次世界大战之间，西欧一些国家的跨国公司已具有一定的规模，因此，这样的研究缺乏一个完整的体系。

西欧企业曾在 18 世纪到 19 世纪，以地缘或血缘关系进行海外投资，当时投资者即使拥有半数以上的投资也不参与经营，这说明现行的直接投资和间接投资的区分方法未必适用当时的情况。在以往将西欧的海外投资看作是间接投资时，很可能包含着直接投资的因素。因此，应当重新探讨现行的欧洲是间接投资而美国是直接投资的观点。

第三节 内部化理论

内部化理论是一种解释直接投资的比较流行的跨国公司理论。内部化理论仍然以市场的不完全性作为理论分析的前提，强调市场的不完全性，企业将垄断优势保留在企业内部，并通过企业内部的使用而取得优势。当这一过程超越国界时便会形成跨国企业。

一、内部化理论的产生

研究跨国公司理论的西方学者认为，现代企业经营的范围不仅包括产品的生产，还包括销售、研发以及培训等。这些活动是相互联系的，由中间产品（如技术等知识产品）的流动联系起来。但中间产品的市场不完全，使得企业利用市场交易的成本很高，因而导致企业创造出内部市场，将原先由市场连接和组织的各项活动置于统一的所有权控制之下，当市场内部化超越国界时，就形成了跨国化经营的舞台。跨国化就是企业内部化过程超越国界的表现。通过跨国的内部市场，跨国公司将赢得内部化所孕育的全部优势和潜在利益。

跨国公司为什么不利用现存的世界市场，同其他国家的企业交换产品，实现各国企业之间的国际分工，而要另辟蹊径，通过对外直接投资，建立企业内部市场，利用内部贸易协调国际分工呢？剖析企业内部资源配置和交换机制问题，并形成一种理论，用以解释对外直接投资的成因，就是内部化理论。

1991 年诺贝尔经济学奖得主罗纳德·科斯（Ronald H. Coase）在 1937 年发表的《企业性质》（The Nature of the Firm）这篇经典论文中提出了一个研究课题，“Our task is to attempt to discover why a firm emerges at all a specialized exchange economy”。他的目的是要揭示，在完全工业化的市场经济中，为什么会产生企业这样的一种形式。科斯回答是：它能够节省市场交易成本。他率先提出企业内部化的概念。此后，1976 年，英国经济学家巴克列（P. J. Buckley）、卡森（M. Casson）和加拿大经济学家拉格曼（A. M. Rugman）合作出版了《跨国公司的未来》一书，系统地提出了内部化理论。在后来发表的《跨国公司内幕》一书中，又进一步发展了内部化理论。

二、内部化理论的主要内容

内部化理论又称市场内部化理论（The Theory of Internalisation），指市场不完全并非规模经济、寡占行为、贸易保护主义和政府干预所致，而是由于外部市场失效（Market Failure）导致专利技术、专有技术和管理技术等知识产品的交易在企业内部市场进行。市场失效即是市场不完全，使企业在让渡自己的中间产品时，无法保障自身的利益，也不能通过市场合理配置资源，以保证企业应得的利润。所谓中间产品（Intermediate Product）主要是指专利技术、专有技术、商标品牌、企业商誉、管理技能和市场信息等知识产品。中间产品在不完全市场上无法实现其使用价值，会造成所有者失去垄断优势。该理论的主要内容包括如下方面。

（一）外部市场不完全与内部化的形成

企业外部市场（External Market）失效促使内部市场（Internal Market）建立。该理论认为，市场分为两大类：一类是存在于企业之外，受价值规律和供求关系支配的外部市场；另一类是企业内部的市场，不受市场供求关系的影响，也不是买卖双方在市场上按独立竞争原则确定价格，而是根据跨国公司的全球战略目标和谋求最大限度利润的目的，由公司少数决策人制定的价格，即转移价格，用以解决市场不完全而带来的不能保证供需交易正常进行的问题。外部市场往往是不完全的，存在着种种不确定的因素，交易成本大。某些中间产品，特别是知识产品的市场尤为不完善，使得企业无法充分利用外部市场有效地协调其经营活动。于是，跨国公司通过国外直接投资，建立海外子公司，以其公司内部市场取代外部市场，使资源和产品在公司内部得到合理的配置和充分的利用。①

（二）知识产品的特性是内部化市场形成的重要因素

知识产品是不同于其他产品的一种特殊产品，知识产品不可能在不完全的外部市场上实现其专有权的价值。知识产品的特性有：

1. 知识产品具有“自然垄断”的特性

知识、技术和技能的研究与开发耗费的时间长，投资的费用大，而一旦开发成功，在一定时期内就具有某种“自然垄断”的性质，其价值要靠歧视性定价或差别性定价来实现。这种垄断地位带来的超额利润可以尽快弥补在研究开发上的巨额投资。

2. 知识产品具有公共产品性质

知识产品在外部市场转移时，极容易扩散。拉格曼认为某些信息根本不存在外部市场，这是市场失效的典型例子。知识产品在内部市场转移，可控制使用，避免技术泄露的潜在风险，这样就保证了跨国公司长期垄断技术。

3. 知识产品市场上存在着买方的不确定性（Buyer’s Uncertainty）

就买方而言，不愿意支付令卖方完全满意的价格，对这类尚未转化为生产力的无形产品的价值缺乏充分认识，外部市场也难以对知识产品准确定价，若将这种交易置于同一所有权之下便可消除这种不确定性，并可借助内部市场的定价机制充分实现知识产品的价值。另外，知识产品交易转让的是使用权，而不是所有权，因此买卖双方都拥有继续扩散权，一旦泄露出去，便成为公共产品（Public Goods），失去其原有的价值，成为一种公共知识。

---

① Robock S H, Simmonds K. International Business and Multinational Enterprises. 4th ed. Homewood: Richard D. Irwin, 1989: 40-45.

（三）内部化的收益与成本

交易成本（Transaction Cost）系指企业为了克服外部市场的交易障碍所需付出的代价。该理论认为，通过外部市场所进行的交易会导致附加成本的增加，市场结构的选择是决定交易成本大小的因素。而企业内部资源的转移可使交易成本最小化，这就是形成内部市场的基本动机。由此概括出建立内部化市场的四个特定因素。

（1）行业特定因素（Industrial Specific Factor），这与产品性质、外部市场的结构和规模经济有关。

（2）地区特定因素（Region Specific Factor），指由地理位置、文化差别、社会心理等引起的交易成本的变动。

（3）国别特定因素（Country Specific Factor），指东道国政府在政治、法律、财税等方面的政策对跨国经营的影响。

（4）企业特定因素（Firm Specific Factor），指企业的体制结构、管理能力、协调功能等对市场交易的影响。

跨国公司创建内部市场可能会增加成本，如：内部化分割外部市场后带来的企业经营规模收益下降；实行内部化，增加人力和财力，加大了企业管理费用；内部化要求交易保密，严防泄露，需要增加安全开支。内部化的过程既有收益，又有成本，只有通过对企业实行内部化成本-收益分析来确定其最佳的规模。当内部化的边际收益等于边际成本时，企业即可实行内部化。卡森又做了进一步研究，认为内部化的目的在于避免外部市场交易成本，故不必过多考虑内部化的成本-收益的比例关系，只要内部化成本小于市场交易成本，企业即可实行内部化。

三、研究内部化理论的意义

内部化理论作为研究跨国公司的一种新理论，自 1983 年以来，在学术界重新引起了人们的极大兴趣，学术界多次召开国际性学术会议，进一步探索跨国公司内部化理论的问题。学术界对跨国公司内部化理论的研究，其重要意义在于提出了三个新课题。

（一）内部化理论是一种新型的学说

学术界研究跨国公司理论，已经从新古典学派时代，即资本输入国拥有固有优势（工资低、原材料便宜和市场潜力大等）的时代，发展到随着企业竞争优势的海外转移而产生内部化时代。内部化理论是一种研究跨国公司运行机制的新型理论，在许多方面突破了传统的比较优势理论和产品生命周期理论的局限，为有关跨国公司理论的研究开辟了新的途径和领域。

（二）内部化理论是一种动态的学说

新古典学派的比较优势理论，无法解释跨国公司的产生和发展，其根本原因是没有考虑到“交易费用”这一动态的概念，因而是一种脱离现实的静态化理论。当代经济学家指出，研究跨国公司内部化理论时，应当把“交易费用”概念与“企业机能”概念结合起来，这样才能充分展示这一理论的动态性。因此，目前学术界正在努力克服以往内部化理论的静态化缺陷，建立一个动态的内部化理论。

（三）贸易理论与投资理论相结合

西方学术界认为，为克服内部化理论中的静态化问题，需要将贸易理论与投资理论结合起来，单纯交易费用概念不能充分说明从出口贸易到直接投资和就地建厂这个转变过程。进行直接投资时，跨国公司虽然可以节省一部分交易费用，但相应增加了组织管理费用，而且交易费用与管理费用虽然存在着可以权衡的关系，却是两种截然不同的费用，两者的关系绝不是后者简单地延长前者的关系。

内部化理论说明了各种类型跨国公司形成的原因：第一，原材料的采集、加工、提炼和制造等生产过程的内部化，说明了垂直一体化跨国公司的成因；第二，知识产品内部化市场的形成，说明了研究与开发同生产与销售一体化跨国公司的成因。

内部化理论的意义在于：内部化理论的开创是学术界对跨国公司理论研究的一个重要转折，为跨国公司“通论”的形成作出了很大的贡献。但是该理论无法解释投资的地理方向和跨国经营网络的编织。

第四节　国际生产折衷理论

国际生产折衷理论是由邓宁教授提出的，他主张把对对外直接投资的目的、条件以及对外投资能力的研究结合起来，从而形成了国际生产折衷理论。邓宁的理论集各家学说之大成，对研究发达国家和发展中国家或地区的对外直接投资具有一定的说服力。

一、国际生产折衷理论的产生

邓宁是英国里丁大学教授，当代跨国公司问题专家，曾担任《联合国跨国公司文库》（UN Library of TNC）的总编。他运用折衷主义方法对各种跨国公司理论进行了概括性和综合性分析，并于1976年发表了其代表作《贸易、经济活动的区位与多国企业：折衷理论探索》，提出在研究跨国公司国际生产活动中，应吸收区位理论，并融入俄林的要素禀赋论和巴克列、卡森的内部化理论，形成跨国公司折衷理论。1981年，邓宁发表了《国际生产与跨国企业》一书，进一步系统化、理论化、动态化了折衷理论。邓宁对跨国公司研究的作品颇丰，先后撰写和编著了16本专著、200余篇论文。

国际生产折衷理论可用以解释跨国公司国际经营的三种主要方式，即出口贸易、国际技术转让和国际直接投资。邓宁认为，中间产品的国际交易市场不完全，企业在不同国家配置其价值增值活动，这两者构成了国际生产一般理论的核心。国际生产的特点及行为模式取决于资产所有权结构、企业的内部化优势及国家的区位优势，这些因素反映着企业所从事的经济活动的本质、场所以及企业自身的特性，所有这些决定了企业在国际市场上经营的战略选择。

国际生产折衷理论是一种综合理论，它具有以下三个方面的特点：一是吸收过去20年中各家之长；二是适合于解释不同形式的国外直接投资；三是能够解释企业开展国际经济活动的三种主要形式。

邓宁的理论借鉴并综合了以往国际生产理论的精华，故又称“国际生产综合理论”，其理论的核心思想由三项优势构成：第一，继承了以海默为代表的垄断优势的观点；第二，吸收了巴克列、卡森的内部化优势的概念；第三，提出了区位优势理论。他在《国际生产与多国企业》一书中，将这三项优势分别命名为“所有权优势”、“内部化优势”和“区位优势”，即“三优势模式”（OIL Paradigm）。

二、国际生产折衷理论的主要内容

一个国家的企业进行对外直接投资，必须具备以下三种优势。

（一）所有权优势

所有权优势（Ownership Specific Advantages）也称为“竞争优势”或“垄断优势”。所有权优势指企业独占的无形资产所产生的优势，以及拥有规模经济所产生的优势。所有权优势理论的关键是所有权越大，企业进行国外直接投资的能力越强。

所有权优势具有可转让性，经由市场转让的所有权优势，具有以下三方面的要素。

1. 技术与管理优势

企业要打开国外直接投资市场，自身必须具备技术和管理优势（Technical and Managerial Skills）。技术方面的优势指专利权、专有技术、信息资源、生产诀窍、新产品开发能力等。管理方面的优势指合理的组织结构、科学的管理技能和灵活的营销技巧等。

2. 企业规模经济优势

企业规模大，经济实力雄厚，拥有垄断的优势，它所能承担的研究与开发的能力就越强，就越容易向国外市场扩张，成为跨国企业。另外，企业规模大，还具有规模经济效益，即规模经济递增所引起的成本递减或收益递增。这种优势表现为：市场开拓能力大；节约生产费用；易于由国内生产、国外销售向国外生产、国外销售转型。在国际市场竞争激烈、贸易保护主义抬头的情况下，规模较大的企业可利用对外直接投资，绕过贸易障碍，克服其他抵消规模经济优势的力量。因此，企业规模经济的优势在国外直接投资中具有特殊的重要性。

3. 融资优势

大公司实力雄厚，资信好，能以较低的利率获得贷款，并且具有广泛的渠道获得资金来源，此外，还有跨国银行做金融后盾，故跨国公司占有明显的融资优势。

（二）内部化优势

国际生产折衷理论认为，跨国公司的国际竞争能力不是来自传统的垄断优势，也不是来自单纯的技术占有，而是来自技术优势的内部化。技术在同一个所有权的企业内部进行交换，按企业的共同战略目标配置技术资源，这样企业所拥有的垄断优势才能得到充分的发挥。内部化优势（Internalization Advantages）的关键是企业内部化优势的高低，直接影响到跨国公司选择国外直接投资的形式和规模。

在世界市场上，企业最终选择哪一条途径参与国际经济活动，取决于其内部化优势的强弱程度。内部化优势越大，企业就越容易开展国外直接投资。邓宁认为，促使企业加强内部化优势，还因为外部市场不完全，企业所拥有的各种优势不能充分发挥出来。市场不完全不仅包括中间产品市场，也包括最终产品市场，市场不完全可分为两类：第一，结构性市场不完全。一方面是东道国政府的贸易保护主义政策措施，如关税壁垒和非关税壁垒所造成的市场不完全；另一方面无形资产的特性影响了外部市场的完善。第二，知识性的市场不完全。企业的生产和销售信息不准确，造成高生产成本和高交易成本，产品缺乏竞争能力。

（三）区位优势

区位优势（Location Specific Advantages）指东道国固有的、不可移动的要素禀赋优势，如优良的地理位置、丰富的自然资源、潜在的市场容量等，还包括东道国经济制度、政策法规以及投资环境等区位因素。区位优势理论的关键是区位优势会直接影响跨国公司投资的方向与布局。

邓宁的区位论认为，在国际化经营中，一个企业除具备所有权优势以及内部优势外，还必须具备区位优势，三者缺一不可。而区位优势是企业对外直接投资的外部条件，它关系到国外投资设厂的选址定位及其战略部署问题。

考察区位论的主要优势要素有：

1. 劳动力要素成本

劳动力资源难以移动，大多数国家政府实施严格的移民控制政策，使得劳动力工资成本的差异性越来越大，形成了一个不完全竞争的劳动力国际市场。因此，企业对外直接投资时，往往选择劳动力成本较低的区位市场，特别是在产品技术已经标准化以后，产品的生产成本在国际市场上成为竞争的关键因素时更是如此。

2. 市场潜在购买力

生产要素的投入与市场潜力的大小密切相关。外国投资者在估算其产品在东道国市场上占有的份额呈上升趋势时，才会扩大投资，增设网点。

3. 东道国外资政策

东道国的政治、社会、经济、文化环境等宏观因素会影响外国投资。那些实行优惠外资政策的东道国家，如关税与非关税措施、关税与配额的方法、宽松的外汇管制和金融制度等，会直接或间接地影响外国投资的区位选择。

此外，生产要素成本的质量、运输成本、通信费用、基础设施、商业习惯、文化差异等因素，都会影响区位选择。

国际生产折衷理论着重分析了服务业，并将三种优势具体化：第一，在服务业中，所有权优势体现在：通过提供可靠、及时、高效、安全、舒适、豪华的优质服务，始终维护良好的商业信誉；敏捷和可靠的信息服务，保证信息的获取、调集、储存、检索、使用、交流的能力；广泛满足客户对地点和品种选择的需要；为客户提供市场准入的机会和条件等。第二，内部化优势在服务业显得格外重要，因为信息市场成本高，外部市场不完全，且商业秘密难以保护等，公司只能依靠自身组织结构进行资源合理配置。因此，服务业的内部化与生产部门的内部化有所不同。生产部门的内部化是以对外独资或合资经营为主，而服务业的内部化，应以非股权的契约式国际合作为主。第三，在服务业中，区位优势因行业部门有所不同。银行金融服务需靠近工商业中心城市；旅游业选址必须注意气候、自然风光、名胜古迹等。

总之，区位优势不仅决定了国外投资的选址定位，也决定了它们对外直接投资的行业、部门和规模。

三、国际生产折衷理论的意义

国际生产折衷理论综合吸收了其他有关跨国公司对外直接投资理论的合理内容，该理论将国际贸易、国外直接投资与技术转让置于统一的理论体系之中。

（一）国际生产折衷理论是所有权优势、内部化优势及区位优势构成的“三优势模式”

邓宁的国际生产折衷理论，从分析研究各国经济活动的结构、经济的发展与政府的政策措施出发，说明企业在国际化经营中所有权优势、内部化优势和区位优势的特点及其表现，并把它们同各国跨国公司国际生产的特征与类型联系起来。[①]

该理论可概括为以下公式：

国外直接投资=所有权优势+内部化优势+区位优势

邓宁认为，上述三个变量的不同组合直接影响企业的投资决策。

（1）国外直接投资必须具备所有权优势、内部化优势和区位优势，三者缺一不可。

（2）出口贸易只需具备前两种优势，而区位优势无关紧要。

（3）单纯的国际技术转让（许可证贸易）只需具备所有权优势，而没有后两种优势。邓宁根据企业所具备的优势提出可供选择的方案（见表10-1）。

表10-1 企业优势和国际经营方案选择

方案/优势	所有权优势（O）	内部化优势（I）	区位优势（L）
对外直接投资	√	√	√
出口贸易	√	√	×
许可证安排	√	×	×

上述三位一体的表述被称为“三优势模式”（OIL Paradigm），构成国外直接投资的

① UNCTAD, 17th session documents, E/C 1991.

三种优势。

三优势还有另一种细分法，即分为国家层（宏观）、产业层（中观）和企业层（微观）优势，邓宁偏重于从国家宏观层次上分析这三种优势，并说明了国家层优势对产业层、企业层优势的制约作用。他还认为，所有权优势、内部化优势和区位优势在世界各国分布不均，且各不相同，因而必然会影响各国产业和企业的优势性质和范围，进而影响跨国公司从事海外直接投资的程度和形式。

国际生产折衷理论将三种优势进行不同组合，指出国际生产可分为六种类型，它们是：资源开发型，制造业的进口替代型，产品生产或加工型，贸易销售型，服务型和其他。

（二）国际生产折衷理论动态化的研究方法

国际生产折衷理论把对国外直接投资的决定因素与各国经济发展的阶段和结构联系起来，分析了各国国际生产或对外直接投资的动态性质，指出各种优势的动态结合必将引起该国在国际直接投资格局中战略地位的变化。由此，邓宁提出了“投资—发展周期模式”或称“对外直接投资 U 型发展曲线”。他通过实证方法研究了 56 个国家的人均国民生产总值（1967—1979 年）和人均对外直接投资的关系，发现对外直接投资大小与一个国家经济发展水平有着相关性。其动态性规律是一个国家的经济从较低水平向较高水平的发展，使资本的流入和流出也有了一个发展变化的过程。此过程表现为，一开始资本流动额很小，而且主要是吸收外国资本的流入；以后逐渐发展到资本流入、流出平行发展；随着一国经济迅速发展，并进入较高的经济发展阶段，资本流出额大于流入额，并且使资本总量达到了一个较高水平。

由此可见，一国利用外资或对外直接投资战略地位的变动与该国以人均国民生产总值衡量的经济发展水平之间存在正相关关系。无论哪一个国家处于何种发展阶段，其对外直接投资是国家特定优势或企业特定优势与该国经济发展阶段保持的一种函数关系。

（三）国际生产折衷理论具有综合、宏观、区位和动态分析的体系特征

邓宁的国际生产折衷理论，其特色正好在于平庸的折衷和杂烩式的兼容。就理论形态而言，是比较完整和成熟的集诸家之长，又新增加了区位优势一项。较之其他跨国公司理论，它具有综合分析、宏观分析、区位分析和动态分析四个方面分析的体系特点。而且在运用统一的理论解释整个国际经济活动方面，作出了重要的贡献，具有理论意义，因而在现代跨国公司和国际直接投资研究领域中被认为是最完备的模式。

邓宁将一个国家的对外直接投资与其经济发展的阶段联系起来的研究方法，并以 67 个发达国家和发展中国家或地区对外直接投资的流出量和流入量为采样，证实了第三世界跨国公司的崛起，是由它的经济贸易发展阶段所决定的，是其经济实力增长的必然结果。所以说邓宁的国际生产折衷理论体系既适用于发达国家，又适用于发展中国家（地区）。但是，邓宁的理论不是一种独辟蹊径的创新理论，它只是将各家学说兼收并蓄，并加以发展而形成的一个框架体系，故尚不能称之为跨国公司的“通论”。

第五节　比较优势投资理论

日本式的国外投资论——比较优势投资理论（The Theory of Comparative Advantage to Investment），也被称为日本小岛清模式，它从企业比较优势动态变迁的角度来解释日本企业国外直接投资行为。小岛清理论倡导“贸易导向投资”，有利于投资国和东道国之间国际贸易的扩大和产业结构的调整。

一、小岛清模式产生的背景

第二次世界大战后西方经济学中的跨国公司理论，以海默和金德尔伯格的垄断优势理论和弗农的产品生命周期论为主流。20 世纪 70 年代中期，日本学术界也普遍接受上述理论。但 70 年代中期以后，日本学术界认为上述理论只研究美国跨国公司问题，没有考虑其他国家对外投资的特点。日本一桥大学国际经济学教授小岛清（Kiyoshi Kojima）在 1979 年出版的《对外直接投资论》、《跨国公司的对外直接投资》和 1981 年出版的《对外贸易论》等书中，根据日本对外投资的特点，创立了比较优势投资论，又称小岛清理论，用以解释和指导日本的对外直接投资活动。小岛清认为，海默的垄断优势理论是从微观经济理论出发，强调企业内部垄断优势对海外投资行为的影响，偏重微观经济分析和公司管理的研究，而忽略了宏观经济因素的分析，尤其是国际分工中比较成本原理的作用。因此，海默理论只适用于解释美国跨国公司的对外直接投资，但无法解释日本企业的对外直接投资问题。

二、小岛清模式的主要内容

比较优势投资理论，从比较优势动态变迁的角度，研究日本企业开展的国外直接投资。小岛清运用比较优势原理，提出边际产业扩张论，解释了日本式对外直接投资问题，其理论核心是：对外直接投资应该从投资国已经处于或即将陷于比较劣势的产业部门，即边际产业部门依次进行，而这些产业又是东道国有明显或潜在比较优势的部门，但如果没有外来的资金、技术和管理经验的扶撑，东道国这些优势又不能被利用。因此，作为投资国的日本，通过对外直接投资可以充分满足东道国的需求，实现对外资本扩张。

小岛清以图做了明确的说明。在图 10-2 中，Ⅰ-Ⅰ线是日本的商品成本线，并假设 $a, b, c, \cdots, z$ 均可用 100 日元生产出来。Ⅱ-Ⅱ虚线是东道国商品成本线，$a', b', c', \cdots, z'$，成本由低到高，a'为 0.8 美元，z'为 5 美元。Ⅰ线与Ⅱ线相交于 m 点，此交点表示按外汇汇率计算（假设汇率为 100 日元=1 美元）两国 m 商品的成本比率相等。当美元汇率上涨时Ⅱ线会整体向左上方移动，下跌时则向右下方移动。因此，左边的 a、b、c 产业是日本的边际产业，拟由这些产业开始对外直接投资。投资的结果，可使东道

国成本降至 a^*、b^*、c^*。这样，双方均有盈利。这种直接投资实现了双方贸易的互补和扩大，称为顺贸易导向的日本式的对外直接投资。反之，如果从 z、y、x 等日本最具有比较优势的产业开始，逆着比较优势进行对外直接投资，那就是逆贸易的美国式的对外直接投资。这种投资的结果，其成本虽然会低于 z'、y'和 x'，但是高于本国的 z、y、x。其结果是用国外的生产替代了本国的出口贸易，并不能达到节约生产成本的目的。

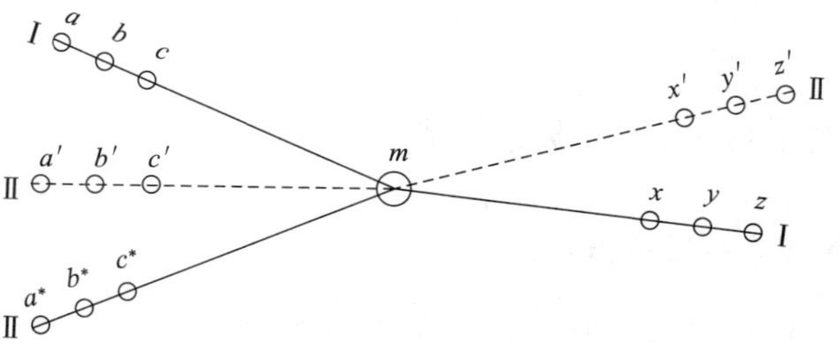

图 10-2 边际产业扩张论

三、日本式对外直接投资理论的特点

小岛清理论模式与美国的对外直接投资模式有着明显的差异，日本对外直接投资的特点可概括如下：

（1）日本对外直接投资的重心在于开发海外的自然资源，弥补本国资源的短缺，同时，将本国的“边际性生产”（即劳动密集型生产）转移到海外。这种按边际性优势（或劣势）顺序进行的海外直接投资有利于投资国的跨国经营，并有利于东道国发展具有潜在比较优势的产业。投资国生产的产品可以就地销售，也可向母国或第三国目标市场出口，因此，东道国接受这种投资方式。而美国对外直接投资则始于比较优势产业，投资于西欧、加拿大等市场，目的是抑制当地的竞争者，占领市场。

（2）日本对外直接投资的主体是中小企业，并从与东道国技术差距最小的产业依次进行投资。这种投资不是以技术优势为武器，而是以投资者激烈竞争为前提。投资者提供的技术以适用技术为主，便于东道国吸收利用，开发劳动密集型产品，增加就业，扩大出口，因此深受东道国的欢迎。而美国企业的国外直接投资，则是依靠垄断性的技术优势击败竞争对手，夺取投资市场。

（3）日本对外直接投资大多采用合资经营方式，投资扩散效应大。有时也采用产品分享方式（Production Sharing Method）之类的非股权安排方式（Non-equity Arrangement）。而美国企业的国外直接投资往往采取独资经营方式，建立拥有全部股权的“飞地式”（Enclave）的子公司（即在一国境内的外国领土），容易激起民族主义情绪，故自 20 世纪 70 年代以来，美国也不得不接受与当地合伙者合作的合资经营方式。

（4）日本式的对外直接投资是“顺贸易导向的投资”（Protrade Oriented Investment），即按“边际产业”顺序进行对外直接投资，符合比较成本与比较利润率相对应的原则，有利于扩大双方的比较成本差距，也利于贸易扩大。这是一种投资与贸易的互补关系，而不是彼此替代关系。这种投资的好处是将促进投资国和投资接受国产业结构的调整，推动经济发展。而美国的对外直接投资采用“反贸易导向的投资”（Con-trade Oriented Investment），即通过投资，将具有比较优势的产业转移到西欧，缩小双方比较成本的差距，这违背了“比较成本与比较利润率相对应”的原理，损害了双方应当享受的国际分工和扩大贸易的好处。因此，美国式的“反贸易导向的投资”是以投资替代贸易。

总之，小岛清日本式的对外直接投资的目的是投资补充、创造和扩大贸易，而不是取代贸易。

四、小岛清关于对外直接投资的政策主张

（一）小岛清的基本政策主张

小岛清将对外直接投资划分为日本式的贸易创造型和美国式的贸易替代型，其政策主张可概括为：

（1）以投资确保资源来源的政策。鉴于日本人多地少，资源短缺，小岛清主张日本对外直接投资开发资源，以供日本进口所需；或贷款买矿或采取产品分享方式即非股权安排，保证资源的供应，如日资在巴西、澳大利亚和中东等地区的布局。

（2）日本对外直接投资以中小企业为主，由综合商社出面将这些分散型的和小规模的投资组织起来，形成集团化、多功能、综合型的投资，并加强以市场为基础的机能性的一体化，与美国跨国公司进行竞争。

（3）日本以开发国外自然资源为目标的投资，确定以开发发展中国家的市场为主要目标。其政策要点是：① 对外直接投资从投资国的比较成本出发，从差距小、容易转移的技术开始，按顺序进行。② 要顾及发展中东道国的需要与吸收能力，依次移植和转移新技术。③ 使投资能起到对东道国经济发展的正效应，努力实现当地企业的产业升级。这样可以避免东道国民族主义情绪的高涨。④ 长远目标是逐步实现投资国“渐退”政策的要求，不失时机地渐退式地转移投资国的所有权，以使当地企业自主经营。

（4）日本与其他发达国家开展交叉投资。由于各种贸易壁垒和非贸易壁垒的影响，向东道国的投资是在双方比较成本差距很小的基础上展开的，其结果是经济效益低。为此，小岛清提出“协议性的产业内部交叉投资”，如由美国汽车公司输出技术，向日本小型化汽车生产线进行投资，日本汽车公司向美国汽车工业投资，注入日本的轻型、省料和节能的技术。这种以各自的技术优势越过贸易壁垒交叉投资，向对方国家具有比较优势的产业进行直接投资的方式，可以发挥各自的技术比较优势，对投资者、投资国、东道国和世界经济发展都是有利的。

（5）日本式对外直接投资动机的多样性。小岛清认为企业对外直接投资的动机是多样化的，大致可以分为五种：① 以获得自然资源为目的的资源导向型投资。② 以利用发展中东道国廉价劳动力为目的的劳动力导向型投资。③ 以越过贸易保护主义为目的的市场导向型投资。④ 以保障企业在国内市场和国际市场上垄断优势地位的市场导向型投资。⑤ 以实现生产经营国际化为目的的公司经营全球化的投资。

（二）小岛清关于贸易创造型对外直接投资条件的观点

小岛清认为，以所有这些投资的贸易效果来分类，又可分为创造贸易的投资和破坏贸易的投资。

在小岛清看来，要满足这两个要求仅靠生产函数的差别是不够的。对外直接投资要创造贸易或对贸易起补充作用，在假定仅有两个国家、两种产品的情况下，对外直接投资必须满足的条件是：

（1）资本移动必须增加这两个国家两种产品的生产总量，否则这两个国家的总体福利水平不会增加。

（2）资本在两国间的转移必须减少对投资国比较不利的某种产品的生产，而增加对东道国比较有利产品的生产。

这两个条件也可表述为：从投资国比较不利的行业进行直接投资即是创造贸易，由投资国比较有利的行业进行投资就是破坏贸易；投资于东道国比较有利的行业是创造贸易，投资于东道国比较不利的行业为破坏贸易。

在解释为什么有些直接投资会满足这两个条件时，小岛清把这归于对外直接投资的两个特点：第一个特点是对外直接投资不同于货币资本在国际上的移动；第二个特点是对外直接投资由特定的公司进行，并发生在投资国与东道国的特定行业中。

五、对小岛清比较优势投资理论的评价

比较优势投资理论的研究对象是日本跨国公司，也是日本式的对外直接投资，客观上反映了20世纪六七十年代日本在世界经济中成为经济大国所追求的最佳发展途径。小岛清日本式的对外直接投资理论成功的意义在于：

（1）该理论的研究方法从宏观角度出发，采用比较优势理论，对两个国家、两种产品或多种产品进行模式的比较分析，得出从边际产业开始，依次开展对外直接投资的原理。

（2）该理论采用动态的比较优势学说，比较符合发达国家（例如日本）对发展中国家直接投资的状况。

（3）该理论认为对外直接投资的主体是中小企业，因为中小企业的技术对发展中东道国有较强的适用性。

（4）该理论倡导“顺贸易导向的投资”，有利于投资国和东道国之间国际贸易的扩大和产业结构的调整。

比较优势投资理论不仅有其科学性，而且与其他国际直接投资理论相比有独到之处。但是，随着世界经济的发展，国际投资的扩大，比较优势投资理论不足以解释国际直接投资中出现的新问题。

复习思考题

1. 跨国公司的国际投资理论有哪几种？
2. 试述海默-金德尔伯格的垄断优势理论的主要内容。
3. 发展中国家如何利用弗农的产品生命周期理论来吸引外国公司的投资活动？
4. 如何用产品生命周期理论来解释产品生命周期的不同阶段的投资决策？
5. 为什么说知识产品的特性是内部化市场形成的主要因素？
6. 对跨国公司内部化理论的研究有何意义？
7. 什么是国际生产折衷理论？该理论对创建跨国公司的国际投资理论有什么意义？
8. 根据跨国公司的国际生产折衷理论，企业进行对外直接投资应具备哪些优势？
9. 小岛清的比较优势投资理论的核心是什么？
10. 如何用小岛清的比较优势投资理论来解释日本扩大海外直接投资的行为？

案例分析

宝洁公司创建品牌的成功之道

美国宝洁公司（Proctor & Gamble Co.，P&G）始创于 1837 年，由普洛克特（Proctor）和盖博（Gamble）从制作、销售肥皂和蜡烛开始。1879 年，宝洁公司开发了可与高质量进口白皂媲美的廉价香皂“象牙皂”。在随后的年代中，宝洁公司不断推出新的产品和品牌。宝洁公司在《财富》杂志全球最大的 500 家公司中，2012 年排名第 86 名，2013 年排名第 89 名，是 500 强中历史最悠久的一家跨国公司，是一家名副其实的“百年老店”。宝洁公司以其品牌在中国和世界各地开展激烈的竞争。宝洁公司是世界最大的日用消费品公司之一，所经营的 300 多个品牌的产品畅销世界各地，其中包括洗发、护发、护肤用品、化妆品、婴儿护理产品、妇女卫生用品、食品、饮料、家居护理及个人清洁用品等。

开发创新

在国际市场上宝洁公司的跨国经营有其独到之处。宝洁公司把消费者的需求作为公司的奋斗目标，常改常新，尽善尽美。在 170 多年的发展历史上，宝洁公司通过推行企业品牌和产品品牌达到地区扩张和行业扩张的目标。开发和创新是宝洁公司的灵魂。宝洁公司是美国最早建立研究和开发机构的大企业之一。到目前为止，宝洁公司已开发出的品牌产品涉及洗涤和清洁用品、纺织品、美容美发用品、保健用品、食品饮料等 300 多种。

宝洁公司通过收购与兼并建立起企业品牌。近年来，宝洁并购了世界上许多知名公司，其产品畅销世界各国。1982 年收购 Norwich Eaton 药品公司，进入非处方和处方药品市场和健康护理领域；1987 年收购欧洲 Blendax 系列产品，包括 Blendax-a-men 和 Blendax 牙膏，这是宝洁公司历史上规模最大的一次国际性收购；1989 年收购 Noxell 公司及其著名化妆品牌 Clarion 的产品，由此进入化妆品和香水市场；1990 年收购 Shulton 的产品线，拓展了男性个人护理市场；1991 年收购著名的化妆品品牌 Max Factor 和 Beatrice，进一步在国际范围内拓展其化妆品市场；1996 年收购著名的美国婴儿尿片品牌 Baby Fresh，加强了其在婴儿保洁用品市场上的地位；1997 年收购 Trambrands 公司，拓展其在女性保洁用品领域的全球业务。这些收购项目加快了宝洁全球化的进程。

为充分发挥跨国公司的优势，宝洁公司建立了全球性的创新开发网络研究中心，研究机构遍布北美、欧洲、亚洲、拉美等国家。2010 年，宝洁最大研发中心在北京成立。宝洁公司在全球有六大研发中心，从研究领域到品质规模，北京研发中心居于六大中心的首位，甚至超过宝洁公司在美国的“大本营”。宝洁公司通过这些研发中心不断创造出新的观念、产品和技术，并成为全球的成功典范。

品牌策略

宝洁公司向中国推销自己的产品是从老百姓的头发开始的。当“头屑去无踪，秀发更出众”的广告词出现在电视屏幕上时，人们认识了宝洁公司在中国推出的第一个品牌——海飞丝。1988 年 8 月，宝洁公司与中方组建了广州宝洁有限公司，生产海飞丝洗发香波。在中国市场，宝洁公司根据中国消费者的需求和中国文化的特点，随后相继推出各种品牌，香皂用的是“舒肤佳”，牙膏用的是“佳洁士”，卫生巾用的是“护舒宝”，洗发液用的是“飘柔”“潘婷”“海飞丝”三种品牌，洗衣粉有“汰渍”“洗好”“欧喜朵”“波特”“世纪”等不同品牌。世界上品牌最多的公司恐怕非宝洁公司莫属。分类品牌的频频出击，带来了品牌效应，宝洁公司在消费者心目中已成为实力雄厚的企业。宝洁公司通过不断技术创新，推进产品升级，进一步树立企业品牌和产品品牌。

宝洁公司对其产品实行品牌策略。品牌策略可有多种选择，如个别品牌、统一品牌、分类品牌、企业名称加个别品牌等。统一品牌策略，即该企业的所有产品使用同一个品牌，使用这一策略的优点是便于企业形象的统一，资金、技术的集中，减少营销成本，易于被消费者接受，便于迅速推出新产品，但统一品牌不利于产品的延伸和扩大。统一品牌的缺点在于任何一种产品的失败，都会损害整个产业及公司声誉，即一荣俱荣，一损俱损。如采用分类品牌策略，即不同类别的产品采用不同品牌，这种策略虽营运成本较高，但可避免统一品牌中风险集中的缺点，而且运作灵活，有利于市场细分。宝洁公司名称为 P&G，但这个名称没有成为任何一种产品的商标，而是根据市场细分为洗发、护肤、化妆品等几大类产品，以各自的品牌运作。

宝洁公司成功处理公司品牌和产品品牌的秘诀是，在新产品推出阶段使用公司品牌，一旦获得市场认可就只强调独立品牌，以强调该产品独特的“价值”，建立与消费者的独特关系。这种做法反映了宝洁公司的基本信念：每一个品牌都是独一无二的，每个品牌必须独立地建立顾客忠诚度。所以宝洁的每个品牌都必须有明确的独特价值定位，每个品牌都必须经过严格的市场测试。每种品牌所针对的消费者价值都不一样，不同的消费者从不同的产品中获得的价值各不相同。技术创新，不断培育世界市场的知名品牌，这就是宝洁公司创建品牌的成功之道。

宝洁公司永远着眼于未来，为全世界的消费者提供一流品质的产品，让消费者每一天都过得尽善尽美。

第十一章　跨国公司的政策管理

✓ 本章摘要

跨国公司利用转移价格和限制性商业惯例严重地损害了国家利益，各国政府和国际社会对跨国公司采用既鼓励又限制的政策。

联合国《跨国公司行为守则》的达成，有利于规范企业的行为，限制跨国公司的垄断、贿赂、不合理的转移价格以及转嫁环境污染等不法行为。

✓ 本章关键词

政府政策调整　　“挑奶皮”投资　　限制性商业惯例　　投资国有化
联合国《跨国公司行为守则》

✓ 学完本章，你需要掌握：

跨国公司对世界经济发展的正、负两方面的作用。熟悉东道国、母国和国际社会对跨国公司的政策。了解联合国《跨国公司行为守则》的主要内容。

进入21世纪，跨国公司已具有“富可敌国”的雄厚财力且技术先进，业务经营遍布全球各行各业，是名副其实的世界经济舞台上的明星主角。跨国公司通过国外直接投资和间接投资给世界各国带来经济建设所需的资本、先进技术、管理经验和营销技巧。同时，跨国公司利用转移价格和限制性商业惯例，严重损害了国家利益，破坏了平等的伙伴关系，使民族国家的经济发展目标与跨国公司全球战略目标之间存在潜在的矛盾与冲突。因此，东道国、母国和国际社会从多个层面上采取行动，以法律和行政手段扩大跨国公司的有利影响，限制其不利影响，已成为世界性的重要课题。

第一节　政府对跨国公司的政策调控

东道国政府和母国政府一直对跨国公司进行广泛的控制与管理。东道国政府和母国政府对经济增长、就业、价格、出口和国际收支等政府政策目标十分关心。跨国公司的所作所为，可能对政府的政策产生消极影响。产生这些问题的根源在于跨国公司与东道国（或母国）之间的目标不同。

一、跨国公司的全球化经营影响政府的政策

跨国公司的全球化经营，由组织结构、市场、产业部门和劳动力的一体化组成。组织结构一体化，是指公司内部和公司之间的联系网络化，扩大了沟通，强化了联系。市场一体化，是世界各国的年轻一代消费偏好趋同的结果。产业部门一体化，是国际分工深化的表现，不同部门之间出现了前向和后向连锁的趋势。劳动力市场一体化，是由于运输和通信的现代化使绝大部分的零部件的生产能在各国进行。促进一体化的因素有：减少贸易壁垒和消除投资障碍，协调各国竞争政策，制定国家间的环境保护措施等。

（一）跨国公司两种全球化经营战略

跨国公司全球化经营可以在不同层次上进行。一种是“简单一体化战略”（Simple Integration Strategy），即减少贸易壁垒和实现区域自由贸易，扩大各国商品和劳务交换。另一种是“复杂一体化战略”（Complex Integration Strategy），即复杂的跨国界商品和劳务生产的一体化，以实现生产要素的最佳配置，提高企业的竞争力。

（二）跨国公司将潜在竞争力转变为市场上的实际竞争力采用的措施

1. 充分发挥公司特有优势和国家特有优势

许多大公司都认识到，一个公司的潜在竞争力取决于公司特有优势（Firm Specific Advantages，FSAs）的发挥。公司特有优势是指将一个公司所拥有的技能和技术诀窍，基于地区或全球基础在实现职能一体化的过程中所享有的优势。这些优势可能是专有技术信息的获得和利用、产品的独特性、资源的独占性以及商品品牌的知名度。它构成了市场中实际竞争优势的潜力。只有通过有效的竞争战略的制定和实施，公司特有优势才能变成成本优势或差异优势。因此，公司特有优势是取得市场竞争优势的关键。

跨国公司已有的潜在竞争优势要转化为实际竞争优势，尚需享有国家特有优势（Country Specific Advantages，CSAs）。国家特有优势是指能给予公司相对于其他国家竞争对手的优势（强大的国家特有优势）或劣势（微弱的国家特有优势）的国家属性。例如，国际贸易中的关税壁垒和非关税壁垒构成在本国市场上对公司提供保护的一种国家特有优势。

2. 利用国外直接投资和跨国并购

跨国公司通过国外直接投资和兼并他人企业，既可以节省新建和扩建企业的时间，又可以减少建立生产供应和销售系统的麻烦。企业并购的动机是多元的，并购的目的在于充分利用规模经济，降低成本，从而提高企业效率；并购可以减少企业经营风险；并购可以使企业获得竞争优势。20 世纪 90 年代，继 20 世纪 80 年代大规模并购之后，西方企业出现了新一轮的并购浪潮。1999 年，全球企业并购总额高达 3.4 万亿美元，创下 20 世纪跨国并购的新纪录，并将此纪录一直保持到 21 世纪初。

3. 扩大企业跨国联合，建立跨国战略联盟

采用企业跨国联合的方式，建立大型企业的战略联盟，增强企业竞争优势。这种联盟是以股份相互占有、技术相互转让、市场相互分享为内容，组成以同行业跨国联合体为其特征的联盟。这种联合形式使双方既可从对方获得各自所需，又能保持各自的独立性，同时，提高了竞争优势，降低了产品研究开发风险成本，加速了技术创新以及新市场的开拓。

跨国公司这三种全球化经营措施会直接或间接地影响到政府的经济增长、就业、价格、出口和国际收支等方面的政策，因此，政府要对跨国公司的全球化经营活动进行政策调控。

二、政府调控的必要性

自由市场必须达到稳定的一般均衡，才能使所有要素都能被充分有效地利用。如果市场被少数大公司操纵和垄断，市场的缺陷就会暴露出来。政府干预市场以实现效率最大化，并以此作为理论依据。

（一）政府干预的必要性

1. 传统观点的考虑

政府根据传统的观点，尽力做到用公平的收入分配原则，加强对经济的干预，进行收入的再分配。

2. 补救市场经济的不完全性，提高经济效率

市场经济的不完全性主要是竞争和知识的不完全性和外在性。凡是存在不完全性的地方，政府就可实行反托拉斯政策，以促进竞争。但是，在那些规模经济的行业中会出现各种问题，因为规模经济又会造成垄断。解决这一难题的方法是由政府来管理垄断。政府制定劳动条件的法规（如限制劳动时间、确定最低工资等）、销售法规（如广告标准的要求）、职工教育培训法规等，都是其对企业自由选择的限制。

跨国公司的关注点是商品和要素市场，特别是知识市场。但是，目前知识市场尚未真正形成国际化。跨国公司通过克服这种不完全性促进了国际专业化分工。从这一意义而言，跨国公司国外直接投资和国际贸易一样，使国际比较利益得到了更多的利用。当跨国公司被视为克服市场不完全性的一种途径时，它可能会起到提高世界经济效率的作用。

3. 跨国公司存在的不利于提高经济效率的一面

（1）跨国公司所处的寡占市场地位很可能会引发限制性商业行为，并助长低效率市场的发展。

（2）跨国公司有限制竞争的行为，如跨国公司私下达成地区性市场分割协议、采取国际性协调定价行为、操纵专利权和许可证、接管当地企业等。

（3）跨国公司还有导致过分竞争的行为，如“追随领先者”战略，就会导致次优生产设施的涌现。

（4）跨国公司在索价方面的寡占行为、广告促销行为等，可能会使有关的企业获

得并非出自高效率的超额利润。

（5）跨国公司对各国政府的国际收支和汇率政策的反应，导致了世界货币体系潜在的不稳定性。

（二）政府对跨国公司采取的调控政策

政府对跨国公司的政策，通常从以下两方面着手：

（1）跨国公司参与资本化商品两个领域的活动。跨国公司的国外直接投资可以被看作和国际贸易具有同样的功能，只不过它是通过资本要素流动而不是商品流动来实现的。因此，这种资本自由流动会加强国际专业化。

（2）跨国资本流动并非是完全自由的。在国际投资市场上，资本流动并不是自由的。即使完全撤除了资本等要素自由流动的障碍，跨国公司也不能实现全球效率最大化，因为完全竞争并不存在。实践表明，市场不完全性和外在性将阻碍全球的帕累托（Pareto）最优状态的实现。帕累托最优要求个别消费者和企业的福利最大化，同时要达到社会福利最大化。这不适合一个人的行为会影响他人福利的情况，也不考虑外部福利效应。

相关链接

帕累托最优是指当一个社会成员，在不损害他人效应的情况下，又能增加自己的效应时，就是社会福利的最佳点。这个最佳点就称为帕累托最优。①

外在性可能是外在收益。例如，一条河流的上游水域根除了污染，改善了水质，会有利于该河流的中下游渔业的兴旺。外在性也可能是外在成本。例如，一个排放有毒气体的化工厂会损害附近居民的健康。社会公共产品、国防和技术，这些产品的主要特征是：市场经济将分配给它们较少资源。其原因在于，公共产品是集体消费的，因此也应由集体来供应。同时，由于市场机制并不能有效地发挥作用，所以国家必须承担提供这类产品的责任。对跨国公司来说，有关的外在性不仅是指企业或行业的外在性，也指国家的外在性。典型例子如德国境内的莱茵河遭到污染，给荷兰造成了消极影响。又如美国有关企业向五大湖排放的工业污染物质，给邻近的加拿大地区带来了酸雨。

（3）跨国公司对东道国有双重影响。不管跨国公司对全球福利影响如何，其经营活动对各东道国的影响也不是完全相同的，它只是对各国部分政策有影响。即使不考虑政策不完备性这一因素，跨国公司在公平问题上也不可能具有真正的中立性。如果真正出自高效率的收益会通过垄断利润或出口低价的形式转移到国外，那么，跨国公司子公司的高效率也不会给东道国带来好处。而且，从东道国角度而言，跨国公司还会对其主权造成不利影响。

总之，政府控制的理论和操作的重心应放在对效率的干预、对公平的干预以及对有

① 尼尔·胡德，斯蒂芬·扬. 跨国企业经济学. 叶刚，等译. 北京：经济科学出版社，1990：341.

关主权丧失的干预等方面。东道国政府对跨国公司的控制和管理，实质上是促进东道国在政治上、经济上进一步独立的重要手段。

三、加强政府宏观调控

各国政府正在转变职能，由干预者和国家垄断转变为提出合理的政策框架，使市场的经济功能充分发挥。政府不是要放弃政策导向，而是要使国家政策与市场力量相吻合，避免政策对市场的扭曲。事实证明，不加干预的市场力量很难达到令人满意的经济增长效果，尤其是在经济增长的初期。政府应积极地解决市场经济发展中所出现的那些不可避免而市场本身又无力解决的问题。各国政府政策调整的方向如下。

（一）为有效地运用市场力量创造条件

政府应制定产权法，执行良好的经营程序，建立稳定的货币和金融制度，配备优质的基础设施，采取积极的措施创新和培养动态比较优势。

（二）创造有利于市场竞争的生产要素

政府提高国民素质的政策既要重视正规教育，又不可忽视职业培训，使人才适应未来的需要。政府要在正规教育与职业教育之间，在特殊技能培训和普通培训之间，寻求平衡，以满足竞争激烈的市场对多样化人才的需求。

（三）设法在边际税率不高的基础上开辟税收来源

政府要寻求吸引外资与税收之间的平衡点。如果一国的税率大大高于同类国家的税率，将难于吸收外国直接投资；如果一国税率过分低于相似国家的税率，将损害政府的收入。在新型市场条件下，通过制定合理的税收政策，政府既能防止本国的收入外流，又能吸收和留住外国公司的投资。美国是吸收跨国公司投资最多的国家，但美国对外国投资企业与国内企业实行同一税率，并无特殊优惠。乌拉圭曾经是世界上对外资税率最低的国家，但它并没有成功地吸收外资。

（四）创造良好的投资环境

政府既要制定政策，又要提供服务，努力创造良好的投资环境，如与有关国家签订避免双重课税协定、双边投资保护协议，设立投资促进机构等。

（五）充分利用投资的外在效应，增强东道国的动态比较效益

从长远角度考察，跨国公司对外直接投资会产生明显的外在效应，即可以使一国相对要素禀赋对其经济竞争力的影响越来越小，而由投资产生的效益却越来越大。这样，投资外在效应给整个经济带来的好处是跨国公司无法将投资的外在效应作为其收入的组成部分而独自占有，它只是投资追求利润的副产品，因而东道国政府可以充分利用投资的外在效应，如：转移生产和销售的知识和技术；创办新的产业，面向市场投放新的产

品；提高现代化企业经营管理能力；促进会计、金融、电信等服务业的发展；增强职工岗前和在岗的技能培训等。这将增强东道国的动态比较效益和国际竞争能力。

（六）重点扶植高新技术的应用与传播

对于发展中国家而言，经济增长的关键是新技术的推广和应用。引进新技术成本高，难度大，且进度慢，因此政府在处理经济增长与技术引进的政策方面，要重点支持高新技术的应用与传播，而不是仅限于引进这些技术，即要通过政策推动新技术及时融入整个社会经济活动之中，而不是蜻蜓点水式地引进若干技术。

综上所述，政府首先要提供健全的法律和法规、有秩序的经济发展背景和良好的宏观经济条件，为市场松绑，让价格能真正反映市场供求变化的动态。同时，政府还要精心设计政策，给市场留有充分发挥作用的余地，从而创造和开发新的机遇。

四、《萨班斯法案》

21 世纪初，美国连续发生震惊世界的跨国公司财务丑闻，如“安然事件”“世界通信事件”等，严重动摇了投资者对股市的信心。华尔街陷入危机，并迅速波及全球金融市场。2002 年 7 月，美国国会通过了涉及会计职业监管、公司治理、证券市场监管等一揽子改革的《萨班斯法案》（《SOX 法案》）。其中的 404 条款涵盖了企业运营的各个领域，更因其严厉性和高昂的执行成本而闻名。布什总统称这一法案为“自罗斯福总统以来，美国商界最为深远的改革方案”。

（一）《萨班斯法案》出台的背景

《萨班斯法案》的出台，主要是针对一些大型跨国公司的财务作假、公司内部高管串通外部会计师作假、利润包装等不法行为。该法案的宗旨是保护投资者的利益，并通过政府严格的执法系统，来提升投资者对整个资本市场的信心。只有投资者有信心，才能使公司增加资本投入，增强资本市场的活力。

（二）《萨班斯法案》的主要内容

《萨班斯法案》中最重要的是 404 条款，它规定成立一个独立上市公司会计监督委员会（PCAOB）来监管审计，以加强审计师的独立性。同时，对企业财务报告的披露责任、信息披露的要求以及对违反规定的处罚都有所加重。类似安然公司这样的财务欺诈事件，最高可判刑 25 年，威慑力非常大。

《萨班斯法案》规定，目前所有在美国上市的公司，包括在美国注册的上市公司和外国注册在美国上市的公司，都必须遵守该法案。该法案 404 条款规定，上市企业必须保证公司管理层建立和维护内部控制体系，同时提供管理层最近财年对内部控制体系及控制程序有效性的证明及内部控制机制评价报告。法案生效后的第一个财年，公司的 CEO 都是在战战兢兢中度过，但其中仍有几百家企业的财务问题被揭露出来。

（三）《萨班斯法案》的影响

《萨班斯法案》从立法到执行有助于跨国公司提升公司内部控制的水平，强化对财务报告的责任，加大惩罚力度。若能让公司真正相信，治理能使公司创造更多的价值，并形成一个问责文化，那跨国公司全球化经营就走上了一条健康的发展道路。

1. 该法案对公司治理的影响

（1）董事会和公司管理层的责任更加明确，更便于审查。

（2）强化公司内部控制。《萨班斯法案》对此有详细量化的考核指标的规定，便于监督审查。

（3）增加了上市公司的合规成本。据统计，上市公司为符合该法案的要求，增加的投入可能高达几百万到几千万美元。特别是第一年的投资比较大，以后几年会有较大幅度的减少。

（4）《萨班斯法案》出台于全球最成熟的资本市场——美国，这对其他国家会产生相关的影响，很多国家借鉴该法案，加强资本市场的监管。例如日本紧随美国也开始推出类似的规定。

2. 《萨班斯法案》的不利影响

（1）企业花费大量的资源去满足该法案的具体要求，而这些资源本可以用来投入研发或者拓展市场。

（2）对于一些创新型企业来说，严格的内部流程限制反而可能不利于企业的成长。此外，《萨班斯法案》对于美国资本市场的吸引力也产生了直接的冲击，例如，有些原计划到美国资本市场上市的跨国公司，转而投向其他市场。

公司治理的核心是自律，公司治理关键是高度的艺术性监督，即监管要有一个度和艺术的把握。量子力学中有一个“测不准原理”，即不可能将时间和能量两个变量同时都测得非常精确。金融监管也有一个“测不准原理”，即监管和创新这一对矛盾，很难同时达到两者的最大值，通常只能综合考虑两者。市场的最终目标是健康和全面的发展，所以，法律、法规和市场监管的目标并非都是一味加大惩罚力度，而是要打造一个市场发展的最佳环境。

第二节　东道国政府对跨国公司的政策调控

美国是全球最大的对外投资国，又是最大的吸收外资的东道国，美国政府作为最大的东道国，其外资政策可以用下列观点加以说明。美国驻欧洲联盟的前大使 J. 威廉·米丹多夫说过：“送来你们的烦恼，送来你们的贫穷，送来你们的钱。”这充分表明了美国政府欢迎欧洲联盟跨国企业的投资。但美国著名的《时代》杂志，却流露出对外资截然不同的政策趋向："外国投资者：同盟者还是侵略者。"① 事实上，在此后起草总统贸易议案和竞争法案时，国会议员在高呼自由贸易的同时，纷纷要求增强对外资的限制。这一方面反映出美国国内经济的变迁，另一方面则反映出外资对东道国制定政策所造成的深远影响，以及东道国加大了审视海外投资的力度。

一、东道国对跨国公司的政策

跨国公司对外直接投资对东道国的影响体现在资金、税收、技术、就业、贸易与国际收支、主权和自主效应等方面。

（一）资源转移效应

跨国公司通过提供资金、技术和管理，可能对东道国经济发展产生积极的作用。但是，如果跨国企业投资资本主要来自东道国，就会产生挖其他生产部门墙脚的后果，这样，就会对东道国产生不利影响。引进技术的利弊得失取决于转让技术的条件和这种技术的适用性。

亚太经合组织提供的报告显示，国外直接投资对东道国资本形成的重要性一直在下降。通过外资弥补"双缺口"（Two Gaps，储蓄和外汇）的控制权落入外国投资者之手，已成为东道国政府的最大顾忌。另外，外国公司从利润最大化目标出发，倾向于将资本投向东道国利润丰厚的行业和部门，形成"挑奶皮"（Skimming Cream）的投资现象。这与东道国政府希望外资的流入有助于促进本国后进产业和地区发展的目标相违背。

相关链接

所谓"挑奶皮"投资现象，是指从牛奶中撇出奶油——取走精华而不顾及其余，即指外国投资者在东道国投资时，不承担这个国家中同类企业要承担的社会责任和义务，只挑选最有盈利前景的项目投资，但还要享受与国内企业相同甚至更好的价格、税收等优惠政策。

对于技术转移问题，跨国公司的考虑是技术转让以不损害其技术垄断地位为出发点，因而通常只向国外输出已经失去竞争力或正在被普及和标准化的技术，即使转移了部分高精尖的技术，通常也会以各种限制性条款来限制东道国对转让技术的使用，典型的例子就是跨国公司医药公司，对医治艾滋病的药物配方守口如瓶。

（二）外国公司逃避纳税，影响东道国的财政收入

跨国公司经常在几个不同国家从事经营活动，其资产受不同税制的管辖，这使得外

① US Business Week，p55，Oct 27，1996.

国公司有机会在几种不同税制和几种管理制度之间寻找对策、以逃避母国政府和东道国政府的控制。此外，还要面临来自母国政府和东道国政府的双重征税问题。外国公司从企业利润最大化目标出发，只要有法律漏洞可寻，它们就会千方百计来使其纳税最小化。通常的做法是：通过公司内部的商品和劳务交换，任意规定公司内部交易的转移价格，以降低纳税基数；以在避税地设立附属公司的方式，将利润转入低税区或免税区，以便少纳税。东道国本意是通过设立外资企业来增加财政收入，但跨国企业这些逃避纳税的经营策略与东道国的这一政策目标相违背，势必引发东道国的不满。

（三）增加就业，减少失业

跨国公司的对外直接投资对东道国就业机会的创造和就业质量的提高具有积极的意义。联合国贸易与发展会议提供的《1994 年世界投资报告：跨国公司、就业与工作环境》称："如果不是更多的话，跨国公司为其员工提供的培训至少与东道国国内企业同样多，发达国家、发展中国家都一样。"报告中指出，与跨国公司相关的就业人数高达 1.5 亿人，其直接雇员为 7 300 万人，近 1/3 为东道国雇员，而且这些数字还在不断地增加。增加就业、减少失业一直是各国政府关注的问题。但东道国政府也担心，跨国企业在工资及工作条件上远超过东道国平均标准，这容易造成东道国二元收入结构形式，并间接影响到市场的消费结构，这对发展中的东道国尤为不利。

（四）对贸易与国际收支的影响

目前，跨国公司的内部贸易已占世界贸易的 1/3 以上，跨国公司已控制世界贸易的 1/2，这足以说明，跨国公司是当前国际贸易的主体。另外，跨国公司可充分利用其全球市场体系和网络，控制世界市场的走势。跨国公司开展对外直接投资就是为了绕过东道国的各种关税和非关税壁垒，开辟并占领东道国的当地市场。跨国公司还采用限制性商业惯例（Restrictive Business Practice，RBP）对市场、价格和销售条件进行严密控制。限制性商业惯例近年来更多地用在国际技术转让中。在大多数情况下，跨国公司无论是实现技术的内循环即向子公司转让技术，还是向局外企业转让技术，其技术转让合同中一般都包含各种限制性条款，如限购条款、搭售条款、市场限定条款、技术反馈条款等。这些限制性做法在很大程度上限制了公平竞争，加强了跨国公司的垄断地位，损害了东道国的经济利益。为此，早在 1980 年 4 月联合国贸易与发展会议就通过了《管制限制性商业惯例多边协议的公平原则和规则》，以保护东道国利益。

跨国公司对外直接投资最初的资本流入，对东道国国际收支会有好处，但是应该把它和随后的红利、特许费、利息和管理费等持续的资本流出进行比较。跨国公司利用转移价格起到了逃避税收和外汇投机的作用。同时，外国投资对东道国进出口水平的影响也相当大。所有这些都关系到东道国的国际收支和经济增长。

（五）主权和自主效应

如果外国投资企业最终决策权被母国的母公司所掌握，那么，外国投资不可避免地会使东道国的经济自主权遭受某些损害。由此，它削弱了东道国政府在实施其税收、贸易等方面预期政策的能力。

跨国公司对外直接投资的重大决策，包括生产安排、成本和预算、劳资关系、投资开发等，往往全部由母公司做出。外资数量越多的东道国，它们在上述企业决策职能上依靠跨国企业决策的程度就越大。

总之，在东道国与跨国公司打交道的过程中，跨国企业获取的利益可能是以当地较低或负社会收益为代价的。发展中东道国与跨国企业相比，仍处于相对较弱的讨价还价地位。

二、发展中国家作为东道国对跨国企业的政策调控

（一）发展中国家对跨国公司政策的探索

1. 外资投入对发展中国家的积极作用

对外贸易和对外投资是经济增长的发动机。发展中国家经济发动机的传动齿轮是与西方跨国公司咬合在一起的。从贸易关系考察，发展中国家与发达国家的贸易（其中最主要的是与跨国公司的贸易）占其对外贸易总额的2/3。在投资关系方面，西方跨国公司约1/4的对外直接投资投在发展中国家市场上。跨国公司在发展中国家直接投资的主要作用是获取资源、扩大市场、实施国际分工、实现经济结构调整的转移。因此，发展中国家对跨国公司政策的探索直接关系到发展中国家民族经济的发展。

跨国公司对发展中国家的投资既有积极意义，又有消极影响，发展中国家应据此制定相应的政策。外资投入对发展中国家的积极影响表现为：

（1）外资的投入在一定程度上弥补了投资的结构性短缺，并使因投资力量不足而不能发展的部门得到发展。

（2）导致了生产技术、管理经验和销售技能向发展中国家的转移。

（3）一个部门的外资引入，会产生国民经济的传递效应，直接或间接地影响与该部门投入和产出相关联的其他部门。

（4）发展中国家由被动接受外资向主动吸引外资转变，将外来投资纳入整个发展民族经济的计划之中，从而为协调外国公司的投资目标与发展中东道国的发展目标提供了基础。

2. 外资投入对发展中国家的不利影响

跨国公司与发展中国家之间存在着矛盾和冲突，各国政府、社会团体和政治人物纷纷对跨国公司图谋私利的各种行为提出批评，指出：它们依仗其实力地位，操纵民族经济的发展；转移“不适合”的技术，影响东道国的技术发展；控制销售市场，以垄断代替竞争；逃避管制和责任，实行转移定价、逃税、操纵通货等，使东道国蒙受重大的经济与财务损失；隐瞒实情，伪造账目；干涉别国内政，阴谋颠覆主权国家的合法政府等。因此，发展中东道国面临的问题不应是反对和阻止跨国公司的发展和渗透，而是应该制定有效的国家法律和国际行动准则，以防止跨国公司滥用权力造成的危害，控制和监管跨国公司的活动，同时又不致因此而妨碍与此相关联的投资、技术传播和国际

贸易。

3. 发展中国家对跨国公司的政策探索

发展中国家对跨国公司的政策是这个国家的政治文化面貌、资源禀赋、经济活动水平和总体发展战略的体现。各国政治经济条件不同，政策应各有差异。就资源禀赋而言，一个资源丰富的国家在对待跨国公司问题上要比资源贫乏的国家有更多的选择余地；就民族市场而言，一个大国与跨国公司讨价还价的能力不同于一个小国；就经济发展水平而言，对一个工业化已经达到相当水平的国家适合的政策，有时候对一个工业不发达国家并不一定适合；就长期战略而言，强调迅速增长的战略向跨国公司提出的要求不同于着重平均分配的战略。因而，各国在对待跨国公司的政策上会有很大的差异。

发展中国家对跨国公司政策的共同点是都经历了一个探索与认识的过程，即从最初的采取谨慎态度，到 20 世纪 60 年代简单地对跨国公司加以限制，再到 20 世纪 70 年代中期对跨国公司采取限制与鼓励相结合的政策。进入 21 世纪后，发展中国家的外资政策具有明显的两重性——既有抑制作用，又有刺激作用。有时这种抑制作用是强制性的. 更加体现发展中国家的主权和自主性。

（二）发展中国家对跨国公司采取限制与鼓励相结合的政策

1. 限制投资的措施

目前，发展中国家从发展本国民族经济的战略目标出发，通过制定外资企业法，严格审查外国投资项目，控制外国公司的经营活动，以及设置各种规章制度，实施有限制地利用外资的政策。主要限制性措施有：

（1）发展中国家限制跨国公司的投资措施。此政策的主要特点是：将外资和技术引向特定重点建设部门；要求在重点部门的投资应逐步增加本地附加价值，扩大出口比重并及时转让先进技术；引进外资应有助于增强本国技术与经营管理能力。在将外资引向发展民族经济的重点目标和重点部门的同时，限制或禁止外资进入战略性和敏感性的部门，一般包括：少数基础工业和重要工业部门；自然资源的开采；公用事业和国防工业部门，如邮电、通信、广告、电台、电视台、报纸、广播、交通等公用事业及国防工业部门；国内批发和零售商业；易于垄断和并购的部门。

（2）发展中国家鼓励跨国公司参股。企业股权的大小直接影响对企业的控制权。发展中国家掌握外资参股比例的原则是：逐步削减外资股权，不断增加当地资本的股权，但并不相应地削减外国公司的经营管理权和利润份额。具体做法是：在合资企业中，除了特许行业外，外国资本最高只能占 49%，当地资本占 51%，借以保证当地资本对企业有较大的控制权和决策权。特许外资在一定时期内可以持有多数股权或独资经营的部门有：高技术工业部门，如核能工业、航天工业、电子工业、新材料工业等；出口导向工业；开拓性工业部门，如石油和稀有矿藏的开采等。

发展中国家逐步收回或减少外资在合资经营企业中的股权比重，通常准许有一个合理的期限。并且，在股权削减过程结束时，有的国家允许外国公司股权有一个合理的最低水平，有的国家允许外国公司失去股权后，仍可以采用非股权安排保持与原经营企业的联系和对其控制。外资逐渐退出政策，是在外国企业国有化过程中发展中国家对跨国公司股权限制的一种形式。它有利于发展中国家吸收外资，掌握先进技术和管理知识，并最终摆脱外资控制。但也有不利的一面，即外资有可能转向能够迅速收回资本、前景最好的投资部门，这些部门从东道国长远利益看，并不一定是最佳投资部门，这样的投资就会背离发展民族经济所希望的方向。

（3）对跨国公司资金和利润汇出的限制。发展中国家对外资的股金、利润、红利、技术使用费以及管理服务费的汇出都有限制措施。早在 1970 年 12 月，安第斯条约组织通过了世界上作为区域性经济贸易组织的文件中第一个限制外资的条例，对外国公司资金和利润的汇出加以明确的限制。此后，这种限制性措施在很多发展中国家得以普遍推广。

（4）对产品的限制政策。政策包括：对购买投入物的限制；规定外资企业的产品出口量应占总产量的最低百分比；规定外销产品和内销产品不同的优惠待遇，外销比例越大，享受优惠越多等。

（5）加强对跨国公司技术转让的管理。政策包括：严格审查引进技术的先进性和适用性；防止引进技术只提供硬件、不供应软件的做法；仔细审核技术转让的条件和费用，争取有利的转让条件等。

（6）完善对跨国公司投资的监督和管理。主要内容包括：制定和修改外资企业管理法；加强政府对外资企业的宏观调控；利用税收杠杆，进行财务监督和管理；限定企业工资和福利待遇等。

2. 鼓励投资的措施

现在大多数发展中国家已逐步调整了有关跨国公司的政策，表现出较大的务实性、灵活性和成熟性，实行了既限制又利用的政策，即在使跨国公司的经营活动同本国发展目标协调一致的同时，较大程度地鼓励和发挥跨国公司在发展民族经济中的作用。发展中国家实行的鼓励外商投资的措施主要有：

（1）政策性优惠措施。发展中国家认识到，在大多数情况下，投资和经营环境不良对外国投资的抑制作用可能会大于投资鼓励措施的吸引力。因此，许多发展中国家已将改善投资和经营环境作为吸引外资的出发点。投资环境是指影响资本行使其职能的外部条件。资本在获取高额利润的运动中，要排除环境风险可能造成的损失，达到风险最小化、机会最大化。发展中国家鼓励外资政策的前提条件是保证民族经济总目标的实现。各国提供的鼓励方式和规模，取决于该国所要吸收投资的市场的动向和它在吸收该种投资时所面临的他国的竞争程度。

① 避免采取简单的国有化手段。国有化（Nationalization）即发展中国家政府将外国投资者拥有或经营的企业、财产和经营特许权收归国家所有，并由国家经营的行动。其具体形式有收买外国公司的股份、征收财产、没收财产等。发展中国家对外资企业的国有化，直接触及了外国投资者的利益，因而必然会遭到外国垄断资本集团的敌视、阻挠和破坏。为了不伤害外商投资者的积极性，又能保障发展中国家的利益，一些发展中国家立法规定：一般情况下，对外资企业不实行国有化；有些国家与跨国公司母国签订合约，避免双重课税和保证投资协定，避免对外资实行国有化；有的国家明文规定，如确有必要实行国有化，也将会给予合理的、及时的补偿。

② 提供必要的财政和税收优惠。发展中国家对外国公司的投资普遍实行低税率，一般税率比发达国家低30%～50%，对投资于高科技企业和落后地区的外资还提供特殊的税收减免和财政优惠政策。

③ 适当放宽外汇管制。大多数发展中国家准许外资企业的合法利润自由汇出。有的国家还规定，在外资企业出口创汇收入大于企业利润时，其所得的利润、红利、利息收入，在纳税后均可自由汇出。

④ 鼓励利润再投资。发展中国家对利润再投资实行减税，对在指定部门和地区的投资可以享受延长免税期。例如，新加坡规定，利润再投资于政府优先发展地区和投资周期较长的项目的免税期可长达10年。

⑤ 给予外资企业国民待遇原则。按国民待遇原则给予在其领土内的外国公司投资（包括投资管理、维持、使用、享有和收益）方面的待遇，不低于给予本国国民或公司的待遇。

（2）既限制又鼓励的政策。发展中国家在与跨国公司打交道的过程中，逐步认识到既要充分利用跨国公司作为生产要素在国家间流动的媒介所起到的积极作用，又要严格限制它对东道国经济发展和社会政治产生的消极影响。因此，发展中国家采用了既限制又鼓励的政策，其主要内容是：

① 外资政策中的"限制"和"鼓励"相结合。外资政策的内核是"限制"，又与"鼓励"相结合，两者不可偏废。在引进外资的创业阶段，应主动给外国公司创造一个良好的投资环境，并且正确引导外资投向，以发展民族经济为主要目标。当发展中国家普遍采取开放政策的时候，跨国公司的投资条件会变得更加苛刻。为此，发展中国家一方面要适当放宽条件，增加对投资的吸引力，另一方面要寻求投资来源多样化，利用矛盾，争取有利条件。

② 鼓励措施应使长期与临时相结合，优惠政策有主有次，使其真正起到鼓励外国投资的作用。通过对不同部门的投资给予不同的优惠，引导外资的流向和流量，从而主动把握外资的类型和形式，并且按照实际情况，随时调整优惠政策的侧重点。

③ 利用外资应使长远利益和眼前利益相结合。从发展中国家利用外资的情况看，利用外资的重点不同，效果也各异。从长远目标出发，重点应是引进先进技术，发展新兴工业，改造现有企业，增强民族经济和技术创新的能力；从眼前需要出发，引进外资要弥补建设资金和投资结构性的短缺及国际收支的逆差。

④ 注意政策的制定与执行相结合。发展中国家利用外资的实践表明，即使有了好的政策，如果执行政策的部门不健全，政策执行力度差，也会产生互不知道对方在做什么事的情况，导致力量相互抵消，前后不接应，执行效果很差。有些国家虽然现有政策的科学性和有效性比较欠缺，但是，它们的政策执行部门比较健全，行政效率高，使前后左右都有一定的配合和联系，在实践中又不断完善不足之处，所以执行效果也较好。

总之，发展中国家的上述四个"相结合"的鼓励外资政策，表明了发展中国家利用跨国公司的积极作用已进入一个新的时期。

第三节　母国政府对跨国公司的政策调控

发达国家既是跨国公司的母国，又是跨国公司最主要的东道国，这种双重身份与大多数发展中国家基本上是东道国的角色是全然不同的。这就决定了发达国家对跨国公司采取相对开放的政策，主张生产要素的跨国界自由流动，以便将资源在全球范围内进行有效的配置。因此，大多数发达国家对跨国公司政策的共同点多于发展中国家对跨国公司政策的共同点。这种共同点表现为：大多数发达国家对跨国公司始终保持传统的自由主义态度；发达资本主义国家不再像以往那样，划分各自的势力范围，使他方从属于自己，而是相互允许跨国公司进入自己的市场，并依此建立相互依存关系；发达国家普遍反对外国公司接管本国企业，并且将重要经济部门的经营权只交给本国企业经营。

一、跨国公司母国对本国企业国外直接投资的政策

投资国与接受投资国考虑国际直接投资问题的角度是不同的。母国主要关心国际收支、就业、国民收入的水平和分配以及对经济结构的影响等问题，而东道国强调的是经济增长、生产率和国家主权等问题。

母国期望对对外投资收益征收最佳税收，目的是使母国的国民收入最大化。税收会直接影响到国内经济的发展和社会的福利事业。

首先，母国政府的税收会影响国内和国外的投资配置，若增加税收就会促使资本外流，并抑制外资投向国内。若流向国外的资本过少，会降低投资者的国外收益，意味着会影响母国的投资者在国外的垄断地位。于是，母国政府若征收一种能减少资本流出并支持国外收益上升到高于其竞争对手水平的税收，就可能增加母国净收益。

其次，税率变动不仅会影响国内外的投资配置，也会影响资本形成的实际水平，甚至会影响到收入、储蓄和国民收入的增长率。

最后，就企业而言，究竟在哪个国家纳税是无关紧要的，但对母国而言，情况就不同了。向外国政府多缴纳所得税，意味着母国经济的损失。当母国出现过量的对外投资时，若母国采取最佳税收政策，就可能使投资重新分配，从而增加国内收入和就业。

发达国家作为跨国公司的母国，对本国跨国公司的政策，既有积极支持和鼓励的一面，又有对跨国公司国外业务活动加强监督管理的一面。

（一）母国政府支持和鼓励跨国公司向外扩大投资

母国政府支持和鼓励跨国公司向外扩大投资。其主要措施有：

（1）借助于政府对外援助的贷款之机，要求受援国实行非国有化政策，给跨国公司的投资提供便利条件。

（2）利用反托拉斯法刺激私人资本向国外流动。

(3) 政府通过采用向跨国公司提供出口信贷、扶植积极开拓高科技产品的跨国工业公司、有意和无意地使本国货币升值、刺激企业对外直接投资等手段，提高本国跨国公司的竞争力。

(4) 对国外投资提供保护。母国政府同外国政府签订双边投资保护协定和避免双重课税协定，使本国跨国公司能够免遭政治风险的损失，享受国民待遇，得到因国有化而给予的合理补偿，能够自由地撤出投资的本金和汇回利润，合理解决投资争端以及避免双重课税等。

(5) 建立国外投资担保制。各国目前实行的国外投资担保，实际上是投资保险，指在一定条件下，对投资项目所受损失给予一定比例的补偿。

(6) 提供信息服务。在美国，提供这种服务的机构是海外私人投资公司；在日本是通产省所属亚洲经济研究所经济调查部、日本输出入银行的海外投资研究所。此外，政府还协助民间成立非营利机构提供咨询服务，如美国的“国际经营服务队”、加拿大的“加拿大海外经营服务机构”、日本的“世界经营协议会”等。

(二) 母国政府加强监督管理跨国公司的国外直接投资

发达国家政府在向跨国公司提供保护的同时，对跨国公司海外直接投资加强监督管理，主要的做法有以下三种。

1. 严格审查资本和技术的外流，保持垄断优势

短期内的大规模国外投资，会对投资国的国际收支平衡造成不利的影响，因此各国政府制定了投资审批标准，这些标准因国而异。日本、意大利、澳大利亚等国侧重于对外直接投资促进出口贸易或有利于国际收支经常项目的影响程度；英国、爱尔兰、瑞典等国注意外流资金对国际收支的影响程度。同时，政府担心投资带动技术出口，使本国先进技术被外国利用，所以在向外国尤其是向发展中国家出口技术时，进行更严格的审查。实际上，跨国公司只是将一些辅助性生产活动转移到国外，真正具有竞争优势的核心技术和技术密集型生产项目和环节仍留在本国。这样对母国来说，会促进专业化，提高生产效率，增加净出口，保持竞争优势。同时，母公司的巨额研究和开发费用，可以分散在更大数额的销售上。

2. 防止输出就业

美国工会担心，由于对外直接投资，美国工人的就业机会会被工资成本低的国家夺去。因此要求政府立法不应鼓励向国外投资和输出技术。近年来，不断出现的美国与他国的贸易摩擦也与此有关。

3. 加大对财务欺诈的审计力度

由于跨国公司的子公司分布在世界各地，因而政府当局很难确定跨国公司的应税利润。同时，跨国公司又利用内部交易和在避税地设立分支机构进一步加剧了这种复杂性。20 世纪 80 年代，美国率先倡导联合审计，加强业务往来密切的国家之间的情报交流。进入 21 世纪，美国通过立法，防止跨国公司财务舞弊和欺诈事件的发生。

总之，跨国化体制的产生和发展，跨国公司无视国界的存在，使企业同国家之间的关系复杂化，甚至导致国家之间的摩擦和对立。因此，各国政府逐步认识到对跨国公司

实行国际监督和控制已成为当前一个亟待解决的国际性问题。

二、发达国家东道国对国际直接投资的政策

工业发达的东道国对外国跨国公司历来采取鼓励公平竞争的开放政策。但是，当东道国经济受到外国公司较大程度的控制时，东道国政府会从中立态度转向对外国公司的直接投资进行适度的限制，尤其对涉及国家安全和民族尊严的项目，会加以严格限制。

（一）限制投资部门

很多发达国家不允许外国公司进入国防、军事、通信等关键性行业。有的对进入某些部门的外资股权比例和董事会成员的国籍加以限制。有的对进入某些产业的外资企业设立专门审批机构和规定特殊的管制条例，甚至最终由总统签署方可生效。有的反对外国公司对少数产业过分集中投资，以便给本国企业创造适宜的竞争条件。通常，外国公司倾向于在技术水平较高的产业（如电子工业）投资。一开始东道国政府也鼓励跨国公司在新兴工业部门投资，后来外国公司控制了这些产业的大部分生产，东道国政府从国家安全和民族尊严的角度考虑，严格限制外国公司的投资。

（二）规定外国公司的投入与产出比例

有些发达国家如加拿大、意大利、澳大利亚、爱尔兰、新西兰、西班牙等，要求外国跨国公司的产品含有一定比例的本地原材料成分和增加东道国劳动力比例，并对进出口进行限制。按照美国汽车成分法案的规定，在美国市场销售 10 万辆以上小汽车的厂商，必须保证其销售的小汽车中有 10% 以上的美国国内成分。

（三）加强外资审批工作

大多数发达国家政府对外国跨国公司进行严格的投资审批。审批内容包括：能否创造更多的就业机会；能否促进企业的竞争和效率的提高；能否有助于东道国经济结构的改革；能否扩大利用当地资源；能否增加政府财政及税收；能否刺激出口等。

（四）实行有差别的国民待遇

多数发达国家原则上承诺给予外资国民待遇，但这并不意味着外国公司在政治、经济、社会等各个方面与东道国公司享有完全相同的待遇。有的国家允许本国公司投资的部门，未必也允许外国公司投资。有的国家对本国公司实施的财政和税收优惠措施，未必对外国公司实施。一般而言，不仅发展中国家东道国，而且发达国家东道国都主张对跨国公司实行最惠国待遇及在一定范围内的国民待遇。

有些国家实行限制与鼓励的双面性政策。发达国家东道国对外国公司一方面实行限制政策，另一方面鼓励外国公司向东道国特定的经济发展目标投资。为达到这一目的，东道国采用政府干预和诱导措施，给予外国公司种种奖励，奖励措施有：提供贷款、贷款担保、投资津贴和股份投资等直接优惠；允许加速折旧，提供减免租税和关税等税收

优惠；实施关税和配额保护，培训人员，禁止没收外资财产，公开合理解决一切争端等行政管理奖励措施。

第四节 国际社会对跨国公司的政策调控

国际社会对跨国公司的政策调控曾走过漫长曲折的道路。国际联盟早在1929年就曾提出过有关保护对外投资的建议，不过并没有取得进展。1948年，《哈瓦那宪章》也曾打算建立国际贸易组织（International Trade Organization，ITO），其中包括有关投资保护和限制性商业活动的条款。ITO原计划建立第二次世界大战后国际组织的体系，包括由关税与贸易总协定处理贸易事务，国际货币基金组织处理短期货币基金事务。由于《哈瓦那宪章》没有通过，影响到其他有关草拟国际反托拉斯规则、制定警戒对外投资的守则等事项，以至控制跨国企业活动的种种努力也未能成功。直到20世纪60年代末，国际社会对在国际层次上管理和监督跨国企业才有了一些实质性的进展。到21世纪已走向普遍的程式化。

在对跨国企业进行管理的各种政策中，国际调控应算作最优的管理方法。国际社会若能采用一种综合性的通观世界全局的具有权威性的方法，可能是最理想的。这种国际调控手段所能影响的范围应与跨国企业本身影响的范围一样广，即全球范围。

一、制定综合性的国际协定

跨国公司活动的一个显著特点是在许多不同国家经营业务，因而具有较大的灵活性和选择性。跨国公司经常利用发展中国家之间的竞争来促使它们竞相增加优惠待遇以吸收外资，其结果是损害了发展中国家的利益。发展中国家在与跨国公司打交道过程中，逐步感到单个国家的力量太小，无力与财大气粗的跨国公司抗衡，因而希望开展区域性的或国际性的合作，形成较强大的力量。同时，就国际范围而言，迫切需要对跨国公司和跨国经营活动进行协调、监督和管理，使所有跨越国界的经济活动纳入国际公认的原则与规范，即稳定、有序和公平地发展。

（一）联合国对跨国公司行为制定的措施

联合国机构就有关跨国公司的一些问题，设立了专门机构进行研究，并且达成了一致的意见。其中有：

（1）应向发展中国家提供援助，以帮助这些国家同跨国企业谈判和签订协议。

（2）发展中国家，不论是个别国家还是一个集团，应该自己制定允许跨国企业进入它们市场的条件，其中包括国有化条件和补偿、劳动法、资本注册等。

（3）应该着手制定有关跨国企业全部活动的行为守则、公约及模型法，同时也可以就专门问题（如技术转移、转移定价和国际反托拉斯法等）制定法规。

（二）国际社会对跨国公司子公司行为的要求

国际社会对跨国企业行为的管理和控制，除了东道国对外国所有权比重加以限制以外，还对跨国企业子公司的特定行为进行管理。其主要关注的内容有①：

（1）在当地采购原材料。

（2）最终产品的出口和出口市场的控制。

（3）跨国企业内部的转移定价。

（4）资本和利润的汇出。

（5）特许经营费和管理费。

（6）从当地市场筹集资本。

（7）管理人员本地化。

（8）就业水平。

（9）当地雇员的培训。

（10）劳工工会及劳工的权利和义务。

（11）折旧抵免纳税。

（12）信贷政策，如补贴利率等。

（13）对能源、运输和资本开支的补贴。

（14）竞争程度和形式。

（15）建立研究与开发设施。

（16）获得专有技术的种类。

（17）使用当地的运输设施。

（18）环境和社会的保护。

二、制定联合国《跨国公司行为守则》

国际社会除了需要制定综合性的国际协议外，还要有若干商业行为守则。制定行为守则的目的就是提出一套系统的、科学的指导方针，规范跨国企业的经营行为。

（一）《跨国公司行为守则》的特征

（1）自律性。负责制定行为守则的机构虽然可能成为解决纠纷的仲裁者，但行为守则只是一种自愿遵守的行为规范。

（2）通用性。行为守则有其固有的弱点，即它要使所有各方都能接受，因此，其内容和要求十分普遍化，甚至个别条款变得毫无意义。

（3）指南性。行为守则只能被视作协调各国法规的初步指导意见，因为实际管理和管理权仍保留在各国政府手中。

《跨国公司行为守则》的基本出发点，主要是关注发展中国家的利益，而发展中国

---

① 尼尔·胡德，斯蒂芬·扬. 跨国企业经济学. 叶刚，等译. 北京：经济科学出版社，1990：298.

家从保护自身利益出发，在行为守则制定过程中提出了一系列的要求，例如：只要支付足够的补偿，应该允许实行国有化；行为守则应该体现非歧视原则；应该严格控制自然资源的开采；应更加符合民族和国家的经济发展目标；尊重人权和保护生态环境等。更重要的是，尽管“知名人士小组”建议制定一个自愿遵守的原则，但发展中国家强烈要求制定一个有法律约束力的协定，这在目前而言发达国家很难接受。

（二）联合国《跨国公司行为守则》

1. 制定《跨国公司行为守则》的历程

1994 年，联合国跨国公司委员会（United Nations Inter-governmental Commission on Transnational Corporations）第 20 届会议通过了一项决议，建议把跨国公司委员会变成联合国贸发理事会的一个委员会，并更名为“国际投资和跨国公司委员会”，办公地点由纽约迁至日内瓦。联合国跨国公司委员会成立于 1974 年，由 48 个成员国组成，是一个政府间永久性的组织。其目标是：

第一，促进了解跨国公司在本国和东道国，特别在发达国家和发展中国家之间各种活动的性质及其对政治、经济、法律和社会的影响。

第二，对跨国公司的业务活动做出有效的国际安排，从而促进跨国公司为各国的发展目标与世界经济增长作出贡献，同时控制并消除其消极影响。

第三，加强东道国，特别是发展中国家与跨国公司打交道时的谈判能力。

为了便于开展委员会的日常工作，在联合国跨国公司委员会下设跨国公司中心作为秘书处。该中心于 1975 年 11 月开始工作，它设有综合情报体系，专门研究跨国公司对政治、经济和社会的影响，以及应各国政府的请求规划技术工作。

几十年来，联合国跨国公司委员会致力于制定《跨国公司行为守则》（Code of Conduct on TNCs），并已草拟了该守则的大部分条文，但有关该守则的目的、定义、国有化等带有高度政治性的问题却仍然未能达成一致意见。由于发展中国家与跨国公司相比处于弱者的地位，因而要求实施有利于发展中国家的“差别待遇”。发展中国家与跨国公司各自的基本态度是：从跨国公司对发展中国家的经济发展起何种作用这一“宏观经济的衡量”出发考虑，接受跨国公司有利于发展中国家国民经济发展的一面并给予优惠待遇，同时又尽可能限制其活动消极的一面。这种“宏观经济的衡量”态度与跨国公司所采取的“微观企业的观点”相矛盾。跨国公司认为，《跨国公司行为守则》所要解决的问题和所要处理的对象完全是“企业的行为”问题，而不是整个国民经济的发展问题。

此外，对跨国公司的垄断、贿赂、不合理的转移定价及转嫁环境污染等不法行为，应该加以限制，但如何界定“过分行为”的范围，以及如何确定限制方法，各个国家有不同的见解。发达国家认为，跨国公司为了谋取利润和扩大市场而进行海外直接投资，即使有一些过分行为也属正常，由于跨国公司的海外直接投资对投资国和投资接受国都是有利的，因此不能随意限制其行动。由此可见，两类国家对跨国公司行为的对立态度是根深蒂固的。

2. 达成一致的内容

经各国政府多年的努力，联合国相关机构 1982 年向联合国跨国公司专门委员会提交的《跨国公司行为守则》草案由六章组成，共 71 条。这六章内容是：

第一章，前言与目的。

第二章，跨国公司的定义。

第三章，跨国公司的活动（包括一般性问题与政治问题，经济的、财务的与社会的问题，公开情报资料问题等）。

第四章，如何对待跨国公司的投资企业（包括有关投资接受国如何对待跨国公司的一般性问题、国有化和补偿、裁判管辖权等）。

第五章，政府间的协调。

第六章，履行。

在这六章内容中，各国政府经长时间谈判在下列问题上取得了一致意见：

（1）在政治方面，跨国公司应尊重东道国的主权及法令，不干涉内政。遵循东道国所制定的国民经济发展的目标。

（2）在经济方面，跨国公司在东道国的经营活动应尽可能多地利用当地资源，雇用当地人员，促进东道国的出口贸易。

（3）在财务金融方面，跨国公司与东道国就所有权及控制、国际收支与融资、转移定价及课税的谈判取得了某些进展。

（4）在社会方面，已就消费者保护、环境保护以及各国政府、企业主和工人的“三方面声明”等取得一致意见。

（5）在信息资料公开方面，跨国公司有责任向东道国政府和工会组织提供足够的信息资料以使公众更多地了解公司经营状况。

3. 特定项目的基本协议

联合国也对某些特定的项目达成了基本协议，如《国际技术转让行动守则》《技术转让协定评价准则》《发展中国家工业合资企业协议手册》《工业可行性研究编制手册》《跨国公司会计核算与报告的国际标准》等。

联合国从 1978 年起着手讨论制定《国际技术转让行动守则》的工作，经过近 10 年努力，初步拟订了该守则草案文本，其内容包括序言和正文九章条款。

序言强调指出，促进充分的技术转让和技术发展，加强所有国家特别是发展中国家的科技能力，加强同发展中国家的技术合作，是走向建立新的国际经济秩序的决定性一步。

九章条款的内容为：

第一章，定义和适用范围。

第二章，目标和原则。

第三章，国家对技术转让交易的管制。

第四章，限制性惯例。

第五章，技术转让交易中当事各方的责任和义务。

第六章，对发展中国家的特殊待遇。

第七章，国际协作。

第八章，国际体制机构。

第九章，适用的法律和争端的解决。

目前，除了第四章和第九章内容外，序言及其他各章均已达成协议。

在对跨国公司进行国际干预这一层次上，各种国际组织协同进行国际监督起到了一定的作用，有助于发挥跨国公司的积极作用，同时限制其消极作用。

总之，发展中国家的经济发展，主要靠自力更生，没有任何外来的因素可以代替自己的力量，但同时可以合理运用一切外来的力量加速国民经济的发展。发展中国家可以利用跨国公司的力量，还可以动员区域性及国际性组织的力量作为辅助，在世界范围内实现国际经济新秩序。

三、国际社会有关跨国公司的政策协调

在处理与跨国企业的关系方面，无论是一国的政策，还是区域性的、国际性的措施，其成功的要素是要做到真正了解实情。有关跨国企业的政策需要进行国际协调的问题主要从以下十个方面阐述。

（一）有关对外国公司所有权的限制问题

发达东道国与发展中东道国在对外国公司所有权的限制方面意见并不一致。发达国家鼓励外国公司的竞争，而发展中国家，尤其是拉丁美洲的发展中国家曾对此制定了种和限制措施。目前，这两类国家集团已在两个方面取得一致意见：

（1）各国政府在它的国境内对于自然资源拥有永久主权。

（2）禁止或严格限制外国公司反竞争所取得的利益。

（二）关于遵守东道国政府的政策问题

发展中国家在与跨国公司打交道过程中，深感一个国家势单力薄，难以有效阻止跨国公司可能在国境外维护其母国对于附属公司的权利。为此，发展中国家要求在《跨国公司行为守则》中列明跨国公司在东道国的一切活动必须维护东道国的国家主权。发达国家同意把这个问题包含在《跨国公司行为守则》的条款中。但是，对于如何解决东道国与跨国公司之间的纠纷这一问题，出现了不同的意见。发展中国家坚持东道国的国内法是最终的裁判，而发达国家则谋求诉诸国际法和解决纠纷的国际协定。

（三）关于扩大技术转让的问题

扩大技术转让在过去10年里已成为发展中国家经济发展的一个重点。两类国家原则上都同意《跨国公司行为守则》的“普遍适用”原则，但对该守则是否适用于跨国公司设在国外的子公司在东道国境内的技术转让，存在着分歧。七十七国集团认为这些子公司的技术转让活动受其设在其他国家的母公司的控制，因此属于《跨国公司行为守则》的适用范围。但是发达国家坚持由母子公司内部安排，不受该守则约束，因此

子公司在东道国所进行的技术转让交易不属于该守则的管辖范围。

（四）关于避免行贿受贿的措施问题

商业贿赂是不健全市场的一条大蛀虫，源于人性的贪婪，制度的不健全，其形式层出不穷，在国际市场上，仍是“野火烧不尽”。近年来，中国政府对一些跨国公司的行贿事件进行深入调查，尤其是“官”“商”私交，勾肩搭背，坐地分赃。

跨国公司为了争夺东道国的市场，经常在国际商业活动中进行违法支付与贿赂行为，借此收买东道国的有关人员，使其为跨国公司的进入大开绿灯。联合国谴责在国际商业活动中的这种不正当的支付活动。发达国家，特别是美国，主张制定关于制裁贿赂和勒索的法规。发展中国家要求阻止跨国公司用非法手段干预东道国的内外政策。因此，两类国家原则上同意《跨国公司行为守则》中包含这类法规。严格执法是问题的另一面，执法成败在于让违法的成本大大高于其获利，使之得不偿失，最严重的后果可能是破产加牢狱之灾。

（五）关于限制性商业惯例的问题

两类国家集团都表示要限制跨国公司内部的转移定价，其目的在于“公平”定价。它们一致认为大多数商业惯例是不合理的。但是，发达国家主张，只有对交易双方以外的其他方产生不利影响，并达到不合理程度时，才应当避免。它们坚持，对在组织、经营、法律关系上合法的同一实体内实行的惯例，通常应当接受，除非这种惯例造成了市场支配地位的滥用。换而言之，它们主张按是否造成市场支配地位的滥用而违反反托拉斯法，或是否妨碍市场自由竞争，来评价这些限制性惯例。

关于跨国公司母子公司间的惯例，七十七国集团认为，此类惯例是否应当避免，要视其对当事方以外其他方经济发展是否带来不利影响而定。一些拉丁美洲国家认为，母子公司或子公司之间的交易应视为独立公司间的交易，相互间的惯例不应作例外处理，应受《跨国公司行为守则》的管制。

（六）关于金融管制的问题

发达国家要求跨国公司避免破坏稳定的国际资本流动。发展中国家从保护本国国际收支的角度出发，要求跨国公司给每个发展中东道国的国际收支提供净盈余，为此主张限制子公司的就地集资、外国借款以及公司内部的定价和借款。

（七）关于就业和劳资关系的问题

两类国家对就业与劳资关系具有相当广泛的谅解基础，它们对国际劳工组织提出的“三方声明”（各国政府、企业主及工人三方）一致表示赞同，并主张列入《跨国公司行为守则》。三方均应尊重国家主权，遵守国家法令，尊重人权。跨国公司投资活动应配合东道国优先经济发展目标的要求，积极增进就业，提供就业培训和良好的工作条件，注意改善劳资关系。

（八）关于解决投资争端的国际协定问题

跨国公司与东道国发生的投资纠纷应在公平合理的基础上求得解决。1996 年，世界银行主持签订了《关于解决国家与其他国家国民之间投资争端的公约》，还规定设立一个“解决投资争端国际中心”（International Center for the Settlement of Investment Disputes，ICSID）作为世界银行的非财政机构，调解或仲裁私人投资者和东道国之间的争端。目前，两类国家对由谁仲裁纠纷仍存在着分歧，发展中国家主张由国内法裁定，发达国家倾向于由国际仲裁机构仲裁。

（九）关于环境保护的国际管理问题

随着发达国家与发展中国家新的国际分工的加深，跨国公司往往将那些严重污染环境的项目转移到发展中国家去。为此，发展中东道国政府提出了一系列保护环境的政策和措施。例如，在采矿业中要求外国公司在开采后修复土地，保护生态和社会环境的完整。这种要求会增加跨国公司的成本。因此，环境保护问题应被列入《跨国公司行为守则》中。

（十）有关资料公开问题

1975 年 10 月，国际自由贸易联盟（International Confederation of Free Trade Unions，ICFTU）在墨西哥世界大会上通过了关于《工会对立法管制多国籍公司的要求宪章》（Charter of Trade Union Demands for Legislative Controls of MNCs），其中明确提出要求跨国公司公开公司财务及其他有关的资料，发展中国家主张跨国公司在必要的报告和资料中应有更多的具体细节。而发达国家认为，这样不仅会使报告和资料的代价很高，而且会损害竞争企业保护情报机密的原则。这些分歧也有待进一步解决。

复习思考题

1. 试述加强各国政府对跨国公司行为调控的必要性。
2. 政府应从哪些方面对跨国公司进行调控以及怎样实施宏观调控？
3. 跨国公司对外直接投资对东道国的经济发展会产生什么影响？
4. 如何理解发展中国家对跨国公司采取限制和利用相结合的政策？
5. 发达国家母国对跨国公司对外直接投资采取什么样的政策？
6. 试说明发达东道国对跨国公司国际直接投资的政策。
7. 联合国对跨国公司的经营制定了哪些措施？
8. 联合国《跨国公司行为守则》主要包括哪些内容？它有哪些特点？
9. 国际社会对跨国公司的行为做了哪些政策性的规定？
10. 面对限制性国际经营环境，跨国公司会采取哪些对策以保护其自身的利益？

案例分析

再见，百年品牌诺基亚

北京时间 2013 年 9 月 3 日，微软正式宣布，将以 37.9 亿欧元收购诺基亚（NOKIA）手机业务（设备及服务部门），以 16.5 亿欧元购买其 10 年专利许可证，共计 54.4 亿欧元，约合 72 亿美元。这一消息迅速占据了所有信息技术（IT）类新闻的头条，并在全球范围内引起了热议。在中国的社交网站上，网友们也发起了大量诸如“回忆你用过的诺基亚手机”等接龙活动。“诺基亚手机”这个符号已经是几代人的回忆。

在诺基亚总部所在地赫尔辛基，收购案几乎是所有人都在议论的话题。长期关注北欧创业公司和科技企业的 Aretie Startup 联合创始人 Dmitri Sarle 说：“微软收购诺基亚在当地已经像政治和宗教一样，成为最有争议的话题。”Dmitri 表示，虽然大家意见不一，但有一点可以确定的是，“这一事件对于芬兰来说意义重大，诺基亚对于芬兰的很多产业都产生过重要影响”。

百年历史

芬兰诺基亚公司成立于 1865 年，从事的是芬兰传统造纸工业，后来逐步转向胶鞋、轮胎、电缆等领域。20 世纪 60 年代，诺基亚木浆厂、芬兰橡胶厂、芬兰电缆厂三大工厂联合成为诺基亚集团，其产业涉及造纸、化工、橡胶、电缆、制药、天然气、石油等领域。

到 20 世纪 90 年代初，芬兰出口行业受到严重打击，经济形势急剧恶化，涉及众多产业的诺基亚也濒临破产。当时，诺基亚的高层果断地将其他品类繁多的产业全部舍弃，只保留了诺基亚电子部门。

这次“瘦身”计划，后来被证明是一次成功的战略选择。在经济危机之后，诺基亚是帮助芬兰重新获得经济增长的主要驱动力之一。此后，诺基亚也成为芬兰民族象征的一部分，人们为之骄傲了几十年。从 20 世纪 90 年代，到 2007 年之前，确实是诺基亚最辉煌的时期。

诺基亚致力于为大众生产便宜、实用、耐用的手机，并将北欧人独有的执着、严谨、精于钻研等特点发挥到极致，在质量和成本控制方面不断创新，把竞争者抛在身后。

诺基亚曾创造了多项纪录。比如，目前在全球依然流行的 GSM 技术（Global System for Communications，全球移动通信系统），其首次通话就是于 1991 年在芬兰通过诺基亚支持的网络打出的。又如，全球销量最好的手机，并不是苹果公司的某一代 iPhone 或者三星公司的某一款 Galaxy，而是诺基亚的 1110，其全球累计销售 2.5 亿部，在机型更新换代如此快的今天，这一纪录几乎不可能打破。

从 1996 年开始，直到 2012 年，诺基亚占据全球手机市场头把交椅长达 15 年之久，

2007年诺基亚在全球市场的占有率一度达到40%。

当然，衰退的伏笔也就此埋下。2007年，苹果公司推出第一代iPhone手机，虽然当时的iPhone因信号差、待机时间短等问题而总被人们嘲笑，但是智能手机变革的大潮已汹涌而至。

正确的方向，失败的结果

诺基亚并不是一家没有危机意识的公司，相反，诺基亚早就意识到了危机的存在，在iPhone推出的2007年，诺基亚在全球首次提出转型互联网战略。在所有手机厂商中，诺基亚是第一家高调提出转型的厂商。2007年8月，诺基亚宣布公司全面转型战略并推出Ovi计划，通过软件商城、音乐、地图、邮件及N—Gago移动游戏平台等五大业务来全面支持诺基亚转型移动互联网。

诺基亚对Ovi可谓花费了无数的资金和心血。其中最大的手笔，就是2008年斥资81亿美元收购导航地图公司Navtaq（这一价格比如今诺基亚手机被收购的72亿美元的售价还高）。为了顺应互联网趋势，诺基亚还率先做出了很多"免费之举"。如2010年1月，诺基亚宣布，在全球范围内智能手机上的步行和驾驶导航全部免费使用。2010年4月，诺基亚在中国推出一项名为"乐随想"的服务，供中国用户免费下载高质量的MP3正版音乐。此前，诺基亚在全球30个市场推出了该项服务。

除了Ovi在移动互联网服务方面的努力，诺基亚还联合英特尔公司弥补了一直被人诟病的塞班（Symbian）系统的不足。

1998年，由诺基亚、爱立信和摩托罗拉等合资成立塞班公司，旨在开发一种可以在手机及其他移动系统通信终端上运行的开放性操作系统。就在诺基亚凭借塞班系统占据智能手机市场50%以上的份额之际，乔布斯带着他的苹果手机杀入移动终端市场，改变了竞争规则。没过多久，谷歌开发了开放源代码的安卓系统，也成为了新的规则制定者。

塞班系统与苹果的iOS系统和谷歌的安卓系统相比，在触摸屏体验、兼容性和移动应用等方面明显缺乏竞争力，在与个人电脑和互联网的交互及扩展方面也存在很多劣势。

其实，诺基亚已经着手研发基于Linux的新一代手机操作系统，用以作为换代产品。但是，21世纪初的诺基亚与20世纪90年代的诺基亚已不能相提并论，过于辉煌的塞班系统反而成了包袱，而新的系统尚未得到市场检验，导致诺基亚未能做出像上次一样明智的抉择，从而失去了战略先机。

此后，诺基亚开始走背运。2009年底，摩托罗拉、三星、索尼、爱立信、LG纷纷终止研发塞班平台转而采用安卓系统。塞班的市场份额日益萎缩。2010年10月，诺基亚聘请微软前高管史蒂芬·爱洛普（Stephen Elop）出任首席执行官（CEO），并在随后促成了诺基亚与微软在手机业务上的合作。诺基亚于2011年2月宣布放弃其他平台，在智能手机上全身投入微软Windows Phone的怀抱。

芬兰经济研究所教授于尔基·阿里于尔克认为，诺基亚过久地留恋塞班，未能及时推出换代系统，也没有立即采用安卓平台，而是选择绑定并不成功的Windows Phone，这时它的败局已定。"一步错，步步错"，后来的一系列合作，直到手机部门与微软合并，倒是“不得已而为之”。

芬兰瓦萨市议长斯特兰德说，如果说诺基亚早期注重的是产品耐用、实用和用户友好性，后期采用 Windows Phone 系统，推出炫目旗舰产品则更多的是企业内部的政治决定，“忽视了用户体验，就要失去市场，这是竞争法则”。

微软和诺基亚合体之后

被并购后的诺基亚让很多人都感到伤心。因为他们信任多年的诺基亚，再也不是国家和当地经济的支柱了。但人们对“后诺基亚时代”的芬兰的未来充满信心。对于芬兰的创业者们来说，诺基亚永远是他们心中的骄傲。诺基亚成功地为芬兰在全球树立了一个充满创新和经济驱动力的形象。“我们在清洁技术、医疗、工业科技等方面有很强的优势。在这些领域都需要很强的创新能力、技术能力以及灵活的思想，这些都是我们这个‘小民族’所擅长的”。而对于诺基亚自身来说，这并不是诺基亚第一次遭遇严重危机。现在诺基亚还拥有电信设备以及地图服务等业务。人们对于诺基亚的未来仍抱有期待，如果几年之后，诺基亚以一个全新的面貌崛起，也不会让人们感到奇怪。

并购后，新的诺基亚品牌和产品的命运将被重新书写。微软 CEO 史蒂夫·鲍尔默认为：“除革新精神以及在所有价位手机业务上的强大实力外，诺基亚还带来了在硬件设计和制造、供应链和制造业管理、硬件销售以及市场营销等关键领域已被证实的能力和天赋。”

收购诺基亚将给微软带来巨大的商业机会，鲍尔默在接受采访时，列举了微软收购诺基亚手机业务将会使微软变得与众不同的原因：减少合作过程中存在的很多法律和后勤障碍；减少品牌投资的决策过程；增加商业利润。并购后，将使微软手机业务的市场占有率和利润加速上升。

微软和诺基亚合体后，微软自己将其定义为微、诺联盟 2.0，一个更紧密、更有效的合作方式。在外界看来，则是微、诺联盟的产物。微、诺合体之后与微诺联盟时代一样面临基于 Windows Phone 系统的互联网应用与服务问题。在这一方面，微软的策略是向另一方向突围：向设备与服务转型。

这场并购终结了诺基亚作为独立手机品牌的历史，微软将自己的前途下注在诺基亚身上。与其说微软将造就一个新的诺基亚，不如说诺基亚将造就一个新的微软。

第十二章　中国企业跨国经营之路——“走出去”战略

✓ 本章摘要

一个社会由低级向高级发展，一个企业由内向外发展，这是历史发展的必然趋势。中国企业要想获得更大的生存空间，应走出国门，建设具有中国特色的跨国公司，开展国外投资和跨国经营。

中国企业在跨国经营中，必须立足长远，纵观全局，知己知彼，还需要借鉴西方跨国公司的经验与教训，正确处理跨国经营中的各种矛盾。

✓ 本章关键词

“走出去”战略　　中国企业跨国经营战略　　公司文化　　企业“7S”模式

✓ 学完本章，你需要掌握：

中国企业国际化经营的特点和发展国外投资的必要性，中国企业发展跨国经营的战略选择。熟悉中国企业进行国外投资应采取的方式，中国企业开展跨国经营的有利条件和不利因素。了解企业在跨国经营中的风险，中国政府加强对跨国企业的管理和服务。学习和研究中国企业“走出去”的经验与教训。

市场和资源是企业的永恒主题。中国对外开放经过“请进来”和“接轨”阶段后，中国企业现在开始“走出去”寻找新的市场和资源。“走出去”是国家战略，有助于实现生产要素的双向跨境流动，有助于在国际社会拓展影响力，将被动接受外来投入转变为积极主动造就一个有利于国家利益的国际环境。经济上的“走出去”不仅可以对实现“中国梦”起到推进作用，而且可以对世界经济发展起到更大的影响。

中国企业“走出去”要以观念转变为前提、以提高效益为根本、以规模管理为基础、以防范风险为关键、以合作共赢为目标、以本土化运作为依托、以人才队伍为保障，这样才能在激烈的国际竞争中立于不败之地。在获得丰厚的经济效益回报的同时，树立良好的企业信誉和品牌形象，实现良性循环的可持续发展。

第一节 中国企业走出国门战略

坚持实行对外开放，是我国建设中国特色社会主义的一项基本国策。在对外开放的过程中，既“引进来”，又“走出去”。我国利用外资的规模越来越大，方式方法越来越多，归纳起来主要有四种：第一，利用外国贷款；第二，吸收外商直接投资；第三，使用商业信贷；第四，中国企业“走出去”对外直接投资。

一、企业由内向外发展是历史发展的必然趋势

（一）企业演变发展的规律

1. 企业的国际化经营

一个社会由低级向高级发展，一个企业由内向外发展，这是历史发展的必然趋势。各国企业进行海外投资和跨国经营，是当代生产社会化发展的结果。第二次世界大战后，科学技术突飞猛进，经济技术交流日益扩大，资金、技术、人才以及其他资源的配置已经突破国家的界限，争夺世界市场和投资机会的竞争也愈来愈激烈。在这种浪潮中，任何国家都不能闭关锁国，置身其外。

国际经营是指企业在经营管理的过程中始终以国际化为目标，以生产、交换和资本的国际化来实现企业的国际化。国际经营要求在世界经济贸易活动的范围内灵活、合理、有效、熟练地利用国际资本、国际资源、国际产业提供的有利条件，选择有利时机，综合运筹，获取最佳的经济效益。例如，中国化工进出口总公司从中国香港银行取得贷款，购买中东原油，在新加坡的炼油厂加工，将加工所得的成品油销往泰国、韩国和日本，经还本付息后，仍有获利。这种灵活的国际经营方式，能被西方跨国公司使用，也能被中国公司使用。

2. 企业强化竞争优势

当代新贸易理论突出了企业的竞争优势，即国家间的经济竞争本质上是各国企业在竞争优势上的博弈。在传统贸易理论中，企业的竞争优势仅取决于国家层面上的比较优势。新贸易理论则表明，企业的竞争优势并不等同于资源禀赋等国家优势，从国家优势到企业优势的完全转化还需要规模经济和不完全竞争市场等条件。而且，对于本国尚不具备比较优势又具有发展潜力的产业，政府可以通过补贴等保护、支持手段使该产业中的企业迅速达到一定的生产规模和具备一定的技术开发能力，依靠强化企业竞争优势来参与国际竞争，这被称为“战略性贸易政策”。

随着企业参与国际投资越来越频繁，国际分工不断发展，世界经济联系也就越来越紧密，这使一个国家、一个地区的经济逐步成为世界经济的一部分。跨国公司的对外直接投资日益成为经济全球化的发动机。

（二）中国企业跨国经营之路

1. 我国企业国际化经营的特点

我国企业的国际化经营与西方跨国公司迥然不同。首先，我国企业的性质决定其一切经营活动都是为了国家和人民的利益；其次，我国在国家集中调度上有优势，能把有限的资金投入到国外，参与国际分工，利用国内国外两种资源和两个市场来推动本国国民经济的发展；最后，我国通过国外投资加强了与世界各国的交往与联系，推动了南南合作，为建立国际经济新秩序作出了贡献。

2. 我国企业国际化经营的意义

我国企业对外直接投资，既考虑本国利益，也考虑东道国的利益，以求共同发展。这种投资活动，不是一方所得等于另一方所失的竞争，而是在平等、互利的基础上协力合作。我国对外直接投资的方针是“平等互利、讲求实效、形式多样、共同发展”，这样可以加强我国与东道国之间的联系，实现经济互惠并带动政治上的合作。

国际企业发展的经验告诉我们，设立和发展海外企业，可以起到在国外市场牵线、搭桥、放哨的作用，等于为国内企业与世界市场之间搭上了“桥头堡”，安上了“窗口”，设立了“信息站”。在此基础上，将单个销售点联成网，增强销售能力，待条件成熟后，逐步转向发展生产型企业，建立生产加工和装配线，与当地合作者组建合资经营企业，兴办独资企业，甚至参与大型国际财团承包的工程项目等。国际企业的经营活动以世界市场为舞台，谁拥有市场，谁就拥有发展的机会；谁失去了市场，谁就失去了生存的条件。西方跨国公司始终把拓展市场放在首位。在世界市场上，跨国公司的经营导向，无论是寻求资源、寻求市场还是寻求效率，都是为了充分发挥其所有权优势、内部化优势和区位优势。

经济全球化大潮汹涌澎湃，在我国加入 WTO 后，跨国公司对我国市场形成了巨大的冲击。因此，我们不能只关注外国公司来中国抢占市场，还应充分利用自身优势和国际分工优势，冲出国门，走向世界。我们应通过在国外投资积极开拓海外市场，从而充分利用国内和国外两个市场、两种资源。

有条件的国有大中型企业在将国内经营扩展至国际范围时，除了可以在国外投资，还可以在国际金融市场上进行融资，这样既利用了外资又不增加外债，也不存在还本付息，不失为一种可靠、长久的利用外资的方式。同时，我国企业还应转变经营观念，树立全球化经营战略，将目光投向国际市场，通过国外投资促进企业资产的保值和增值。

3. 我国企业参与跨国经营的方式

我国企业还应借鉴跨国公司的成功经验，逐步由生产经营转向资产经营。所谓资产经营，是指通过资产运作实现其保值和增值并创造效益的过程。资产经营是当代市场经济的产物，它是比生产经营更为高级的经营方式，目前已成为企业经营成功的重要因素。资产经营实质上是将产业资本与金融资本结合起来，通过兼并、购买、控股、参股等方式吸纳外部资产，迅速形成新的生产力，以有限的资产调动各类社会资源，扩大资产的辐射范围，促使我国企业资产成本以几何级数增长。

因此，我国企业要紧跟世界经济发展潮流，通过参与跨国并购，实现管理区域化、经营集约化，提高企业国际竞争力。我国政府也应大力扶持和培育一批有竞争力的企业集团，通过优惠政策，促进银行与企业合作，鼓励企业进行国外投资。

二、中国企业发展国外投资的必要性

企业开展对外直接投资，是所有外向型经济发展的必由之路。在当前国际市场上，商品进出口面临着贸易保护主义的层层壁垒，严重阻碍了世界贸易的发展。我国企业以对外直接投资带动商品出口，是一项至关重要的发展战略。

（一）国外直接投资的必要性

1. 对外直接投资带动商品出口

目前，我国出口商品以劳动密集型产品为主，这些产品竞争力弱，可替代性强，在国际市场上易遭到保护主义的限制。如果进行对外直接投资，组建跨国公司，可以实现就地生产、就地销售，由“被动适应”变为“主动进取”；在当地生产，也有利于了解市场行情，掌握信息，把握机遇，并可以享受东道国的优惠政策。

2. 对外投资与引进外资相结合，形成双向循环机制

健全的开放型经济的形成单纯靠引进外资是远远不够的，还应该使其成为一个反馈型双向循环机制。如果长期偏重引进外资，忽视外向投资，势必造成资金和技术单向内流，久而久之就会形成严重的资金和技术的对外依赖，进而导致引进能力不足、国际收支严重失衡，甚至会像拉美、东欧那样陷入债务危机的泥潭之中。目前，我国的开放水平和参与国际分工的程度是比较低的，这与我国作为拥有 14 亿人口的大国地位不相称。因此，以往传统的、单一的进出口贸易战略已不能适应对外开放的需要，必须努力突破单纯的互通有无、调节余缺的经营模式，要朝着多元化、全方位、立体式参与和利用国际分工的方向发展。

3. 开展国外投资取得短缺资源

我国虽然“地大物博，资源丰富”，但相当一部分重要资源人均占有量却低于世界平均水平，几乎每年都要花费大量外汇去购买外国的石油、铁矿砂、铝、钢铁和某些稀有金属。随着工业化的发展，资源短缺已成为我国经济发展的重要制约因素。经验证明，开展对外直接投资，利用国外资源是保障资源供应的一个重要手段。

4. 开展国外投资，获得先进的科技知识和现代企业管理经验

吸引外商来华投资，通常只能引进标准化的成熟技术，而不能获得最新技术，这是由跨国技术转让政策所决定的。如果在发达国家投资办厂，则有利于打破技术经济的封锁，取得先进的技术。

5. 开辟国外投资市场，增加外汇收入

多年来，我国的创汇手段主要是贸易收入，而在对外贸易收入中，忽视了对外投资创汇的能力。然而，对外投资通常是获取外汇收入的重要来源。根据近十年联合国《世界投资报告》的统计，对外投资的增长速度已超过国际贸易的增长速度，投资创汇已成为跨国公司最主要的收入来源。我国的海外企业必将成为外汇收入的一个重要途径。

（二）我国企业开展国外投资、拓宽跨国经营对推动经济发展的作用

1. 我国企业开展国外投资对推动经济发展的作用

我国企业实行跨国经营是生产社会化发展到生产国际化的必然产物，是我国大企业沿着国际化、集团化道路发展的结果。我国实行跨国经营的企业，将始终坚持主动利用国际资本、国际资源和国际产业提供的有利条件参与国际市场竞争，努力为社会主义现代化建设积累财富。

从我国的国情出发，在现阶段适量适地适时地进行对外直接投资，不但不会妨碍国内经济发展，反而有助于将国民经济运行纳入内外双向循环的良性轨道，将我国产业结构和出口结构的调整优化进程置于更广阔的国际空间，并将推进对外经济体制的深入改革和外向型企业组织形式的创新。

我国企业开展国外投资对推动经济发展的作用有：

（1）突破国内资源禀赋约束，积极主动通过国外直接投资开发自然资源，可以弥补国内某些资源的短缺。

（2）加强国外投资，满足优化生产要素组合的内在要求。

（3）通过综合运用多种国际经营活动的方式，有助于避免高度利用出口贸易所潜伏的不确定性风险。

（4）通过国外投资，有利于发掘我国企业的资产优势，以应对国际贸易中的新贸易保护主义。

（5）开展国际投资有利于依托资产经营，跻身国际经济舞台，参与高层次的产业内、公司内的国际分工。

2. 我国企业开展跨国经营，给经济持续发展带来的好处

（1）有利于带动商品或劳务出口。我国企业在海外投资设厂可以带动国产机器设备和产品、管理和技术人员的输出。

（2）有利于获得先进的科技知识和现代企业管理经验。吸引外商来华投资，通常只能引进标准化的成熟技术，而不能获得最新技术。在发达国家投资办厂，有利于打破技术封锁，取得先进的技术。

（3）有利于增加外汇收入。投资创汇已是跨国公司最主要的收入来源。我国海外企业的经营也将成为增加外汇收入的一个重要途径。

（4）有利于利用海外资本市场筹措资金。对外直接投资可使我国企业利用国外较为充裕的资金市场和灵活的金融手段，在境外使用当地资金进行经营。如近几年我国非贸易境外投资项目中，均以超过1∶1的比例使用了当地的资金，即每投入1美元，可使用当地1美元以上的资金。

三、中国企业开展跨国经营的有利条件和不利因素

（一）中国企业开展跨国经营的有利条件

任何一个企业由国内经营转向跨国经营，都需要具备一定的条件，不是所有企业在

任何情况下都可以实现跨国经营。企业内部条件良好、国内环境成熟、国际环境允许，这些是企业进行跨国经营必须同时考虑的三大环境因素。企业应在全面分析这些环境因素的基础上，充分认识自己的优势和劣势，权衡利害得失，然后做出决策。

根据目前我国企业开展跨国经营的现状分析，有利条件主要有：

（1）我国是社会主义国家，企业的一切经营活动都是为国家和人民谋利益，跨国经营会受到国内民众和国家的支持。

（2）我国可以充分利用国家集中调度资源的优势，把有限的资金投入到国外，参与国际分工和国际竞争，以便更好地利用国内外两种资源和两个市场，推动国民经济健康持续发展。

（3）我国是一个具有初步工业化基础的社会主义的发展中国家，通过国外投资，可以改善社会主义建设的国际环境，加强与世界各国的交往与联系，特别是可以推进南南合作，求得经济互补，共同发展。

（4）我国企业对外直接投资，始终坚持“平等互利、讲求实效、形式多样、共同发展”的方针，既考虑本国利益，又考虑东道国利益。实践证明，这种投资活动是双方共赢的合作，有利于两国深化交往。

（二）中国企业开展跨国经营的不利因素

我国海外投资还存在一些不利因素。

1. 现有决策人员对跨国经营的认识不足或是对风险估计不足

有些政策规定不利于海外企业的发展，如：国内公司没有担保权、融资权、内销权；海外企业的利润必须汇回国内，影响了再投资。目前，世界上很多国家出于安全的考虑，而对外来投资加强审查，使得中国“走出去”的局面变得比较复杂，增加了风险，如政治风险、财务风险以及公众舆论带来的风险。

2. 现行的国内体制不适应扩大跨国经营的需要

现有的部门、地区的所有制使得协作优势难以真正发挥，也难以形成真正的集团优势。在目前的体制下，我国企业在海外基本上是各自出击，技术水平低，力量小而分散，难以形成综合群体优势。

3. 缺乏跨国化经营人才

企业竞争的本质是人才竞争。海外企业需要大批高级国际贸易人才、金融财务人才、科技人才、管理人才和法律人才，他们应能用外语处理有关业务和纠纷，这是企业管理现代化所必不可少的。但我国海外企业人才往往不能满足要求。

四、中国企业“走出去”与跨国经营的风险

我国企业如何“走出去”和开展跨国经营是没有现成答案的，在许多情况下，人们遇到的问题往往是不可预见的和陌生的。因此，对国外可能遇到的法律和政策等变化的风险，做好前瞻性应急方案至关重要。

我国企业“走出去”和开展跨国经营可能遇到的风险主要有：

（一）政治风险（Politic Risks）

政治风险指来自本国的、东道国的或第三国的政治制度变化，对企业经营造成的实际的或潜在的威胁，包括战争和内乱风险、征收风险、汇兑限制风险、违约风险、延迟支付风险等。

（二）东道国政府政策风险（Policy Risks）

政策风险指影响商业环境的不稳定性政策，包括无法预期的财政和货币政策、价格控制、贸易壁垒、规章制度以及限制企业收入汇回国内等政策的变化，以及政府在公共产品方面的影响，如缺乏必要的通信、交通、信息等基础设施。

（三）宏观经济风险（Macro-economic Risks）

宏观经济风险包括经济周期性衰退、汇率波动、通货膨胀、银根紧缩等，这些因素会使企业的经营面临恶劣的外部环境，如价格、利率和汇率的不确定性波动。

（四）人文风险（Human Risks）

人文风险指投资国与东道国之间在文化价值观及人口因素等方面的类同性和差异性，包括宗教信仰、语言、人口迁移、教育普及程度等。

（五）竞争风险（Competitive Risks）

竞争风险是商品经济的必然结果。企业会不时地遇到竞争对手生产技术的改进、产品和服务质量的提高、价格的下降等竞争与挑战。这种风险的特点是不能进行预测。

（六）产品市场风险（Product Market Risks）

产品市场风险指消费者的偏好、替代品的可获取性、互补产品的稀缺性等方面的变化导致市场容量改变的风险。通常，不可预知的政府政策的变化会直接影响外国商品在市场上的不确定性。

（七）技术风险（Technology Risks）

技术风险指东道国行业劳动生产率、技术发展水平、技术转让速度以及企业自身的技术转让和技术扩散而带来的风险。此类风险的危险程度大多与其变化的速度和力度成正向关系。

（八）投入物市场风险（Input Market Risks）

投入物市场风险指由于东道国基础设施的优劣，持续生产所需能源和原材料的供应状况的变化可能引起的风险。这种风险可能来源于生产者供应的转变，或其他使用者对投入需求的转变。最常见的风险是原材料供应的不确定性以及价格的波动。

（九）经营决策风险（Make Policy Risks）

经营决策风险指由于企业对市场调研、信息掌握、经济实力和市场定位未能做到及时、充分和准确的评估，或由于决策的程序缺乏民主性和科学性，而可能造成的风险。

（十）交易风险（Transaction Risks）

交易风险指企业在使用外币（如美元）进行计价收付交易时，由于汇率、结算方式等方面的变动而带来的风险。通常，可能造成交易风险的经营活动有：以外币计价的商品和劳务的赊销与赊购业务；外币资金的借贷业务；尚未交割的远期外汇交易业务；外币期货买卖业务以及其他可能有外币资金产生的债权、债务交易的业务等。

（十一）筹资风险（Raise Funds Risks）

筹资风险指企业在负债经营中，由于投资收益不确定、利率变动、资本结构不合理等因素带来的风险。产生筹资风险的主要原因是投资收益的不确定性，即投资风险、利率变动、资本结构不合理等因素引起的不确定性。

（十二）投资风险（Invested Risks）

投资风险指企业在投资过程中或投资完成后，投资者产生经济损失和不能收回投资所带来的风险。投资风险是企业跨国经营所面临的最大风险。大型投资活动的成败是决定企业生死存亡的问题。因此，在投资活动中，企业财务管理是至关重要的问题。

（十三）营运风险（Operating Risks）

营运风险指企业在现金管理、应收账款管理以及存货管理等方面存在的不确定性因素可能造成的企业经济损失。

（十四）社会责任风险（Social Responsibility Risks）

社会责任风险指企业在生产、销售过程中，因承担商品质量、环境污染、人身安全等责任而产生的风险，最常见的是产品责任风险和污染排放的风险。

（十五）人力资源风险（Human Recourses Risks）

人力资源风险指企业员工素质、工作状态、人员流动、价值观和生产率变化等因素所造成的风险。人力资源风险中的主要表现是员工的罢工行为与管理者和员工本位主义的行为。

总之，企业“走出去”与跨国经营可能面临的风险既有宏观风险，也有行业环境风险和企业内部经营风险。第 1~4 类为宏观风险；第 5~8 类为行业环境风险；第 9~15 类为企业内部经营风险。对风险进行深入的研究，将有助于提升企业“走出去”和跨国经营的风险意识和风险感知，加强识别与防范风险的能力。

相关链接

中国政府为企业“走出去”护航，早在2006年12月11日就出台了首份《国际风险报告》，将全球100多个主权国家的政治、经济、金融、社会形势等风险变化进行评估，绘制出我国首张国家风险地图。报告中将风险级别分为1~9级，其中中非、中东、东欧、拉美等一些国家被评为高度风险级别，而北美、欧洲大部分地区和澳大利亚被评为低风险地区。

具体而言，“走出去”大致可分为两类，即走向发达国家和走向发展中国家。发达国家如美国、日本和欧洲，这些国家的市场机制健全，各种类型的经济活动处于饱和状态。中国企业“走出去”与这些国家的资本竞争并不容易。由于中国与这些国家具有不同的政治价值和文化，中国企业“走出去”的行为往往被误读，被政治化。这更增加了中国企业“走出去”的难度。但同时这些国家是法制型国家，契约文化发达，中国“走出去”企业的利益比较容易得到保障。在发展中国家，如非洲和拉丁美洲国家，这些国家大多还处于国家制度建设过程中，国家制度化程度还比较低。政治上人治色彩浓厚，国家政策经常因人而异。中间社会力量小，族群关系复杂，加上或左或右的激进政治力量，社会稳定性较差。中国“走出去”的企业应对这些风险因素进行研究，采取相应的对策。

从启动“走出去”战略以来，我国企业和金融机构已由过去承担生产经营风险转变为承担复杂的国际竞争风险。中国企业开拓国际投资市场所面临的潜在风险已非常突出，世界银行报告显示，中国“走出去”的企业有1/3存在亏损。最常见的风险有：第一，一些国家突然实行外汇管制、限制转汇、货币不可自由兑换等；第二，接受投资的国家拒绝执行已经签署的合同，或有意拖延已签署的合同；第三，一些国家政局动荡，对国外投资强制实行国有化或者没收；第四，一些国家对外国投资商实行歧视性政策，取消国民待遇；第五，一些国家发生战争、动乱、社会冲突、恐怖活动，使外国投资者蒙受巨大损失。

勿以大而惊恐，勿以小而不为。国家风险变化莫测，来势汹汹，它给企业造成的损失会超过任何其他风险，国家风险的研究是我国企业“走出去”必做的功课。

第二节　建设具有中国特色的跨国公司

企业境外投资对一国国民经济的发展来说，是在没有占用国土的情况下创造了国民生产总值，发展了对外经济贸易，或者说在“延伸”的地域上发展国民经济和对外经济贸易。境外投资规模的大小通常反映了这一地区国土资源的“延伸”程度，或者对国土资源的节省程度。因此，企业境外投资在保证经济发展的条件下，对国土资源的节省及利用具有特别意义。

在市场扩大到打破国界的时代，一国制造业国外直接投资的特点是在市场（消费地）附近进行“就地生产”。在如同浩瀚海洋的市场中，仅凭以往的一叶扁舟，已难以迎风搏浪。我国企业应聚合优势，建造“大船”闯荡世界市场。在充满挑战和激烈竞争的世界市场上，只有跳出旧的思维定式，将众多的成员组合成一个紧密型的经济联合体，走集团化的道路，组建中国跨国公司，才能发挥群体优势和综合功能，提高企业竞争能力，在世界市场上争得一席之地。

一、中国企业海外投资和跨国经营现状

随着我国经济实力的不断增强，大企业集团逐步形成和壮大，有条件的大中型企业逐步向国外投资，开展跨国经营。下面简要介绍我国海外企业投资和跨国经营的现状。

（一）中国企业海外投资增加迅猛

行动源于判断。中国已经成为世界头号工业大国、进出口贸易大国和外汇储备最多的国家，对全球经济的贡献率超过 30%，中国已经进入世界高新科技领域的前列。与此同时，正当一些工业大国采取更多保护主义政策措施之时，中国反其道而行之，扩大对外开放，走出高水平的“引进来”和“走出去”之路。

中国的“双向投资”时代始于 2016 年。这一年，中国对外直接投资达到 1 961.5 亿美元，同比增长 34.7%，首次超过引进外资的规模，自此引进外资与对外投资并驾齐驱，中国双向投资稳步升高。2020 年，中国对外投资达到创纪录的 1 537.1 亿美元，同比增长 12.3%，流量规模首次位居全球第一。2020 年，中国双向投资基本持平，“引进来”和“走出去”保持同步发展。

（二）中国企业海外并购创新纪录

由于受疫情的影响，2020 年全球外国直接投资总额骤然下降至 1 万亿美元，同比降幅达 35%，创下 2005 年以来的最低水平。与此形成鲜明反差的是，2020 年中国以海外并购方式为主的对外直接投资达到 1 329 亿美元，逆势增长 3.3%。更值得一提的是，中国企业海外并购时，更加关注当地人文环境与劳工利益的保障。在项目内容上，过去的主要方式是“修路架桥”，注重基础设施建设，现在开始搭建“成体系的在线服务产品”。

中国国有企业率先带头走出国门，接着民营企业紧随其后，中石油、中海油、中国中铁、浙江吉利、中联重科、中兴通讯、中国人寿保险等 35 家企业组成首批大企业。其中，位于浙江的民营企业吉利汽车公司连续进行了 6 起大型跨国并购案。

（三）中国入围世界 500 强企业的数量逐步增加

在全球疫情肆虐的背景下，2020 年中国入围《财富》世界 500 强企业的数量增至 133 家，首次超过美国，成为全球数量最多的国家。美国为 121 家，日本只有 53 家。

中国石油化工集团公司、国家电网公司、中国石油天然气集团公司、中国铁路工程集团有限公司等国有企业以及华为投资控股有限公司、小米集团、阿里巴巴集团、腾讯控股有限公司等民营互联网科技巨头，在全球经济舞台上显示其强大的实力。

在世界500强榜上有名的企业存在结构失衡的问题，主要表现在：第一，以工业企业为主，而服务业企业较少；第二，以国有企业为主，民营企业较少；第三，利润在行业分布中失衡，上榜的商业银行的利润总额占比较高。

随着中国改革开放的深化和经济结构的调整，必然会有更多企业的走出去，按照国际经济的惯例，一个国家对外投资和吸引外资的比例应为1：1.2，这个比例的背后体现着经济规律的内在要求。

从美国《财富》杂志世界500强评选每年入围和出围企业的变化来看，企业存活率呈下降趋势。统计数据表明，美国企业寿命不超过5年的占62%，仅有2%的企业存活时间为50年。在美国世界500强的企业中，平均寿命为40~50年，而中国企业的寿命小于7年，日本企业为30年。经济合作与发展组织（OECD）的调查显示，40%~50%的企业存活率在7年以上。上述数据说明企业的效率和创新是企业增长的驱动力，在日趋竞争激烈的世界市场上，企业竞争的强弱决定其存活率。

（四）投资范围较广，但以资源开发为主

我国企业国外投资涉及的部门和领域较广，包括石油、天然气、林业、渔业、石化、冶金、轻工、电子、机电、房地产、交通运输、建筑工程、金融保险、医药卫生、旅游服务、工艺美术、技术服务等，其中以资源开发为主。我国的投资领域在不断拓宽，已由初期的贸易、航运和餐饮业等领域拓展到加工制造、资源利用、工程承包、农业合作和研究开发等国家鼓励的重点领域。在行业分布上，采矿业、商业服务、金融、批发零售业已占七成。

（五）投资分布的国家和地区较广，但以中国港澳地区为主

我国的非贸易型海外企业分布以我国港澳地区较多，其次是美国、泰国、澳大利亚、加拿大、德国、日本、新加坡、巴西等。我国的对外投资从初期的以国有外贸专业公司和工贸公司为主体，转变为以多种所有制的优势企业为主体，如：中国石油化工集团、中国海洋石油集团、中国石油天然气集团，联想集团、海尔集团和华为集团等。目前，从事跨国投资的各类企业已发展到3万余家。

我国企业的海外投资形式多以合资为主，合作伙伴争取当地华侨参与。一些大型企业已具备了跨国公司的雏形。其投资形式也逐步发展到境外上市、股权置换、跨国并购等国际通用的投资形式。近年来，通过跨国并购实现的直接投资约占四成。

（六）境外企业管理由行政干预为主，转向经济杠杆调节

我国企业的投资管理方式，在初期以行政干预为主，宏观管理薄弱，缺乏经济杠杆的调节功能。随着对外投资业务的扩大，政府主管部门加快建立对外投资管理服务体系，完善相应的年检制度和统计制度，提高管理质量。同时，在保持已有的各项对外投

资优惠政策的连续性和稳定性的基础上，进一步提高优惠程度，扩大优惠范围，为企业走出去和企业跨国化经营创造条件。

（七）中企尝试联合组建“集成商”走出去

中国企业“走出去”通常面临3M鸿沟，即资金（Money）、市场（Market）和管理（Management）的不足。“集成”式“走出去”，指由数家企业联合组建一个“集成商”创新型企业，这样可以充分利用跨国集成经营的理念，在全球范围内有效配置各种资源，提高全方位的服务，最终追求集成效应和价值链的价值最大化。这为培养走出去的大集团，组成一个个联合舰队打下基础，并有利于克服中国500强企业实力弱小、核心竞争力薄弱、没有著名品牌等弱点。通过“集成商”的做法，将小舢板整合成大舰队，提高竞争优势。

这种集群式“走出去”的方式，不仅有利于推进中国企业跨国投资，也有利于东道国的产业集群。目前，中国政府倡导的对外经济贸易合作区，将在已有的境外经贸合作区的基础上，再推出十几个新的境外经济贸易合作区（境外经济贸易合作区指在国家统筹指导下，国内企业在境外建设或参与建设的基础设施较为完善、产业链比较完整、辐射和带动能力强、影响大的加工区、工业区、科技产业园区等各类经济贸易合作区域）。这些合作区可以促使广大中小企业集群式地“走出去”，以减少成本，也有利于我国政府对企业利益的保护。据商务部数据显示，国家对批准设立的每一个境外经济贸易合作区都将给予2亿~3亿元人民币的资金支持和不超过20亿元人民币的中长期贷款。

总之，实施“走出去”战略以来，我国境外企业直接投资中有七成盈利或持平，境外企业的收入、纳税额、进出口额都有所增加。这种“走出去”的方式正在成为我国在国外优化配置资源的有效方式。

二、中国企业培育跨国经营的竞争优势

（一）企业跨国经营的动机和目的

企业为什么要到国外投资？这是首先要回答的问题。一般企业对外投资通常有四种动因：寻求资源、寻找新技术、寻求战略资产以及寻求贸易保护的规避。对一个企业而言，动机和目的可以有一个，也可以有多个，但都必须根据企业的实际需要和客观可能，提出具体的、明确的目标，这在很大程度上会影响到跨国投资的成败。

研究和分析中国企业“走出去”的背景和原因，首先应该认识到，解决中国的人口和经济增长问题，除了要利用好国内市场和资源以外，还要利用国外市场和资源，以保障经济的持续发展。

（1）企业跨国经营最根本的原因在于中国需要确保国民经济命脉所需的能源和原材料的供应。美国等工业发达国家大都需要进口石油，但不需要大量进口原材料。后工业化的发达国家已经把依赖原材料的制造业转移到像中国这样的发展中国家，由此而来

的高能耗、高污染和高原材料消耗已成为发展中国家的后发劣势之一。中国的能源和原材料需求居高不下，即使依靠节约消耗、发展循环经济、发展消费产业，人均需要仍将持续增长。

（2）企业希望通过在海外投资和并购获得更多的新技术，尤其是营销方面的技巧。在当今世界成熟产业的产业链上，制造环节的利润很微薄，品牌设计和营销两大环节赚取了大部分利润。例如，一条世界著名品牌的领带，在美国市场上，价格可高达 1 000 ~2 000 美元，实际上这是中国生产的贴牌产品。连同原材料在内，出厂价仅为 2.5 ~ 7.5 美元。在美国大商场售卖的价格是出厂价格的几十倍。

（3）中国国际贸易顺差和外汇储备增加，应该大力鼓励有条件的国内企业“走出去”，开展跨国并购，这样既可为外汇资金寻找出路，扩大投资渠道，又可使企业利润来源多样化。改革开放以来，中国对外投资与引进外资严重比例失调，这将影响中国经济的持续发展。

（4）寻求规避贸易保护主义。中国企业传统的做法是，在国内生产，利用成本优势，扩大出口。随着贸易顺差的扩大，中国与一些发达国家的贸易摩擦不可避免。若改变经营模式，中国企业到国外市场就地投资、就地生产、就近销售，这样有助于改变贸易不平衡的状况。

（二）企业是否拥有真正的优势

企业优势是多方面的，除跨国经营带来的内部化优势和区位优势之外，母公司拥有的资产优势是首先要考虑的问题，如技术设备优势、资金优势、人才优势、海外经营管理的经验、良好的信誉、名牌商标、长期客户联系和华侨关系、销售渠道和产品返销权等，其中以技术优势最为重要。因此，确实拥有优势是向境外投资决策的基础，如果贸然行事，必难达到预期效果。企业是否拥有优势与企业规模大小没有必然联系，大企业和小企业都有自己的优势，只要真正具备优势，就可以参与国际市场竞争。

相关链接

现代企业的优势“贵精不贵多”。以下四个成功的公司充分说明了这个理念。

可口可乐公司贵在其秘方、深入人心的品牌和一贯坚持的“1+X”的罐装管理模式。

沃尔玛公司的根基在于几十年打造本土内功和国际市场开拓经验的积累，以及始终如一的强大企业文化。

华为的优势在于领先的技术和卓越的质量管理。

宝洁公司的优势表现在一流的协调和平衡全球业务的管理能力。

通常，跨国企业的实力优势是指知识、技术、才能、洞察力、判断力、想象力、执行力、调节力和应变力等。

（三）选择好合作伙伴，认真做好可行性研究

1. 选择好合作伙伴是成功的必要前提

中国企业在跨国经营中培育竞争优势，要学会管理好失败。因为成功和失败往往相伴而至，要用一种平和的心态和成长的智慧面对经营的挫折，并能够在第一时间从失败的地点走开，也许就能接近下一个成功的起点。跨国经营企业要避免经营中的失败，首先要在“走出去”之前，熟知国际竞争政策，选择好合作伙伴，做好每一个投资项目的可行性研究。

2. 通过可行性研究选择合作伙伴

可行性研究一般通过收集书面材料、进行实地考察、征询使领馆商务人员的意见、委托咨询公司研究等方式方法进行。调查研究的内容大体包括：

（1）东道国基本经济情况，如经济结构、市场规模、收入水平、消费水平、市场进入壁垒、消费偏好、销售渠道等。

（2）企业经营的硬环境及基础设施。

（3）货币、资金、信贷以及外汇管理。

（4）原材料、辅助材料、设备供应状况。

（5）劳动力素质及来源，如教育水平、工资福利、工会活动。

（6）成本效益预测以及投资回收期。

（7）法律法规，如进入审批、注册及费用等相关规定，公司法、人员出入境管理办法、税法及税收政策、配额以及许可制度。

（8）国内政治，如政局是否稳定、治安状况如何、对我国的态度、是否欢迎外资、鼓励还是限制的外资政策等。

（9）民情风俗、宗教、历史文化背景等。

三、中国企业跨国经营的方式

我国企业考虑企业条件、能力、投资方式以及东道国对外资的政策等因素并加以评估选择后，可采取如下方式进行国外直接投资和扩大跨国经营方式。

（一）创建方式

创建指建立一个新企业尤其是新的工厂或对其他的实际资产进行投资。创建包括独资企业和合资企业等。创建是较为传统的海外投资方式。创建的优点在于它可以根据投资者的意愿选择投资地点、企业规模和经营业务，使用自己所熟悉的生产设备和管理经验。创建方式的缺点是创建新企业需要大量的筹建工作，因而速度慢，周期长。一般而言，创建方式比收购方式具有更大的不确定性。创建方式在我国目前的海外投资中占有非常重要的地位，预计今后相当长时期内仍将占据重要地位。

（二）并购方式

并购指一个企业通过购买另一个企业的股权而接管该企业。按母公司与被收购企业之间的行业关系，并购可划分为横向收购、纵向收购和混合收购。并购的优点是进入迅速，可以迅速扩大产品种类，利用被收购企业的技术、原有的管理制度和管理人员及其营销网络和渠道，获得被收购企业的市场份额和商标，取得资金融通的便利，还可以廉价购买资产和收购企业特有资产等。并购方式的缺点在于价值评估困难，失败率高，不能按投资者意愿选择企业规模和地点，受到原有契约或传统关系的束缚等。

由于并购方式有很多优点，跨国公司大都喜欢采用这一方式进入市场。目前，发达国家的对外直接投资有一半以上采用这种较先进、快捷、便利的收购方式。我国企业目前已开始利用这一方式，随着我国企业实力的增强、经验的丰富，对并购方式的利用会越来越多。

（三）战略联盟

目前，参加跨国战略联盟的主要是发达国家的跨国公司，但也有少数发展中国家与发达国家跨国公司结成跨国战略联盟，其目的是获取先进技术，促进产业结构升级以及提高国际化经营水平。我国企业应有选择地积极争取与发达国家跨国公司缔结跨国战略联盟，通过合作，研究开发高新技术，以达到引进先进技术、促进我国跨国经营发展的目的。

四、中国企业发展跨国经营的战略选择

改革开放以来，我国对外直接投资的实践活动和理论探讨为我国企业发展跨国经营提供了六个可供选择的战略安排。

（一）经营主体

目前，我国海外企业的经营主体有：

（1）我国大型工业企业集团，如中国石油天然气集团公司、中国石油化工集团公司、中国海洋石油集团、中国电信集团公司、国家电力公司、中国移动通信集团公司等，目前已先后入围世界500强。

（2）全国专营性的外贸公司，如原中国化工进出口总公司、原中国粮油食品进出口（集团）有限公司，它们是我国较早进入世界500强的外向型企业，在国际市场上争取相当高的知名度。

（3）我国规模较大的银行，如中国工商银行、中国银行、中国农业银行和中国建设银行四大国有商业银行以及其他银行。

（4）我国地方工贸、技贸、银贸结合的企业集团，它们也纷纷走出国门，在世界市场上争取一席之地。

（5）我国发展迅速、拥有特色和初具规模的民营企业集团，它们到国外投资办厂，

采取多样模式，已取得一定的成绩。如联想集团、海尔集团和华为集团，开创了我国民营企业“走出去”的三种新模式。联想模式——海外并购；海尔模式——海外建厂扩张，扩大原有品牌；华为模式——从第三世界到欧洲，即“农村包围城市”。

（二）进入方式

我国企业进入海外市场时可供选择的方式主要有：

（1）贸易式进入，即通过出口或进口产品进入。

（2）契约式进入，即通过技术、商标、经营方法和管理经验等无形资产的转移进入。

（3）投资式进入，即通过国外直接投资，在当地设立生产企业和销售机构进入。我国企业向海外投资，可与当地资本合资经营。这样，可以利用当地合伙者的经营能力、销售技巧以及熟悉东道国法律、税务、人际关系等有利条件，使合营企业适应当地投资环境，减少经营风险，增强竞争能力。

（三）区位选择

发展中国家的经济条件和投资环境与我国有许多相似之处，尤其是亚太地区，这是世界上经济增长最快的地区之一，也是吸引投资的热点地区。亚太地区已成为我国海外投资最多的地区，这与经济发展水平、地缘文化、种族因素有关。

发达国家市场容量大，投资环境好，高新技术多，有利于我国企业通过海外投资引进和吸收先进的生产技术及科学的管理经验。我国企业可在其壁垒内部布点驻足，享受其区内企业的好处。

（四）行业选择

为适应国内经济发展的要求，我国海外投资的行业重点是：

（1）投资开发国内短缺的资源性商品，如木材、纸浆、石油、天然气、富铁矿砂等，以人之长，补己之短，实现生产力的合理配置。

（2）发展加工工业的生产、装配和维修企业，这类企业的重点可放在同发展中国家的合作上。这些国家资源丰富，对技术要求不高，有廉价的劳动力，因此可以用我国的设备和适用技术投资，开办一些投资少、见效快的中小型企业。

（3）向发达国家投资应以开办工贸、技贸型企业为主。有条件的企业可以在发达国家高新技术密集领域投资。

（五）技术重点

我国的技术水平虽不能与发达国家相比，但我们已拥有一批达到或接近世界先进水平的技术和能够生产具有国际竞争力的产品的优秀企业，这为我国开展对外投资奠定了良好的物质技术基础。现阶段我国企业对外投资可供选择的技术重点是：

（1）利用我国传统工艺、特色技术在国际市场上的独特性，创办有特色的海外投资企业。

（2）利用我国企业拥有的生产规模小、多功能和劳动密集型的适用技术优势，投资将其推广到其他发展中国家。

（3）运用我国已消化和改良的引进技术对海外投资，这种技术移植具有简便、经济而有效的优点。

总之，我国企业可以利用技术上的某些竞争优势开展对外投资。

（六）人才培养

海外企业需要培养大批适合国际化经营的高级国际贸易人才、金融财务人才、科技人才、管理人才和法律人才。这一支队伍，要懂国际、懂国内、懂专业、懂技术、懂管理、懂市场，并熟悉海外人文环境、政治、社会和文化的发展方向，能与海外企业沟通。国际化经营人才的培养是跨国经营成功的人力资源保障。

企业跨国化是一个渐进的过程。在从国内经营走向跨国经营的过程中，跨国企业的适度经营策略是由企业的外部环境、内部条件以及经营目标这三者的动态平衡所确定的。企业从国内经营发展到跨国经营的基本轨迹是：商品进出口→劳务进出口→生产要素转移的投资活动。企业在开展对外直接投资，参与国外生产活动时，不仅投入了大量的资金、技术、人才，而且面临较长的投资回收期，风险也必然随着时间推移而增加。

改革开放以来，我国企业的海外发展迈出了可喜的一步，我国现在已成为发展中国家中对外直接投资较多的国家之一。认真总结经验，完善政策，抓住机遇，我国企业的海外投资和跨国经营一定会取得更大成就。

第三节　中国跨国公司的经营与管理

一个企业成功的秘诀不是它的经验，而是它吸取经验的能力要与它取得的经验成正比。中国企业进行海外投资、跨国经营不同于在国内投资、国内经营。参与国际竞争，政府应当对国外投资给予一定的鼓励和保护，如提供海外投资担保、设立风险基金等。这些措施不仅可以降低企业在海外投资的风险，还可以有效引导企业海外投资的流向。尤其对一些投资规模较大的、一时难以产生近期效益的项目，政府不但需要发挥协调作用，还需要对企业在资金、政策等方面给予直接的扶持。

中国跨国企业应借鉴西方跨国公司的经验，将“公司的多国经营”和“企业的多种经营”作为企业的重要经营哲学。跨国公司决策者制定一项全球性战略，不受任何民族和国家的影响而是要全面考虑世界市场和世界资源的分配，并不是单纯孤立地考虑某一个特殊国家的市场资源。跨国公司的战略目标，是要在多国基础上产生最大的经济效益，而不是计较国际业务活动中暂时的得失。跨国公司是以争夺全世界消费者和世界市场为角逐目标的，因此应根据公司所处的竞争环境（包括各国、各地区的经济、政治和社会状况，世界范围的生产成本和价格等）和公司自身的条件（包括公司的财力、物力、技术、发展潜力以及与竞争对手相比较的状况），制定战略目标和进行战略部署。

一、中国政府应加强对跨国经营企业的管理和服务

（一）政府从宏观和微观两个层面加强管理与服务

1. 政府从宏观层面加强管理与服务

（1）统筹兼顾吸引外资和对外投资。从宏观管理的角度来看，政府有关部门应站在战略高度，不失时机地制定我国企业的国际化政策，将吸引外资和对外投资结合起来统筹考虑，统一管理和协调组织全国的对外直接投资活动，审批和监督投资数额较大的海外投资项目，并加强信息和咨询等服务工作。

（2）担当好母国与东道国的双重身份。利用外资和对外投资事业的不断发展，赋予了中国东道国和母国的双重身份。母国政府与本国跨国公司的相互关系问题、国际社会对跨国公司行为的监督管理问题，都已摆到我们面前。一方面，我们要提供必要的政策支持、便利条件和服务，通过与海外东道国谈判，为本国跨国企业争取国际通行的公平、合理待遇，帮助本国跨国企业提高对外投资的竞争能力；另一方面，又要保护本国在税收、国际收支和就业等方面的利益，建立和完善对外投资法规体系，使本国海外企业的行为符合国际规范和准则。

（3）制定、完善政策与措施。政府对境外企业的宏观管理主要体现在制定和完善对外投资方面的宏观产业政策、金融政策和财政政策。对外投资的流向、结构要与国内产业调整、结构优化的过程相结合，通过关税、外汇、贷款诸种经济手段引导优先、重点发展的海外投资项目。国家金融机构可有选择地对海外企业创业初期的固定资本投入和营运资金给予一定的支持，根据投资规模、类型、风险情况提供适当的长期信贷或担保。

2. 政府从微观层面加强管理与服务

（1）加强对公司模式、资产和人员的管理。从微观层次上加强对海外投资企业的管理是当前亟待解决的问题，尤其是需要加强对海外企业的行为模式、国有资产、国外业务和外派人员的管理。

（2）发挥母公司微观管理的职能。目前，我国大多数跨国经营的先行企业离真正的跨国公司尚有一段距离，其母公司的经营机制和决策方式有待规范化。母公司要提高远距离管理的技能，学会在空间上对整个公司超越国界的价值增值活动实行一体化管理；要采取有效措施，切实加强境外中资企业的国有资产管理，谨防国有资产流失。

（3）鼓励海外企业的主观能动性。要扭转一些海外企业过分依赖国内订单、单纯靠进口过日子的局面，海外企业要真正成为促进出口、进军国际市场的前哨阵地；要认真解决某些海外企业经营不规范、经营档次低的问题，加强对海外企业派遣人员的管理，充分调动其开拓性和创新性。

（二）政府制定总体战略规划

1. 利用法规与政策指导国外经营活动

政府和企业要进一步提高对发展我国跨国公司重要意义的认识，制定我国海外投资

和跨国经营的总体战略规划。发展对外投资和跨国经营不仅是适应当代世界经济发展的潮流，而且对推动我国改革开放，建立社会主义市场经济体制和现代企业制度有重大现实意义。国家应根据国民经济发展的实际状况和要求，从宏观上制定发展对外直接投资和跨国经营的总体战略规划，进一步制定跨国经营的主体战略、地区与行业战略、技术战略、生产战略、市场战略和经营战略，以作为各省市和企业制定对外投资战略的参考。政府应充分利用财政金融政策和法律法规，对企业的对外投资活动施加影响，或鼓励，或限制，以达到贯彻和实现国家总体战略规划的意图和目的。

2. 加强政府宏观服务功能

我国跨国经营尚处在初始阶段，不仅需要国家的指导，更需要国家提供各种服务，因此政府要加强宏观服务功能。目前企业最需要的是提供跨国经营信息咨询服务和培养高素质的国际化经营管理人才。政府可组建全国性和地方性有权威的海外投资咨询服务公司，以帮助企业对海外投资项目进行评估和可行性研究等；同时应建立全球信息资料中心，与国际信息库、著名咨询机构建立广泛联系和正常业务关系，系统收集国际市场行情和世界各地的投资环境信息，为企业海外投资提供及时、准确、全面的资料。良好的信息咨询服务将有助于减少企业对外投资的盲目性，促进海外投资决策的科学化、规范化。

（三）实施现代企业管理模式

1. 重视硬管理与软管理相结合，以软管理为主

现代企业在世界市场上的竞争与以往相比发生了质的变化，以前的竞争来自同行，现在则是来自时代。跨国化经营的企业在战略制胜的年代，应逐步从“硬性”管理走向“软硬”结合、以软为主的管理模式。硬管理是指组织结构（Structure）、市场战略（Strategy）、各种制度（System），美国企业偏重三个“硬性的 S”。软管理是指领导技巧（Skill）、最高经营目标（Super-ordinate Goal）、人事管理（Staff）、领导作风（Style），日本企业偏重四个“软性的 S”。上述“7S”代表了跨国化经营成败的七个关键性要素，人们称其为现代企业管理的“7S”模式。例如，号称世界快餐饮食连锁业霸主的美国麦当劳公司，以汉堡包等美式快餐闻名，它对分布世界各地万余家分支机构的经营注重“软硬结合、以软为主”的管理方法。它规定，只有从麦当劳所办的“汉堡大学”毕业的人才能获得经营特许权。麦当劳成功经营的诀窍是四个英文字母——“Q，S，C，V”，即讲究营养、味道鲜美的质量（Quality），令人满意、确保回头客的服务（Service），清洁优美的环境（Cleanliness），公平合理的价格（Value）。凡不符合四项要求的各分支机构要被收回特许经营权。

2. 新颖的公司文化

无论是欧美公司，还是日本公司，现代优秀的大公司在经营管理中都有其独特的公司文化，这种公司文化是指世界各地的企业职工结合在一起的行为方式和标准，具体内容包括：

（1）价值观念，即企业的经营思想、目标和信念，它是构成公司文化的核心。

（2）道德规范，是指企业塑造楷模人物及思想品行供全体职工效仿的典范，以提

高企业人员素质，为企业创造良好的经营环境。

（3）作风传统，即企业日常办事的风格和风尚。

（4）群体意识，即企业上下左右的沟通方式，是企业领导与职工主人翁精神的体现。

跨国化经营企业已将公司文化当作新颖的管理工具，凭借良好的公司文化将精心拟定的战略目标和工作指标变成具体的业绩。因此，公司文化是看不见、摸不着却直接关系经营效益的一种精神、一种时尚、一种气息。优良的公司文化，有助于做到决策精明、信息灵敏、团结融洽、配合默契、效率高捷、勇于进取，并有助于克服官僚主义、闭塞保守、腐败昏庸、拖沓延迟、扯皮掣肘、臃肿松弛等弊病。

3. 治理企业的关键是人才

对于“无国界之企业”，治理企业之道乃是治人之道，人的因素是第一位的。人才是企业最大的资源，人才是企业在变化中求生存促发展的关键，而管理者的方法是通过文化的微妙诱导，使个体和整体相律动，如同一群人随音乐起舞而不会互相碰撞。企业要加强对人的管理，在全体职工中形成共同的目标感、方向感、使命感。为此，企业应当重视人才的培训，尤其是前瞻性的培训，让职工在上岗前即接受着眼于未来的教育。

决策者的基本任务是，分析自身的竞争优势，然后强化这些优势，以圆满实现目标任务。跨国经营企业需要有新一代的企业领导人，他们应具备新一代成功企业领导人的基本素质。

企业在不同发展阶段对领导人的素质要求也有所不同，现代企业的发展可分为三个阶段，对企业领导人的素质要求分别是：

（1）创业阶段

① 持续的自我修养。作为领导人应具有一种愿望并能够深刻审视自己，不断自我反省、吸取经验教训，并采取行动完善和提升自我。

② 迸发创业干劲。在竞争中，具有强烈的内心驱动力来提升企业的业绩，实现甚至超越具有挑战性的宏伟目标。

③ 谋求共赢互利。通过高明的战略影响能力来影响利益相关者，在实现目标的同时达到共赢互利。

（2）增长阶段

① 总揽战略全局。对影响企业全局的重大问题进行深刻分析、判断并有预见性的思维和决策。

② 施展变革领导。通过指明新的方向，并积极推动变革以应对环境的变化和内外挑战。

③ 推动社会发展。通过企业或行业自律等行为，体现社会责任感，坚守自己的信念和原则，以确保企业可持续发展。

改革开放 30 年后，中国不再长期出口廉价产品，目标转变为打造高端品牌，因为企业认识到品牌创新、自主设计才是经济取得长期成功的关键。联想集团在这方面树立了一个典型。自从收购 IBM 个人电脑业务以来，联想有意识地放弃模仿苹果电脑这个偶像，联想有“纯净的设计”（德国企业家），因此，联想集团获得 2013 年德国红点

“年度设计团队”大奖，大奖委员会称赞它的“设计工作无与伦比”。

在美国，设计服务于利润最大化；在欧洲，设计服务于质量要求；在中国，工业设计、品牌创新服务于“中国梦”。企业是仿造、学习和研发三结合。

（3）未来阶段

① 提升创新能力。在组织内部积极营造创新气氛，提升创新能力，拥抱并领导创新。

② 探寻他山之石。广泛收集信息和全球最佳实践，以支持有效决策的行为特征。

③ 提升组织能力。为实现组织长远的发展战略而培养关键人才、提升组织能力。

现代企业需要先见型领导（Visionary Leader），先见型领导强调其对社会整体状况与知识的把握，对很多问题具有显著超出一般人的地理、物理和心理界限的知识、信息和在此基础上的判断。先见型领导按照层级的高低可分为见识（Sight）型、洞见（Insight）型和远见（Foresight）型。

（1）见识型领导的活动半径大，又有较广的社会关系圈子，对圈子以外的事物有强烈的好奇心，有较广博的知识接触。

（2）洞见型领导能在广博的基础上举一反三，对商业机会与事业发展的方向有独特的领悟，能做浅见之人不能及的试验性探索，并能辨别具有异常技能与品质的人才。

（3）远见型领导在有洞见型品质的基础上，冒常人不敢冒的风险去追求某种其他企业家认为根本不适合或不敢做的事情，因此远见型企业家是有胆识的人，是洞察结合智慧的冒险型人才。

实践证明，一个企业领导人的素质决定着团队战斗力的强弱，也是决定企业成败的关键。企业领导人的素质，特别表现在创业精神、社会责任、和谐双赢和自我修养方面。同时，企业领导人还需要通过培养员工的创新能力，营造新的气氛，推动创新文化的氛围，以提升整个组织的创新能力，并让企业的员工在激烈竞争的市场上，认清方向、坚定目标、创造业绩，找到个人成长与企业成长的最佳结合点。

（四）监管海外企业的资产

1. 建立资产的定期抽查制度

加强对海外企业资产尤其是国有资产的管理和监督。国家制定的法律规定，海外企业有义务定期（一年一次或两次）向国有资产管理部门申报财务报告，详细列明海外企业资产变化情况，并向社会公开。报表由注册的会计师事务所代企业完成。

2. 建立资产保值和增值的奖惩制度

审计署有监督国有企业资产的责任，该署若对报表有疑问，有权进行调查；政府税收部门也可以对国有企业税收问题进行调查。对不负责任、盲目投资造成重大损失的要追究责任；对无偿占有国有资产、私分收益的，或携款潜逃的，要予以惩处；对不按规定进行海外企业产权登记和报送资产财务报表的，要取消其投资单位的对外经营权。

（五）制定有利于国外投资的法规和政策

1. 建立和完善有关法规

国家要抓紧完善有关海外投资的法律法规。应由国家权威部门先行起草一个指导性的条例，就我国在海外投资的定义、申办条件、审批程序、经营主体、经营范围、行业政策、地区政策、所有权形式、经营模式、资金融通及调出调入办法、企业内部管理体制、利润分配及再投资、劳动力来源、双重征税、人员出入境、人员聘用与管理等问题，做出一些原则性规定，然后再由各有关部门形成较具体的实施条例。同时，国内财政、金融、外汇商务等管理部门应制定与之相配套的税收、信贷、外汇、保险等政策规定。经过一定时期的实践之后，再制定完备的立法。

2. 制定原则性与灵活性相结合的政策

制定有利于海外投资的各项政策。国家要在财政税收、金融信贷、投资体制、经营管理、人员出境、政治外交等政策方面，为海外投资顺利发展创造更为有利的宽松的环境和条件。

二、中国企业正确处理跨国经营中的矛盾

中国企业的跨国化经营必须立足于长远，总揽全局，知己知彼，并借鉴西方跨国公司的经验，正确处理企业跨国经营中的矛盾。要想在复杂多变的环境中有效地经营，通常需要正确处理如下几方面问题。

（一）内部团结与外延扩大

内部团结是指公司上下相互持股，扩大内部贸易，互派高级管理人员等。外延扩大是指采用并购和联营的方式，加强与国外企业的合作，谋求最大范围的子公司化。目前西方大公司集团之间相互持股，已形成“环状”式的结构，很难找到最终的拥有者。在制造业和基础产业中，公司间的联合经营，建立公司集团，比“独往独来”的公司具有更大的竞争性。公司之间出现结盟合作、合纵连横的形势，目的是加强其在世界市场上的竞争地位。因为一个公司在市场上的地位不仅取决于公司内部的能量和质量，还取决于其纵横捭阖的手段和技巧。

（二）战略管理与战术应用

国际资本、技术、商品、劳务市场上的商战如同真枪实弹的战争。商战的参与者有其各自独到的战略与战术。战略系指为了实现一项未来既定目标而精心设计的行动方案。在跨国化经营中，公司以长远的、整体的利益安排各地的生产和销售活动，并随机调整公司的经营活动，以保持公司对市场的应变能力，从而达到预期的效果。战术是规定各项目标和任务如何落实。因此，战略是关系全局的、较长期的、相对稳定的；战术则是局部的、常变的，是实施战略的短期手段。

在初期，战略是一种思想或者“理想”，企业在实施战略的过程中，战略则演化为

企业的核心能力。由此可见，战略更重要的不是思想，而是行动。不管企业具有多么美好的理想，如果不具备核心能力，这种美好的理想，只能是空想。企业具有战略规划并非就有了战略能力，理想战略不能基于企业自身，必须基于客户的价值、环境的价值，必须基于对理想和现实的理解。因此，真正意义上的战略是要落实到行动上，是一个包含了目标、思想和行动的方案。假若没有偏离战略方向，企业还是竞争力不足，或造成企业破产，那说明企业本身行动力差、执行力差。日本企业的质量战略是日本产品走向全球市场的基础战略。日本的企业家松下幸之助坚信：对于产品质量来说，不是100分就是0分。没有任何商量的余地！

总公司在组织跨国化经营中，对整个公司的经营方向、增长策略、投资组合、市场体系、研究开发等方面，提出总体战略安排，各项任务要有明确的数量和质量指标，并且要求各个部门或地区依照总体战略制定各自的战术和工作计划。这样，整个公司从上到下，从国内到国外，既有时间概念，又有任务的数量和质量指标，便于跨国化经营中总公司对下属机构的控制和监督。

传统的经济学认为，新兴的发展中国家在发展民族经济过程中，曾采用两种发展战略：一种是国土面积较大和自然资源较丰富的国家采用的内向型发展模式；另一种是一些国土面积较小、资源贫乏的国家或地区采用的外向型发展战略。实际上，也存在一种以国内市场为主、国外市场为辅的发展战略。但近几十年来，发展中国家经济发展的事实证明，正确的外向型发展战略会给现代化经济发展带来巨大好处，正如世界银行《1997年世界发展报告》中早已指出的：“外向型经济的实绩几乎在所有方面都明显地优越于内向型经济。”

（三）集权制与分权制

大公司在国际化经营中，也面临一个集权与分权的问题。在管理中，集中与分散并不是非此即彼的。大公司对整个公司的投资计划、生产安排、价格体系、市场安排、利润分配、研制方向等方面实行集中决策，推行高度集中的统一管理，其他问题由子公司自行安排。分权制通过给海外子公司一定的、有限的决策范围，使它们可以依照当地市场情况做出灵活的反应。这种大权集中、小权分散的管理原则，在执行中要求指令是自上而下，而责任是自下而上。

1. 公司跨国化经营过分强调集中统一所带来的消极作用

其消极作用表现在：

（1）影响海外子公司经理人员发挥主观能动性，导致其消极地等待上司的指令。

（2）在竞争激烈、瞬息万变和对手如林的世界市场上，当机立断的决策十分重要。而集中决策需要一个过程，容易坐失良机。

（3）由于观点、文化和处事方法不同，以及语言的差别，海外子公司管理人员理解总部的决策意图会有误差，而且既浪费成本又消耗时间。

2. 新的跨国化管理机制趋向灵活性、分散性和现实性

过去一直是总公司“独家垄断”研究与开发新技术和新产品的任务，现在各公司在海外建立研究开发机构。这样做的好处是：

（1）可以最有效地加速自己薄弱的高新技术的发展。

（2）可以及时、大量地收集国外科技情报。

（3）有利于研究开发适销对路的出口商品。

（4）便于在国外取得技术专利等。

跨国经营企业矛盾无处不在，但现在只有少数企业家掌握了利用矛盾的正确方法。大多数人发现矛盾便立即着手寻找功能性的解决方案。冲突消失了，任务就完成了。管理者也以成功地解决冲突作为奖励的基础。而管理学要求，CEO 应在众多矛盾中，区分矛盾的性质，找出主要矛盾并加以解决，这是很重要的。

（四）吸引人才与培养人才

未来社会的竞争是人才竞争，中国加入 WTO 后，中国与世界的脉搏在 21 世纪同步跳动。跨国公司意识到一场世纪人才大战已打响，千方百计地吸纳高素质的技术人员、研究人员和管理人员。1997 年爱立信公司成立了中国学院。1998 年英特尔在北京开设英特尔中国研究院，这是其在全球的第四个研究院。同年，世界上最大的软件制造商微软公司成立了其中国研究院，这是微软在海外开设的第二个基础性科研机构。1999 年，摩托罗拉公司成立了摩托罗拉中国研究院，邀请诺贝尔奖得主杨振宁博士到场发表演讲。21 世纪初，又有更多的跨国公司关注就地开展研发工作，以适应市场的变化。同时，跨国公司越来越看重中国的智力资本，由原来的“高薪挖角”战略转向“培养人才”战略。

（五）创新技术与科学管理

跨国公司是世界技术变革的中心。许多创新技术产生于跨国公司，又被它们所运用和进行商业化传播。它们具有对技术创新和变化的市场环境迅速做出反应的机会和能力。各国企业家认识到技术开发与管理创新的高度相关性，即：没有先进技术就等同于没有“脚”，永远走不出国门，无法走向世界市场；没有科学的经营管理才能就等同于没有“头脑”。即使有了“脚”走出国门，如果没有“头脑”，也会在竞争激烈的世界市场上难以站住脚跟从而立于不败之地。

企业跨国经营管理的本质是利益管理。利益管理的核心是平衡，而不是使之单方面的扩大化。就企业内部管理而言，企业必须加强人性化管理，提高员工的定着率，使投资回报率达到最大化。就企业外部管理而言，要兼顾合作方的利益，利益也需要平衡，因为市场在不断变化，找到这个平衡点很重要。这个点即是利益博弈的平衡点。愈接近平衡点，愈能体现管理的效率。

（六）企业大型化与“大中含小”化

在以往世界经济处于少品种、大批量生产状态时，规模经济意味着劳动生产率高，生产成本低，产品竞争力强，从而利润高。当世界经济进入低速增长后，市场规模趋于小型化，要求企业富有更大的弹性和灵活性，生产模式应该是多品种、小批量。以往的大型综合企业规模大、组织层次多，信息反馈渠道长，组织机能缺乏活力，庞大的技术设备系统难以进行技术改造，设备更新和转产的难度也大。企业规模的大小应依据国际市场变化的需要而变化，市场萎缩时，就果断地甩掉那些没有发展前景的企业和产品，把企业有限的资源集中于已成为一流或二流的企业，专门生产优质名牌产品，从而使企业规模与企业的能力、战略和市场相适应。这种“减肥消肿”的措施，已被大公司普遍接受，它们化大为小，大中含小，在大公司内部分出相对独立的分部，即组建“公司中的公司”，并赋予小公司更多的企业自主权，使其对剧烈变化的市场具有高度的灵活性和适应性。

（七）企业创新与规避风险

企业动用资金就会有风险，没有风险的投资是不存在的。通常，投资风险越大，回报率就越高。大公司实行分权制，赋予小公司更多的企业自主权，有利于发挥企业的创新精神。企业创新的关键在于不断地提高企业生产结构对技术进步要求的适应能力。要提倡和鼓励采用新颖方法来提高这种适应能力，克服害怕失败、回避风险的想法和要求。通常，企业创新始于风险投资，即投入经营风险相当大的新产品和新项目的研制。一旦证实这种创新具有商业价值，就即刻在常规型生产部门进行大规模的推广应用。这种风险投资具有投资小、规模小、收效大、发展快、市场适应性强等特点。虽然这种投资有较大的风险，但因规模小、投入金额少，也可以及时撤回重来。

正确处理跨国经营中的上述几对矛盾，是跨国公司成功的经验，它昭示一个优秀的企业在做着与其他企业同样的事情时，只是比别人做得好；一个优秀的经理人能够持续地完善自己的行动，比别人以更高的标准来行动。企业和经理人的理想之所以能够变成现实，理想与现实之间的距离拉近，完全靠行动，也就是执行力。

第四节　中国企业“走出去”的经验与教训

经济发展要顺应时局的发展，抓住有利时机才能促进经济的快速发展。2008 年爆发国际金融危机以来，许多欧美企业受累于市场低迷，而陷入增长停滞和破产，这为中国企业向欧美成熟市场投资提供了良机。很多欧美国家政府以降低所得税和降低进入市场的门槛等方式，对外资实行更加开放的政策。

最近几年，中国资本对欧美市场投资迅猛增长，投资的数额和增幅都超过了以前聚焦的非洲和拉美新兴市场，投资标的扩展到基础设施、日常消费品以及先进的制造业和金融服务业领域。中国企业在海外积极寻找投资机会，完成许多典型的并购案。例如：中国主权投资基金公司（CIC）以 18 亿美元购入英国泰晤士河公司（Thames Water）8.86%的股权，中国在德国、葡萄牙和意大利等都有类似的项目。发达国家的成熟市场，有健全的法律和法规，有完善的销售渠道，以及有序的产业供应链、资源、品牌、技术、专业知识和管理经验。拥有全球视野、具备资源整合能力的中国企业，若能与国外最好的团队合作，学习他们的经营经验，就能更好地成为国际化企业。

中国企业实行“走出去”战略，经历了 20 年左右的实践，取得了许多宝贵的经验和教训，认识到“引进来”与“走出去”的不同。

一、中国企业“走出去”以资金换技术

（一）加强本土技术创新，增强竞争实力

一国经济的发展，首先依靠科技自主创新能力，其次依靠投资购买技术。借助外力，增强内力。中国科技创新之路由模仿先进技术转向加工创新，现在又转向节俭创新。许多先进技术无法从西方市场获得，需要本土创新。发达国家市场不能提供的产品和服务只能靠国人自己自主创新。这就促成了中国创新多点开花，如：云计算、太空探索、手机应用等。以手机应用为例，国人广泛应用手机得益于中国巨大的移动电信市场，大需求迫使手机研发与制造呈现着大手笔、大创新和大发展的势头。又如：随着全球科技重心的转向，希望将每一个生物基因序列转化成能治疗，而且最终能够预防疾病的信息。深圳华大基因研究所作为全球最大的基因研究中心，能产出全球1/4的基因数据，高于欧美国家的任何一个研究机构。

本土的创新发展要靠中国不断加大创新投入和对知识产权保护的力度，这会进一步促进技术创新。经济合作与发展组织（OECD）发表报告显示：2014年，中国科技研发强度超过欧洲，中国将GDP的1.98%投入研发领域，而欧洲为1.96%。中国的科研重心放在制造业、信息、通信产业等领域，在高铁、太阳能、超计算机、太空和深海探索方面取得骄人的成绩。

（二）海外投资收购先进生产线引入技术

中国企业选准目标，收购国外先进产品生产线，这比在海外直接投资创建产品生产线更有利。收购国外生产企业的高端产品线，可以节省投资、选址、筹建、基建、投产、销售等诸多环节所需时间。若采用联手当地目标企业投资，共同开发、共同经营的方式，更会取得事半功倍的效果。

相关链接

2008年国际金融危机后，西方经济不景气，企业倒闭。中国企业在北美掀起投资热潮，并创下历史纪录。在食品、能源和地产行业规模收购的推动下，2013年中国对美国投资翻了一番，实属罕见。之后，美国推动“美国优先”政策，中国对美国投资一路下滑。

中国企业对英国投资同样呈现强势，中英双方共同投资联合开发科研和创新项目。这笔资金投向三个联合项目，主要包括干细胞、合成生物学和可持续制造业领域。英国自然资源匮乏，计划将重点投向低碳市场，大力开发民用核能、生物能源、智能电网以及海上风力发电等项目，中国愿意投入资金，共同发展绿色低碳经济。

用资金换取国外先进技术，这不是简单的技术拼接，而是技术的融合。因为购买的

不只是资产本身，还包括训练有素的员工和技术的操作与管理。这在经济学上被称为“溢价买入”，用略高的价格购买先进的技术是一种跨越鸿沟的捷径。

相关链接

美国在页岩气开采方面是行业的领导者，成效显著。美国已成为世界最大的石油生产国，并逐步实现能源自给自足。

中国投资者分析诸多因素后，积极参与美国项目，以获得开采技术和生产经验。例如：中国中化集团公司斥资 17 亿美元购买美国先锋自然资源公司位于得克萨斯州页岩项目 40%的股权。

目前，中国页岩气开采势头良好，迎来了大发展。2020 年，中国的页岩气产量达到 200.4 亿立方米，比 2019 年的 153.8 亿立方米，增长率高达 30%，在国产气中的占比突破 10%，成为国产天然气产量增长的主力军。当前，中国的页岩气产能已经位居世界第二，产量在 8 年间增加了 200 倍，页岩气将成为中国油气产业新的增长点。

（三）加大与发达国家融资合作，获取新技术

1. 英国向中国企业提供“特别待遇”优惠

中国和英国两国各有所求，具有合作基础。英国为了吸引更多的中国投资，向中国银行提供了所谓“特别待遇”，即英国审慎监管局（Prudential Regulation Authority）将允许中国几大银行，通过伦敦分行经营融资业务，这将是一个重大突破。目前，在伦敦的中国几大银行均以子公司形式存在，与当地银行一起接受英国审慎监管局的管理。因此，中国银行、中国工商银行、中国建设银行和中国农业银行四大国有银行能够通过分行开展业务，不仅将在中国国内获得巨大资源，同时还能相对减少英国审慎监管局的监管程度，这将提高中资在英国市场经营的自由度。

2. 中国与德国的技术合作顺风顺水

中国与德国经贸合作正处于顺风顺水时期，双方都有合作的诚意和实力。德国是欧洲最强大的工业化国家，经济领先、技术优秀、人才辈出，尤其是科技研发环境优越。中国企业最看重德国的人力资源，德国拥有欧洲最大的研究联合会，欧盟 20% 的科学家在德国工作和生活。这里能留住人才，就能留住技术，也是中国理想的入境之地。德国工程师工作态度认真、有计划性、有职业道德，故德国以高质量产品闻名世界。在投资过程中，德国战略和投资署（Germany Trade & Invest）向中国企业提供大力支持和服务，使中国投资者在市场分析、选址决定、战略策划、投资发展项目以及法律和税收咨询等方面获得快捷和免费的服务。

3. 中国与欧洲合作进入“蜜月期”

中国与欧洲关系再现“蜜月期”，巴黎、法兰克福和伦敦先后成立人民币交易中心。德国、法国和英国等国家获得中国投资者的青睐，2008 年后，中国对欧洲投资比欧洲对中国的投资要多，许多欧洲国家将中国海外投资视作为数不多的可靠投资来源之一。2014 年，中粮集团收购荷兰尼德拉集团 51% 的股权，尼德拉集团的年销售额超过

170 亿美元，业务分布于世界 60 多个国家和地区，尤其在拉美、中欧有稳固的采购平台，这有助于中粮集团跻身全球粮食贸易的巨头行列，从而增强了中粮集团对国际粮食市场的影响力。

二、中国企业“走出去”，以资金换急需资源

眼界决定境界，思路决定出路。工业化离不开持续不断的资源供应，中国企业对海外上游资产的投资，与国家经济发展战略一脉相承，同时也为改善国内上游资源不足的短板，打造上下游一体化、国际化公司而有所铺陈。

（一）新兴市场是理想的国外投资地

市场瞬息万变，机会稍纵即逝，抓住机遇就是抓住了市场。21 世纪以来，新兴市场呈现受宠与争宠的状况，这是源于市场潜力和中国企业走出去策略的需要。中国公司在国外低价销售产品时遇到了阻力，欧美国家对中国实行反倾销、反补贴的限制，甚至印度等一些发展中国家也对中国出口商品设置关税与非关税等诸多限制。因此，中国企业需要逐步从贸易转向国外投资，进入高科技、名品牌的研发市场和资源开发市场。不论是中国技术含量高的光伏产品，还是技术含量低的自行车、家电和普通机器等，都可以通过在新兴国家设立产业基地继续出口，而且不受反倾销的限制。

（二）新兴市场欢迎中国企业投资

中国与新兴市场国家各有所长，互有需求。新兴市场国家需要资金、机器设备、生活用品和基础设施等，中国企业能满足这种需求。新兴市场国家也越来越成为中国投资者关注的市场。

1. 潜在的非洲市场

非洲大陆丰富的资源对中国企业有很大的吸引力，如：苏丹的石油、赞比亚的铜和钴、南非的黄金以及尼日利亚的铀等，都吸引中国企业前往投资。但非洲各国基础设施普遍落后，中国企业在非洲承接的修建铁路、公路、港口、水利等诸多项目深受非洲人民的欢迎，这被称为“中国企业沿着枕木挺进非洲”。

2. 中国与拉美互有需求

在南美，秘鲁在采矿业、水果加工业和旅游业三大领域加大对中国投资的索求，尤其是广东和福建的企业已成为其主要投资者。秘鲁已成为中国在南美移民最多的国家，秘鲁对外国投资的限制较少。

3. 中东是中国能源重要的供应地

在中东，目前有数百家中资企业在约旦投资，主要领域有纺织业、食品加工业、采矿业、电力工程和医药业等。随着资金的外投，中国企业的技术、服务也进入约旦，尤其是技术含量较高的新能源领域，因市场需求甚旺，约旦政府制订了投资促进法，为中国企业提供一站式服务。

相关链接

2013 年，中国出资 138 亿美元，在肯尼亚动工修建铁路，这条铁路始于繁华港口蒙巴萨，贯穿其内陆高原，由首都内罗毕延伸至乌干达，再通往卢旺达和南苏丹。这是非洲百年未见的基础设施项目。此项目由中国路桥工程有限责任公司承建，项目已经竣工。

中国与新兴市场国家合则两利，斗则两伤，要当“兄弟”而不是“对手”。要合作共赢共利，而不是“你赢我输”。合作发展会有竞争，但这是良性竞争。

三、中国企业“走出去”进入国外基础设施和不动产市场

（一）中国企业以自身实力进入欧美基础设施市场

中国改革开放 40 余年的经济建设，在基础设施（铁路、公路、机场、水利、和港口等）领域取得了长足的进步，成绩显著。近几年，高速铁路建设里程相当于世界高铁建设里程的总和。中国企业在基础设施建设方面具有优势地位，德国、英国和法国等欧洲国家对具有潜力的中国投资者频频抛出“绣球”。

（二）中国企业关注市场新动向打入欧美不动产市场

2008 年国际金融危机导致全球经济泡沫加重，欧美国家的大厦、公寓、酒店等不动产市场不景气，价格持续走低。城市一流的广场、大厦和酒店的价值与国内的二、三线城市的价格无二。中国企业已敏锐察觉并紧盯欧美不动产市场，收购、经营不动产项目。相比金融产品，中国投资者更倾向于实物资产的投资。

相关链接

2013 年，中国平安集团在英国伦敦斥资 3.88 亿美元购买了金融城地标性建筑——著名的劳埃德大厦。这座大厦是英国最大保险公司劳埃德保险公司的总部大楼，也是伦敦的标志性建筑之一。预计租金投资回报率为 6%～9%，约 11 年可收回投资成本。

四、中国企业“走出去”缺乏实践经验

经验与教训是实践操作的结果。2008 年国际金融危机导致市场不景气，许多国家政府和企业难以支撑，而新兴市场国家的发展又内力不足，急需外力推动。中国经济的发展经历了 40 多年的改革开放，坚持走工业化、市场化的道路，成绩显著，已具有走出国门的需求和实力。现在中国已稳居全球第二大经济体，是世界货物贸易第一大国，2020 年，作为世界上首个有效控制新冠肺炎疫情的国家，中国进出口贸易总额达到

32.16万亿元人民币，同比增长1.9%，成为全球唯一实现货物贸易正增长的主要经济体。2020年，中国外汇储备为3.21万亿美元，创下2016年5月以来新高，中国连续多年稳居世界外汇储备第一大国的位置。中国部分高新企业在全球市场已崭露头角，从无名之星变成一颗颗炫目的新星。

中国制造业经历了披荆斩棘，艰苦奋斗，已经覆盖了全球产业链从低端到高端的各种产业，具有明显的竞争力。中国企业虽然具有实力，但在海外市场缺乏实际操作经验。

（一）缺乏明确的战略目标和规划

中国有些企业“走出去”比较盲目，准备不足。由于规划不到位，难免造成企业对外投资的盲目性和无序性。因此，在国家层面应制定包括发展定位、产业选择、区位决策、投资趋向和合作方式在内的“走出去”的战略规划。

正确的战略思维和战略规划有助于企业避免一边是井喷式成长，一边猝然停摆的局面，使企业在可行与不可行之间形成巨大的张力。按照行业内的共识，全球化并购经验的数据形成一个“七七法则”，即70%的并购没有实现期望的商业价值，70%的并购失败的原因是因为后期的整合问题。

（二）政府应摆正在对外投资中所扮演的角色

目前，在对外投资企业中，国有企业占2/3。政府应避免：一方面越位，对国有企业干预较多；另一方面缺位，对民营企业支持不够。这可能导致国有企业在变化多端、竞争激烈的投资市场上，缺乏自主的决策能力和应变能力。政府应进一步放松管制，为企业提供信息、培训人员、解决企业“走出去”的制度性安排，使“走出去”的企业在统一规划下，自主经营，避免短视行为和把国内的做法简单地搬到国外。

（三）“走出去”应做到满足当地的需求与转移国内产能过剩相结合

海外投资要结合国情，满足当地需求，发挥比较优势，两者缺一不可。要加强对新兴市场纺织、服装、家电、食品等劳动密集型产业的投资。同时，也可把国内如钢铁、水泥、机械、不锈钢、电解铝等产能的先进生产力转移出去，这样既可满足当地需求，又可为中国的全球化发展带来更大的收益。

（四）企业“走出去”应以获得市场资源和技术为目标

通过对外直接投资获取国内紧缺的资源，如石油、天然气、铁矿、各种矿产品、有色金属等。通过并购、参股、投资等方式，达到互利互赢。

通过融资参股进入国外科技研发机构，以引进先进技术。尺有所短，寸有所长。以国外之长，补我所短，创造新的比较优势。购买国外研发机构，投入资金和人才，创建国外研究中心，借海外新产品的开发创新来带动国内产业，实现产品的换代升级。

（五）企业摒弃单打独斗，“打包抱团”走出去

先期“走出去”的企业必然是规模较大、实力较强的企业，而一些中小企业和私

营企业很难达到成本投入的要求，“打包抱团”相互取暖，就能借力靠力，相互帮衬，形成合力。发达国家的很多企业都是传统的家族产业，其规模并不一定很大，却都有某些方面的特色和独当一面的能力，通过并购这些企业，可获得优势，提供自身与大公司合作的可能性。

中小企业“走出去”，除“打包抱团”形成合力外，还要做到“兵马未动，粮草先行”，投资之前，要充分了解当地的经济、市场、管理及人文环境等情况，以便控制经营成本，选好合作伙伴。

（六）海外投资目标的选择

近年来，中国企业纷纷“走出去”，却遭遇到水土不服的尴尬，矿业资源领域受损最大。反思经验教训，应克服此前“见矿就挖”的冲动。做好政策环境分析已成为行动前的第一要素。

2008年国际金融危机以来，全球矿业企业盈利和现金流状况全线恶化，国际市场价格明显下滑。中国铝业集团公司反思海外投资战略，认识到在国际化经营中，投资项目的成败不仅在于资源的规模化品质以及基础设施的开发条件，还取决于项目所在地的政策和法规以及社区工作环境。中国铝业集团公司海外并购项目，前期功课不足，遍地开花的做法，使其失败率达到近八成。

中国企业在海外收购中，曾发生多起不成功的案例：中国石油化工公司收购海外一家炼油企业，遭到该企业的最大债权人——花旗银行的强烈反对，致使收购以失败告终。而此前中海油收购美国加州联合石油公司（简称美国优尼科）、中国铝业集团公司收购澳大利亚力拓矿业也引起当地政府和民众的反对，而不得不终止。

（七）海外项目的评估

评估项目要收集资料、现场考察、对比数据，并在此基础上进行前期功能试验，在经济、技术、运营、销售、盈利和风险等方面做全面的论证。在海外要做好一个项目，成功企业的经验是：

（1）做好在产企业的项目选择。因为在产企业风险较小，证照齐全，环境评估较好。

（2）选择并购方式比创新投资更容易操作，见效快。

（3）做好政策环境、基础设施、工艺技术、劳工状况、经营环境等因素的评估。

（4）把握好投资策略和投资节奏，尽量避免投资项目评估与投资风险评估中的错误决断。

跨国并购风险在于：前期资产评估不充分；决策不合理；应对规划不灵活；缺乏有效的监管和约束等。并购容易，并购后的管理则比较困难。并购是共享，而不是征服，要信任被并购公司的管理团队和员工。两个民族的文化、两个企业的文化可能会有矛盾和冲突，要用宽容的心态去对待。

在海外并购过程中，风险无处不在，通常陷阱有两种：一种是有关加班费的陷阱，被收购方在收购前和员工签订的合同中没有加班费这一项，但收购后员工会要求收购方补发收购前的所有加班费。另一种陷阱是信息披露不完全，有隐瞒，这就要完全靠律师的经验去判断和挖掘，其中最典型的是账目做假问题。还有在知识产权、人力资源、产品责任、税务、环保等方面，可能都隐藏着陷阱，因此在并购中要小心审议任何一个细节。

总之，盈利和风险关系到企业走出去的成败。显性成本不可怕，需要特别注意的是隐性成本。中国企业应认识到控制隐性成本的重要性，要在实践中学会逆向思维，即第二层次思维。同时，必须对价值有深刻的洞察力，以不同的视角观察同一个目标，避免群体心理的钟摆式波动，培养逆向思维的能力，以获取最终的胜利。

（八）私营企业在各项海外并购中异军突起

1. 私营企业已具备向国外投资的条件

中国企业并非一夜之间进入全球资本市场。许多企业已在海外上市多年，但海外投资一直由大型国有企业主导。最近，中国私营企业异军突起，成为国外收购交易的弄潮儿。中国民营企业家投资全球资本市场有以下特征：他们是精明能干的商人，是在国内激烈竞争中生存下来的成功人士，很多企业家都具有敏锐的嗅觉和良好的判断力，尤其专注财务回报。

2. 民营企业海外投资的成功实例

中国私营企业海外投资并购大有斩获的实例如下。

实例 1：

大连万达集团创始人兼董事长王建林，胆识过人，霸气外露，曾扬言只要万达进入的行业，其他的企业都没有机会超越它。王建林曾成为《福布斯》2013 中国富豪榜的首富。

什么是企业家精神，最重要的两条标准是创新和坚持精神。不怕失败，失败了可以重新再来。

万达集团投资了 240 亿元建设桂林万达城，这是继哈尔滨和南昌之后的第三座万达城。之后，万达投资创建万达广场和五星级酒店。万达集团斥资 27.5 亿美元成功收购美国电影院连锁控股公司 AMC，上市后初期投资回报率超过一倍多。万达集团又投资 10 亿英镑在英国开发酒店以及收购游艇公司。

实例 2：

中国复星国际有限公司在郭广昌董事长的领导下，从 1992 年注册广信科技咨询公司开始，在 20 多年的发展中，将复星公司从一间只有一台 386 电脑的小办公室，发展成现在的一个巨型商业帝国。复星集团是立足中国、全球化发展、具有综合金融能力的投资集团。

复星公司涉及的投资领域横跨生物制药、房地产、信息产业、商贸流通、金融、钢铁、证券、银行等多个行业。但是在郭广昌的世界观里，投资和管理如此庞杂的业务，方法只有两个：寻找长期便宜的钱和坚持价值投资。

复星公司多年来的战略重点就是打造三个价值链，具备三种能力：第一是投资的价值链，在合适的时间，去投资合适的团队、合适的产业；第二是对投资项目进行管理优化，提升价值；第三就是持续地与优质资本对接。

从 2010 年开始，一直聚焦国内市场的复星公司，启动了全球化战略，即中国动力嫁接全球资源。其国际化路径，并非单纯地奔赴海外收购企业，而是希望借助中国消费市场的崛起，将那些对中国充满兴趣又未得其法的海外品牌领入门庭。2010 年，复星公司投资法国老牌旅游度假村运营商地中海俱乐部集团，占股权 7.1%。2011 年，复星公司投资希腊 Folli Follie 集团，两年后其在华销售网点已是复星入股时的两倍。2013 年 12 月，复星公司以 7.25 亿美元收购美国第一大通曼哈顿大厦（One Case Manhattan Plaza），从摩根大通代表手中接过曼哈顿广场的金钥匙，这是复星公司一个具有里程碑意义的时刻。此后，复星公司不断扩大国际化经营。

实例 3：

双汇国际控股有限公司（简称双汇国际）2013 年 10 月宣布成功收购美国最大猪肉生产商史密斯菲尔德食品公司（Smithfield 简称 SFD）。这是中国企业收购美国企业的又一大手笔，涉及交易金额约 71 亿美元。该交易是中国企业赴美并购，继联想 2004 年并购 IBM 公司 PC 业务之后的又一个“蛇吞象”项目。

双汇国际和 SFD 达成并购协议后，先后经过美国证券交易委员会（SEC）的调查、美国以及多个国家的反垄断调查、美国参议院农业委员会的审查、美国外资投资委员会（CFIUS）以及史密斯菲尔德董事会的审批。

史密斯菲尔德食品公司于 1936 年成立于美国弗吉尼亚州，从一家小型的生产工厂发展成为全球最大的猪肉生产和供应商。20 世纪 80 年代，SFD 设立了自己的垂直产业链，控制了从加工到出厂的整个过程。并购后，双汇国际引进 SFD 的品牌、技术和生产工艺，扩大低温产品的生产，在国内建立更多的低温生产基地，促成双汇从高温向低温猪肉的生产模式转型，为中国消费者带来更多高品质的低温肉制品。收购完成后，双汇国际不仅拥有美国最大的猪肉生产商 SFD，也包括 SFD 控股的欧洲最大猪肉生产商康博菲尔，双汇国际可望成为新的世界最大的猪肉加工企业。

实例 4：

聚星国际科技投资有限公司［由华永投资（控股）集团、武汉东湖新科技创业中心、东风设计研究院有限公司共同注册］2013 年在比利时南部的瓦隆州投资建立孵化器——中比创新技术产业园。第一期投入约 2 亿欧元，并在当地租赁土地，租期为 99 年。孵化器将建立五个中心：企业中心、生物技术中心、广电通信中心、绿色工程中心和物联网中心。同时，配套建设五星级酒店和现代化公寓，为入驻孵化器的企业提供便利。中比创新技术产业园在 2012 年底启动建设，几年后建成运行。

比利时南部的瓦隆州有法语国家最好的大学——新鲁文大学，它的科技相关专业非常权威，汇集了欧洲特别是法语国家的高精尖人才。聚星科技公司选择在比利时的瓦隆州依托新鲁文大学建立海外孵化器，主要是为了和欧洲直接合作建立科技快速交流平台，解决知识产权问题，同时也希望就此成为中国高科技企业进入欧洲市场的桥头堡。

聚星科技公司未来从该项目将获得两方面的收益：第一是“物理收益”——园区租金以及酒店、公寓的收入；第二是“化学收益”，公司将针对有潜力的孵化项目投资1.5亿欧元作为风险投资基金。由于该项目的合作，湖北省也获得了巨大的好处：比利时决定在武汉增设领事馆；欧盟决定针对进驻产业园的人才，签发500张欧盟绿卡指标。

孵化器由中方和比方共同运营，以中方为主。该孵化器虽然是中国投资，但却是中国人和欧洲人共同进行研发工作，也欢迎欧洲企业、日本企业、美国企业进驻园区，共同进行开发和研究。该孵化器定位全球，园区是完全开放的，各个国家的企业都可以分享这份合作机遇。

3. 民营企业“走出去”的意义

中国民营企业“走出去”收购的成功实例，使投资者在世界市场上的信誉度大大提升，这将增强投资者的信心。民营企业已成为国企在国际投资市场上的重要参与者。民营企业走出去既有利于提高中国国际竞争力，也有助于降低对“国家行为”的担心。

综上所述，中国企业海外投资要自主创新，量入为出。跨国并购的成败与领导能力有关，海外并购的领导能力应体现在：第一，大胆果断地决策能力；第二，成功预测的能力；第三，即时行动的执行能力；第四，维护正义的勇气和意志力；第五，把握危机的处理能力；第六，熟悉当地文化的沟通能力；第七，建立共识的解决能力；第八，宏观战略方向的把握能力。

中国企业家行走在国际化的道路上，逐渐认识到，学会企业家的新型智慧是重中之重，“识大体、度分寸、谋共生、求共赢”。识大体是基础，度分寸是方法，谋共生是最低标准，求共赢是最高目标。所谓识大体，就是要认识环境，要承认当前的力量对比和利益关系的格局是历史形成的。所谓度分寸，就是自觉遵守和维护各方利益，并与其他领域群谋共生。所谓求共赢，就是要将游戏参与者的各方利益融为一体，互相依存、互相促进、共生共赢。这就要求参与者按投入产出原则，协调各方利益，求得利益协调。

中国企业“走出去”，从新兴市场到成熟市场，从大型国有企业为主到民营企业踊跃参加，以及投资重心的转移，反映了中国企业走出去的形势发生了深刻的变化。中国企业在国际舞台亮相不是目的，走出去是第一步，真正留下来并持续往前走，这才是目标。

中国企业“走出去”，出现了无数的正面和反面的案例，企业需在实践中不断总结、修正、沉淀、积累、再总结，不断的循环，形成螺旋式上升，方能成为真正的跨国企业。追随时代潮流的企业绝不固守以往，不仅懂得变革，也能够实行变革。

今后几十年中国企业要面临五大新课题：第一，中国企业在全球化过程中，如何打造软实力；第二，中国企业如何保持盈利和持续发展；第三，中国企业如何争取未来的话语权；第四，中国企业如何参与国际规则的制订；第五，中国企业如何赢得世界的尊重，同时积极地参与改变世界。

总之，中国参与全球化，必须立足中国，全球布局。只有深耕中国，才能找到更好的全球投资标的，也只有具备全球视野和全球资源整合的能力，与全世界最好的团队合作，学习他们的经验，才能更好地深耕中国。

复习思考题

1. 我国利用外资有哪几种方式？其中以哪一种方式为主？
2. 我国企业应如何进一步拓展国际化经营？
3. 我国大中型企业发展国外直接投资的必要性和有利条件有哪些？
4. 试述目前我国企业开展跨国经营的不利因素。
5. 企业开展国外投资和跨国经营可能会遇到哪些风险？
6. 我国海外投资和跨国经营的现状如何？
7. 我国企业开展国外直接投资可采用哪些方式？
8. 什么是中国企业跨国经营的战略选择？
9. 母国政府如何从宏观、微观两个层面对跨国公司加强管理与提供服务？
10. 如何理解现代企业管理中的“硬管理与软管理相结合，以软管理为主”的原则？
11. 中国企业“走出去”如何以资金换技术？
12. 中国企业“走出去”缺乏哪些实际操作经验？

案例分析

中国的联想 世界的联想

面向新世纪，中国联想集团将自己的使命概括为“四为”目标：为客户、为员工、为股东、为社会。为客户，即为客户提供信息技术、工具和服务，使人们的生活和工作更加简便、高效、丰富多彩。为员工，即提升员工价值，创造发展空间，提高工作和生活质量。为股东，即回报股东长远利益。为社会，即服务社会文明进步。联想的品质精神就是高端品质、创新、国际化、企业责任。联想的创业者和年轻的员工们都有一个信念：要把联想办成一个有规模的高科技企业，要成为走向世界的高科技产业集团。

2003 年 4 月，联想集团在北京正式对外宣布启用集团新的品牌标识“Lenovo”，以“Lenovo”代替原有的英文标志“Legend”，并在全球范围内注册。“Lenovo”中的“Le”表明了和以前所用的标识“Legend”之间的联系，而“novo”来源于拉丁语，有创新和新奇的含义。“Le”和“novo”结合成“Lenovo”，包含的寓意是：值得信赖、创新和积极、专业化的服务及操作简单。新的标识融合了蓝色基调和现代派的设计，生动地体现了专业、科技、渊博和智慧。联想集团的品牌战略是推广“Lenovo”，通过全球发展战略，让“Lenovo”成为世界知名品牌。

联想并购战略

企业要发展，就必须走国际化的发展道路。根据国外大型科技企业的成功经验，联想集团提出，在正确认识信息产业发展规律的基础上，遵循市场特点制定符合企业情况的实际战略目标，追赶世界先进水平，争取更大的生存发展空间。联想希望能够借助一个知名品牌的力量，吸引高端企业用户，并迅速在全球 PC（个人电脑）市场上扩大份额。因此，正确而富有艺术性的战略设计是联想集团制胜的法宝。

世界 500 强企业美国 IBM 公司（International Business Machine Corporation，即国际商业机器公司），是世界上最大的信息工业跨国公司。其业务主要集中在五大领域：服务、硬件、软件、金融和企业投资。在服务业领域，IBM 占有全球最大的市场份额；在软件开发方面，IBM 的市场份额仅次于微软；同时，IBM 也是全球半导体市场最大的几家公司之一。由于 IBM 员工的上班制服是蓝色的，生产的计算机外壳也是蓝色的，所以人们一直亲昵地称 IBM 为“蓝色巨人”。历史上，IBM 是以硬件为主的公司，而个人电脑业务并不是 IBM 的强项，最近几年表现不佳，生产和销售每况愈下，出现了亏损状况。IBM 决定出售其弱势业务，以有利于扬长避短，优化经营。

2004 年 12 月，联想与 IBM 签署个人电脑业务并购协议，成为 2004 年全球 PC 市场惊人之举。联想集团以 12.5 亿美元收购 IBM 的个人电脑业务，涉及 IBM 全球台式电脑和笔记本电脑的全部业务，包括研发、采购、生产、销售。收购完成后，新联想全年业务收入将达到 120 亿美元，成为世界第三大 PC 厂商。这意味着联想不但在中国和亚洲，而且在全球市场范围内具备了覆盖能力。

通过收购 IBM 全球 PC 业务及与 IBM 形成战略联盟，联想获得了全球化发展战略的突破性契机。联想将整合双方优势，借助 IBM 的品牌在 PC 市场上迅速获得全球品牌认知；扩大在国际市场上的品牌知名度，迅速扩大联想公司规模，使联想成为年收入超过百亿美元的世界级公司。

2011 年 1 月，联想与日本 NEC 公司宣布组成合资公司，形成战略合作，共同组建日本市场最大的个人电脑集团。这次强强联手惊动了业界。通过更强大的市场定位、产品组合、分销渠道为联想和 NEC 提供了一个独特的机会，在日本这个全球第三大个人电脑市场发展商用和个人电脑业务。

2011 年 6 月，联想收购德国电子厂 Medion 36.66% 的股份，交易价格达 2.31 亿欧元，交易完成后，联想在德国的市场份额增加了一倍，成为第三大生产厂商。德国是欧洲最大的个人电脑市场。

2012 年 9 月，联想又收购了巴西最大消费电子产品制造商 Digibras Participacoes SA 和美国软件技术公司 Stoneware。

通过这些收购交易，联想获得了遍布全球的企业客户群及庞大的分销网络，快速建立起进入国际市场的销售和服务网络，扩大了全球市场份额；联想获得更丰富的产品组合及领先的科技，提高其技术的创新能力，进而提高产品的技术含量，从技术层面增强产品的国际竞争力。通过收购，联想不仅在产品、营销网络方面走上了国际化的快车道，也在股权结构、融资渠道、战略伙伴等更深层面上实现了国际化，向世界顶级企业又迈进了一步，成为名副其实的跨国企业。

联想与奥运联姻

2004 年 3 月，联想集团作为第一家与国际奥委会签署合作协议的中国企业，成为国际奥委会全球合作伙伴，进入国际奥委会的 TOP（The Olympic Program）计划。计划是国际奥委会于 1985 年发起的企业合作计划。企业进入 TOP 计划，说明该企业成为国际奥委会全球最高级别的合作伙伴和顶级赞助商。

联想集团在四年内（2005—2008 年）为 2006 年都灵冬季奥运会和 2008 年北京奥运会以及世界 200 多个国家和地区的奥委会及奥运代表团独家提供台式电脑、笔记本电脑、服务器、打印机等计算技术设备以及资金和技术上的支持。这一举动有助于联想扩大在海外的品牌知名度。

都灵冬奥会是联想签约 TOP 计划之后的第一次亮相，为此，联想的工程师团队在意大利整整工作了两年，帮助冬奥会组委会建设整个电脑系统。通过冬奥会，联想证明了自己提供给冬奥会用以管理统计数据、储存医疗信息以及访问互联网的 6 000 部台式计算机、800 台笔记本电脑以及 350 台服务器完全可以经得起寒冷、风雪和大量数据处理的考验。至此，联想将自己与最具全球性的运动盛事联系起来，人们开始关注这个来自中国的全球第三大 PC 企业，提高了对其“Lenovo”品牌的认知度。

通过奥运营销，联想的“Lenovo”品牌吸引了全球电视观众、全球媒体记者、现场观众、参赛运动员、联想全球客户和商业合作伙伴的目光，让世界关注联想。奥运对于联想是一次宝贵的机遇，联想品牌借助奥运会将其推向海外，品牌知名度迅速提高，产品和服务得到国际社会广泛认可和信赖。

联想奥运营销策略是：首先，以高品质的服务、技术和产品，支持 2008 年北京奥运会信息系统的零故障运行，让联想产品在用户中树立高品质的形象；其次，联想通过人文奥运和科技奥运，在推广奥运的过程中让世界了解中国，也让世界了解联想；最后，在全球范围内，通过各种手段推广联想“Lenovo”的品牌形象。

全球化三步走战略

通过赞助奥运会，联想让“Lenovo”成为了一个全球性的品牌。

在奥运营销启动之前，联想已经开始实施了全球化三步走的战略。

全球化战略的第一步是宣布联想全球换标。2003 年，联想全球换标。其目的是为联想国际化做准备，将在海外许多地区已经注册的“Legend”改换为“Lenovo”品牌。

全球化战略的第二步是收购 IBM 的 PC 业务。联想创始人柳传志认为：中国的联想收购 IBM 的业务本身就是让世界震惊的消息，就是对联想品牌的一次宣传。宣布收购 IBM 的 PC 业务之后，联想的任务是整合全球业务，实现协同效应。

全球化战略的第三步是借力奥运进军全球。2007 年 4 月，联想宣布实施奥运战略。联想启动奥运战略之前，已经在海外实施了“小步快步走”的策略：首先是借助美国职业篮球联赛（NBA）、冬奥会将“Lenovo”品牌在海外市场推广；其次是在印度、巴西等新兴市场试行建立自己的销售体系；最后是在发达国家与地区复制交易型业务。这些小步快走的策略在海外已有一定的成效，已经为联想启动全球奥运战略打下了基础。

联想通过推出的奥运大餐和全球化三步走战略，已逐步实现从“中国的联想”发展成为“世界的联想”。

未来的联想

在中国个人电脑产品市场上，联想产品约占1/3的份额，领先的技术、易用的功能、个性化的设计深受中国用户的欢迎。联想已连续多年中国排名第一。作为全球笔记本电脑的领导品牌，联想始终凭借业内领先的前沿科技和雄厚的研发力量，深入洞察用户的需求，打造出真正实现工作与生活完美平衡的笔记本产品。联想还拥有针对中国市场的丰富的产品线，包括移动手持设备、服务器、外设和数码产品等。

2012年9月，在美国拉斯维加斯举行的2012国际消费电子产品展览会上，联想发布了智能电视idea TV K91等20余款创新产品，这些产品横跨智能手机、平板电脑、个人电脑、智能电视等个人互联终端产品，开创了多项全球第一。

2014年1月23日，联想集团与IBM共同宣布：联想收购IBM的X86服务器业务，交易总额约23亿美元。2014年1月30日，联想集团与谷歌同时宣布：联想以29亿美元收购谷歌公司摩托罗拉移动智能手机业务，包括品牌和商标，3 500名员工，2 000项专利以及全球50多家运营商的合作伙伴。这一协议的达成，使联想在智能手机领域的市场地位大大增强。

在并购X86服务器业务后，联想集团在中国服务器市场将排名第一，市场份额约为25%；全球服务器市场排名第三，市场份额约为14%。联想并购IBM摩托罗拉手机后将获得五个方面的资产，分别是品牌、专利、技术实力、产品线和关键市场（如美国和拉美市场）。并购后联想在智能手机领域和服务器领域将向两个维度发展：一是智能手机与服务器业务国际化；二是获得更多市场份额，成为服务器和智能手机领域的全球第一。

至此，联想集团的业务包括PC计算终端（台式机、笔记本）、移动计算终端（智能手机）、家庭计算终端（智能电视）、企业计算服务器、存储、软件与云服务。未来的联想是什么样的架构？是“云+端”，而不是硬件规模化。通过上述两轮并购，联想将IBM和谷歌拉入了自己的生态圈。部分收购通过联想股票支付，这样IBM、谷歌就变成了联想集团的股东。在共同利益下，能为联想集团在“云+端”的发展道路上提供支持。

联想在2004年令人震惊地以12.5亿美元收购IBM的PC业务，联想凭借这笔蛇吞象的交易，成功变成全球个人电脑第三大厂商。联想希望通过收购摩托罗拉手机业务，重复当年的路径。对于收购后的整合，联想有丰富的经验，自然非常自信。联想相信此次并购同样能够取得成功，联想有信心让这个业务实现长久的增长和盈利。联想将结合双方优势，打造用户喜爱的产品，推动业务成长。

联想一贯秉承“让客户用得更好”的理念，始终致力于为客户提供最新、最好的科技产品，推动信息产业的发展。面向未来，作为IT技术与服务的提供者，联想将以客户为导向，满足家庭、个人、中小企业和大企业等不同类型客户的需求，为其提供针对性的信息产品和服务。

未来的联想，将是高科技的联想、服务的联想、国际化的联想。

第十三章 21世纪中国企业的战略目标

✓本章摘要

经济全球化是大势所趋，中国是全球化的受益者、贡献者和参与者。习近平主席提出构建人类命运共同体，体现了中华文明以和为贵的思想。当前，新兴的国际关系应以合作共赢为核心，反映了世界各国人民对和平、发展、繁荣的向往。“一带一路”倡议作为国际合作的平台和国际公共产品，推动世界经济的发展。近两年，新冠肺炎疫情肆虐全球，要求人类同心协力战胜疾病，恢复经济。华为立足于创新，代表着中国民营企业推动企业管理模式的转型、造福人类的追求。中国作为世界第二大经济体，希望对经济全球化作出更大的贡献，而这离不开中国人民努力自主创新，早日建成科技强国。

✓本章关键词

经济全球化　人类命运共同体　“一带一路”　华为　自主创新　科技强国

✓学完本章，你需要掌握：

以经济全球化为基石，世界各国共同努力实现人类命运共同体的目标。中国和有关的国家以“一带一路”倡议作为国际合作的平台和国际公共产品，为全人类创造新的福祉。为此，中国立足国内，并积极推进企业国际化进程。中国民营企业华为通过创新成为中国企业国际化的楷模。中国自主创新，力求早日建成科技强国。

第一节　中国倡导构建人类命运共同体，推动经济全球化和增进人类福祉

一、中国倡导人类命运共同体的伟大意义

（一）人类命运共同体理念的由来

人类命运共同体的思想，来自古老中华文明的“和为贵”思想，是东方文明智慧的结晶。从古代先哲孔子的“天下大同”到宋朝文豪范仲淹的“先天下之忧而忧，后

天下之乐而乐”，从民主革命先驱孙中山“天下为公”的济世情怀到新中国缔造者毛泽东“环球同此凉热”的伟大抱负，五千年中华民族“亲仁善邻”“讲信和睦”“和衷共济”“患难与共”的美好理想一脉相承。习近平主席倡导“人类命运共同体”正是上述所有思想主张的继承、创新和发展。

2013 年 3 月，中国国家主席习近平在莫斯科国际关系学院发表演讲，倡导构建人类命运共同体。2015 年 9 月，习近平在纽约联合国总部出席第七十届联合国大会一般性辩论并发表讲话，将构建以合作共赢为核心的新型国际关系与打造人类命运共同体紧密相连，进一步丰富发展了人类命运共同体的思想。从 2013 年 3 月到 2017 年 3 月，构建人类命运共同体的中国智慧和中国方案，得到国际社会的广泛认同。2017 年 3 月，“构建人类命运共同体”被写入联合国安理会第 2344 号决议。这一理念集中了中华优秀传统文化智慧，体现了全人类的共同愿望和追求，反映了世界各国人民对和平、发展、繁荣的向往。

（二）人类命运共同体理念适应当今世界形势之变化

21 世纪前 20 年，世界形势呈现两大基本特征：一是世界多极化、经济全球化、社会信息化、文化多样化深入发展，新兴市场和发展中国家快速崛起，国际力量对比更加均衡，全球治理体系深刻重塑，国际形势和格局加速演变，世界处于大变革、大调整、大组合之中。二是当今世界在经历百年未有之大变局的过程中，人类面临共同的风险和挑战。单边主义、保护主义和霸权主义抬头，战略恐怖、饥荒疫情此起彼伏，世界充满不确定性，人们的安全存在严重的不确定性。人们对人类的未来忧心忡忡，期待有新的智慧和新的解决方案。

二、中国倡导构建人类命运共同体，并亲力亲为、和衷共济

面对世界形势的大变局，中国正在为实现中华民族伟大复兴的中国梦，为实现“两个百年”目标而努力奋斗。中国明确提出了中国特色的国际战略思想，倡导构建人类命运共同体，实施共建“一带一路”倡议，发起创办亚洲基础设施投资银行，设立丝路基金等，促进全球治理体系变革。中国倡导包含新的智慧和新的解决方案，具有鲜明的中国特色、中国风格和中国气派。

中国是当代国际秩序参与者、维护者和建设者，努力为全球治理贡献中国智慧和力量。中国与周边国家唇齿相依，命运与共，相互以德为邻，以邻为伴，遵守睦邻、安邻、富邻的处事原则。中国与俄罗斯关系成为维护世界和平、安全和稳定的压舱石。中俄两国努力共建全面战略协作伙伴关系。对于中美两国关系，中国历来主张，双方作为世界上最大的发展中国家和最大的发达国家，应该本着对人类负责、对历史负责、对人民负责的态度，认真对待处理好两国关系。中国与欧洲各国力争打造竞相发展、相互促进的良好关系。广大发展中国家是我们在国际关系中的天然盟友，经济上团结合作，中国将向发展中国家提供力所能及的帮助。2015 年 9 月，在中国和联合国共同举办的南南合作圆桌会上，中国与发展中国家将南南合作推向一个新的全面发展阶段。中国在各

种场合努力维护发展中国家的共同利益。

人类社会虽然始终存在多种多样的发展路径，各国又处于不同的社会发展阶段，但归根结底是命运相关、休戚与共的整体，人类命运尽管存在各种各样的差异和矛盾，常常出现对立和冲突，但在本质上是彼此牵连、无法割舍和互通互鉴的。

各国在经济、文化、安全等领域，早就自觉不自觉地建立起相互依存、彼此借力的密切关系，早就别无选择地成为同一个地球村的村民，早就在历史时空中结成你中有我、我中有你的密切关系，这就是人类命运共同体。

世界已进入一个共担风险和共享利益的新时代，没有一个国家能够独善其身。在动荡的世界中，务实向来是中国的思想和行事的一大特点，中国首先处理好与周边国家的关系，与邻为善，以邻为伴，坚持正确的利益观，与广大周边国家发展“亲诚为善”的合作关系，将心比心，以德换心；同时，妥善处理与邻国的矛盾争端，既不回避矛盾，也不制造矛盾，通过深化交融的关系打消疑虑，打造共同起飞的舞台。中国有十几个邻国，和谐的邻邦关系非常重要。

改革开放四十年，中国经济有了质的飞跃，中国已成为世界第二大经济体。中国以自身成功的经验引领全球治理，以德服人，而非以力压人，中国在未来全球治理中的作用并非越大越好，而是应该审时度势，相向而行。

美国霸权地位由盛转衰，美国主导的国际秩序已经失衡，美国的单边主义促使“脱钩”“逃避”“毁约”有增无减，“人祸”加剧，“天灾”增多，全球治理赤字加大，从而加大了全球治理的难度，损人不利己。竞争只会给全球消费者带来更多好处，同时降低企业生产成本。

三、为实现人类命运共同体目标，中国承担国际义务和责任

前事不忘，后事之师。中国曾经历百年的屈辱历史，因此对于主权问题和外来干预特别敏感，在构建人类命运共同体过程中，更加关注参与国家的主权利益和经济利益。为此，中国郑重宣布“三不”政策，通过三个着力点、四个自信和五个方面更多造福于人类。

（1）“三不”政策。中国郑重宣布永远不称霸，永远不搞扩张，永远不以牺牲别国利益为代价来发展自己，也绝不放弃自己的正当利益。

（2）三个着力点。① 当下人类面临的共同挑战是气候变化、难民潮、网络安全、恐怖主义等，这些都具有负外部性的特征，采取国际合作共赢是唯一可靠的方法。②“一切皆互联”的时代要求。在数字化大背景下，数据的泛在性使得人与人、人与物的关系空前紧密。③ 最佳的成本优势。经济全球化时代应抛弃单边主义、双边主义，选择多边主义。多边主义制度的参与者越多，边际成本越低，整体效应就越大。事实证明，多边主义具有最佳成本效益。企业作为市场的主体，直接面对市场，同时也是创新的主力。因此，越来越多的企业成为“世界公民”。

（3）四个自信。中国努力探索人类命运共同体之路径，中国将以“四个自信”，即中国特色社会主义道路自信、理论自信、制度自信、文化自信，巩固建设好中华信息体

系，并将继续积极承担应尽的国际责任和义务，寓中国稳定于世界和平之中，寓中国发展于世界繁荣之中，为构建一个持久和平、普遍安全、共同繁荣、开放包容、清洁美丽的世界，为推动构建人类命运共同体作出更大的贡献。

（4）中国造福于人类命运共同体，首先要开发自己。未来中国将在以下五个方面推动建设开放型世界经济：第一，中国将进一步放宽外商投资准入，继续缩减外商准入负面清单。第二，进一步扩大商品和服务贸易进口，努力促进贸易平衡发展。第三，进一步改善营商环境，全面实施平等待遇，对在中国境内注册的各类企业平等对待，一视同仁。第四，进一步打造对外开放新高地，赋予自贸试验区更大的改革自主权，加速推进海南自由贸易港建设。第五，进一步深化多边合作，共同建设开放型世界经济。以上五个方面的努力目标，说明开放型经济已成为当代中国的鲜明标志。

2021 年 6 月 25 日，国务委员兼外交部部长王毅出席“纪念新中国恢复联合国合法席位 50 周年”蓝厅论坛时指出：为促进共同发展，中国不遗余力。中国连续 15 年对全球经济增长贡献率位居世界第一。中国主动将自身发展同世界发展紧密相连，共建“一带一路”倡议获得 140 个国家和 32 个国际组织积极响应。积极开展“南南合作”，向 166 个国家和国际组织提供近 4 000 亿元人民币发展援助。此外，为应对全球挑战，中国积极促成并坚定支持有关气候变化的《巴黎协定》，提出碳达峰和碳中和目标，展示了应对气候变化的历史自觉和大国担当。在全球抗击新冠肺炎疫情进程中，中国第一时间开展全球紧急人道主义行动，累计向 150 多个国家和 13 个国际组织提供紧急抗疫物资援助，宣布将中国疫苗作为全球公共产品，向世界发出团结抗疫的“中国强音”。

中国扩大开放，参与经济全球化，不仅发展了自己，也造福了人类，顺应了世界发展大趋势。以人类命运共同体的思维方式，中国不仅要以身作则，自强不息，还要帮助其他国家朝着同一目标前行。

第二节　“一带一路”开创世界经济发展的新机遇

一、“一带一路”源于中华数千年文明的“大同思想”

2013 年 9 月，习近平主席出访中亚四国期间，在哈萨克斯坦的纳扎巴耶夫大学发表演讲，回顾了“古丝绸之路”的重要贡献，提出了在当代建设“丝绸之路经济带”的倡议。同年 10 月，习近平主席在印度尼西亚国会发表演讲，倡议中国与东盟国家加强合作，共建“21 世纪海上丝绸之路”。2015 年 3 月，中国发布《推动共建丝绸之路经济带和 21 世纪海上丝绸之路的愿景与行动》，全面系统地提出共同建设“一带一路”倡议（Belt and Road Initiative）的基本思路和主张。

中国既是海洋大国又是陆地大国，具有海洋、陆地两方面的地理纵深与历史经验。同时，历史上中国与任何“一带一路”沿线国家都没有发生过文明或是宗教的冲突，具有天时、地理、人和的优势。从中国的开放发展而言，过去更多强调“引进来”，现在已经发展到了将“引进来”和“走出去”相结合的新阶段。“一带一路”不仅是向西延伸，同时也要向东发展，既要面向发展中国家，也向发达国家开放。中国更加深入地融入世界，与世界各国一起共建“一带一路”，促进共同繁荣和推动构建人类命运共同体。中国倡导共建“一带一路”对推动中国在新时代构建全面开放新格局产生关键性影响，也将对促进全球经济的共同发展发挥十分重要的作用。共建“一带一路”，将为中国带来历史新机遇，在促进全球经济的共同发展上发挥十分重要的作用。

二、“一带一路”倡议的重大意义

“一带一路”倡议不仅为世界各国发展提供新的机遇，也为中国开放发展开辟新天地。“一带一路”如一首协奏曲，要为世界经济开辟新空间，要为国际贸易和国际投资搭建新平台，要为完善经济全球化拓展新实践，要为增进各国国民福祉作出新贡献。

（一）“一带一路”的路径

“一带一路”是以亚洲国家为重点，以经济走廊为依托、以交通基础设施为突破、以建设融资平台为抓手、以信息交流为纽带的全球合作模式，实现沿线国家共同繁荣发展的方案。“一带一路”作为国际合作平台，坚持共商、共建、共享的原则。

“一带一路”包括两条路径。一条是陆上路线，被称为“丝绸之路经济带”，将亚洲的中心与俄罗斯和欧洲大陆连接起来；另一条是海上路线，被称为“21世纪海上丝绸之路”，穿过西太平洋、印度洋和地中海抵达欧洲，同时也连接非洲和拉丁美洲。

陆地路线又分为两条主要路线，分别是北方路线和南方路线。北方路线由中国经哈萨克斯坦、俄罗斯，通过白俄罗斯和波兰进入欧洲，然后穿过德国、比利时、法国、西班牙和英国。南方路线由中国经过吉尔吉斯斯坦、塔吉克斯坦、乌兹别克斯坦等国，再通过伊朗和叙利亚进入中东，最后经博斯普鲁斯海峡进入欧洲。

“21世纪海上丝绸之路”由各条海上路线连接亚洲各港口，穿越中国南海到达非洲和欧洲各港口。这条路线经过东盟、巴基斯坦，然后经过阿曼和也门的港口，从那里进入非洲。随后，其中一条路线向北，穿过吉布提，再穿越埃及的苏伊士运河到达地中海，然后通往土耳其、希腊和意大利的港口。

（二）“一带一路”倡议的目标

中华文明处世之道是“亲仁善邻，协和万邦”，中华文明的价值导向是“惠民、利民、安民、富民”。中国倡导的“一带一路”的最初方案涵盖44亿沿线居民，占全球人口的63%，它涉及各国的国内生产总值（GDP）约占全球GDP总量的43%；它包括全球75%的能源储备（石油和天然气）以及钢铁、有色金属和玻璃等原材料的产地。

“一带一路”倡议（Belt and Road Initiative）的英文缩写是BRI，第一个英文字母“B”是前景广阔（Broad Prospects），意在国与国之间搭桥沟通，开放合作，互利共赢；第二个字母“R”即无限机遇（Rich Opportunities），它将使沿线国家各显其能，互补优势；第三个字母“I”为巨大潜力（Immense Potential），意思是共商、共建、共享，全方位的互联互通，确保可持续发展（Sustainable Development），更好地融入全球供应链、产业链和价值链。

“一带一路”倡议秉承中华企业文化“恩利及人”，传递“我们大于我”的企业精神，它是一个开放性、包容性的国际经济合作平台，也是一种国际经济合作的新模式，通过这个新的国际合作平台互联互通，使生产要素在全球范围内不受限制地流动，效率由此得以提升。从经济角度而论，当下沿线国家要看清以下三个问题：Why、What、How（为什么、做什么、怎么做）。

第一个问题 Why，即为什么要开展“一带一路”的国际合作。首先是贸易发展的需要，出口国与进口国有大量的石油、天然气、矿产品、农产品和工业品需要交易；其次是投资的需要，有的国家有较充裕的资金，有的国家缺乏建设资金，需要一个让资金施展拳脚的平台；最后是广泛团结发展中国家、促进区域经济发展的需要，让全球公共产品为更多的人享用。

第二个问题 What，即“一带一路”做什么。基础设施联通是共建“一带一路”的优先项目，据经济合作与发展组织（OECD）估算，全球基础设施建设存在巨大赤字，每年大约面临 3 万亿~6 万亿美元的缺口，“一带一路”的目标是促进铁路、公路、航运、管道、空间综合信息网络等多核心、全方位、多层次、复合型基础设施网络的加快形成，大大降低区域间商品、资金、信息、技术等交易成本，有效促进跨区域资源要素的有序流动和优化配置，实现互联合作，共同发展。“一带一路”要创建“六廊六路，多国多港”的设施联通主体框架。所谓“六廊”，即新亚欧大陆桥、中蒙俄、中国—中亚—西亚、中国—中南半岛、中巴和孟中印缅等六大经济走廊；所谓“六路”，即铁路、公路、水路、空路、管路、信息高速路。上述一大批重要建设项目正在亚洲、欧洲、非洲等地稳步推进。事实证明，新建的蒙巴萨—内罗毕铁路将肯尼亚最大港口和首都之间的交通时间从 10 小时缩减到 4 小时；亚的斯亚贝巴—吉布提铁路将两地的交通时间从 24 小时缩短到 12 小时。截至 2018 年底，中欧班列已联通亚欧大陆 16 个国家的 108 个城市。“六廊六路”确保了市场化、商业化和可持续发展。

第三个问题 How，即“一带一路”怎么做。其基本理念是共商、共建、共享，自愿合作、互利共赢。中国力推市场合作模式，让企业做主体，政府只是发挥引导作用。事实表明，这样的模式具有均衡性、普惠性，使更多的地区和人民获得好处，缩小发展的差距。

（三）“一带一路”的内容

自习近平主席提出“一带一路”的倡议，经过数年的努力奋斗，“一带一路”的制度框架已基本形成且逐步清晰，可以将其归纳为五项主要内容，具体是：“一体”，即构建人类命运共同体，这是开展“一带一路”国际合作的最终目标；“二性”，即开放性、包容性，这是其主要特性；“三共”，即共商、共建、共享，这是基本原则；“四互”，即和平合作、开放包容、互学互鉴、互利共赢，这是基本精神；“五通”，即政策沟通、设施联通、贸易畅通、资金融通、民心相通，这是主要内容。

（四）中国是“一带一路”的倡导者和执行者

中国着力将“一带一路”沿线国家的共同利益结合在一起，着力把人类命运共同体落到实处，落实到一个个工程项目之中。

（1）“想要富，先修路”的致富理念。中国改革开放初期的这个原始朴素的想法，很快被沿线新兴国家所接受。要想发展经济，首先要搞好基础设施建设，若能借助国际合作的新理念和价值观，必将众人拾柴火焰高。

（2）“稳健务实，实事求是”量力而行的工程立项态度。发挥“浅河以深河渡”的工匠精神，完成每一项工程目标。中方承包商与项目长期效益紧密结合，创造性地提出工程项目“投建营”三位一体的模式，提升“投建营一体化”综合实力：首先，实现从“规模扩张型”向“质量效益型”的转化。其次，充分发挥参与国的各自优势，开展互利合作和跨界整合。再次，完善全面风险管控体系。最后，兼顾各方利益和诉求，兼顾对环境和生态的保护，推动当地的社会经济发展。

中国企业不仅要投资建设好，还要介入项目运营和维护，确保项目平稳运行，产生持续经济效益。

（3）“有所为而有所不为”的工作方法。工程项目要抓住重点，兼顾一般，不贪大求全，真正落实合作项目，按中国当前实力，能源电力、基础设施、工业制造、信息技术和传统农业的五大领域为投资规模最大的行业。

（4）“志同道合，各方自愿”的合作原则。“一带一路”倡议是一个合作与和平的计划，又是一个包容与尊重主权的计划，选择好项目、选择好合作方至关重要。

（5）“预则立，不预则废”的风险意识。中国企业在参与和引领重大国际合作项目中，要学会量入为出，用确定性对冲不确定性。要处理好以下四种风险：第一，已知为已知。美国以贸易战打压，动用长臂管辖，“挟霸权以令盟友”。第二，已知的未知。世界时局之转变，过去50年已知的格局正在受到严重未知的挑战，需提高处理“已知的未知”的风险能力。第三，未知的已知。中国是“一带一路”的倡导者和实践者，但我们面对的是国内外不确定性的双重叠加，前进路上未知的已知因素难以预测。第四，未知的未知。“一带一路”合作中会遇到经济形势的变化，规则、理念在变，参与者利益诉求在变。总之，碎片化是必然，会面临未知的未知风险。

（6）“轻重缓急，有主有次”择优安排选项。“一带一路”作为聚焦新兴市场的平台，少虚多实，使其成为一个能够唤起全球对新兴市场关注的理想模式，项目的选择要有重有轻，把有限的资金用得适得其所，起到以四两拨千斤的作用。以沿线项目的投资撬动更多不同层次的资本，如世界银行这类国际性金融机构，亚投行、亚洲开发银行等多边开放金融机构，政策性银行以及私募基金、投资合作基金，还有项目所在国的一些金融机构或融资平台，分别发挥作用，做到有资可融。

（7）“自上而下，自下而上”展开项目。企业是主体，政府是协调机构。经济效益应由市场检验，通过业绩考核，提高透明度，加强质疑和监督。检验工程项目对所在国经济推动力的标准有六个方面：第一，提供可观的投资；第二，增强国与国、地区与地区间的互联互通；第三，开发沿线的自然资源；第四，提高生产力和促进经济增长；第五，改善当地教育；第六，利用和提升当地劳动力。

（8）“多予少取，只予不取”。这是数千年中华传统利义观，讲的是“取之有道”和“取信于人”。“一带一路”利益结构的伦理基础是共同利益、合作共赢的新利义观。君子并非只讲“义”而不讲“利”，关键在于“道”。中国企业始终防范把盈利作为首选要素，这会带来“竭泽而渔”的结果。与此同时，也要防范把“一带一路”项目做成政府援助项目，不计成本、不计得失，造成另一种“竭泽而渔”的结果。

三、“一带一路”沿线合作深耕厚植，行稳致远

事在人为，因人成事，因人废事。建设高质量的“一带一路”目标，要坚持三大理念：一要坚信开发，绿色、廉洁理念；二要坚持共商、共建、共享的基本原则；三要充分发挥和坚持市场导向、发挥企业在建设中的主体作用。窥一斑而知全豹，以下介绍中国与 9 个经济合作区共建“一带一路”的情况。

（一）“一带一路”对接东北亚地区

东北亚地区由中国、俄罗斯、朝鲜、韩国、蒙古国和日本六国组成。该地区面积辽阔、资源丰富，经济联系密切，交流合作空间巨大，是世界上最有潜力、最有经济活力的区域之一。六国占全球人口的 23%，GDP 占全球的近五分之一。

目前，俄罗斯、蒙古国、韩国等区域国家拟订计划，希望与中国开展“一带一路”合作。中国、日本、韩国三国地理位置临近，文化相似，经济关系密切，作为沿线重要的三个国家和东亚三大主要经济体的三方，将巩固深化合作关系，三国正积极推进三国企业、多式联运体系的建设。中国连云港、青岛，韩国的釜山、仁川，日本的神户、下关等东北亚重要港口已连成一体。在美国发起全球贸易战影响下，中日韩三国的共同利益不断扩大，合作愿望日益增强。

东北亚“一带一路”合作的前景广阔。若“一带一路”合作能够贯通朝鲜半岛，打通日韩海底隧道（仍在设想中），东北亚海路就能更加畅通。

（二）中俄“一带一路”互利互赢，共同发展

中国和俄罗斯两国地理位置毗邻，合作关系密切。据统计，中国已连续数年成为俄罗斯第一大贸易伙伴国，俄罗斯为中国最大油气供应国。在从远东开发到北极、从“冰上丝路”到“数字丝路”、从大飞机到卫星导航系统等高新科技领域的合作日益广泛、深入、务实。这种充满前景的新高度，无疑将连续造福两国人民，也是共建“一带一路”成功之典范，当整个世界的目光被狼烟四起的贸易战吸引时，中俄合作有醍醐灌顶之效。

中俄合作得天独厚，俄罗斯资源丰富，中国市场广阔，两国优势互补，互利双赢。中俄东线天然气管道于 2019 年 12 月 2 日正式运营，这条横跨中俄两国的能源大动脉是全球天然气合作的重大战略项目，它包括俄罗斯境内的“西伯利亚力量”管道和中方境内的中俄东线天然气管道。设计要求每年供气 380 亿立方米，累计合同期为 30 年。

俄罗斯境内的“西伯利亚力量”输气管道起自科维克金气田和恰杨金气田，经由3个联邦主体，直达远东布拉戈维申斯克市的中俄边境，管道全长约3 000千米。中国境内的中俄东线天然气管道，从黑河市入境，途经黑龙江、吉林、内蒙古、辽宁、河北、天津、山东、江苏和上海9个省（区、市），全长5 111千米，总成本约550亿美元。

“一带一路”建设使俄罗斯“西伯利亚力量”管道与中国东北管道网系统、西气东输四线工程互联互通，共同组成纵贯南北、横跨东西、连接国外天然气管网的格局，形成了地缘毗邻自然而然的伙伴关系。

中俄“一带一路”利用独特的优势，依靠市场需求的引导作用、科技创新的强大支撑、双方企业的积极参与，能够真正实现互利互赢，共同发展。随着中俄原油管道、东线天然气管道、同江铁路桥、黑河公路桥、信息网络等一大批项目顺利推进，双边合作将迎来喜人的“丰收期”。

（三）中国与中亚、南亚和东南亚经济走廊

中国与中亚、南亚、东南亚一同高质量推进“一带一路”合作的条件已经成熟，新疆、云南等成为进入上述三个地区的窗口和辐射中心。

（1）中哈经济走廊。“一带一路”的动脉之一就是通往西班牙首都马德里的铁路运输线。“义新欧”中欧班列连接中国东部的义乌市与马德里，行程1.3万千米。拥有7.5万个商铺的义乌国际商品城被称为“小商品之都”，向全球供应80%的圣诞装饰品，美欧日国家的“一元店”商品都来自这里。

中国通往西部的铁路与巴库—第比利斯—卡尔斯经济走廊相连接，打通了连接阿塞拜疆、哈萨克斯坦、格鲁吉亚和土耳其的铁路，这是“一带一路”合作蓝图的一部分。塔吉克斯坦盛产棉花，但棉花加工能力仅占全国棉花产量的10%，中国投资使其成为中亚最大的纺织行业生产者，加工的棉纺线90%以上出口海外，成为塔吉克斯坦的出口创汇第一大户。

（2）中国—巴基斯坦经济走廊。中巴经济走廊是“一带一路”合作的重要项目之一。中国投资建设巴基斯坦深水港瓜达尔港，并连接首都卡拉奇。通过瓜达尔港进入印度洋，可以不必穿越多事之地的马六甲海峡。

（3）中国—中南半岛经济走廊。中国在东盟的“一带一路”的项目投资占世界所有“一带一路”项目投资的1/3，在这条线上，马来西亚、新加坡、印度尼西亚、柬埔寨和越南为侧重点。

2016年，中国开通了上海至昆明的高速铁路，昆明是一个拥有数百万人口的城市，是通往中南半岛的门户，作为“一带一路”的初始项目之一，推动了中国—中南半岛经济走廊的建设，拓展了与东南亚国家的合作关系。

（4）中国—尼泊尔探讨建设跨喜马拉雅铁路。中国提议投资25亿美元，建设打通中国的吉隆县与尼泊尔首都加德满都的跨喜马拉雅山的铁路项目，这是世界上海拔最高、最有挑战性的“新丝绸之路”的倡议。为此，2014年8月，北京开通从拉萨毗邻尼泊尔的日喀则地区的铁路，日喀则距离靠近尼泊尔的中国吉隆县大约还有500千米。

（四）中国—东南亚“21世纪海上丝绸之路”

新加坡作为世界上最早支持“一带一路”倡议的国家，2017年5月，在“一带一路”国际合作高峰论坛会议上，中国与新加坡签订了“一带一路”建设合作谅解备忘录，新加坡成为中国对“一带一路”国家投资的重要枢纽。中国商务部数据显示，中国对“一带一路”国家投资中有将近1/3流向新加坡，而新加坡对中国投资也曾一度占到“一带一路”国家对华投资总额的85%。

越南是中国在东南亚地区最大的邻国，越南接纳并推进“一带一路”倡议，更是海上丝绸之路的重要节点。越南已经超越马来西亚成为中国在东南亚最大的贸易伙伴。

东帝汶西接印度尼西亚、南邻澳大利亚，是亚洲最年轻的国家，在那里到处显现中国元素和影响力。首都的3栋标志性建筑——总统府、外交部大楼和国防部大楼是由中国援建的。东帝汶是中国发起的亚洲基础设施投资银行（简称亚投行）的成员，中国“一带一路”项目随之在东帝汶落地，在20多个项目中，最引人注目的3大项目是“一网、一路、一港”，即国家电网、第一条高速公路和蒂坝港。

中国宣布设立50亿美元的中国—东盟经济合作专项贷款，东南亚国家的特色产品，包括泰国和马来西亚的榴梿、菲律宾的香蕉、柬埔寨的大米、越南的咖啡、印度尼西亚的棕榈油等等，源源不断进入中国寻常百姓家；中国生产的智能手机、家电、玩具等优质产品在东盟国家深受欢迎。东盟经济的发展推动了数字经济、人工智能、大数据、网络安全等领域的创新合作。

2020年，中国与亚太其他14个国家签署了区域全面经济伙伴关系协定（RCEP），创建的世界最大自由贸易区覆盖22亿人口，贸易量约占世界贸易的30%，GDP约占全球GDP的三分之一。在世界经济下行压力加大、单边主义抬头和美国发起贸易战的背景下，RCEP的正式签订无疑为世界经济注入了强心剂，为域内各国带来了“看得见、摸得着”的好处和便利。

（五）中国—中东是陆上丝绸之路与海上丝绸之路的交汇点

中国古丝绸之路的贸易路线与包括伊朗和土耳其在内的国家曾通过香料、皮革和宝石的贸易相连，21世纪的中东仍是陆上丝绸之路与海上丝绸之路的交汇点。中国通过在海外计划投资高达1万亿美元的“一带一路”倡议，恢复和加强了与该地区的新联系。

中东是“一带一路”构想在地理意义上的中心点，它不仅地处亚、非、欧三大陆地的交汇地，也被地中海、红海、阿拉伯海、里海及黑海所环绕。这里拥有博斯普鲁斯海峡、达达尼尔海峡、曼德海峡、霍尔木兹海峡，为海上战略咽喉要道，海湾国家地处中东核心地带，影响力很大。海湾国家令人注目的战略价值是得天独厚的地理位置、丰富的自然资源、不可小觑的工业化潜力。今日的海湾国家志存高远，希望减少对石油的过度依赖，实现经济可持续发展。海湾地区应补短板、固优势，其发展计划与中国的共建“一带一路”愿景殊途同归。

中东国家在希望与美国保持牢固关系的同时，也希望得到中国越来越多的投资。中匡参与开发伊拉克油田，帮助埃及在沙漠里建设新的首都，帮助伊拉克重建国家，建设管理以色列的一座港口等，已成为全球最大的原油进口国，其原油供应的近一半来自中东，加强与中东地区的合作意义深远。

（六）中国—欧洲陆上与海上的“一带一路”

中国与欧洲签署的“一带一路”合作文件，证明中国已经可以做到“条条大路通罗马”。陆上从北京出发，北经俄罗斯的西伯利亚，一路西行直达莫斯科，随后过境爱沙尼亚、拉脱维亚、立陶宛、白俄罗斯、波兰、捷克、奥地利，最终进入意大利，到达罗马。在版图上，另一条是从太平洋、大西洋、地中海途经多个港口进入罗马的海上之路。

吉布提紧邻红海和亚丁海之间的曼德海峡，是印度洋通往地中海的咽喉要道，也是通往罗马的海上之路。中国企业投资建设的国际自由贸易区已正式开园，这将成为“21世纪海上丝绸之路”的新枢纽，待到2045年项目全部完成后，将成为非洲最大的自由贸易区。

2017年3月，意大利是“七国集团”中首个与中国签署“一带一路”合作协议的国家。自2009年欧债危机爆发以来，意大利公共债务达到经济总量的130%，远超过欧盟设定的60%的标准，是欧元区仅次于希腊的高债务国家。意大利迫切希望搭乘中国经济发展的顺风车，借助中国的资金和技术，开拓基础设施、新的机场、新的贸易走廊，毋庸置疑，这将推动其经济增长。

“发展是解决一切问题的总钥匙”。希腊与意大利隔海相望，在中国企业并购希腊的比雷埃夫斯港之后，该港口吞吐量从原来的全球排名第93位，一跃成为第25位，已成为地中海地区最繁荣的海港和全球发展最快的集装箱码头之一。在希腊遭遇欧债危机时，中国雪中送炭，提振了经济危机中希腊人民的信心和士气。

葡萄牙是一个欧洲债务危机评级较低的国家，是地理大发现的开启者。“一带一路”倡议对葡萄牙来说是第二次地理大发现，它让葡萄牙重拾历史自信和经济复苏的雄心，葡萄牙热切希望铁路丝绸之路——中欧班列延伸到葡萄牙。葡萄牙也是欧盟第一个向外国资本完全开放的国家。中国长江三峡集团收购了葡萄牙电力公司股权，中国国家电网公司收购了葡萄牙电网公司股权，均成为单一的最大股东。

中葡两国加强“一带一路”建设合作，大力开发葡萄牙的西内斯港。葡萄牙不仅是欧盟成员国，还是葡萄牙语国家的领头羊，讲葡萄牙语的国家还包括巴西、佛得角、几内亚比绍、莫桑比克、安哥拉、圣多美和普林西比、东帝汶、赤道几内亚等亚洲、拉美众多国家，葡萄牙参与“一带一路”倡议无疑有着非常好的示范和带动作用。葡萄牙在葡语国家中的影响力可以帮助中葡两国在以上地区进行第三方合作，这是“一带一路”倡议举一反三的实例。

目前，大多数欧洲国家已经积极投入“一带一路”建设。瑞士是欧洲大陆第一个，也是唯一一个与中国签署自由贸易协定的国家。瑞士作为一个中立和发达的经济体，可以成为中欧合作的桥梁纽带，对于中国而言，瑞士既是试验场，也是旗舰国。

“一带一路”加速了中国与欧洲国家之间的物流，推动了其背后的贸易流，截至

2018 年，中欧货运列车已经与 15 个欧洲国家的 50 个城市衔接，从中国西安到德国汉堡、从中国义乌到英国伦敦、从中国武汉到法国里昂等，中国与欧洲每年有两万多次班列纵横穿梭在中亚大草原上。海上运输成本虽低且相对环保，但从中国到欧洲需要 2 个月的时间；航空运输时间虽短但成本高，而铁路运输只需要 2 周，铁路运输的建设为“一带一路”锦上添花。

“一带一路”倡议除扩大了陆上和海上的丝绸之路，还新添了“冰上丝绸之路”。国内的三家企业承包了斯堪的纳维亚国家的世界最长的海底隧道的建设项目，这一隧道被称为“冰上丝绸之路”，该海底隧道将连接芬兰的赫尔辛基和爱沙尼亚的塔林，这个庞大项目需要投资 150 亿欧元。爱尔兰和芬兰两国政府与欧盟虽然十多年来一直考虑投资该项目，但一直没有动静，现在韦斯特巴卡私人公司与中国企业联手推进该项目，该项目有望在 5 年内完工，欧洲媒体评论说“没有中国资本，类似的工程永远不会完成”，欧盟的这一战略基础设施，最终靠中国企业的力量得以实现，令世界刮目相看。

（七）非洲振兴借力“一带一路”

自 2000 年开始，非洲大陆经济稳定增长，成为全球 GDP 增速第二的大陆，世界上增速最快的 10 个经济体中有 6 个在非洲。随着经济全球化的推进，中非合作计划和行动进展迅速，推动“一带一路”在非洲的建设向全方位、多层次、宽领域发展，中非经贸合作从“授鱼”向“授渔”、从“输血”向“造血”升华，授渔和造血功能满足了非洲大陆自身可持续发展的需要。中国企业借力“一带一路”把重点集中在基础设施、能源开发、工业园区、家用电器、网络通信、农业食品、医药卫生和城建旅游的八大领域。

在“一带一路”倡议下，大量中国企业走进非洲，中国对非洲的投资出现井喷式增长。2015 年，中国与非洲联盟签署了关于基础设施建设合作的备忘录。“要想富，先修路”，中国的资本和技术帮助非洲国家建设高铁、高速公路、港口机场，升级现有的体系，最终帮助非洲联盟的 50 多个国家实现互联互通。华为、阿里巴巴、百度、腾讯等企业纷纷在非洲建设“数字丝绸之路”，截至 2018 年，中国在非洲设立各类企业超过 3 700 家，对非洲累计投资存量超过 460 亿美元。

非洲各国已清楚地认识到，实现长久的和平发展是解决一切问题的总钥匙，中非经济合作已呈现深度融合的“裂变效应”，合作不限于单向的贸易往来、技术援助、单向投资，而形成了双向多元的长期格局，产业链的无缝对接，使经济、社会全面融合。许多成功合作项目不断涌现，从坦赞铁路、蒙内铁路、北非电力走廊到杂交水稻，再到数字经济都是生动的注脚。尤其是蒙内铁路的建成和投入运营，连接肯尼亚第一大港蒙巴萨和首都内罗毕的铁路原来需要十几个小时，现在仅需 5 小时，为当地直接创造了超过 4.6 万个就业岗位，将来该铁路还将连接乌干达、卢旺达、布隆迪、南苏丹等东非国家，成为非洲铁路的大动脉。

中国企业在“一带一路”沿线，因地制宜建设了很多工业园区。很多地方只是一片荒地，没有水、没有电、没有房屋、没有道路，开拓者只能因地制宜，从无到有，由点带面，不能简单照搬国内开发工业园区的模式和经验。这里百废待兴，一切需要自力更生，只要打好发展的基础，栽下梧桐树自有凤凰来。

（八）中国—拉丁美洲的“一带一路”

截至2019年底，中国企业在拉美至少参与了59个大型基础建设项目，总价值高达864亿美元。拉美各国政府将中国在基础设施上的投资视为现有传统融资方式的绝佳替代方案。在能源建设方面，主要是走绿色能源、清洁能源之路，太阳能、风能、水力发电和核电成为主角。中国企业在拉美有三大并购案值得一提：一是中国国家电网公司收购了巴西电力企业CPFL公司54.64%的股权；二是中国长江三峡集团收购了美国大型电力生产商杜克能源持有的巴西资产；三是长江电力股份有限公司以35.9亿美元收购秘鲁最大的电力公司Luz Del Sur（简称LDS）公司。

拉美地区矿产丰富，铁矿石是巴西出口中国的主要产品，中国企业在巴西的巴伊亚州投资了一项涉及矿业和物流的23亿美元的综合项目，还投资了一个深水港和一条将成为巴西东北部铁路干线的建设项目。

（九）中国—太平洋岛国之间的“一带一路”合作

中国与太平洋岛国开展的“一带一路”合作为海洋丝绸之路的项目合作，主要涵括三大内容：一是海洋基础设施建设，二是海洋经济建设，三是水资源开发问题。

中国—太平洋岛国紧急发展合作论坛设在萨摩亚首都阿皮亚，会议签署了7项合作协定，内容涉及投资基础设施建设、农业、电子商务和教育等领域。中国向该地区投放巨额贷款，极大地支持了当地的经济发展。

四、“一带一路”合作推动世界经济发展与人类命运共同体的构建

美国对中国的“一带一路”倡议采取了阻击、遏制和对抗的零和策略。一方面，美国人错误地认为它可以对伙伴采取“随意点菜”的态度，但事与愿违；另一方面，在时隔5年后的2017年，美国国会批准成立了一家国际开发金融公司，可提供600亿美元，企图在亚太地区与中国通过“一带一路”倡议投资实体经济的影响力相抗衡。但中国在该地区的投入已超过1万亿美元，两者投资规模相差甚远，美国的投资规模小，时间晚，作用有限。正如世界银行研究报告显示，“一带一路”成为当今世界广泛参与国际合作的平台和受欢迎的国际公共产品，有效地打通了沿线国家和地区的基础设施瓶颈，促进了互联互通，为全球贸易便利化和经济增长做出了重要贡献。

中国发起的“一带一路”倡议已成功推行了8年多（2013—2021年），中国在“一带一路”合作上投资了大约2.3万亿美元，涉及2 600多个工程项目，覆盖100多个沿线国家。2021年，“长赐号”在苏伊士运河搁浅事件，使人们对“一带一路”的重要性和有效性有了新的体会。2017年，中国在红海进入印度洋的要冲吉布提投资建设港口，又在以色列的海法和阿什杜德、阿尔及利亚的舍尔沙勒、埃及的塞得港和亚历山大港以及土耳其的昆布特运河及港口进行投资，这些港口在此次事件中也发挥了作用，产生了巨大的影响。

当今世界局势复杂多变，“一带一路”合作有助于经济全球化和人类命运共同体的构建，“一带一路”合作将会走远、走深、走实。

第三节 协力建设人类卫生健康共同体

一、中国抗疫成功的秘笈

2020年1月，新冠肺炎疫情在武汉暴发，中国政府采取了严格有效的防控措施，成为全世界抗疫成功的典范。

中国抗疫成功的秘诀是建立在及时、快速和严格执行公共卫生通用基本准则、保持社交距离、积极开展流调和预防措施基础上的，从中央到地方的各级政府组织不惜一切代价坚决遏制疫情蔓延。从2020年1月武汉封城开始扩大到湖北省及其他地区，各地严格执行防控措施。中国政府在面对紧急情况时始终把人民群众的生命安全和身体健康放在第一位，为所有确诊患者提供免费治疗，不让一个人失去救治的机会。实践证明，这些措施是科学的、成功的和有效的。

自新冠肺炎疫情暴发至2021年5月，中国国家主席习近平已经同近50位外国领导人及国际组织负责人通话或见面，推动国际合作。为了践行人类命运共同体理念，中国向150多个国家和4个国际组织提供紧急援助，以解各方燃眉之急；为170多个国家举办了卫生专家专题视频会议，毫无保留地分享成熟的诊疗经验和防控方案；向24个有紧急需求的国家派遣了26支医疗专家组，面对面地开展交流和指导。中国还在保证质量的前提下，开足马力生产面向全球的抗疫医疗物资和设备。

进入2021年以来，疫情一波又一波仍在各国肆虐，中国愿意继续向需要的国家提供力所能及的帮助，深入开展国际抗疫合作，共同迎接这场人类抗疫斗争的最终胜利。

二、新冠疫苗的研发与接种

医学界早已认识到，疫苗是人类控制传染病的重要手段。历史上大流行病的疫苗研发成功需要十年时间，这次新冠疫苗研发成功只用了7~8个月，这些疫苗拥有免疫性强、安全性高、技术可靠、研发周期短、成本廉价、易规模生产等特性。例如，2020年12月30日，北京生物制品研究所的新冠灭活疫苗获批上市，距离临床申报仅仅用了8个月。随后，科兴生物、国药中生武汉生物制品研究所、康希诺、智飞生物等中国企业生产的疫苗相继获批紧急应用或上市。同年12月2日，BioNtech/辉瑞研发生产的第一款核酸疫苗获批上市，距离临床申报仅仅过了7.5个月。在人类历史上，从来没有这么快地批准过一款疫苗，这是疫苗行业的一次里程碑式的革命。尽管从临床申报到获批上市的间隔大幅度压缩，疫苗的功效却并未因此打折扣。

中国疫苗研制进入了快车道。中国今天的制药业达到近 1 万多亿元的产值，疫苗业产值 400 多亿元，还只是一个小市场。中国疫苗行业也进入了跨越式发展阶段，特别是与疫苗有关的新技术、新企业和新市场受到了世界各国的普遍关注，也在业内掀起了一场堪称认知更新革命的思想解放。

目前，全球新冠疫苗开发主要有七条技术路线，它们是灭活疫苗、减毒活疫苗、蛋白亚单位疫苗、病毒样颗粒疫苗、病毒载体疫苗、mRNA 疫苗和 DNA 疫苗。中国除了病毒样颗粒疫苗和病毒载体疫苗两条技术路径外，其余五条都有疫苗研发布局。未来，中国疫苗市场投资重点是新的基因疫苗技术。新冠药与疫苗相比，药是病人吃的，病人毕竟是极少数人，而疫苗是健康人打的，从这个意义上讲，疫苗的机会比药大得多。

三、中国疫苗的研发创新以及与国际通力协作

没有疫苗，人类只能做被动防御。有了疫苗人类才能有主动出击的机会。从历史经验看，疫苗的创新和研发不是技术问题，而是深远的经济问题，国家财政对于从事疫苗研发公司企业的支持是否合理也很重要。

早在 2020 年 2 月，在中国科技部、国家卫生健康委、国家药监局等部门联合支持下，首批新型冠病毒感染的肺炎重症者接受用药，由中日医院、中国医学科学院药物研究所牵头，在武汉金银潭医院等家接诊新冠病毒肺炎患者的医院中进行面向拟人组 76 例患者的研究，采用随机、双盲、安慰剂对照方法展开。

在创新和研究过程中，中国多支研发团队已经在进行老药新用的研发筛选。其中，重要的老药新用得到有关部门的重点推荐。之后，有 60 多项针对“新冠病毒”的注册研究。中国疾控中心成功分离了新型冠状病毒毒株，为疫苗的研发奠定了基础。疫苗是抗御病毒的有效武器。中国有 9 种疫苗扩大临床试验，事实证明它们有效性高、副作用低、生产成本便宜且易于保存和运输。

2021 年的“五一”劳动节前，已传出中国疫苗接种的三大信息。第一是在这个世界人口最多的国家中，新冠疫苗接种已超过 1 亿剂次。卫生当局公布，中国应能在 2021 年底和 2022 年初达到 70% ~80% 的新冠疫苗接种率，中国将做到“群体免疫”。“群体免疫”又称“人群免疫”，是指对传染病的间接抵抗力，当人群通过接种疫苗或先前患有一种传染病而获得免疫力时，就会形成这种抵抗力。第二，中国将为已经接种疫苗的外籍人员入境提供便利。当然，这种便利只面向那些已经接种中国产疫苗的外籍人员。对于未来尚未批准使用中国疫苗地区的人员将很难入境中国。第三，中国已经批准第五款新冠疫苗用于紧急使用。同时，该疫苗于 2020 年 1 月起在中国国内及乌兹别克斯坦、巴基斯坦、厄瓜多尔等地启动三期临床试验。计划接种人数为 2.9 万。

中国已经有 5 款新冠疫苗获准上市。截至 2021 年 7 月，中国已向 100 多个国家和国际组织提供了超过 5 亿剂疫苗。中国疫苗生产企业 2021 年能够生产至少 30 亿剂疫苗。在这种情况下，世界上很大一部分人口可能最终接种中国生产的疫苗。中国新冠疫苗工业制造能力占全球新冠疫苗产能的将近一半。中国向世界提供的疫苗剂数，已经超过其他所有国家的总和。

在欧洲，尤其是英国，接种疫苗减少了英国因感染新冠病毒而住院的人数。英国约三分之二的人口接种了至少一剂疫苗。数据表明，疫苗正在减少入院人数和死亡人数，并减缓了病毒在社会中的传播速度。这说明当下的疫苗是有效的，而且只要接种一剂疫苗效果就非常好。

2021 年的中国疫苗产业，有点像 2011 年的中国互联网。2011 年前，中国互联网是“抄作业”，美国有谷歌，中国有百度；美国有雅虎，中国有搜狐。2011 年出现了一个革新性互联网产品，名叫微信，微信的诞生是中国互联网从“抄作业”转向超越的标志。今天中国的抖音、字节跳动也已经拉开了与美国同样产品的距离。未来十年是中国生物医药从追赶到超越的十年，更是中国疫苗产品发展的黄金十年。

四、展望人类卫生健康共同体

2021 年 5 月 24 日，第 74 届世界卫生大会召开。习近平主席应邀以视频方式出席全球健康峰会，并发表题为《携手共建人类卫生健康共同体》的重要讲话。

世界卫生大会指出，这次新冠病毒肆虐全球，194 个成员国受到不同程度的伤害，约有 5 亿个就业岗位被疫情毁掉，企业损失高达数万亿美元。会议讨论如何尽快结束疫情，并建设一个更健康、更安全、更公平的世界，为下一次疫情大流行做好防范。目前最紧急的任务之一是疫苗分配不公平，对疫情控制和全球经济复苏构成威胁。

人类未来面临的难题，除了大流行性疾病外，还有气候变暖、核污染等问题。这些问题需要全球共同应对。

中美两大国气候行动，已列入国际合作优先事项，中国承诺在 2060 年前实现碳中和，这是一个雄心勃勃的目标。美国政府将气候行为作为道德和责任不可缺少的组成部分。全球各国共同努力争取实现在未来 30 年内“净零”排放，也就是说向大气排放二氧化碳的速度不能快于地球自然吸纳速度，或不能快于未来采用的技术消解二氧化碳的速度。

2021 年 4 月 13 日，日本政府作出决定，未来两年内陆续将福岛核电站的 100 多万吨核污水排放到大海中。美国和国际原子能组织等少数势力支持日本政府的决定。人类应共同抵制日本政府向大海排放核污水。日本的民调显示，有 55% 的受访者坚决反对核污水排向大海的决定，当地渔业协会及日本各地民众纷纷抗议政府的决定。

中国和韩国是日本的邻国，坚决反对日本政府损人不利已的决定，认为日本政府应承担经济、法律、道义三重责任。因为这些污水中仍然含有氚、锶、铯、碘等放射性元素。海洋本身是流动联通状态，福岛沿岸拥有世界上最大的洋流，从排放之日起 57 天内，放射性物质将扩散至太平洋区域，十年后蔓延至全球海域。因此，这是一个关乎全人类命运的事件，人类应该共同抵制日本向大海排放核污水。

第四节 华为——中国民营企业的楷模

一、华为立足创新——中华有为

华为创建人任正非，始终信奉适者生存、弱肉强食的法则，他以敢打敢拼的精神，在1987年创建了这家民营企业，经历了30多年的艰苦奋斗，取得辉煌业绩，从无到有，从国内到国外再到全球，进入了世界500强榜单。目前，华为公司已成为中国最大的科技公司，营业收入在2018年首次突破1 000亿美元，是全球最大的专利持有企业之一。业务已遍布全球170多个国家和地区，坐拥约20万名职工，其中科研人员占50%左右，成为世界通信业的巨龙。

华为的创新精神在全球通信业首屈一指。其旗下的海思半导体是一家神秘的芯片公司，他们参与了华为总部将5G的通信基站打造成仅有20千克，可以将其放在背包里背着走的“微型产品”的研发。这充分说明华为确确实实已成为一家“创新公司”和“发明公司”。

华为是一家靠技术创新做大做强的企业，它给世界讲述了一个中国企业“天时地利人和”的故事。“天时”，指云计算推动信息通信技术（ICT）从封闭、昂贵的系统向开放、廉价的系统转型，一大批研发、开放、通用ICT设备的公司顺势而生；“地利”，华为、联想、浪潮等一批中国ICT公司由本土而生，已迈向世界；“人和”，企业ICT市场的成功依靠的是合作共赢。

二、华为经营立足国内，走向世界

中兴公司遭到美国政府的无理制裁，这场“中兴风暴”充分暴露了我们自主创新不足的问题。创新科技、人才等关键词成为中国企业关注的焦点。

华为等中国企业开始了新一轮的科技革命，顺势而为寻求突破正当其时。关键核心技术是要不来、买不来、求不来的，要靠自己挽起袖子，施展拳脚，才能闯出一片新天地。中国经历了2G跟随、3G突破、4G同步、5G领先的历史性跨越。企业要创新，关键在人才，华为在重人才和真奖励上下足了功夫，心甘情愿地坚持不断支付令人难以置信的育才“教育费”。根据华为《基本法》第26条的规定，企业保证每年按销售额的10%计提研发费，实际上这个比例已达到15%左右。

华为创立初始就以高薪招揽人才，任正非多次提到公司不上市，并使出奇招，实行“职工持股制度”，将广大职工的利益与公司的利益捆绑在一起，“人人都是华为人”，据说，在全球人工智能科学家中有50%是华人。华为由此大力吸引优质人才，从北美企业跳槽来的人才，在华为成为骨干。

三、华为经营目标主攻5G

2019年10月，中国在第六届世界互联网大会上，基于“大道至简，实干为要”指出，中国会以实际行动推动国际社会进一步深化战略互信、激发创造活力、推进务实合作、促进成果共享。中国政府和企业着力于专利、人才、投资等方面，让所有研发项目严格遵守“主航道项目”原则，将5G作为有限发展目标。首批在50个城市进行试验，到2020年中国5G服务投入商用推广，5G对中国来说是极其重要的战略项目，因为踏入5G门槛，中国就可以涉足6G、7G、8G，推动实现中国由制造大国向研发大国的转型。

华为等中国企业的人工智能和图像识别技术进入世界领先行列。目前，中国拥有人工智能的人才5万多人，人工智能的投入紧随美国企业，在一次国际论坛上，中国在8个领域全部获得世界第一。在图像检索速度与正确率等指标上，阿里巴巴集团已超过美国的谷歌公司。以全球市场考察，以华为为首的中国企业将是5G服务和5G网络基础设备站市场的领跑者。

在高科技时代，控制了核心技术，就控制了主导权。5G技术的特点是超低延迟和同时连接众多设备，华为在5G领域全面掌控终端基站、无线芯片组、通信用半导体、中央处理器等相关技术，可以称得上是最强的垂直整合样板。由此向前推进，华为还有能力掌握物联网的基础设施，同时在半导体、机器人、核电、医疗和人工智能等领域，中国企业也存在领先市场的可能性，其中，掌握了大规模中段频谱，就意味着掌握了自动驾驶汽车的领先地位。

四、华为在5G开发中的新突破——鸿蒙操作系统

压力越大，提升越快。美国政府不满足于对中兴公司的施压，又把矛头指向华为公司。美国政府以“国家安全”遭受威胁为借口，对中国科技巨头华为科技公司实施围堵、制裁、拒之门外等措施，而具有不屈不挠精神的华为，反而更加团结，奋发图强，“没有美国的技术，我照样可以生存”。中华有为的员工们，不用一块美国芯片生产的100%中国制造的鸿蒙操作系统（Harmong OS），不仅可以用于智能手机，而且可以用于电脑、电视、智能手表、汽车等新型智能电器产品。

鸿蒙操作系统，寓意“和谐顺畅”“开天辟地”。鸿蒙操作系统可以打通手机、电脑、平板电视、智能穿戴等领域，将这些设备统一成一个操作系统。芯片是一台计算机的“心脏”，操作系统则是计算机的“魂”。华为鸿蒙即所谓的“一生万物、万物归一”。它通过模块或分布方式设计可以将所有场景应用无缝连接起来，可运用到任何产品上。鸿蒙“是面向万物互联时代的全物景分布式操作系统”，目标是在电脑、智能手机、汽车以及其他智能设备上均可使用，而且可以互相连接。华为的鸿蒙有四大特性：第一，是分布式架构，能使用多种智能产品和设备；第二，具有确定的延迟性，可以让系统运行更为流畅；第三，鸿蒙的微内核结构比谷歌的安卓系统和苹果的IOS系统更安

全可靠；第四，自动适配，降低开发难度。华为的这一项创新成果显示了中国企业勇闯全球价值链高峰的勇气和决心。

2021 年 7 月，华为在官方微博发布，在国际超算大会最后一期 IO500 排行榜中，基于升腾人工智能（AI）基础软硬件的“鹏城云脑Ⅱ”超级计算机再次刷新世界纪录，蝉联全系统输入输出和 10 节点规模系统两项世界冠军。其中，全系统输入输出性能得分是第二名的近 20 倍，再次验证了“鹏城云脑Ⅱ”具备世界顶尖的数据吞吐能力和 AI 算力水平。

2021 年 4 月 12 日，华为董事长在分析师大会上宣布华为面向未来的五大战略举措：① 未来公司战略着力点是优化产业组合，增强产业韧性，提升软件能力，加大先进工艺弱相关产业的投资和智能汽车部件产业投资。② 推进 5G 价值全面发挥，定义 5.5G，牵引 5G 继续演进。③以用户为中心打造全场景无缝的智慧体验。④ 通过技术创新降低能源消耗，实现低碳社会。⑤ 努力保证供应持久连续。由此可见，华为未来战略措施的兑现与华为下一步的发展息息相关。

远眺 5G 时代，“4G 改变了生活，5G 将改变社会”。我们生活中运用 4G，已有了共享单车、移动支付等；5G 将给我们带来社会管理、社会效能和社会能力的提高，大到智能交通系统、智能物联系统、无人驾驶的智能汽车、工厂数字化操作、机场、港口实施的远程管理，小到街道的路灯、井盖等。值得庆贺的是，到目前为止，在 5G 领域，从芯片到系统、基站，再到手机、云终端都能做到的企业，全球只有华为一家。除了鸿蒙操作系统，华为未来还将在 HMS、编译器乃致在编程语言上进行系统性的研发，接下来鸿蒙操作在内核、中间层、应用层等方面作进一步的创新开发。

五、华为高科技企业经营管理的经验

华为作为一家民营的高科技企业，经过 30 多年的艰苦奋斗，总结出一套自主、特色的管理高科技企业的丰富经验，创造了全球驰名的华为品牌。

（一）华为的经营管理

明确企业业务分类管理的职责。华为将业务分为四大业务群，各尽其职，通力协调，分别是通信设备业务、消费者业务、企业的工厂业务和云服务。华为实行高度本土化经营，注重外向竞争，特别是与发达国家的外向竞争，后发企业更应考虑借助发达国家已形成的技术、资金、管理优势和市场规模优势获得发展。

（二）华为的企业考核

企业制定了一套完整的业绩考核和管理考核制度。过去是靠“英雄”打下基础，现在是靠流程、靠平台，不再是靠一个人。只有这样，即使能人走了，只要制度和流程在，后来的人就可以再造一个华为。

（三）华为的企业文化

华为做大做强，不是靠几个人，而是靠企业文化的交接班、制度的交接班。华为很早就实行轮值办公制度，由8位领导轮值，每人半年，最后又演变成轮值首席执行官（Chief Administration Officer，CEO）制度。这个制度让每一个轮值者在一段时间里承担公司的首席运营官（Chief Operation Officer，COO）的职责。好的管理制度使华为稳健又严厉、平和又执着地成长。

华为鼓励职工自我超越，公司职工的工资涨得很快，职位也提升很快。此外，在职工福利方面，华为在总部附近为职工建造了30多栋高楼住宅，让大家安居乐业，大大激发了职工的热情和朝气。华为还专门建立微芯片研发中心，中心位于环境优美的东莞松山湖，占地140多万平方米。这里汇聚了2.5万个智慧大脑，正在创造世界顶级的手机和电子设备。他们对技艺有敬畏与谦卑的情怀。

（四）华为的人才策略

在群雄逐鹿的全球5G技术战场，华为认为人才是创新的第一资源，下决心要有“揽四方之才，择天下英才而用之”的豪气。土耳其埃尔多尔·艾利坎教授到深圳华为总部，接受任正非向其颁发的专门由巴黎造币厂设计制造的奖牌。华为坚持认为埃尔多尔·艾利坎发现的极化码有作为优秀信息编码技术的潜力，事实正是如此，华为投入巨资聚集人才研究开发的极化码，成为5G控制信息编码方案。华为从2016年启动，在2021年6月2日正式推出鸿蒙操作系统，为真正解决未来万物互联打下坚实的基础。

六、华为重视国际合作

在以5G为首的新科技的开发中，华为对外坚持开放、合作、共赢的方针。中国企业的目标是希望主导世界通信基础设施建设未来的升级。在世界通信市场上，5G的供应商除了华为以外，还有芬兰的诺基亚、瑞典的爱立信和韩国的三星电子等。但华为是最先启动的企业，华为凭借三大趋势，掌握的相关专利较多，成本低廉，从终端到基站，一家企业能实现全线供应。更重要的是，华为真诚地愿与国际合作，实现共赢。华为的5G设备遍及130多个国家；非洲现有4G的1/4市场盼望华为来升级换代；而东南亚国家积极表示采用华为设备，已签订了50多份合约。

华为在乌镇创建“5G智慧小镇”，全方位覆盖每一个角落；在上海虹桥火车站建设5G高铁站，每年发送旅客4 000万人次。中国科技创新“走一步看三步”，华为已聘请了几十位著名专家，率先开展6G预研与开发。

总之，华为坚持以客户需求为导向，持续围绕客户需求进行创业，不断地为客户提供具有竞争力的产品和服务。

七、以华为为代表的中国民营企业管理模式的转型

（一）中国民企由粗放型管理向主动控险管理的转型

改革开放的 40 年里，中国民营企业从最初的以合规为导向的被动管理向加强风险防控的主动管理转型，整合企业的经营与管理，重组企业的战略与文化，民营企业逐步走上规模强大、实力雄厚和管理卓越的企业发展之路。现在，中国民营企业对国民经济的贡献率体显在四个方面：一是超过 50% 的税收；二是超过 60% 的 GDP；三是超过 70% 的技术创新；四是超过 80% 的城镇劳动就业。

中国民营企业发展有四大特征。第一，企业规模快速增大，实至名归。第二，快速增长的核心动力是企业对市场商机的敏锐把握，以极强的耐力、韧性、协调力参与国内外市场竞争。第三，很大一部分民营企业将“经营”与“管理”视为两个概念，把经营理解为“做业务”，把管理理解为“做职能支持”，其后果是两者割裂，轻视管理。实际上，管理和经营是一回事，管理体现在整个业务中，推动业绩和价值的实现。第四，企业的长期战略执行力不足，当企业成长到一定规模时，缺乏持续发展的内生动力。企业容易犯吃“一招鲜”的错误，即一有商机就蜂拥而至，可能前几年发展得很快，但不可持续，转而就是走下坡路。所谓“可持续发展”，就是既注重战略层面的业务组合管理，又注重企业发展过程中的风险控制能力，注重企业人才队伍的长期培养机制。因此，中国民营企业在实践中造就自身的“四梁八柱”是企业成长的关键。

企业可持续发展目标的实现，要靠企业家和职业经理人“组合拳”式的配合，既有好的方向和创新，又有好的管理。这在很大程度上取决于企业家精神，这其中包括冒险性、探索性、战略敏锐性及政策把握能力。世界上不少企业是由两人一起创建的。美国苹果公司创始人之一的乔布斯是一个设计和营销天才，却不擅长写代码编程序，但这没有阻碍他创立世界上最伟大的电脑公司，因为他找到了一个合伙人沃兹，沃兹是一个技术天才，他们两人发挥各自优势，强强联手，既有技术能力又有营销能力。

中国第一代成功企业家柳传志、张瑞敏及任正非，他们身上都有家国情怀，都有使命感，这种使命感给企业带来工匠精神和价值观。他们还虚心学习世界各国的成功管理经验。有名的“卓越管理”的四大基石是：第一，企业要有自我清晰的、可执行的业务组合战略和平衡发展战略。第二，培养企业的战略执行能力，不断提高企业的创新力和生产力。第三，树立企业文化，确保企业创新力的实现。第四，拥有企业财务实力，包括出色的财务业绩、良好的公司财务治理、规范的财务系统和卓有成效的企业风险控制。我们希望一批批优秀的民营企业逐步成长为“行业领先、全球思维、长期战略、创新发展、以人为本”的现代化、国际化的企业。

（二）中国民企自强不息、日新月异

在研究企业管理时，如果没有对文化和制度背景的了解，是很难理解其中的差异的。

21 世纪开创了一个新时代，激烈变化的新形势，需要创新的思维模式，需要我们打破传统的思维模式，能够用非线性思维来判断当下的动态。

中国第一代成功的企业家，经历了 20 世纪人类最伟大的发明，即创建现代公司和现代公司制度。因为有了这种新型组织形式，整个人类文明、科技进步和经济发展有了最具创造力和凝聚力的组织形式。企业家张瑞敏、马云、任正非虽处在各自不同维度的实践高度，但他们都有一个共同点，那就是以人的管理为核心，制定了一系列开放、灵活的人才培育计划。其一，打破阻碍人才流动的玻璃门，激励企业实施灵活就业的人才方案；其二，企业常态性地创立科技成果奖项，吸引国内外优秀人才参与；其三，企业设立各种短期和长期的专题讨论，促进高科技人才的自由流动。海尔推行人单合一，说到底就是“重赏之下，必有勇夫”。阿里巴巴的管理文化看重企业组织中人的角色。联想主张“搭班子、定战略、带队伍”的九字管理哲学思想，都是以人为本，联想创始人柳传志和万科公司的王石作为中国企业家代表入选 2013 年全球最具影响力 50 大商业思想家（Thinkers 50）。任正非在华为的总结管理经验会上说过这样一段话：资源是会枯竭的，唯有文化才会生生不息。一切工业产品都是人类智慧创造的，华为没有依存的自然资源，唯有在人的头脑中挖掘大油田、大森林、大煤矿。华为的成功在于经营人的成功。宗庆后在总结娃哈哈成功经验时，用“自强不息”四个字进行总结。

我们在发掘和见证中国优秀民营企业成功经验的过程中感触颇深。

（1）企业在面对竞争激烈的国内外市场时，应在变局中把握机遇和关键所在。明者因时而变，智者随机而变。这种瞬息万变的能力，是一种抗风险的能力，实际上也是战略管理能力，一切商业活动中最重要的是人，谁能真正激发团队的梦想，谁就能真正带领他们实现创新创业，立于不败之地。

（2）做大做强企业需要独具优势的领域，拥有专业的产品和市场占有率。不要太多关注自己的弱点，不要太相信全面发展，心理学称之为“负面偏好”。世界上任何企业都不应该企图包揽所有的供应链，好比开餐馆的，没必要自己养猪、酿醋。一个企业想什么都会做，其实就是什么都不会做，就是平庸。过于追求全面发展，只能导致平庸。当下我们面临着一个合作的国际社会，我们只要做好自己的专业和产品，同时找到生产链中的合作伙伴，弱势即可转换为强势，差异是合作的前提，以各自的优势去参与合作，才能如虎添翼。

（3）企业国际化是永恒的主题。中国企业的国际化可以归纳为四种类型。第一是海外设厂，实现生产本地化，如海尔模式；第二是自有产品直接出口，如华为和中兴模式；第三是跨国并购，如联想模式；第四是产品贴牌出口，以温州企业为多。企业国际化战略有时会采取多种战略，以组合战略进军国际市场。

中国公司以直接投资方式扩大国际化业务，始于 2010 年左右，在跨国经营中，企业要加强合规化管理教育，要熟知国际贸易的规则和惯例，要把规则和管理作为企业国际经营的重要前提。“规则和惯例”本身就是企业的生产力。近几年来，浙江吉利控股集团有限公司连续进行了 6 起大型跨国并购，其中收购美国 Terrafugia（太力）飞行汽车案，遭到美国外资委员会（CFIUS）的拒绝，理由是涉嫌危害国家安全。因此，2018 年 5 月，中国国际贸易委员会牵头成立全国企业合规委员会，首批入会成员包括中石油、中海油、中铁、浙江吉利、中联重科、中兴通讯、中国人保等35家企业。

事实证明，世界上的成功企业都呈现一种“SUCCESS”的产品价值观，即S—simple，产品简洁明了；U—unexpected，不曾见过的产品；C—concrete，产品坚固耐用；C—credible，产品性能可靠；E—emotion，产品人见人爱；SS—stories，产品触物生情（或有趣）。期待中国的民营企业能够创造出更多具有“SUCCESS”色彩的产品。

第五节 自主创新促进中国早日实现科技强国

一、人类生产和生活需求的提高，促进科技革命

随着资本主义生产方式产生、发展、壮大和衰落，人类经历了四次工业革命，它改变了行业、职业、组织、家庭和个人等的生产和生活模式。第一次工业革命，1769年英国人詹姆斯·瓦特发明了蒸汽机，英国在采矿业逐步摆脱靠人力、畜力采煤，采用火力作为生产动力源。第二次工业革命，美国人将电力广泛应用于生产和生活之中。第三次工业革命，世界第一台二进制计算机的发明、信息技术的发展，尤其是移动互联网的普及，极大地改变了人类的生活方式。第四次工业革命，以智能技术为代表，人工智能、物联网、5G以及生物工程等新技术融入人类社会的方方面面，驱动全球科技趋势发生变化，如社会可持续发展、经济增长的新动能、智慧城市、产业数字转型及消费体验等。

21世纪以来，人工智能的普及推动了一系列新的通用技术（GPT），包括自然语言处理、图片识别、视屏分析等。人工智能是信息化进程的新高度，信息技术带来了效率的提升，人工智能促成生产成本的降低。我们的“地球村”逐步实现了天上、地上、地下及网络终端四位一体的“智能地球村”。人工智能是时代潮流，势如破竹。

二、新的创新产品是中国经济发展的名片

中国已不再满足于扮演跟跑者的角色，它折射出中国式创新的浓墨重彩和澎湃动能。中国企业在新科技产品和商业模式方面正在引领世界科技未来的发展。这种动能方兴未艾，它让中国完全拥有自主知识产权的“复兴号”飞驰，令“墨子号”量子卫星腾飞，它闪耀在超级计算机的电子文件中。这让民众在生活中处处体会到“互联网+”的方便与实用，拥有更多获得感。

外忧之下，自强不息。美国政府在高科技领域对华施压，提出什么“脱钩”。中国政府与企业走上研发自主创新之路，但决不关起门来独立创新，而是取人之长，海纳百川。中国企业采用追踪和引进的技术进行集成应用和创新模式，经过40年的努力，取得了国际化和市场化的巨大成功，让中国的高科技创新更上一层楼。

三、自主创新促使中国走向科技强国

世界经济已进入数字化、网络化、智能化的时代。数字经济是以数字化的知识和信息为关键生产要素，以数字科技创新为核心驱动力，以现代信息网络为重要载体，通过数字技术与实体经济深度融合，不断提高传统产业数字化和智能水平，加速重构经济发展与政府治理模式的新型经济形态。

中国制造业发展方向，由量大到质高，由大变强，后发制人。中国企业在第四次工业革命中满怀信心，积极投身智能制造。中国企业走在智能制造应用的前端。美国企业和德国企业是智能制造业的领军者，中国企业正快速追赶。全球权威机构从全球千家企业中选拔出 16 家“灯塔工厂”。这 16 家企业中有 5 家在中国。中国第一次成为全球制造业的标杆，在世界制造业领跑军团中占有重要的席位。

在科技智能竞赛过程中，中国企业灵活运用直道超车、换道超车和无道超车，后发先至。中国企业敏而好学，勤奋努力，兼容并蓄是“中华文化的智慧”，后发先至是“中国速度”；脱虚向实、万众创新成就“中国创造”。

技术落后的根源是人才缺乏。现在中国高校大力开发培养所需人才，每年毕业生 800 多万，美国只有 300 多万，中国有 6 所高校已进入世界大学前 100 名。硅谷流行一个新名词叫“人才收购”（Acqui-hire），大公司兼并了一家创业公司，目标是要收买那里的人才、技术为自己的项目服务。中国积极主动吸引世界顶级的研究人员，这批人才已成为新企业的创始人和骨干力量，在北京、上海、深圳等地，创建中国式的初创企业，起到“孵化器”的作用。深圳是中国科技巨头华为、腾讯、大疆的所在地，人们称其为中国的“硅谷”，并已成为中国第四个综合性国家科学中心。

2013 年，Cowboy Ventures 创始人 AileenLee 提出了“独角兽”的概念，特指那些数量稀少、发展极快、备受投资者追捧的创业企业。在资本市场上评价一家企业是否为“独角兽”的常用标准有两条：一是成立不超过 10 年，接受过私募投资的初创企业；二是企业的估值超过 10 亿美元，它的显著特点是极高的发展速度和全新的运营模式。全球高科技独角兽公司（Unicorn Company）数量近年来出现了井喷式增加，中国在全球的发展势头是最快的。根据《中国独角兽企业研究报告 2021》，2020 年中国独角兽企业数量达到 251 家，涵盖领域包括新能源与智能汽车、数字文娱、智慧物流、数字医疗、人工智能等。根据胡润研究院 2019 年的数据，北京已成为全球独角兽公司最多的城市，拥有 82 家，其次是美国旧金山 55 家、上海 47 家、杭州 19 家和深圳 18 家。为什么中关村有“中国硅谷”之称，因为北京有大量的理科人才，有获得政府支持的地理优势，是初创企业理想的新聚集地。

四、人工智能改变人类的生产和生活

人工智能的发展，不是让机器取代人，而是人机共存，也就是说，机器做机器擅长的事，人类会更加聚焦自己擅长的事。机器比较擅长寻找答案，但不善于提出问题。提出问题、解决问题是人类智能所专有的。人的思维具有在矛盾中不断调整、综合思考的能力。只有人类的大脑和感官具有举一反三的能力，机器尚不具备。

中国政府的目标是在2025年实现人工智能领域的技术突破，到2030年成为全球人工智能领域的领军者，国内人工智能产业规模达到1 500亿美元。为此，当前国内在人工智能领域的技术理论和应用需加大投入，在首席科学家、智能学者和青年科学家三个梯队上建立一个新高地，使整个生态朝着正确的方向发展。

创新力是打包成套出现的。中国企业在生产和生活的方方面面广泛应用人工智能，进行全产业链独立创新，并取得国际化和市场化的巨大成功。下面以芯片、高铁、电动汽车、无人机、再生能源、航天探月和量子计算等七项产业为例，分别说明。

1. 芯片（Chip）

芯片是整个电子信息产业的心脏，芯片和半导体是电子产品的基础。美国硅谷所在地旧金山湾区的创建和发展并不是由政府规划的，也不是由大型公司来主导的，而是在具有创新力的社会环境中自然而然产生的。中国企业从美国硅谷吸取营养、吸收人才，中国首批创新企业的创始人、企业领导和技术人员不少都来自硅谷。

以产品和金额而论，半导体是中国最大的进口产品，甚至超过原油的进口。美国从中国取得红利，迄今为止已经50多年。

学习他人之长，为我所用。中国政府和企业向芯片和半导体生产投入大量的资金，实为深谋远虑。芯片投资的特点是高风险、高回报，芯片研发的成功是专利技术不断积累的过程。有了明确的目标、清晰的技术路线，要允许试错。中国华为芯片的成功就是最佳例证。

中国已投入数十亿美元，从零开始建立一个个能独立发展的半导体产业，长江存储科技有限公司从一开始就作为一家全球创新存储产品供应商服务于全球市场。当前，处理器晶体管长度为7纳米（一张纸的厚度是10万纳米），而400纳米以下的任何产品是肉眼看不到的，到2021年，顶级芯片制造商把标准调至5纳米。中国企业只能采取两条腿走路：一是依靠进口；二是自主创新。在自主创新方面，中国在计算机视觉和面部识别等领域已领先于美国，中国的目标是，2020年自给率达到40%，2025年提高到70%。

核心技术是国之重器。中国要下决心，保持恒心，找准重心，加速信息领域核心技术的突破。中国已经在5G技术上先行一步，可以使得自身赢得向6G网络过渡的优势。

2. 高铁（High-speed Rail）

中国正在加快推进高铁基本建设现代化，并逐步向市场推出更舒适、更安全可靠的高铁车型。截至2020年底，中国高铁营运总里程全球第一，具有3.79万千米的高铁网络，并以普遍350千米时速而安全行驶。日本凭借新干线在20世纪60年代成为高铁领域的先行者，但日本只有3 000多千米的高铁里程，在其小得多的国土上运送旅客。

中国高铁力争实现“一、二、三目标”，即：城市市区一小时通勤，城市群两小时通达，全国主要城市三小时覆盖。全国八纵八横高铁网，加密细织。中国人利用人工智能、信息技术和智能制造创建了中国式的高速铁路网。中国经济从高速度转向高质量。到2030年，中国计划建成4.5万千米高铁里程，建成后至少可以使用40年。“复兴号”

从软件到硬件都是中国独立开发设计的，它即将成为中国高铁发展的主力车型。

3. 电动汽车（EV—Electric Vehicle）、锂电池汽车

锂元素是密度最小的金属，具有最高的能量、重量比，这意味着它可以用最小的体积产生最高的电压，这个特性成就了锂电池研发的可能性。它没有污染，可以实现绿色出行。美国埃克森石油公司最早研究发现，锂元素很容易释放电子，于是有了锂电池驱动电动汽车，其电量存储是传统铅酸电池的 10 倍、镍铬电池的 5 倍。但锂电池反复充电可能导致短路，引发爆炸等。锂电池废弃后是潜在的污染源。科学家不得不寻找更清洁的能源和更好的能源储存方式，这将是一场持久战。

2015 年，中国宁德时代新能源科技股份有限公司解决了上述易爆和污染两大致命弱点。中国锂离子电池单体产量占全球总产量的 2/3，目前车用锂离子电池行业处于领先地位。其电池质量和数量能满足德国宝马这样公司的需求。中国比亚迪公司紧随宁德公司之后，是唯一在锂电池生产方面取得成功的汽车制造商。

中国不仅在锂电池生产和技术上占据领先地位，而且在生产电池的原材料上占有绝对领先的地位。中国是锂和钴精炼的最大生产国。

全球电动汽车研发竞赛已打响，其上下游产业链是锂资源—电池市场—电动汽车。推动电动汽车大规模研发后，锂资源已成为一种战略资源。中国企业重视国内锂业的开发，且推进国际合作。中国天齐锂业股份有限公司在澳大利亚西部投资开发全球最大、品质最高的锂矿石，收购了智利化工矿业公司。

4. 无人机（Drone）

中国无人机技术的发展如火如荼，最新技术是利用 5G 和面部识别等技术。深圳大疆创新技术有限公司（DJI）的工程师王毅是大疆的创始人、首席执行官，他在就读的香港科技大学宿舍创办了这家公司。公司初创期，在深圳体育馆举办的 Robo Master 机甲大赛，吸引各国无人机爱好者前往参赛，一次大赛门票收入 50 万～60 万元，而公司为此投入 8 000 多万元，一年举办一次。五年间，大疆公司在无人机技术领域已投入 3.5 亿元。大疆公司的文化和决策风格更像是一个社群性质的公司，拥有 200 多名工程师，几十名商务人员，采用网状管理架构，每一个管理者就是一个节点。公司逐渐做大做强，成为占有全球无人机七成份额的独角兽公司，在无人机领域成为全球的三强之一，另外的两家公司是法国的 Parrot 和美国的 3D Roboties。业界人士估计，到 2022 年，全球无人机市场将增长 20 倍。大疆公司认识到，企业研发、设计和制造的导向是客户，客户需要的是实用的无人机去解决生产和生活的实际问题。

5. 再生能源（Renewable Energy）

长期以来，世界能源发展过度依赖石化能源，导致能源安全、环境污染、气候变暖，严重威胁人类社会可持续发展。而破解之策，是推动以新能源为核心内容的能源转型。

目前，再生能源分为两类：第一类是水能；第二类是非水可再生能源，人们称其为新生能源，例如风能、太阳能，也可称其为清洁能源。到 2018 年，中国风力发电扩大了 22 倍，太阳能光伏发电量增加了 700 多倍。中国已经成为全球可再生能源开发利用规模最大的国家，约占全球可再生能源发电总装机的 30%。中国拥有相关的专利技术

数量是美国的1.6倍，日本的2倍。中国已经是太阳能电池板、风力涡轮机和电动汽车的主要市场，也是最大的太阳能电池生产国。

各国努力实施能源开发的清洁替代，以太阳能、水能等清洁能源替代石化能源；能源消费实施电能替代，以电代煤，以电代油，以电代气。

6. 航天探月（Aerospace and Lunar Exploration）

中国凭借强大的经济实力和高科技水平，在航天领域跻身世界第一梯队。2013年，中国“玉兔”月球车在月球登陆，2017年，中国发射货运飞船“天舟一号”，中国是唯一实现在月球背面登陆的国家。

近几年，中国航天发射次数领先世界。以2018年为例，中国进行了39次轨道发射，而美国为29次，俄罗斯为20次，都少于中国。中国探月工程实施国际合作，持开放合作态度，已经与俄罗斯、联合国外层空间事务办公室、土耳其、埃塞俄比亚和巴基斯坦等一些国家签署了探月协议，共同开展国际月球科研论证工作，评估如何长时间、长寿命地在月球工作的课题。

中国计划在2030年进一步提高发展机器人和人类探月能力。其目标是把月球科研站变成一个长期月球基地，航天员可以在月球基地短暂停留，使月球基地成为探测太空的中转站。

7. 量子计算（Guantum Technology）

电子计算机早已成为人们日常生活的必备，电子计算机的功能越来越强，运算速度越来越快。但电子计算机的发展正面临瓶颈。

量子技术是量子力学发展起来的前瞻技术。基于新理论研发的量子计算机，其能力远超电子计算机。美国从2019年开始的5年里，最高投入13亿美元，筹建10个研发基地；欧盟从2018年起投入10亿欧元，在德国、英国、荷兰等国开展研发工作；中国在“十三五”规划中将量子计算列入重大项目，2018年中国在量子技术领域的专利注册量几乎是美国的2倍。除了已经在北京和上海之间建成全球规模最大的量子数码网络部，人造卫星和地面之间进行量子加密传输的实验也取得了成功。世界知名权威学术期刊美国《科学》杂志，将2018年专刊专栏奖授予中国科学技术大学潘建伟教授领导的“墨子号”量子科学实验卫星科研团队。

量子密码无疑将成为一个大产业，金融机构和安全保障领域对那些量子计算机无法破解的技术产生了极大的兴趣，业界人士预测，2023年其市场规模可高达5.6万亿美元，是2018年的5倍。

总之，人工智能的竞赛和国际合作是一种社会生产力发展的大趋势，美国很难独霸这项技术，这是经过30年优化的价值链，现在很难轻易被打破。2017年，国务院发布《新一代人工智能发展规划》，显示了到2030年在人工智能领域占国际主导地位的雄心。中国将成为人工智能强国。

五、美国发力企图阻遏中国科技创新发展

科学技术是世界性的、时代性的，发展科学技术必须有全球视野。任何一个国家都

不可能单纯依靠自己的力量解决现有创新难题，要在深化国际交流中，充分利用全球创新资源，在更高的起点上推进自我创新。但是，近几年来，美国对越来越多的中国企业进行封杀，让我们认识到技术创新是生存和发展的根本，无论是一家企业还是一个国家，如果不能掌握自主的知识产权和核心技术，随时可能会被遏制。

美国对中国科技企业明目张胆的封杀，可以说是从 2016 年对中兴公司的打压开始的。到 2021 年，拜登政府已将中国 59 家企业列入封杀的黑名单。中兴公司是全球四大通信设备厂商之一，2016 年，中兴先是遭遇美方 17 天禁运惩罚，8.9 亿美元罚款，接着美国提出 88 天禁运，10 亿美元罚款外加 4 亿美元的保证金，惩罚极其严厉。此后美国变本加厉，又对中兴公司发布了 7 年的出口权拒绝令（Denial Order）。除了表面罚款，中兴高管被解职，后续品牌和市场损失等深远的负面影响都浮出了水面。

在全球化产业分工背景下，中兴尤其离不开把握产业链上游的美国供应商，中兴 30%~40% 的核心芯片和器材依赖美国。中兴十大供应商中有四家来自美国，其中英特尔排名第一，美国存储器厂商美光排名第三，中兴也是美国光通信厂商 Oclaro、Acacia 最大的客户。此番中兴禁运事件透露了美国对中国高科技发展，尤其是 5G 发展的高度关注。中兴等中国制造商想要打开 5G 时代的一片天地，“希望 5G 力争引领”，将面临比以往任何历史时期都更严酷的市场监管与竞争。事实上，一场围绕着芯片产业的阻击战与反击战早已打响，但芯片行业“从来不是一个完全自由的市场”，科研一直受政府和学术界推动，且受各国产业政策的影响。

绝不让同一块石头绊倒两次。在中国，美国针对中兴的禁运令事件引起中国政府和人民的高度重视，习近平主席视察了武汉新芯集成电路制造有限公司、烽火科技集团和山东浪潮集团等信息技术企业，反复强调核心技术、关键技术必须立足于自身，要摒弃幻想，号召对一些重大核心技术进行攻坚克难。中国企业家既要有智商（减少认知偏差），又要有情商（尽量不情绪化），还要有决断力，不能犹豫不决，拖泥带水。

六、中国实现科技强国，关键在人才

当今世界，科技创新成为各国国际战略博弈的主要战场，围绕科技制高点的竞争空前激烈。在 2021 年 5 月 28 日召开的两院院士大会上，习近平主席提出要把科技自强自立作为国家发展的战略支撑，要加快建设科技强国。科技竞争的核心领域瞄准人工智能、量子信息、集成电路、生物育种、航天科技、深地深海等前沿领域，并加快突破新冠疫苗、药品和医疗设备等关键核心技术。前瞻部署一批战略性、储备性科技研发项目，瞄准未来科技和产业发展的制高点。

中国强化自主创新，实现科技强国。中国建成了成熟的“世界工厂”，它们具备五个基本要素：① 稳定的政治社会局面；② 充足的熟练工人；③ 完备的上下游供应链；④ 完善的基础设施；⑤ 工业生产的核心要素——韧性。

中国科技整体水平大幅度提升，我们完全有基础、有底气、有信心、有能力抓住新一轮科技革命和产业革命的机遇，乘胜而上，大展宏图。中国成功的秘诀在“六稳”和“六保”的国家经济政策。“六稳”指的是稳就业、稳金融、稳外贸、稳外资、稳投资和稳预期；“六保”指的是保居民就业、保基本民生、保市场主体、保粮食能源安全、保产业链供应链稳定、保基层运转。它们分别在2018年和2020年被提出，“六保”和“六稳”息息相关，只有稳定“六保”，才能实现“六稳”，从而稳住国内经济大局。

中国实现科技强国，关键在人才。世界经济论坛数据显示，2016年，中国STEM（科技、技术、工程和数学）领域的毕业生达到470万人，大大超过美国的51.8万人。中国要激活各类人才创新活力，建设全球人才高地，要培养大批高素质技术技能人才、能工巧匠、大国工匠。截至2021年5月，教育部已经挑选12所国内顶尖大学建设“未来技术学院”，这是中国力争成为全球科技强国的又一新举措。这将保障到2035年中国力争进入全球创新型国家的前列。

复习思考题

1. 中国为何要积极倡导构建人类命运共同体？
2. 中国如何实现人类命运共同体的目标？
3. 中国倡导的“一带一路”为何推动了世界9个经济合作区的发展？
4. 如何理解“一带一路”推动世界经济的发展和人类命运共同体的实现？
5. 试述中国新冠疫苗研发与国际通力合作。
6. 如何理解这一场新冠肺炎疫情以及展望未来人类卫生健康共同体？
7. 华为在5G开发中作出了什么样的贡献？
8. 华为有哪些成功的企业管理经验？
9. 中国自主创新与实现科技强国的因果关系是什么？
10. 中国企业自主创新的成功表现在哪些方面？

主要参考文献

[1] John B Cullen, et al. Multinational Management. 3rd Edition. Stanford: Thomso South-Western, 2005.

[2] Howard S Rasheed. Foreign Entry Mode and Performance: The Moderating Effects of Enviroment. Journal of Small Business, 2005.

[3] Charles W L Hill. Global Business Today. 3rd Edition. Columbus: McGraw Hill Company, 2004.

[4] John M Ivancevich. Human Resource Management. 9th edition. Columbus: McGraw Hill Company, 2004.

[5] UNCTAD. World Investment Report 2010: The Shift Towards Services. New York: United Nations Publication, 2010.

[6] John D Daniels, Lee H Radebaugh. International Business and Operations. 10th Edition. Addison Wesley Publishing Company, 2003.

[7] UNCTAD. World Investment Report 2011: Promoting Linkages. New York: United Nations Publication, 2011.

[8] UNCTAD. World Investment Report 2012: Cross-border Merges and Acquisitions and Development. New York: United Nations Publication, 2012.

[9] Robock S H, Simmonds K. The International Business and Multinational Enterprises. 4th ed. Homewood: Richard D. Irwin, 1999.

[10] Buckley P J, Casson M. The Future of Multinational Enterprises. London: Macmillan, 1996.

[11] United Nations. Transnational Corporations from Developing Countries Impact on their Home Countries. New York, 2011.

[12] United Nations. From the Common Market to EC92: Regional Economic Integration in the European Community and Transnational Corporations. New York, 2011.

[13] United Nations. World Investment Report 2013: Transnational Corporations and Integrated International Production. New York, 2013.

[14] United Nations. The Transnationalization of Service Industries: an Empirical Analysis of the Determinants of Foreign Direct Investment by Transnational Service Corporation. New York, 2010.

[15] United Nations. World Investment Directory: Central and Eastern Europe. New York, 2011.

[16] Donald A Ball, Wendell H. McCulloch. International Business: Introduction and

Essentials. 4th ed. Homewood: Richard D. Irwin, 1990.
[17] James M Fremdren. The Transfer Pricing and Management Goals. Management Accounting, 1990 (2).
[18] 联合国贸易和发展会议（UNCTAD）. 2012 年世界投资报告. 北京：经济管理出版社，2012.
[19] 王志乐，许丽丽. 2012 年跨国公司中国报告. 北京：中国经济出版社，2012.
[20] 国务院发展研究中心. 中国企业发展报告 2103. 北京：中国发展出版社，2013.
[21] 程安东，宋维明. 国际经济学. 北京：清华大学出版社，2010.
[22] 谭力文，吴先明. 国际企业管理. 武汉：武汉大学出版社，2010.
[23] 刘淑霞. 比尔·盖茨传. 哈尔滨：哈尔滨出版社，2011.
[24] 李津. 全球华人首富的经商处事之道. 长春：吉林大学出版社，2009.
[25] 和仁. 领导选人用人之道. 西安：西北大学出版社，2008.
[26] 薛求知，廖永凯. 国际人力资源管理教程. 上海：复旦大学出版社，2010.
[27] 刑厚媛. 入世十年，我国企业与世界共赢. 经济，2011（11）.
[28] 林志共. 苹果风暴. 北京：中华工商联合出版社，2011.
[29] 李良寓. 公司并购问题与应用. 北京：法律出版社，2012.
[30] 林季红. 跨国企业管理案例. 北京：中国人民大学出版社，2013.
[31] 赵迪. 资本的崛起：中国股市二十年风云录. 北京：机械工业出版社，2011.
[32] 赵旭东. 公司法学. 北京：高等教育出版社，2010.
[33] 陶鑫良. 专利技术转让. 北京：知识产权出版社，2011.
[34] 徐红菊. 国际技术转让法学. 北京：知识产权出版社，2012.
[35] 王玉清，赵承璧. 国际技术贸易. 北京：对外经济贸易大学出版社，2013.
[36] 姜岚昕. 领导无形　管理有道. 北京：机械工业出版社，2011.
[37] 王涛. 中国企业欧亚国家投资报告（2009—2011）. 北京：对外经济贸易大学出版社，2011.
[38] 博鳌亚洲论坛亚洲经济一体化进程 2013 年度报告. 北京：对外经济贸易大学出版社，2013.
[39] 博鳌亚洲论坛亚洲竞争力 2013 年度报告. 北京：对外经济贸易大学出版社，2013.
[40] 兰庆新，夏占友. 中国企业“走出去”. 北京：对外经济贸易大学出版社，2007.
[41] 赵迪. 资本崛起. 北京：机械工业出版社，2011.
[42] 胡适立. 新常态改变中国：首席经济学家谈大趋势. 北京：民主与建设出版社，2014.
[43] 赵磊. 一带一路. 北京：中信出版社，2015.
[44] 史蒂芬·列维特，史蒂芬·都伯纳，等. 魔鬼经济学. 王晓鹏，译. 北京：中信出版社，2016.
[45] 张维为. 中国触动：百国视野下的观察与思考. 上海：上海人民出版社，2012.
[46] 张维为. 中国震撼：一个“文明型国家”的崛起. 上海：上海人民出版社，2011.

[47] 张维为. 中国超越：一个“文明型国家”的光荣与梦想. 上海：上海人民出版社，2014.
[48] 吕立三（Robert Lewis）. 国际并购游戏规则. 北京：机械工业出版社，2017.
[49] 冯仑. 野蛮生长. 北京：中信出版社，2018.
[50] 格雷厄姆·艾利森. 注定一战：中美能避免修昔底德陷阱吗?. 陈定定，傅强，译. 上海：上海人民出版社，2019.
[51] 王育琨. 苦难英雄任正非. 南京：江苏凤凰文艺出版社，2019.

参考网站：

世界银行：http://www.worldbank.org.
联合国统计司：http://unstats.un.org.
国家大师：http://www.nationmaster.com.
国际货币基金组织：http://www.imf.org.
联合国贸易和发展会议：http://www.unctad.org.
中华人民共和国商务部：http://www.mofcom.gov.cn.
中华人民共和国国家统计局：http://www.stats.gov.cn.
中华人民共和国国务院发展研究中心：http://www.drc.gov.cn.
中国经济信息网：http://www.cei.gov.cn.
中国财经信息网：http://www.cfi.net.cn.
经济观察网：http://www.eeo.com.cn.